扶绥敢造

新石器时代遗址发掘报告

广西文物保护与考古研究所
扶绥县文物管理所　编著

上海古籍出版社

图书在版编目（CIP）数据

扶绥敢造：新石器时代遗址发掘报告 / 广西文物保护与考古研究所,扶绥县文物管理所编著. —上海：上海古籍出版社,2023.10
ISBN 978－7－5732－0863－7

Ⅰ.①扶… Ⅱ.①广… ②扶… Ⅲ.①新石器时代文化-文化遗址-发掘报告-扶绥县 Ⅳ.①K878.05

中国国家版本馆CIP数据核字（2023）第177919号

扶 绥 敢 造
——新石器时代遗址发掘报告
广西文物保护与考古研究所
扶绥县文物管理所　编著

上海古籍出版社出版发行
（上海市闵行区号景路 159 弄 1-5 号 A 座 5F　邮政编码 201101）
（1）网址：www.guji.com.cn
（2）E-mail：guji1 @ guji.com.cn
（3）易文网网址：www.ewen.co
上海雅昌艺术印刷有限公司印刷
开本 889×1194　1/16　印张 14.5　插页 35　字数 373,000
2023 年 10 月第 1 版　2023 年 10 月第 1 次印刷
ISBN 978－7－5732－0863－7
K·3460　定价：150.00 元
如有质量问题，请与承印公司联系

目　录

插 图 目 录

彩 版 目 录

第一章　自然环境与建置沿革^[1]

第一节　扶绥县地理位置与自然环境

扶绥县位于广西壮族自治区西南部,隶属崇左市,地处北回归线以南,境内南北最大纵距78公里,东西最大横距55公里,总面积2 841平方公里(图一)。扶绥县西邻崇左市江州区,南接防城港市上思县,北靠南宁市隆安县,西南与崇左市宁明县交界。"扶绥"有"福随"之意,寓意幸福相随,居住着壮、汉、瑶、苗等多个民族,是壮族的发源地之一。扶绥县素有"甘蔗之乡""瓜菜之乡""剑麻之乡""白头叶猴之乡"的美誉。

一　地质地貌

扶绥县位于南岭构造带西段南缘,新华夏系第二沉降带西南端,分为三个构造区,即西大明山凸起区、崇左褶断区和十万大山凹陷区。扶绥县地势南北高、中间低,由西向东倾斜。南部和北部是高山土岭,峰丛谷地,中部为低丘台地,间有孤峰。县境区域内出露地层主要为上古生界泥盆系、石炭系及二叠系,中生界三叠系、白垩系。第四系仅小范围出露,主要集中在境内的低洼地带,多为第四系残坡积层。区域构造较为简单,以断裂为主,褶皱不甚发育。断裂具有多期活动特点,分北东—南西与北西—南东向两组,区域性大断层从区外南部穿过。该断裂对沉积建造、岩浆活动有着明显的控制作用。境内岩溶地层分布很广,约占全县土地面积的三分之二。遗址所处的区域基底地层为泥盆系和二迭系的灰岩和砂页岩,地表覆盖有大量第四系红土或河流冲积物,堆积较厚。

二　水系

扶绥县境内有两大河系,即左江水系和右江水系。左江把全县划分为南北两个片区。南部有左江的六条一级支流,分别是汪庄河、客兰河、笃帮河、那密河、上沙河和下沙河,均从南向北汇入左江;北部有左江的一级支流罗阳河(又名双甲河)。北部还有右江的两条一级支流渌井河和罗维河。全县共有大小河流24条,河流总长度589.1公里,流域面积2 710.3平方公里。

---

[1]　本章内容主要参考扶绥县志编纂委员会:《扶绥县志》,广西人民出版社,1989年。

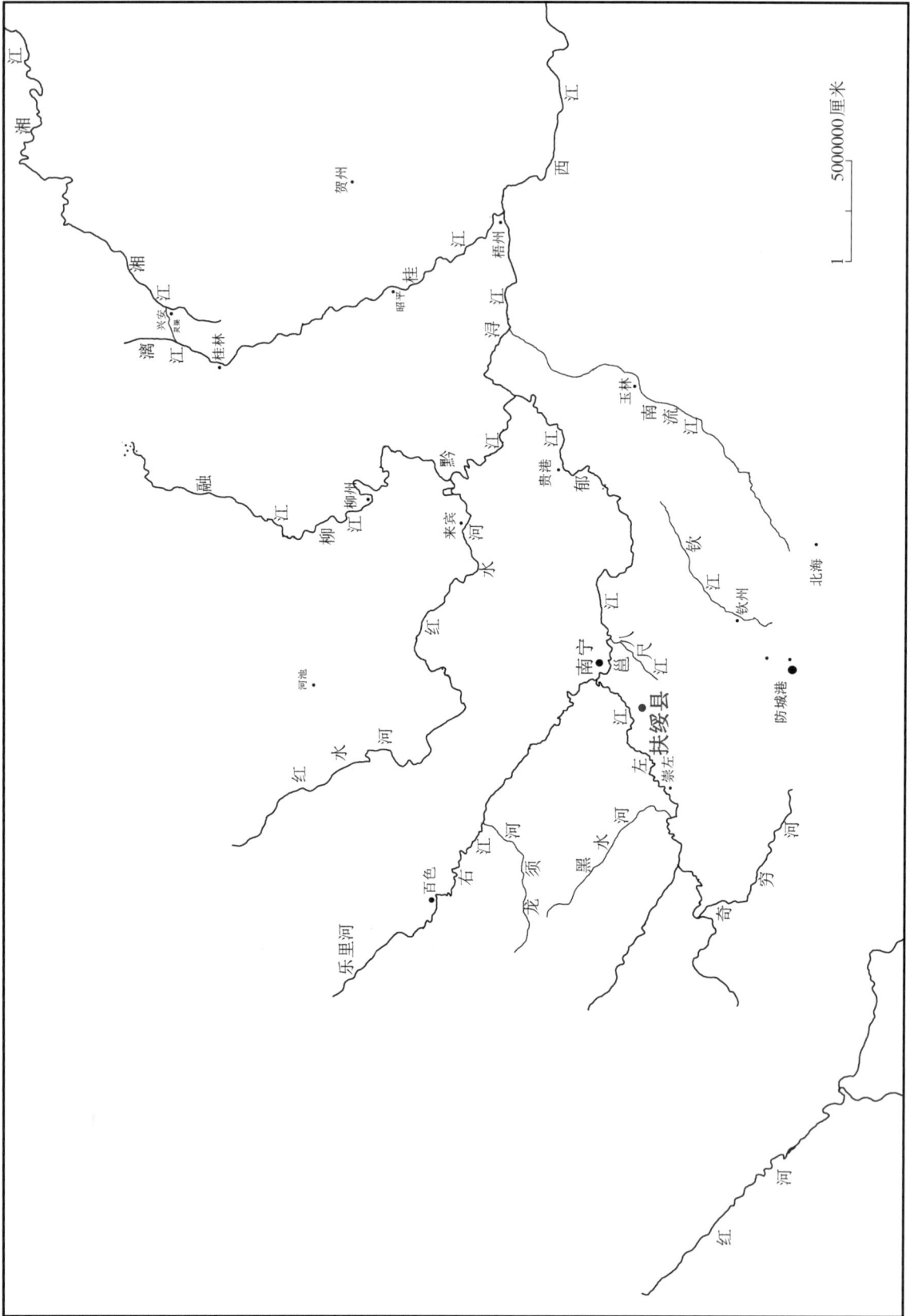

图一　扶绥县地理位置示意图

1. 左江河系

左江自西向东横贯扶绥县境中部。流经县境河段古称渌定江、丽江。西自崇左九岸村流入扶绥县濑滤村,流经渠旧、渠黎、扶南、新宁、昌平和龙头等6个乡镇,自龙头乡那琴村流入邕宁县境。流域面积2 638.7平方公里,境内河长(干流)93公里,平均落差9.7米。河岸高、河床浅。河道多弯,平均宽度200米。左江是珠江流域西江水系的主要支流之一,其上游源于越南与中国广西交界的枯隆山,全长539公里。左江大约形成于地质时代的第三纪后期或第四纪初期,其北面为西大明山,东南面为十万大山,西南面为公母山以及大青山,江水于山脉间的谷地中蜿蜒流过。左江扶绥段两岸分布有大量贝丘遗址、岩画等文化遗存。

汪庄河　源于十万大山支脉四方岭北麓,由12条支流汇合而成,分别经山圩、东门、岜盆、汪庄,在弄寨汇入左江。上游称渠荣河、银河,下游称汪庄河。干流长49公里,流域面积(包括12条支流)1 620.5平方公里,最大流量1 400立方米/秒,最小流量1.8立方米/秒,年平均径流量6.48亿立方米,水能总蕴藏量0.309万千瓦。

客兰河　又名响水河,源于柳桥镇东南的咘诺山北麓,流经那加、柳桥、岜留、灶瓦等村注入客兰水库,再经客兰、岜模、岜河等村流入左江。因左江河口有一石崖悬水如瀑布,常响不息,故名响水河。此河中下游为崇左与扶绥的分界线。县内流域面积531平方公里,干流长42公里,最大流量840立方米/秒,最小流量0.3立方米/秒,年平均径流量1.858 5万立方米,主干河流水能蕴藏量0.087万千瓦。

笃邦河　又名咘窑河,源于笃邦咘捏,流经渠黎镇境内,在咘窑村流入左江。流域面积91.8平方公里,长14.2公里,最大流量177立方米/秒,最小流量0.08立方米/秒,年平均径流量3 213万立方米,水能蕴藏量0.019万千瓦。

那密河　源于三宝岭,流经扶南乡境内,在县城大江口注入左江。流域面积63平方公里,长16.9公里,最大流量116立方米/秒,最小流量0.02立方米/秒,年平均径流量2 520万立方米,水能蕴藏量0.004万千瓦。

上沙河　源于滕广德古岭,流经林旺、那贵村境,在龙头注入左江。因流入左江沙滩上头,故名。流域面积74.4平方公里,长20公里,最大流量125立方米/秒,最小流量0.1立方米/秒,年平均径流量2 604万立方米。

下沙河　源于邕宁县那胡村,流经邕宁县江西镇、龙头乡滕广村一带村屯,在凉亭流入左江。县内流域面积78平方公里,长19.1公里,最大流量137立方米/秒,最小流量0.15立方米/秒,年平均径流量2 730万立方米。

罗阳河　又名百夹河、甕江,源于西大明山东部,流经中东镇,在龙头乡凤庄村附近注入左江。县内流域面积180平方公里,长51公里,最大流量412立方米/秒,最小流量0.1立方米/秒,年平均径流量7 200万立方米。

2. 右江河系

渌井河　源于西大明山北部,流经隆安县,注入右江。县内流域面积34.3平方公里,长21.7公里,最大流量154立方米/秒,最小流量0.08立方米/秒,年平均径流量1 372万立方米,水能蕴藏量320千瓦。

罗维河　源于西大明山北部凤凰山林场一带,流经隆安县,注入右江。县内流域面积37.3平方公里,长15公里,最大流量167立方米/秒,最小流量0.03立方米/秒,年平均径流量1 492万立方米。

三　动植物资源

县境属亚热带湿润季风气候区,水热条件较好。该区域全新世早期受新仙女木事件影响,气候波动较频繁,气候较湿冷;全新世中期气温升高,是全新世气候最佳的时期;全新世中后期和晚期气温逐渐降低,进入全新世的寒冷期。遗址持续的年代处于全新世的温暖期和降温期,经历了气候由暖转冷的变化。

扶绥县野生动物资源丰富,种类繁多,广泛分布有兽类、禽类、爬行类、两栖类、昆虫类、水产类等,为古人的生存生活提供了丰富多样的食物来源。已知的陆栖脊椎野生动物共4纲34目696种。

扶绥县气候暖和,雨量充沛,光照充足,有利于各种植物生长。据统计,县内常见植物有1 000种,植物资源丰富,广泛分布稻谷、薯类、豆类等各种作物。

境内林木与竹类资源丰富。森林植被主要有山地常绿、落叶、阔叶混交林和针阔叶混交林及山顶矮林。境内有2个国家级自然保护区和3个自治区级自然保护区。已知的野生植物共234科1 123属3 071种。

第二节　历 史 沿 革

扶绥县开发较晚,秦朝以前县境属百越之地。南朝至隋,县境部分区域开始纳入郡县管辖,其余为西原土著溪峒地。唐时,县境东部部分地区属邕州和禾县,其余地区仍为土著溪峒地。五代时,县境均属南汉。明代以来,县境开始有较为完整的行政建制,分属多个州县。明清时设新宁州、永康州、忠州土州,隶属南宁府,罗阳土县、陀陵土县隶属太平府。民国时期,改忠州为忠县,后改为绥渌县,改永康州为永康县,后改为同正县,改新宁州为扶南县,罗阳土县改土归流并入同正县。新中国建立后,政区县名也有多次变化,195年定名为扶绥县,其后又有变动,并于1962年确定今称不再变化,2003年隶属崇左市。

第二章 发掘经过与报告编写

第一节 遗址的位置与环境

敢造遗址位于扶绥县城西北约3公里的左江北岸,与水面高差约20米,下方为石灰岩矮峰,不见河漫滩。遗址东、南两面环水,西南依傍敢造山,北距长沙村约4 000米,南距金鸡村约800米,西距木民村约2 000米,东面与海螺水泥厂隔江相望(彩版一,1)。其地理坐标为北纬22°39′52″,东经107°53′31″,高程为81.5米(A区西南点)。

遗址所在的左江流域地质地貌复杂多样,沿江两岸一般有基岩出露,河床基本为岩石,广泛发育有一级阶地,偶见二级阶地(图二)。一级阶地阶面高程80～90米左右,高出水面约20米,阶地基座岩石高程75～80米,覆盖层厚5～15米。第四纪的堆积主要集中分布在河流两岸的山丘坡谷,包括亚黏土层、砂砾石层、灰质壤土层、洞穴钟乳石层及黏土层等更新统地层。敢造遗址周围地势以山地、丘陵为主,由众多高低错落的多座锥形山峰围着山间面积狭小且相对封闭的洼地构成一个个自成一体的地理单元。

第二节 发 掘 经 过

1963年广西壮族自治区文物管理委员会在南宁地区进行文物普查时,发现了敢造遗址。1973年9月,自治区文物考古训练班在组织学员进行考古实习时,对敢造遗址进行了小范围的试掘,试掘区域5.2×1.6米,发掘深约2米。通过试掘发现14座墓葬,并出土一批遗物。出土的遗物目前并未保存在广西文物保护与考古研究所内。因此,此次报告并不包含1973年发掘的资料。

2014年4月至9月,因郁江老口水利枢纽工程建设,广西文物保护与考古研究所对敢造遗址进行抢救性考古发掘,此次发掘共分为A、B、C三个区,A区位于河岸边平缓的台地上,发掘面积800平方米,B、C区位于A区台地下方的斜坡上,发掘面积250平方米,总发掘面积1 050平方米。其中遗物主要出自A区,B区仅出土少量遗物,C区未出土遗物。本报告对2014年发掘出土的遗

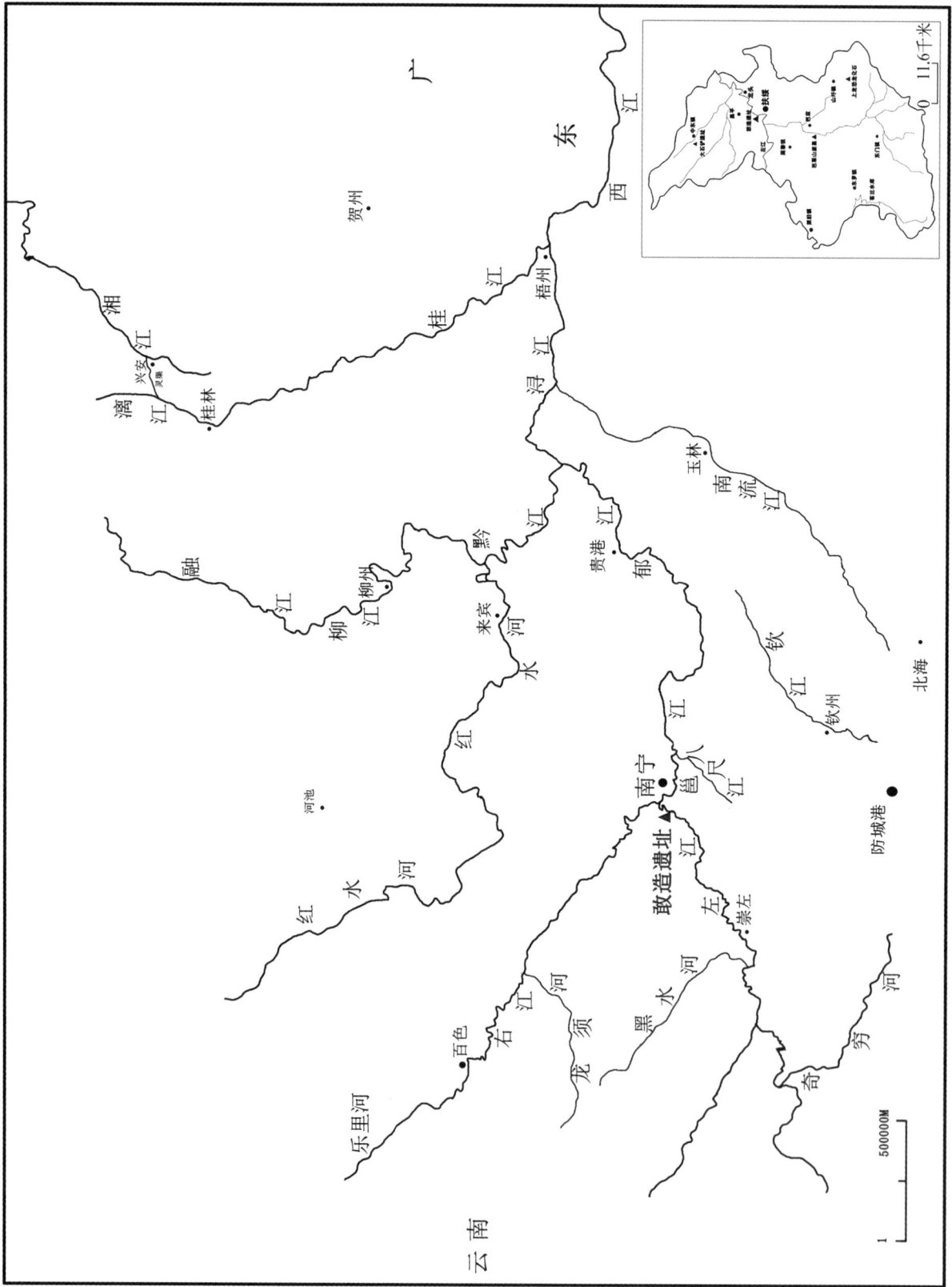

图二　敢造遗址位置示意图

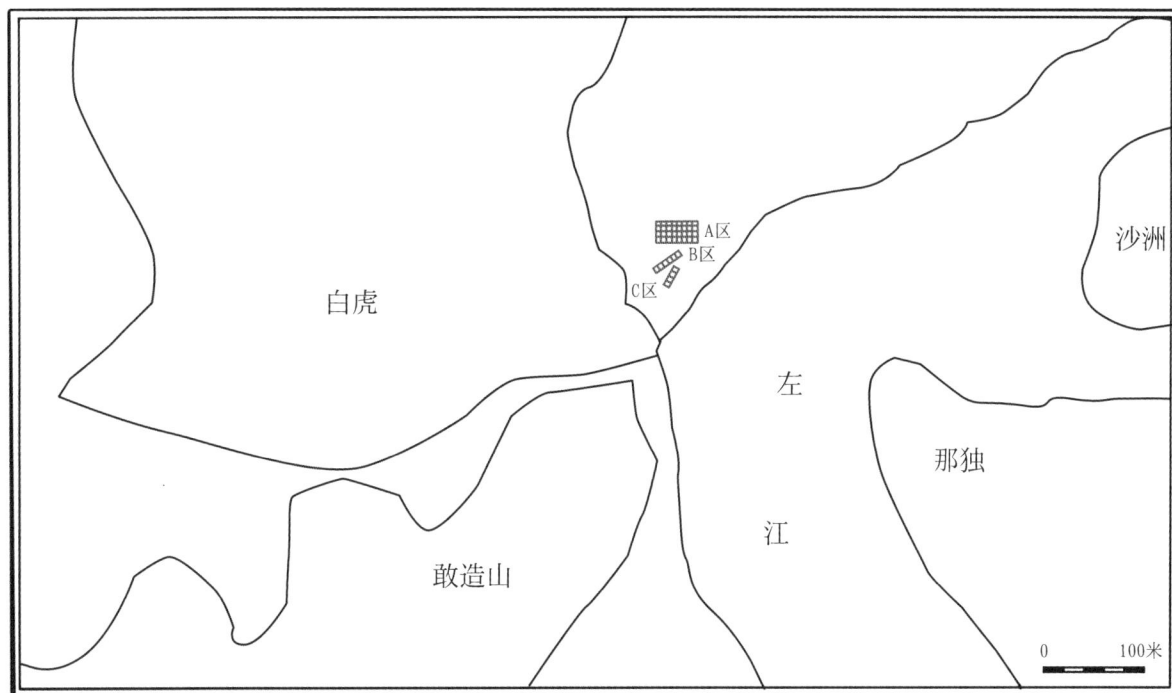

图三　敢造遗址地形及探方位置示意图

T0401	T0402	T0403	T0404	T0405	T0406	T0407	T0408
T0301	T0302	T0303	T0304	T0305	T0306	T0307	T0308
T0201	T0202	T0203	T0204	T0205	T0206	T0207	T0208
T0101	T0102	T0103	T0104	T0105	T0106	T0107	T0108

图四　敢造遗址A区布方图

物进行介绍。

　　此次发掘严格按照《田野考古工作规程》进行,做好遗址地形图、探方分布平面图的测绘,工地总日记记录、探方发掘记录等工作。布方以遗址A区西南点为基点,按正南北方向布方,向西的探方编号依次为:ATO101、AT0102、AT0103……向北的探方编号依次为:ATO201、AT0301、AT0401……(图三、四)。A区共布探方40个(彩版一,2)。B区共布探方6个,因地形原因未能按照正南北方向布方,探方编号为:BT01、BT02、BT03、BT04、BT05、BT06,B区仅出土少量遗物;C区共布探方4个,因地形原因也未能按照正南北方向布方,探方编号为:CT01、CT02、CT03、CT04,C区未出土遗物。

　　在发掘中,平剖面结合,由上至下逐层揭露。出土器物全部以探方为单位进行编号,并绘制每层石器出土位置图。在提取研磨器、砺石和磨盘时,对周边的泥土也进行了提取,方便后续对此类工具进行残留物研究。对于含有细小动物遗骸和果核遗存的堆积,通过过筛和浮选法进行采集,最大限度地提取信息资料。

另外,在发掘中注意采集测年标本。为了获取更多的年代信息,还在探方壁不同地层内采集土样,为今后的孢粉分析、植硅石分析等相关研究工作做准备。遗址发现的墓葬数量较多,还对其中保存较好的两座墓进行了整体搬迁。

第三节　地　层　堆　积

遗址的地层分布较不均匀,部分地层仅在遗址的东部和南部有分布,其中仅发掘区南部的地层最为完整。因此,本报告以发掘区南部的探方南壁为例介绍如下:

第①层:灰黄色砂土,土质松软,结构松散,多呈细碎的小颗粒状,包含少量的炭屑,富含植物根系,分布遍及整个发掘区,北部基本呈水平状堆积。

第②层:黄褐色砂质亚黏土,包含大量的斑点状的铁锰颗粒,几乎不见红烧土、动物骨骼等包含物。该层主要分布在发掘区的西南部,且该区域堆积最厚,向西、向东该层逐渐消失。

第③层:灰褐色亚黏土,土质致密坚硬,呈团块状。夹杂有少量的红烧土颗粒,含有较多斑点状的铁锰颗粒,粒径多为0.1厘米。该层在发掘区的西南部堆积最厚,向东,向北逐渐变薄,发掘区最北部不见该层。

第④层:黑色砂质黏土,结构致密,黏性大,表面干结后颜色加深,含有较多的红烧土颗粒及腐化严重的动物骨骼。该层主要分布在发掘区的东南部,北部及西部不见该层。

第⑤层:红褐色砂质亚黏土,结构致密,包含较多的红烧土颗粒,仅在发掘区的东南部有所分布。

第⑥层:灰色螺壳层,较疏松,含有少量螺壳,包含较多红烧土颗粒,粒径在0.3厘米左右,个别可达到1厘米,仅在发掘区东南部分布。

第⑦层:红褐色砂质亚黏土,透水性好,土质致密坚硬,呈团块状。该层含有大量分布较为均匀的红烧土颗粒,粒径在0.3～2厘米之间。

第⑧层:红色砂土,富含螺壳和砾石,土质较为疏松。

第⑨层:灰黄色砂质土,结构疏松,含大量螺壳,少量蚌壳、石块和红烧土颗粒。

第⑩层:砾石层,该层未有遗物出土(图五)。

第四节　文　化　分　期

根据遗物及文化遗迹之间的叠压打破关系,并结合对广西地区相关类型遗址的认知,可将敢造遗址的文化堆积分为四期:

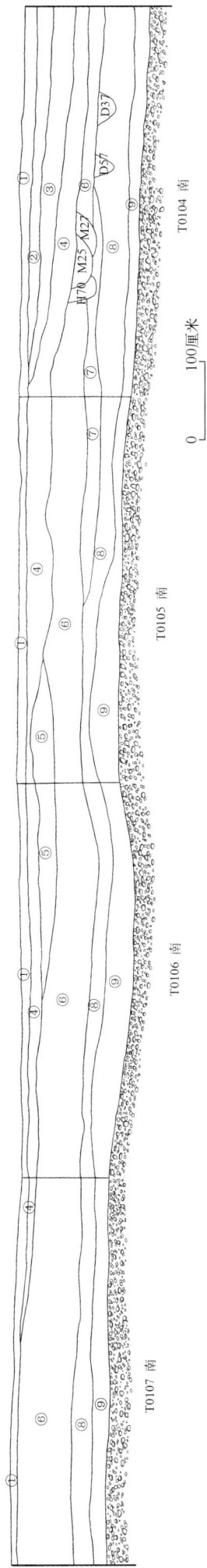

图五 敢造遗址地层图

第一期以遗址第⑨层及M85、M87、M91、M92、M95等遗迹为代表。该期出土遗物较少,仅有少量的石器、蚌器和零星的陶片。

第二期以第④、⑤、⑥、⑦、⑧层及M1、M2、M16、M17、M18等遗迹为代表。这一期出土的石制品数量较多,也有少量的蚌器、骨器和陶器,还出土了大量的动物骨骼。

第三期以第②、③层及H21、H27、H32、H29等遗迹为代表,本期出土的石制品数量较多,而动物骨骼极少,不见蚌器,陶片数量也较少。

第四期以H1、H44、H66、H48、H75等灰坑及其他遗迹为代表,部分灰坑内发现有大石铲,其中在一个灰坑内还发现大石铲与陶器共出,但因陶质较软,损毁严重,无法提取。

第五节　报　告　编　写

2014年在遗址发掘阶段完成了标本的分类、测量和统计工作。2015～2019年对出土的动物骨骼、人骨、螺壳及蚌壳进行了清理和简单的整理,由于人骨和动物骨骼钙化胶结较为严重,工作量较大,耗时也较长,这一阶段同时完成了出土器物的拍摄工作。2020年3月与吉林大学的陈全家教授及其团队合作对出土的动物骨骼进行了鉴定。2020年12月与山东大学赵永生副教授及其团队合作对敢造遗址出土人骨进行性别鉴定并开展同位素、病理等相关研究。2021年3月开始对出土器物进行绘图及描述,并于2021年底完成报告的初稿编写。

敢造遗址在发掘和整理过程中,得到了广西文物保护与考古研究所所领导的大力支持与帮助,在此一并致谢。

第三章　各期遗存详述

敢造遗址文化面貌较为丰富,在发掘过程中发现了大石铲、河旁台地遗存和贝丘遗址之间的叠压打破关系。出土遗物主要有打制石器、磨制石器,还有少量的骨器和蚌器,另有一定数量的陶片和动物骨骼。遗迹主要为墓葬、灰坑和少量的柱洞,根据地层叠压关系及出土遗物的特点,可将遗址分为四期,以下分节介绍各时期文化遗存的内涵和特征。

第一节　一期文化遗存

敢造遗址一期出土的器物较少,以石制品为主,仅出土有少量的蚌器,零星的陶片,未见完整陶器。陶片经过后期的整理和拼合,没有可复原的器物。发现的遗迹有柱洞、灰坑和墓葬三种。

一　石制品

一期出土共出土石制品25件,在出土遗物中占75.8%,可分为打制石器和磨制石器两大部分。其中打制石器的类型主要有石核、钻器和断块三种。磨制石器主要是斧锛类工具和砺石两种。

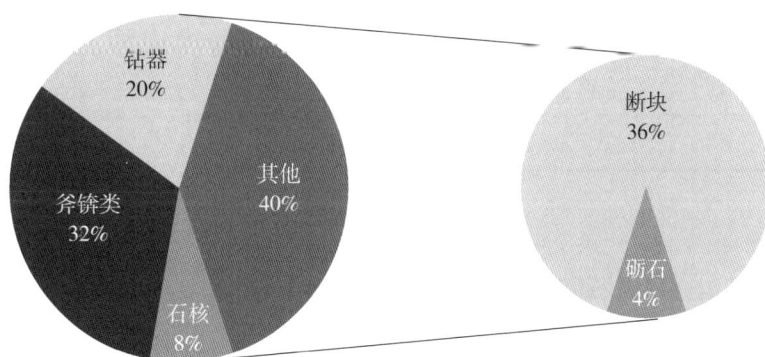

图六　一期石制品

敢造遗址一期出土的石制品数量较少,原料种类较为单一,主要以安山岩为主,其次为石灰岩,偶见石英岩和砂岩。

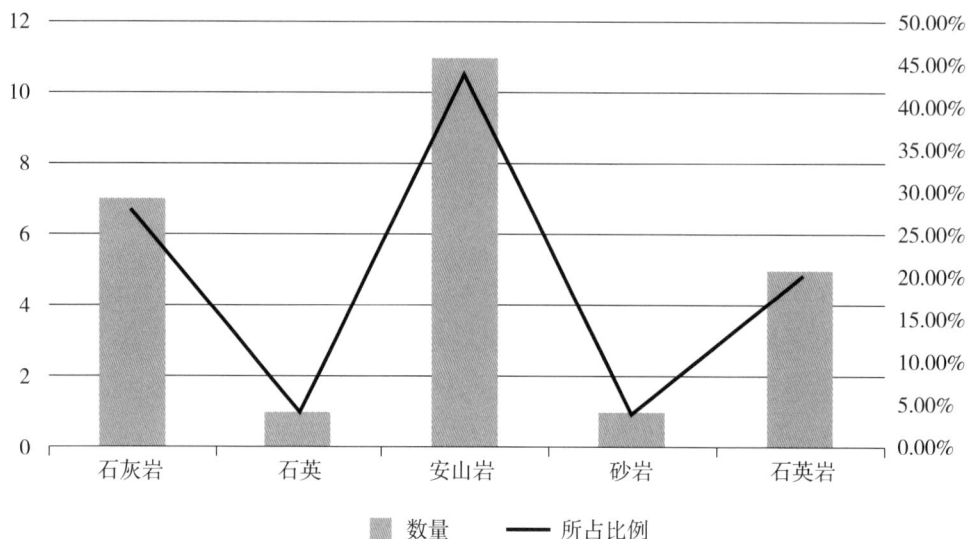

图七　一期石制品原料统计

据标本的最大直径可以将石制品分为微型、小型、中型、大型和巨型5级,对应尺寸分别为≤20毫米,20～50毫米,50～100毫米,100～200毫米,≥200毫米。综合尺寸和重量统计,中型所占比例最大(表一),达60%。其次为大型,所占比例为28%。

表一　敢造遗址一期石制品大小统计表

尺寸 类型	≤20毫米	20～50毫米	50～100毫米	100～200毫米	≥200毫米	合计
石核	0	0	2	0	0	2
断块	0	3	6	0	0	9
斧锛	0	0	5	3	0	8
钻器	0	0	2	3	0	5
砺石	0	0	0	1	0	1

(一) 打制石器

共出土打制石器16件,占石制品总数的64%。类型有石核、钻器和断块三种,其中石核2件、钻器5件、断块9件。石核中中型和大型各1件,钻器以大型为主,断块以中小型为主。

1. 石核

2件,占打制石器总数的12.5%。均为锤击石核,以安山岩和石英岩砾石为原料的各1件。石核利用率低,均是利用砾石的一端获取石片,台面角在58°～70°之间。根据台面多少进行判断,均为单台面石核。

标本2014FGZT0204⑨:2 以黄褐色石英岩砾石为原料,平面形状为长条形,横截面近椭圆形。仅在一端进行了剥片,可见三处较为成功的剥片,其余为细小的片疤。长79.1毫米,宽46.2毫米,厚26.1毫米,重263克,台面角58°(图八,1)。

标本2014FGZT0105⑨:3 以黄褐色安山岩砾石为原料,形状近矩形,横截面近矩形。沿砾石一端进行剥片,可见3处较成功的剥片,其余为细小的片疤,另一端断裂,断裂面微微内凹,似由一面打击导致的断裂。最大片疤长17.2毫米,宽22.1毫米。残长33毫米,宽39.3毫米,厚27毫米,重92.5克,台面角70°(图八,2)。

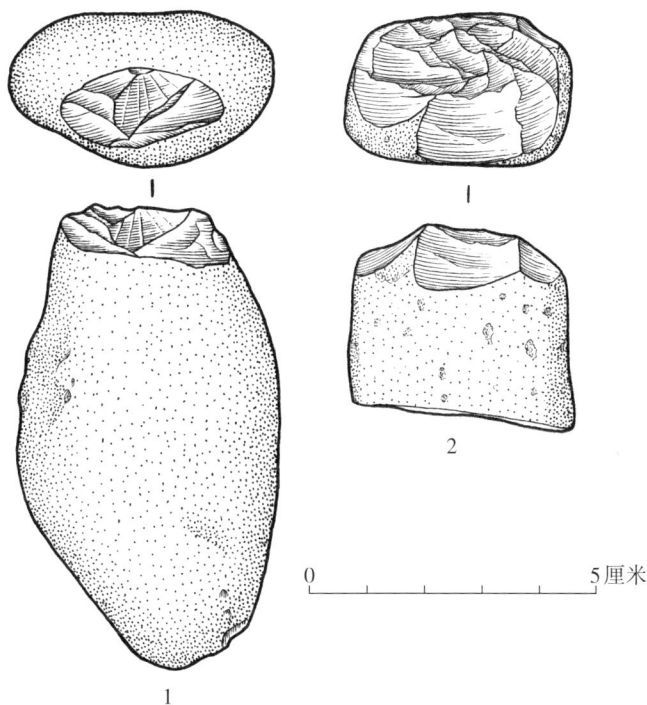

图八 一期单台面石核

1. 2014FGZT0204⑨:2 2014FGZT0105⑨:3

2. 钻器

5件,占打制石器总数的31.2%。3件以石英岩为原料,2件以安山岩为原料。大小较为接近,在50～100毫米之间的有2件,在100～200毫米之间的有3件。加工较为随意,略有尖刃,多数只能看到因使用而产生的轻微痕迹。

标本2014FGZT0105⑨:2 以黄褐色安山岩砾石为原料,形状为长条形,横截面近椭圆形。在砾石一端沿两侧边进行剥片,形成尖刃。尖刃的边缘可见明显的琢打痕迹。长117.6毫米,宽43.2毫米,厚28.2毫米,重248.5克,刃角48.4°(图九,1)。

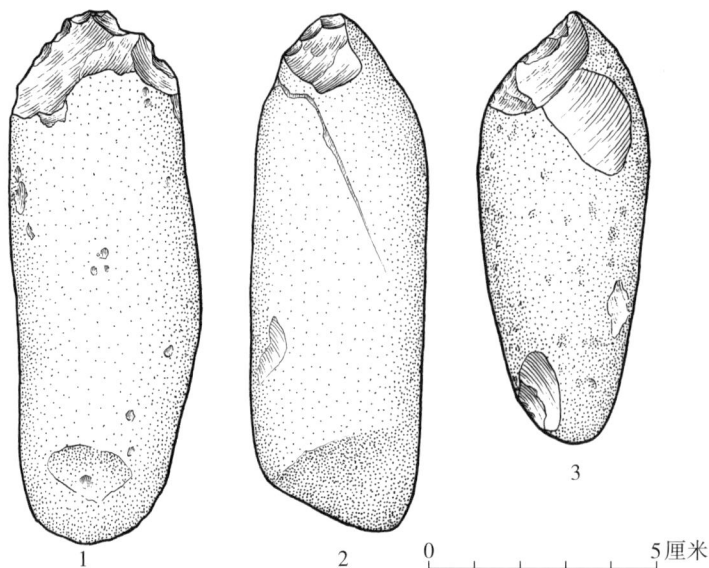

图九　一期钻器

1. 2014FGZT0105⑨：2　2. 2014FGZT0105⑨：10　3. 2014FGZT0105⑨：6

标本2014FGZT0105⑨：10　以灰褐色石英岩砾石为原料,形状为长条形,横截面近矩形。原料一端略呈尖状,一端略厚钝。可见沿略尖的一端进行剥片,形成尖刃,近尖部的两侧边可见轻微的琢打痕迹。长114.5毫米,宽40.6毫米,厚30.2毫米,重200.1克,刃角46.8°(图九,2)。

标本2014FGZT0105⑨：6　以青黑色石英岩砾石为原料,形状近长条形,横截面呈椭圆形。在近砾石一端的侧边可见琢打的痕迹和两处剥片的片疤,另一端可见一处较小的崩疤,无琢打痕迹(图九,3)。长95.1毫米,宽41.2毫米,厚27.5毫米,重141.3克,刃角40.5°。

3. 断块

9件,占石制品总数的36%。多呈不规则形,石英岩占比较多,其次是安山岩,个体差别较大,最小的长30.1毫米,宽32.1毫米;最大的长93.5毫米,宽81.4毫米,总体以小型为主。重量在24.6～488.7克之间(表二)。

表二　一期断块大小统计表

测量统计项目	长　度	宽　度	厚　度	重　量
最小值	30.1毫米	32.1毫米	10.1毫米	24.6克
平均值	66.1毫米	47.5毫米	36.3毫米	181.9克
最大值	93.5毫米	81.4毫米	66.3毫米	488.7克

(二)磨制石器

共出土磨制石器9件,占石制品总数的36%,包含砺石1件和斧锛类工具8件。除砺石的原料为砂岩外,斧锛类工具的原料均为石灰岩。斧锛类工具以中大型为主,砺石为巨大型。

1. 砺石

1件。标本2014FGZT0104⑨:2　双面砺石,以砂岩砾石为原料,整体形状近椭圆形,横截面呈新月形。一面较平,另一面因磨砺形成凹面,最大磨面长155毫米,宽86毫米,几乎与长宽相等。一侧边缘较为厚钝,一侧边较薄。较为厚钝的一侧边缘可见一些轻微的磨痕,应是研磨使用所留(图一〇)。风化较为严重,两端及一侧略有破损。残长156.3毫米,宽89.1毫米,重726.8克。

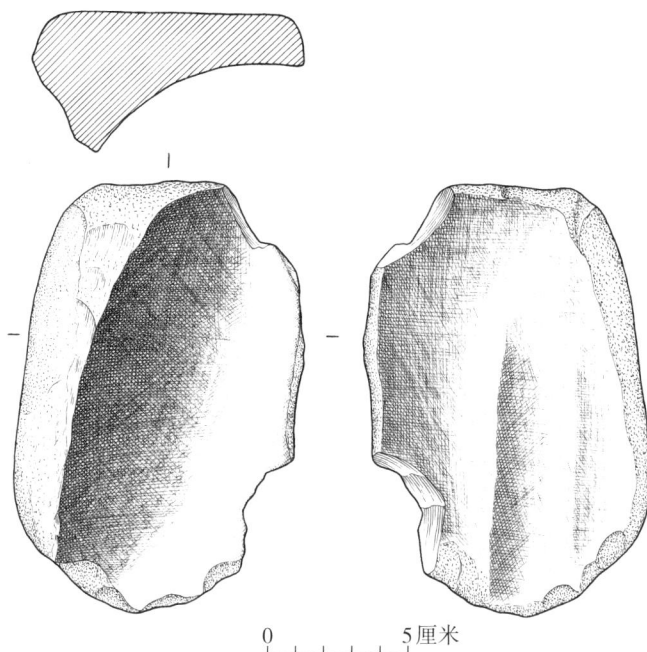

图一〇　一期砺石
2014FGZT0104⑨:2

2. 斧锛类工具

8件,占磨制石器总数的88.9%,包含完整器、毛坯和残件。其中石斧3件(1件残断)、石锛2件、斧锛类半成品2件、斧锛坯1件。全部以石灰岩岩块为原料,成品磨制得较为精致,大小在50~200毫米之间,刃角在32°~60°之间。

石斧

3件。标本2014FGZT0106⑨:3　以青灰色石灰岩岩块为原料,形状近梯形,横截面呈椭圆形。该器磨制较为精致,大部分修坯时的片疤均已磨掉不见,仅两侧边保留了修边时留下的崩疤和琢打痕迹。该器两边向把端汇聚。把端窄于刃部,未见明显的减薄痕迹,在把端顶部有一处较小的剥片,应为修理把端以方便把握。刃缘微弧,精致锋利,有轻微的使用磨痕及崩疤,刃长52.1毫米,刃角60°。长67.1毫米,宽50.1毫米,厚18.3毫米,重95.6克(图一一,1)。

标本2014FGZT0106⑨:5　以灰白色石灰岩岩块为原料,残存形状近梯形,横截面近椭圆

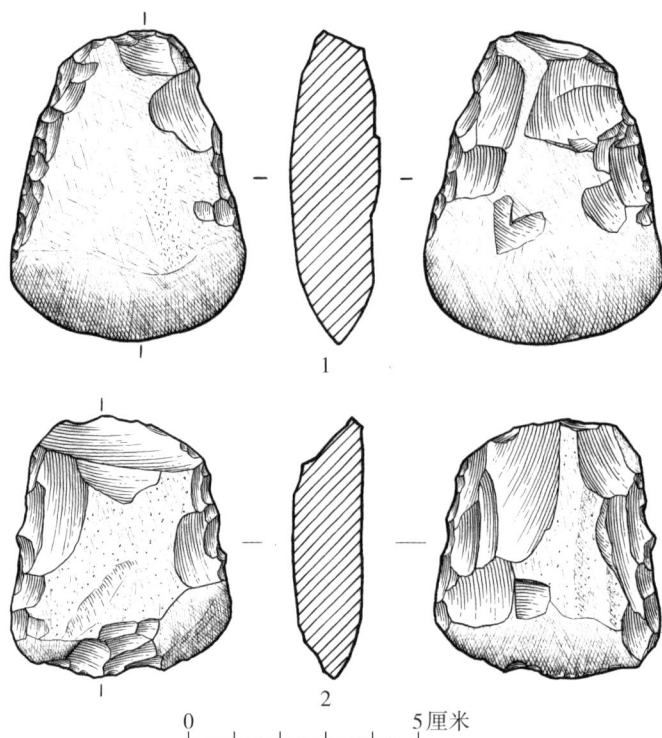

图一一　一期石斧

1. 2014FGZT0106⑨：3　　2. 2014FGZT0106⑨：5

形。经过简单的磨制，两端可见修坯时留下的片疤，侧边磨制不明显。侧边向把端汇聚，把端残段，可见明显的折断疤痕。刃缘微弧，因使用造成多处崩疤，刃长46.2毫米，刃角51°。残长56.1毫米，宽5毫米，厚14.1毫米，重55.6克（图一一，2）。

标本2014FGZT0106⑨：1　以灰白色石灰岩岩块为原料，形状近矩形，横截面近椭圆形。一面较平坦，一面微弧，两面均经过磨制，但仍保留了大部分加工修整留下的片疤。两侧边平直，经过简单的磨制，仍保留有修理时的层叠片疤，片疤较为细小。把端与刃部同宽，经过减薄，可见减薄留下的较大的片疤。刃部呈弧形，磨制精致且锋利，不见明显的使用痕迹，刃缘一侧残断，刃残长28.1毫米，刃角48°。长134.2毫米，宽61.1毫米，厚26.2毫米，重301.6克（彩版四，2）。

石锛

2件。标本2014FGZT0105⑨：1　以黑褐色石灰岩岩块为原料，形状近矩形，横截面近矩形。该器把端和侧边残断。经过简单的磨制，一侧边可见修整留下的琢打痕迹和崩疤，侧边不平直，中部略内凹，另一侧边沿节理面断裂。主要磨制刃部，刃残长41.2毫米，刃角53°。残长73.3毫米，宽49.1毫米，厚19.3毫米，重119.1克（图一二，1）。

标本2014FGZT0104⑨：1以灰褐色石灰岩岩块为原料，形状近梯形，整体较薄。器表风化严重，可见层叠脱落的迹象。把端轻微残断，刃部微弧，磨制得较为规整，刃缘右侧有一处

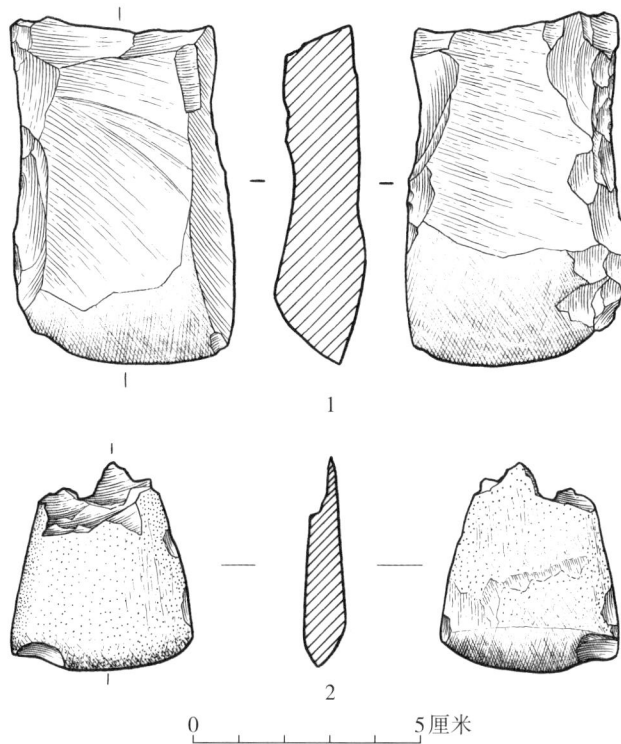

图一二　一期石锛

1. 2014FGZT0105⑨：1　2. 2014FGZT0104⑨：1

崩疤。刃缘残长 29.2 毫米，刃角 32°。残长 45.43 毫米，宽 42.1 毫米，厚 9.1 毫米，重 19.9 克（图一二，2）。

斧锛类半成品

2 件。标本 2014FGZT0106⑨：2　以灰白色石灰岩岩块为原料，形状近矩形，横截面近矩形，通体进行打制，一面经过细致的磨制，表面光滑，另一面几乎不见磨制痕迹，全部为修疤留下的阴痕，修疤多浅平。该器刃部断裂，应为使用所致，刃缘部位可见因使用而形成的细小崩疤。整体较为厚钝，刃缘断裂后，使用者继续修整，形成较为平直的刃缘，但尚未经过磨制。刃长 51.0 毫米，刃角 56°。残长 95.3 毫米，宽 57.2 毫米，厚 24.1 毫米，重 187.6 克（图　二，1）。

标本 2014FGZT0208⑨：1　以灰褐色石灰岩岩块为原料，形状为长条形，较为扁平。经过简单磨制，刃部磨制较好，把端和两侧边遍布打击疤痕，侧边还可见琢打的细小崩疤，把端向内收利于把握。刃缘在进行坯料打制时有一处剥片大而深凹，刃缘经过精细的磨制，但该片疤仍可见。该器刃部因使用形成较多的崩疤，刃缘凹凸不平。刃长 42.3 毫米，刃角 38°。长 97.1 毫米，宽 52.1 毫米，厚 20.2 毫米，重 153.8 克（图一三，2）。

斧锛坯

1 件。标本 2014FGZT0106⑨：4　以灰褐色石灰岩岩块为原料，形状近长条形，横截面近矩形。通体可见修整留下的片疤，个别片疤大而深凹，刃缘和侧边可见琢打形成的小崩疤。刃缘呈

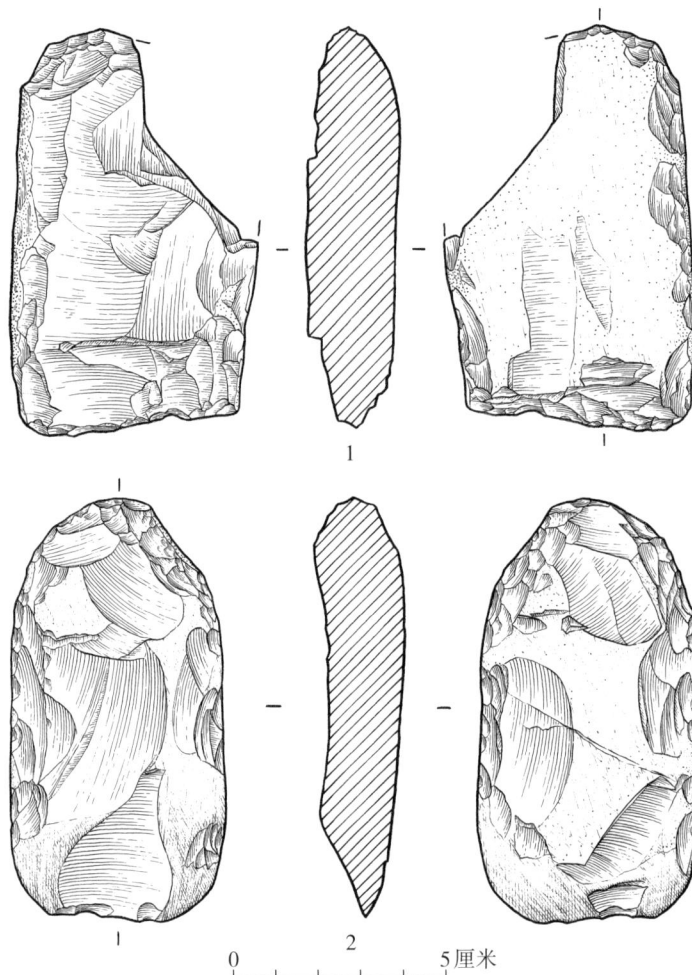

图一三　一期斧锛半成品
1. 2014FGZT0106⑨：2　2. 2014FGZT0208⑨：1

弧形，一面经过磨制。该器把端略窄于刃部，除刃部一面进行磨制之外，其他部位均未进行磨制。该器风化严重，因原料和风化的原因造成部分地方呈片状剥落。刃长44.2毫米，刃角49°。长106.3毫米，宽48.1毫米，厚34.2毫米，重210.2克（图一四）。

二　蚌器

一期共出土蚌器8件，占出土器物的24.2%，类型有蚌刀和蚌铲。多选用坚硬的厚蚌壳加工制作而成，部分蚌器经过精细的磨制。

（一）蚌刀

5件（1件残缺）。标本2014FGZT0106⑨：6　以一片蚌壳为原料，形状似鱼头，鱼嘴微微内凹，朝向左侧，中部穿孔，刃口和持握处可见磨制痕迹及因使用形成的崩疤。长147.1毫米，宽

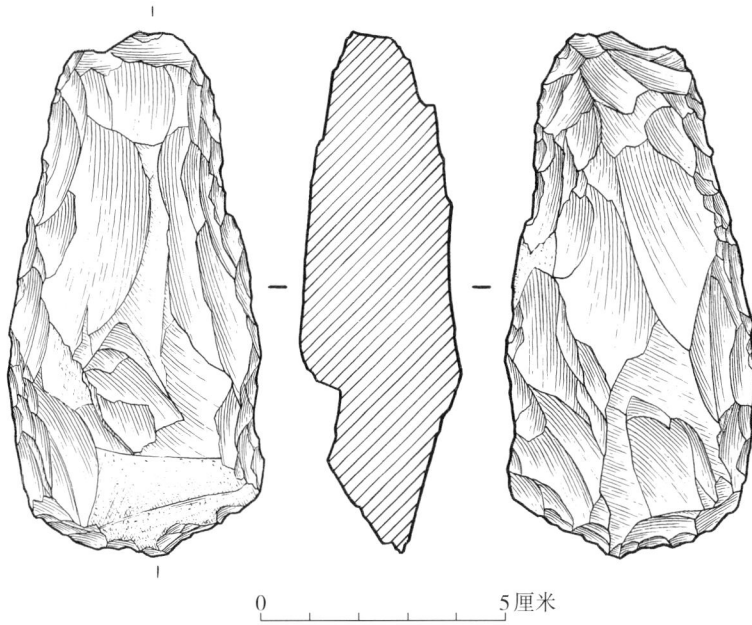

图一四　一期斧锛毛坯

2014FGZT0106⑨∶4

70.3毫米,厚12.1毫米(图一五,1)。

标本2014FGZT0106⑨∶7,以一片蚌壳为原料,形状似鱼头,鱼嘴微微内凹,朝向右侧,中部穿孔,刃口处可见因使用留下的多处崩疤,持握部分磨制痕迹明显。长83.2毫米,宽143.1毫米,厚13.2毫米(图一五,2)。

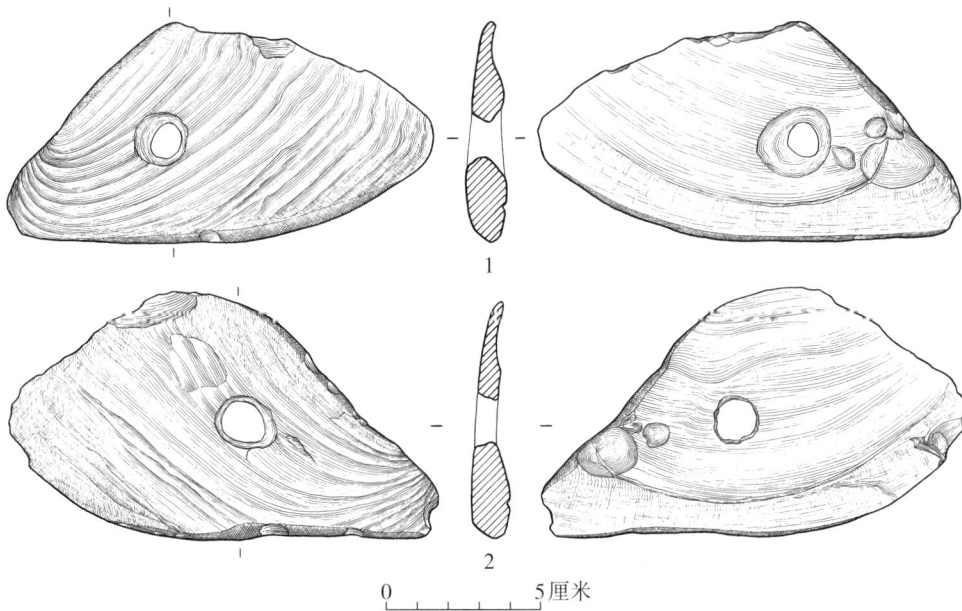

图一五　一期蚌刀

1. 2014FGZT0106⑨∶6　2. 2014FGZT0106⑨∶7

标本2014FGZT0105⑨：9　以一片蚌壳为原料，形状似鱼头，鱼嘴微凸，朝向左侧，中部穿孔，刃口和持握处可见磨制痕迹及因使用形成的崩疤。长75.1毫米，宽157.5毫米，厚10.1毫米（图一六，1）。

标本2014FGZT0106⑨：8　以一片蚌壳为原料，形状似鱼头，鱼嘴微凸，朝向左侧，中部穿孔，刃口和持握处可见磨制痕迹及因使用形成的崩疤。长62.1毫米，宽133.3毫米，厚14.2毫米（图一六，2）。

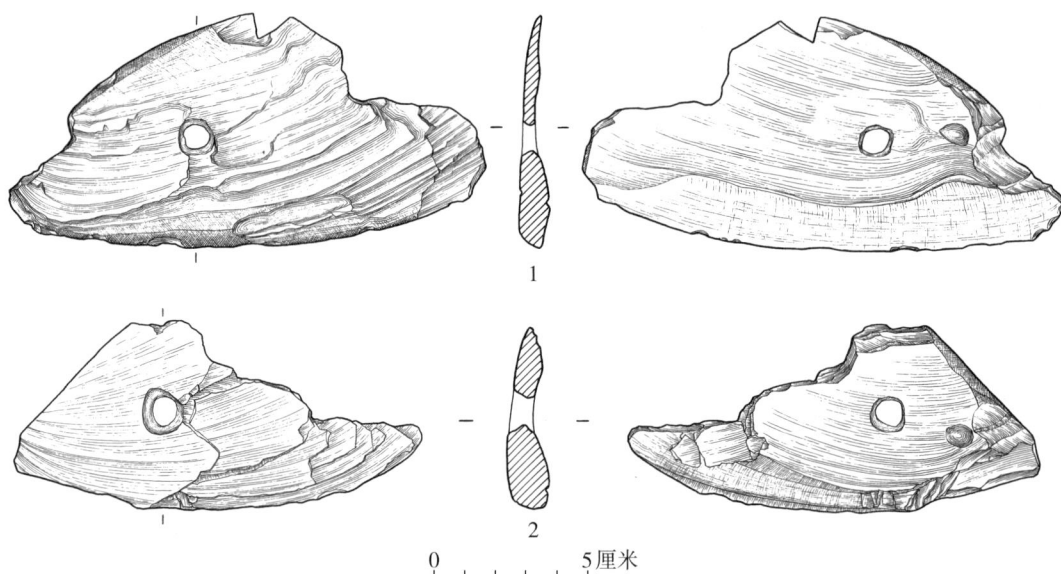

图一六　一期蚌刀

1. 2014FGZT0105⑨：9　2. 2014FGZT0106⑨：8

（二）蚌铲

3件。标本2014FGZT0105⑨：10　将较大的蚌壳加工成铲形，四周打制痕迹明显，刃缘呈弧形。长163.2毫米，宽88.1毫米，厚18.2毫米（图一七，1）。

标本2014FGZT0105⑨：11　将较大的蚌壳加工成铲形，磨制得较为精致，刃缘较为平整，中部穿孔。长117.2毫米，宽56.1毫米，厚13.2毫米（图一七，2）。

标本2014FGZT0106⑨：9　将较大的蚌壳加工成铲形，刃缘呈弧形，铲身一侧已经残断。残长172.3毫米，残宽50.1毫米，厚15.4毫米（图一八）。

三　陶片

一期出土了少量陶片，均为夹砂陶，夹砂颗粒较大，粒径在0.5～0.7毫米的居多。陶色主要为灰褐色，部分内壁呈黑色或黑褐色。纹饰只见绳纹一种，纹饰宽度在2毫米左右。无完整器，均为陶片，且比较破碎，多为几厘米大小。由于陶片少且破碎，无法进行考古学上的型式划分，这里仅对较大块的和有代表性的陶片进行介绍。

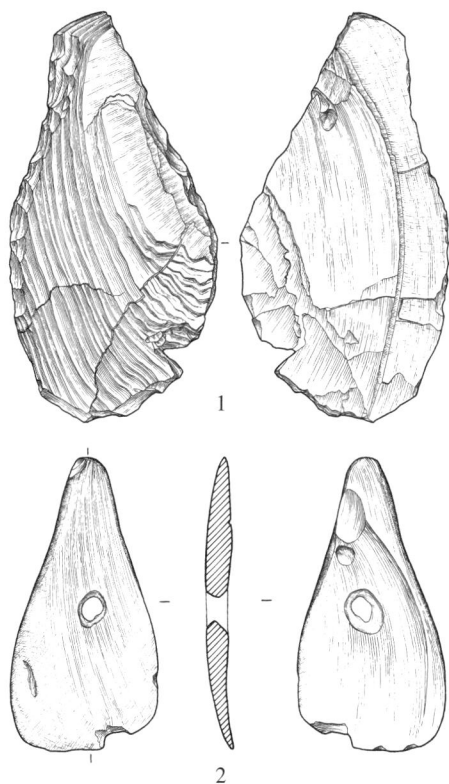

图一七 一期蚌铲

1. 2014FGZT0105⑨：10 2. 2014FGZT0105⑨：11

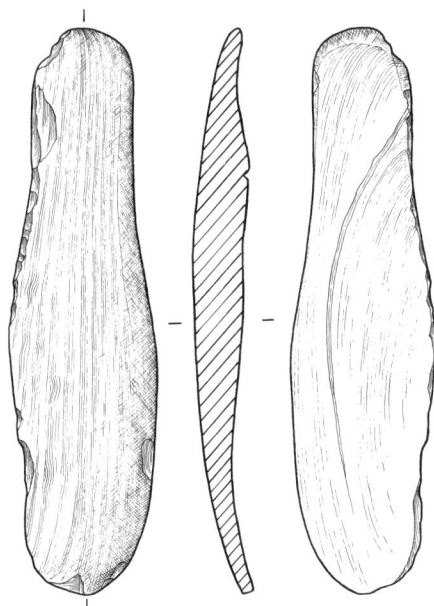

图一八 一期蚌铲残件

2014FGZT0106⑨：9

标本2014FGZT0105⑨：14 腹部残片，灰褐色夹砂陶，砂粒较粗，粒径0.5毫米，胎厚9毫米，饰细绳纹，绳纹印痕较深，粗约2毫米（图一九，1）。

标本2014FGZT0105⑨：23 腹部残片，灰褐色夹砂陶，砂粒较粗，粒径0.5毫米，胎厚约12毫米，饰细绳纹，绳纹印痕较深，粗约2毫米（图一九，2）。

标本2014FGZT0105⑨：16 腹部残片，灰褐色夹砂陶，砂粒较粗，粒径0.5毫米，胎厚7毫米，饰细绳纹，绳纹印痕较浅，粗约2毫米（图一九，3）。

标本2014FGZT0105⑨：25 腹部残片，灰褐色夹砂陶，砂粒较粗，粒径0.5毫米，胎厚约10毫米，饰细绳纹，绳纹印痕较深，粗约2毫米（图一九，4）。

四 遗迹

主要有灰坑、柱洞、墓葬三种类型，其中灰坑4个，柱洞8个，墓葬7座。

（一）灰坑

一期共发现灰坑4个，编号分别为H37、H67、H81和H82。

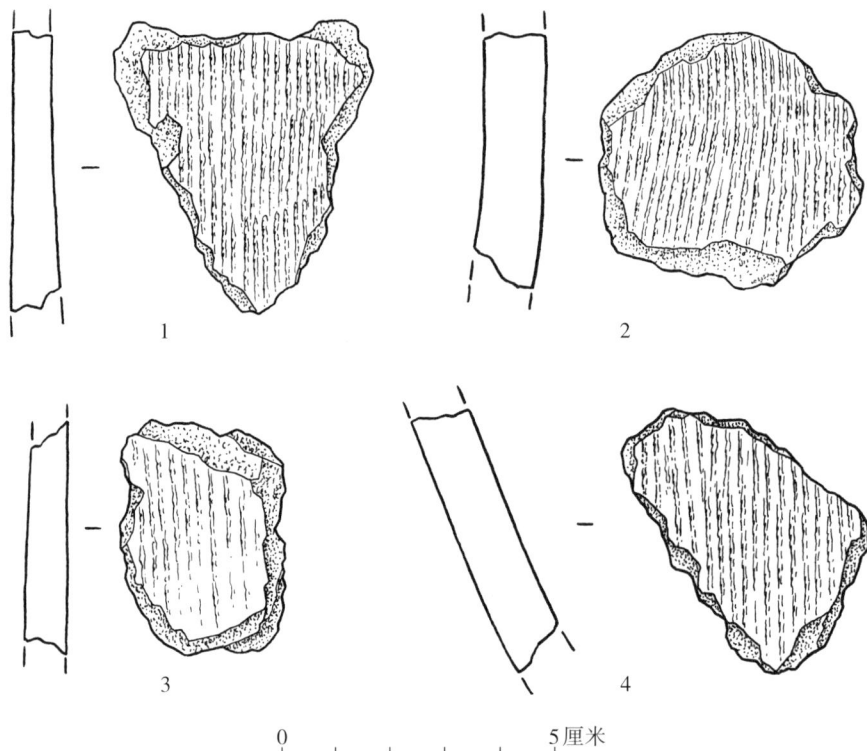

图一九　一期陶片

1. 2014FGZT0105⑨：14　2. 2014FGZT0105⑨：23　3. 2014FGZT0105⑨：16　4. 2014FGZT0105⑨：25

　　H67　位于T0103南部，部分伸入南壁，开口于⑧层下，打破⑩层。形状不规则，直壁，底部凹凸不平。距地表约90厘米，长88厘米，宽36厘米，深38厘米。填土呈灰褐色，砂质土，结构疏松，含有少许红烧土颗粒。包含少量粒径在5厘米左右的砾石（图二〇，1）。

　　H81　位于T0204东北部，开口于⑧层下，打破⑩层。口部近圆形，直壁，平底。距地表约92厘米，长43厘米，宽41厘米，深15.5厘米。填土呈棕黄色，土质较密实，含有较多红烧土颗粒，粒径在0.5厘米以下，未出土其他遗物（图二〇，2）。

　　（二）柱洞

　　一期共发现8个柱洞，分别为D26、D27、D34、D47、D48、D55、D56、D58。

　　D56　位于T0104北部，开口于⑧层下，打破⑩层。距地表约93厘米，口部近圆形，斜壁，圜底，长25厘米，宽22厘米，深约33厘米。填土呈灰黑色，土质较松，未见其他包含物（图二〇，4）。

　　D34　位于T0103东南角，开口于⑧层下，打破⑩层。距地表约103厘米，形态不规则，部分深入东壁，斜壁，圜底，长20厘米，宽14.5厘米，深约15厘米。填土呈灰褐色，结构松散，含有少量红烧土颗粒，不见其他包含物（图二〇，3）。

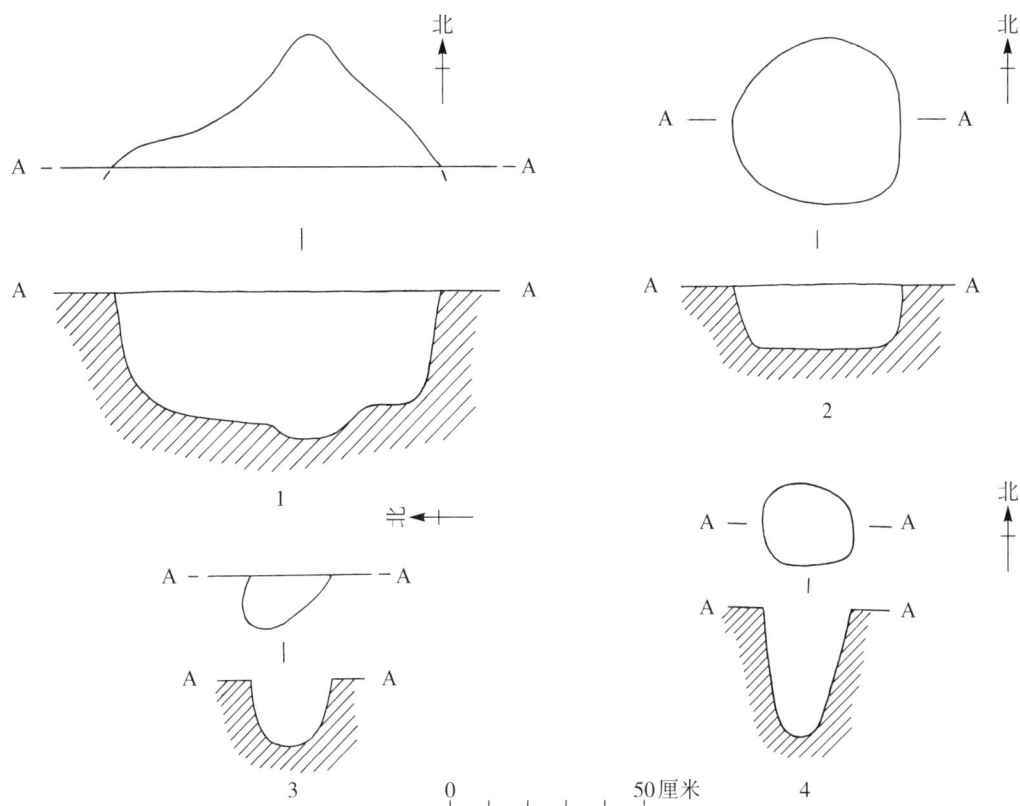

图二〇　一期灰坑、柱洞

1. H67　2. H81　3. D34　4. D56

（三）墓葬

一期共发现墓葬7座，均为侧身屈肢葬，卷曲幅度较大（彩版二，1）。

M91　位于T0208西南部，开口于⑧层下，打破⑩层。距地表约110厘米，墓向0°，长75厘米，宽82厘米，深29厘米（图二一）。填土为红色黏土，含有较多小砾石。葬式为侧身屈肢葬，保存状况一般，头向北，盆骨处有一较大石块。

M95　位于T0206东北部，开口于⑧层下，打破⑩层。距地表约84厘米，墓向33°，长88厘米，宽62.1厘米，深度21厘米（图二二）。填土为红色黏土，含有较多小砾石。葬式侧身屈肢葬，保存状况一般，面向东北。

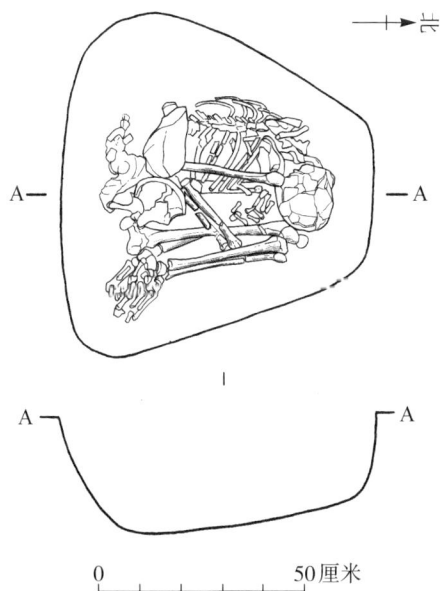

图二一　一期墓葬

M91

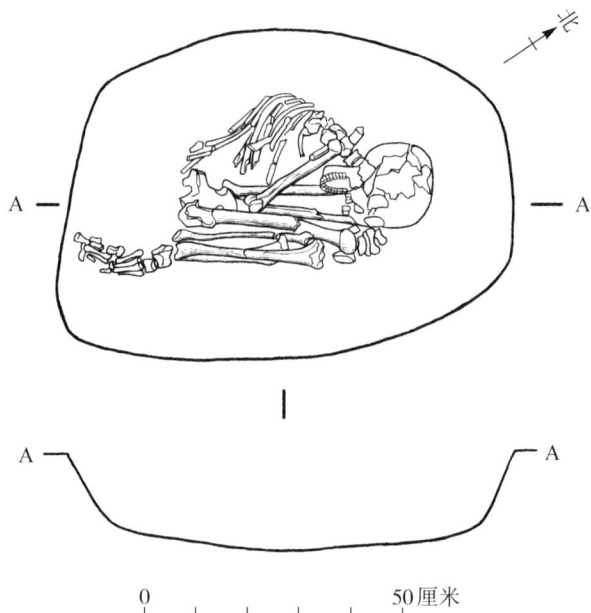

图二二　一期墓葬
M95

第二节　二期文化遗存

敢造遗址二期出土了大量的石制品和动物骨骼,也有一定数量的蚌器和少量的陶片。陶片经过后期的整理和拼合,但没有可以复原的器物。遗迹主要为墓葬,也有少量的灰坑和柱洞。

一　石制品

二期共出土石制品3 616件,其中打制石器3 539件,包括石核254件,完整石片589件,断片121件,碎片2 263件,断块192件,石锤47件,使用石片9件(二类刮削器),尖刃器3件,刮削器10件,砍砸器25件,钻器22件,旧器4件;磨制石器77件,包括研磨器28件,砺石7件,磨盘3件,石砧2件,斧锛类工具37件(图二三)。

二期出土的石制品不仅数量较多,原料的类型也较为丰富(图二四),其中以安山岩为最,其次为石英岩,硅质岩和板岩数量最少。

(一)打制石器

二期共出土打制石器3 539件,占出土石器总数的97.9%。

1.石核

254件,占打制石器总数的7%。根据剥片方式可以分为锤击石核和砸击石核两类,其中绝大

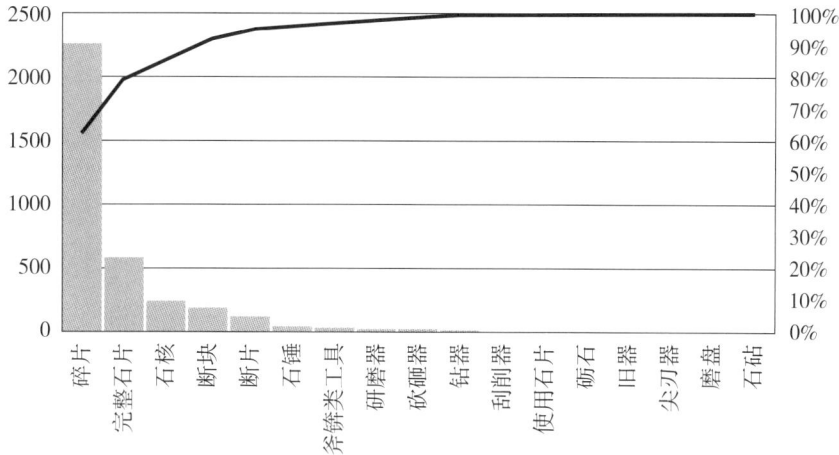

图二三　二期出土石制品数量统计表

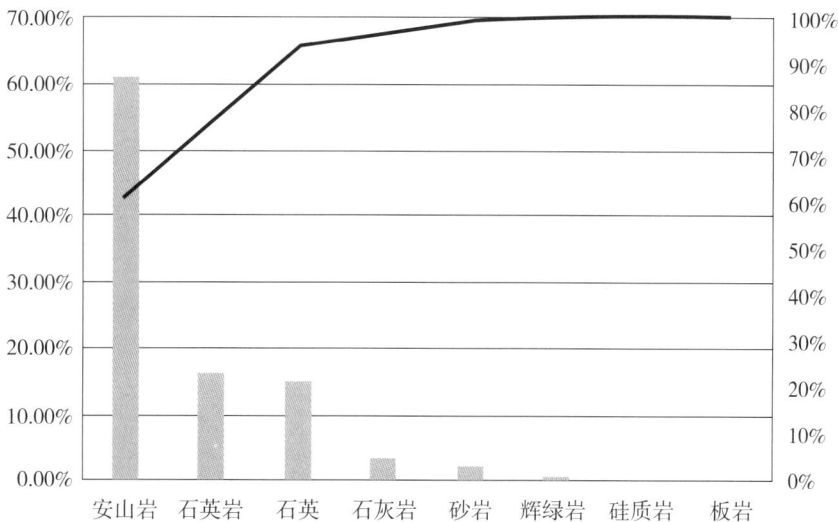

图二四　二期石器原料数量及占比

多数为锤击石核,砸击石核仅有2件。锤击石核根据台面的多少可分为单、双、多台面三类。其中单台面石核188件(含74件小石英石核);双台面石核47件;多台面石核17件(图二五)。石核个体大小多为中型(50毫米≤L≤100毫米),其次是大型(100毫米≤L≤200毫米),原料种类较多,主要包括安山岩、石英岩、石灰岩、砂岩和辉绿岩等。

　　单台面石核　188件,占石核总数的74%。

　　标本2014FGZT0205④:1　以青灰色安山岩砾石为原料,形状不规则,以砾石一端为台面进行剥片,台面长52.1毫米,宽46毫米,可见7处较大的剥片,最大石片长26.2毫米,宽20.3毫米,台面角74°～83°,长72.4毫米,宽63.1毫米,厚48.9毫米,重209.2克(图二六,1;彩版二一,2)。

　　标本2014FGZT0205⑤:1　以黄褐色安山岩砾石为原料,形状近梯形,横截面呈椭圆形。以砾石一端为台面进行剥片,可见4处较大的片疤及一些细小的片疤,最大片疤长27.5毫米,宽37.1

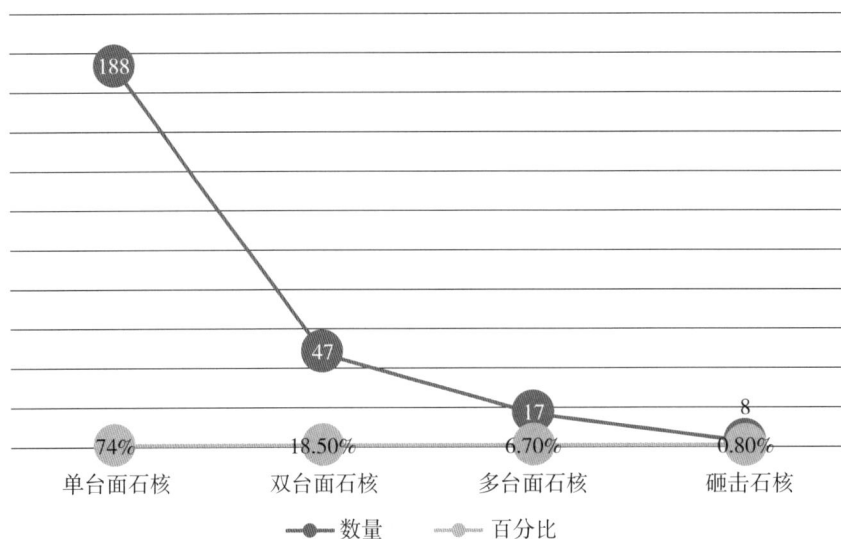

图二五　二期石核类型占比图

毫米,台面角74°。砾石从中部断裂,断裂面规整平直,右侧边缘可见因做石锤使用而留下的崩疤,残长56.2毫米,宽72.3毫米,厚45.2毫米,重220.2克(图二六,2;彩版一四,2)。

　　标本2014FGZT0105⑥:12　以黑褐色石英岩砾石为原料,形状近矩形。以砾石的一端为台面进行剥片,台面长44.8毫米,宽60.3毫米,台面角75°～91°。原料内芯较为坚硬,可见很多片疤远端折断,疤痕多深凹,最大片疤长33.2毫米,宽26.8毫米。该石核利用率较高,目前角度已不适合剥取石片。长63.1毫米,宽71.2毫米,厚44.4毫米,重264.8克(图二六,3)。

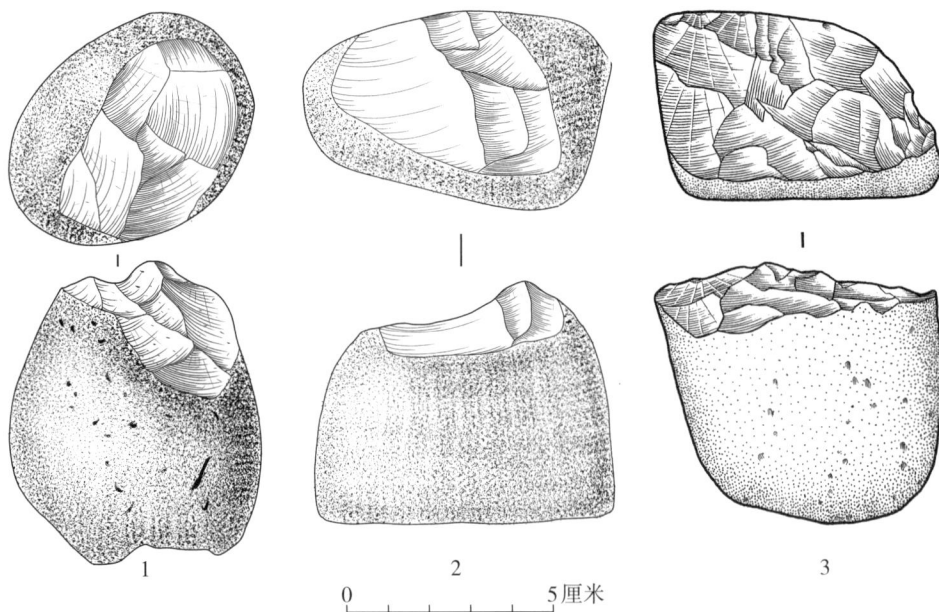

图二六　二期单台面石核

1. 2014FGZT0205④:1　2. 2014FGZT0205⑤:1　3. 2014FGZT0105⑥:12

标本2014FGZT0308④：31 以灰褐色石英岩砾石为原料，形状不规则。以砾石凸起的一面为台面，沿一端单向剥片，台面长37.1毫米，宽46.4毫米。可见5处较大的剥片，其余的石片较为细小，片疤多浅平，最大片疤为36毫米，35毫米，台面角87°～93°。长89.5毫米，宽70.8毫米，厚47.1毫米，重286.8克（图二七，1；彩版二二，1）。

标本2014FGZT0205④：10 以青灰色辉绿岩砾石为原料，形状不规则，沿砾石一端进行剥片，可见三处较大的剥片，片疤多大而深凹，最大片疤长29毫米，33毫米，台面长65.4毫米，宽54.2毫米，台面角69°～80°。长82.3毫米，宽57.2毫米，厚67.9毫米，重318.3克（图二七，2）。

标本2014FGZT0105④：1 以青灰色安山岩砾石为原料，形状不规则。以砾石较平的一面作为台面，沿一端持续剥片，台面长27毫米，宽50.2毫米，可见三层主要的剥片，其中第一二层剥

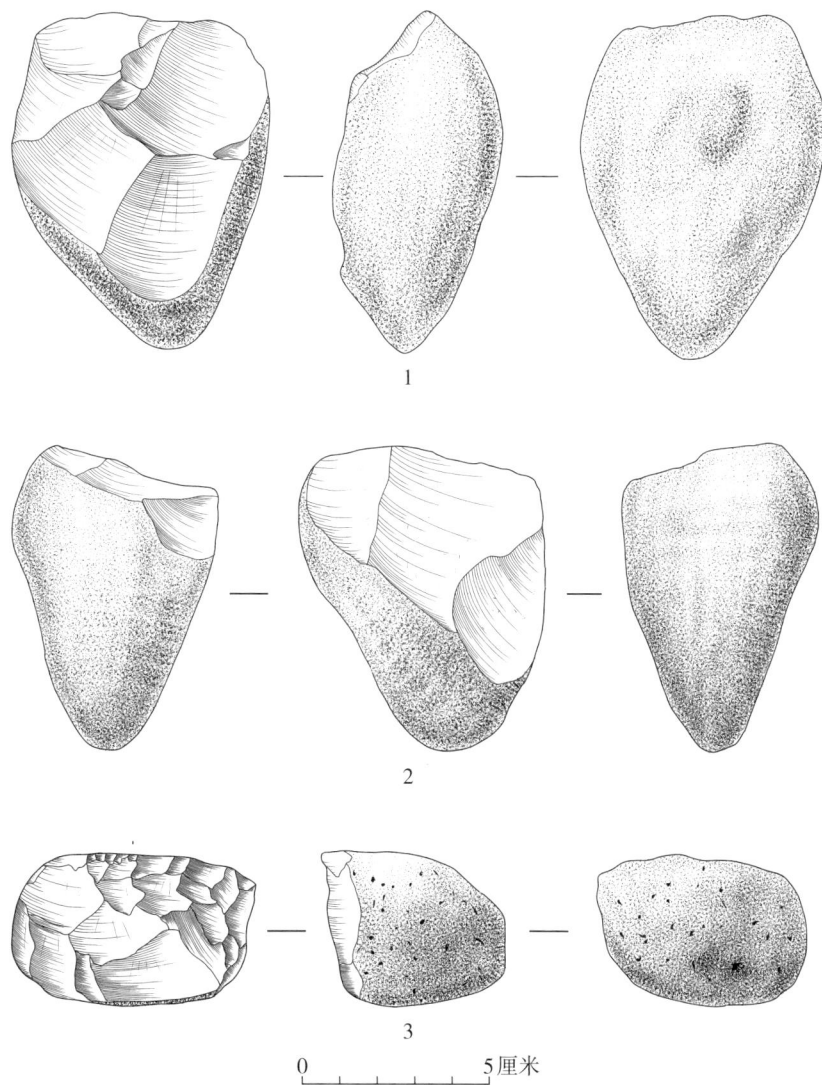

图二七 二期单台面石核

1. 2014FGZT0308④：31   2. 2014FGZT0205④：10   3. 2014FGZT0105④：1

片较大，最大片疤长17.4毫米，宽25.1毫米，台面角79°～85°。长43.3毫米，宽67.1毫米，厚45.4毫米，重112.9克（图二七，3）。

　　标本2014FGZT0307④：18　以黄褐色安山岩砾石为原料，形状近椭圆形，整体较厚。沿砾石一端进行剥片，可见从台面不同的方向进行剥片形成的6处较为成功的剥片，其余可见很多较小的崩疤，台面长80.9毫米，宽47.4毫米，台面角75°～89°，最大片疤长32.1毫米，宽28.3毫米。长96.5毫米，宽65.4毫米，厚56.3毫米，重522.6克（图二八，1）。

　　标本2014FGZT0206⑦：9　以灰褐色安山岩砾石为原料，形状为长条形，沿砾石的一端进行剥片，可见三处较大的片疤，最大片疤长26.1毫米，宽50.2毫米，台面角79°。另一端可见作为石锤使用的砸疤。长94.9毫米，宽53.2毫米，厚35.3毫米，重283.5克（图二八，2）。

　　标本2014FGZT0307④：2　以灰褐色安山岩砾石为原料，形状近椭圆形。砾石一端可见多次剥片留下的片疤，台面长63.7毫米，宽45.4毫米，台面角92°～103°，最大片疤长36.9毫米，宽22.3毫米。另一端有一处因节理造成的断裂面。该石核因角度较大，很难剥取大的石片，可

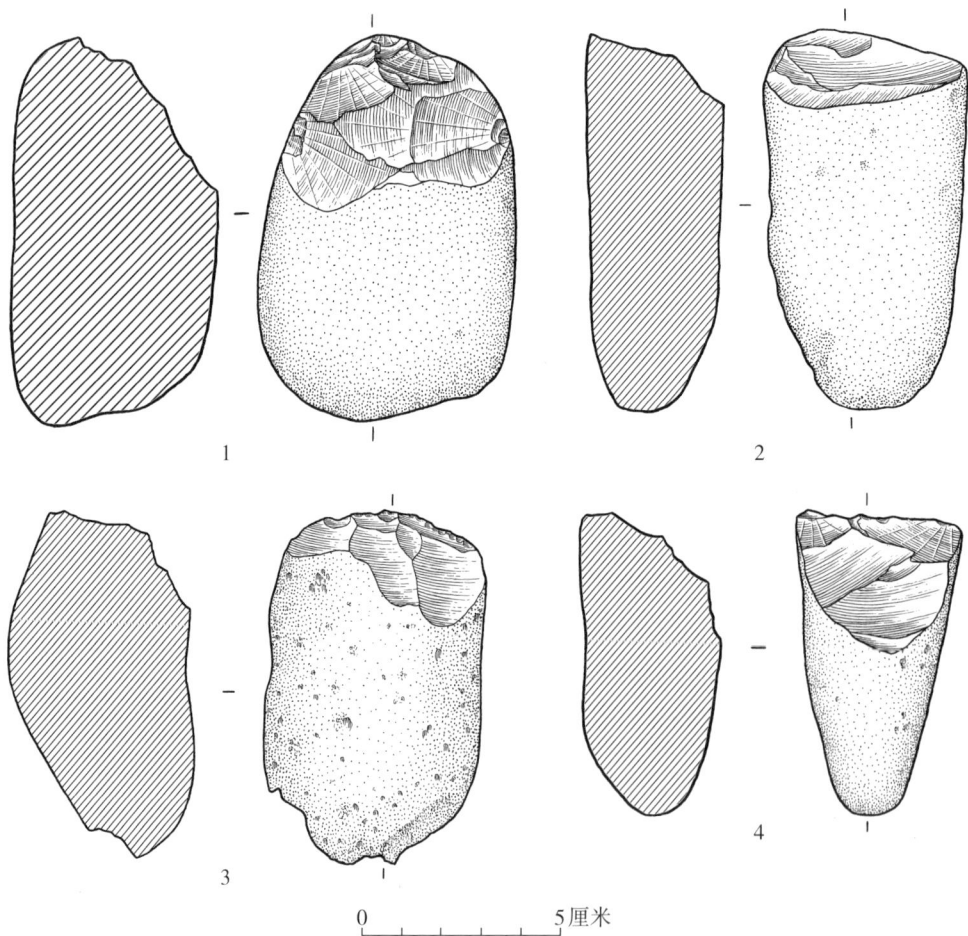

图二八　二期单台面石核

1. 2014FGZT0307④：18　2. 2014FGZT0206⑦：9　3. 2014FGZT0307④：2　4. 2014FGZT0307④：24

见加工者多次尝试而产生的细小崩疤。长 88.6 毫米，宽 56.1 毫米，厚 48.5 毫米，重 326.6 克（图二八，3）。

标本 2014FGZT0307④：24　以黄褐色辉绿岩砾石为原料，形状为长条形。以砾石较平的一面为台面（图二八，4），沿较宽的一端进行剥片，台面长 67.2 毫米，宽 38.4 毫米。可见 4 处较大的剥片，片疤多大而深凹，最大石片长 24.1 毫米，宽 36.2 毫米，台面角 69°。长 77.2 毫米，宽 42.6 毫米，厚 37.1 毫米，重 158.4 克。

标本 2014FGZT0308④：33　以黄褐色辉绿岩砾石为原料，形状不规则。沿砾石一端剥片，可见 5 处较为成功的剥片，台面长 61.3 毫米，宽 60.5 毫米，台面角 75°～88°，最大片疤长 31.8 毫米，宽 26.4 毫米。长 74.2 毫米，宽 68.9 毫米，厚 60.3 毫米，重 285.5 克（图二九，1；彩版二二，2）。

标本 2014FGZT0308④：35　以黄褐色石英岩砾石为原料，形状近三角形。以砾石较为扁平的一面为台面进行剥片，台面长 48.1 毫米，宽 73.4 毫米。可见 3 层片疤，第一二层片疤较为浅平，第三层片疤多小而深凹，最大片疤长 24.2 毫米，宽 49.3 毫米，台面角 68°～75°。长 75.2 毫米，宽 78.1 毫米，厚 57.4 毫米，重 271.6 克（图二九，2）。

标本 2014FGZT0308④：10　以青灰色安山岩砾石为原料，形状近椭圆形。以砾石较平的一面为台面，沿一端单向剥片，台面长 39.2 毫米，宽 55.1 毫米。可见 5 处较大的剥片（图二九，3；彩版一八，2），其余的石片较为细小，片疤多浅平，最大片疤长 31 毫米，宽 26 毫米，台面角 75°～78°。长 57.5 毫米，宽 64.3 毫米，厚 47.2 毫米，重 185.4 克。

标本 2014FGZT0208⑥：1　以黑褐色石英岩为原料，形状近梯形，横截面近矩形。砾石一面平坦一面微凸，以砾石较平的一面为台面，台面长 68.5 毫米，宽 45.3 毫米，以砾石两端为工作面进

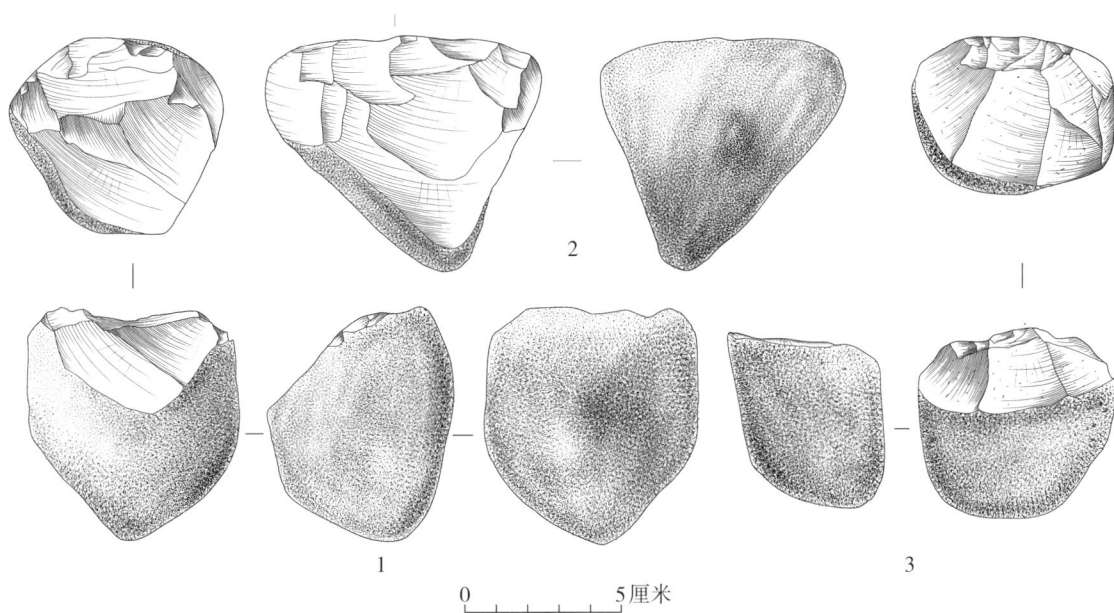

图二九　二期单台面石核

1. 2014FGZT0308④：33　2. 2014FGZT0308④：35　3. 2014FGZT0308④：10

行剥片,工作面一可见7处剥片,最大片疤长14.1毫米,宽18.1毫米,台面角71°;工作面二可见5处剥片,最大片疤长17.6毫米,宽34.2毫米,台面角60°。剥片多呈鱼鳞状,片疤较浅平,部分片疤远端折断。长68.3毫米,宽60.1毫米,厚27.9毫米,重131.1克(图三〇,1;彩版一四,1)。

标本2014FGZT0105④:5 以灰褐色安山岩砾石为原料,形状近三角形,横截面近矩形。以砾石一端为台面进行剥片,台面长43毫米,台面宽58.4毫米,台面角77°~81°。可见三层剥片,剥取的石片多长大于宽,最大石片长27毫米,宽25毫米,石核利用率较高。长51.2毫米,宽67.4毫米,厚34.1毫米,重145.5克(图三〇,2;彩版一三,1)。

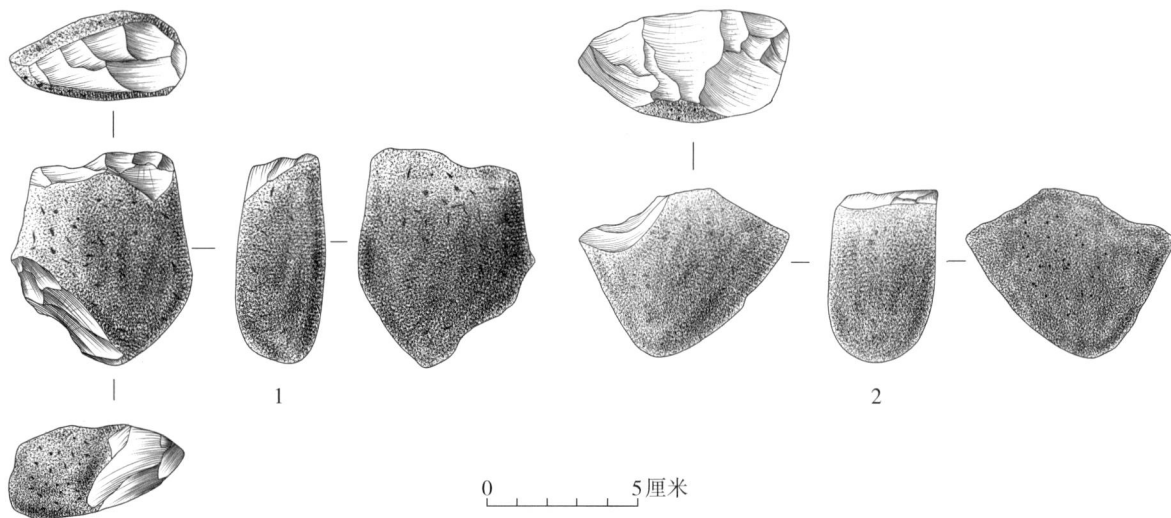

图三〇 二期单台面石核

1. 2014FGZT0106⑧:1 2. 2014FGZT0208⑥:1 3. 2014FGZT0105④:5

标本2014FGZT0307④:26 以青灰色安山岩砾石为原料。平面形状近四边形,横截面近椭圆形。一面稍平,另一面微凸,以砾石微凸一面为台面,沿一端剥片,台面长36.1毫米,宽49.2毫米,可见4处较大的剥片,片疤多宽大于长,最大片疤长15.6毫米,宽43.4毫米,台面角56°~67°。长61.3毫米,宽50.1毫米,厚30.3毫米,重115.2克(图三一,1)。

标本2014FGZT0307④:10 以黄褐色砂岩砾石为原料,形状不规则,横截面近椭圆形,一面稍平,一面微凸,以原料较平的一面为台面,沿一端进行剥片。台面长42.2毫米,宽38.4毫米,可见4处较大的剥片,片疤多内凹,最大片疤长34.1毫米,宽33.2毫米,刃角60°~65°。长50.3毫米,宽48.9毫米,厚36.4毫米,重110.4克(图三一,2)。

标本2014FGZT0306④:9 以黄褐色石英岩砾石为原料,形状近矩形,横截面近梯形,一面较平,一面凸起,以砾石较平的一面为台面,台面长50毫米,宽38毫米。沿台面的两端进行剥片,片疤多大而浅平,可见6处较大的剥片,最大片疤长42.6毫米,宽46.1毫米,台面角70°~91°。长63.1毫米,宽53.2毫米,厚33.2毫米,重141.4克(图三一,3)。

标本2014FGZT0105④:3 以灰褐色石英岩砾石为原料,形状为长条形,横截面近椭圆形。

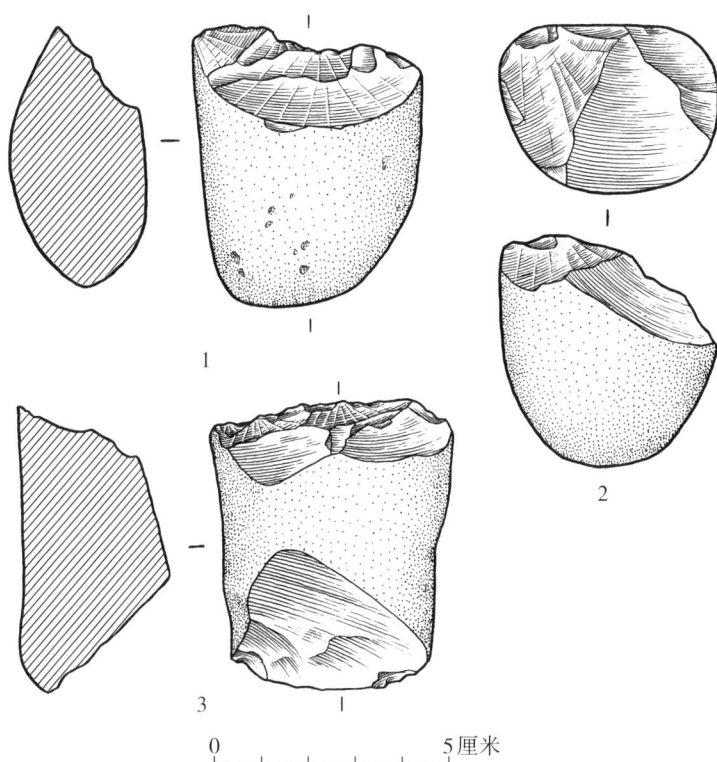

图三一　二期单台面石核

1. 2014FGZT0307④：26　2. 2014FGZT0307④：10　3. 2014FGZT0306④：9

原料一端较宽，一端略窄，沿较宽的一端进行剥片，台面长89.9毫米，宽50.5毫米，台面角65°，可见10处剥片，最大片疤长39.1毫米，宽38.2毫米。长106.7毫米，宽60.1毫米，厚42.1毫米，重286.9克（图三二，1）。

标本2014FGZT0308④：7　以灰褐色安山岩砾石为原料，形状不规则。以砾石的一面为台面，沿一端及一侧进行剥片，台面长72.1毫米，宽35.4毫米。可见7处较大的剥片，片疤多深凹，疤痕边缘锋利，最大片疤长23毫米，宽31毫米，台面角72°～77°。长83.8毫米，宽50.1毫米，厚41.1毫米，重166.9克（图二二，2）。

标本2014FGZT0205④：3　以青灰色安山岩砾石为原料，近矩形，横截面近椭圆形。以砾石较平的一面为台面，台面长19.2毫米厘米，宽27.3毫米。由砾石两端进行剥片，片疤层叠，可见9处较大的片疤，最大片疤长12毫米，宽17毫米，台面角64°～83°。该石核因角度不适合剥片，加工者曾尝试多次沿一个地方打制，但仍无法剥取较大的石片。长55.3毫米，宽73.2毫米，厚34.3毫米，重191.8克（图三二，3）。

标本2014FGZT0205④：4　以红褐色石英岩砾石为原料，形状不规则。以砾石的一个侧面为台面进行剥片，台面长28.7毫米，宽43.3毫米，台面角66°～110°。可见十几条较大的剥片，最大片疤长38.8毫米，宽37.3毫米。长70.5毫米，宽71.3毫米，厚50.2毫米，重204.1克（图三二，4）。

标本2014FGZT0205④：2　以灰褐色安山岩砾石为原料，形状近梯形。以砾石较平坦的一

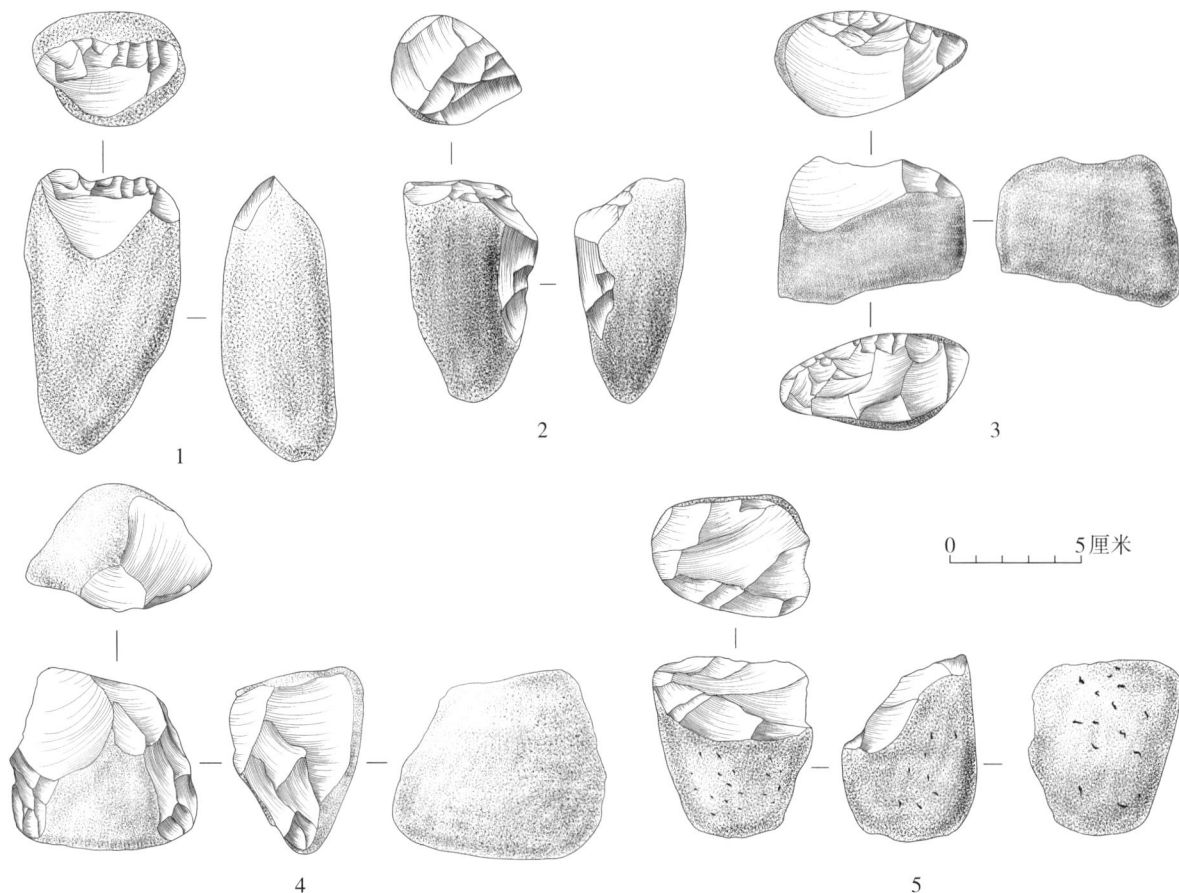

图三二　二期单台面石核

1. 2014FGZT0105④：3　2. 2014FGZT0308④：7　3. 2014FGZT0205④：3　4. 2014FGZT0205④：4　5. 2014FGZT0205④：2

面为台面,台面长 55.3 毫米,宽 45.4 毫米。由砾石一端进行剥片,可见 8 处较大的剥片,片疤多大而平坦,最大片疤长 22 毫米,宽 45 毫米,台面角 64°～67°。长 68.1 毫米,宽 59.3 毫米,厚 51.2 毫米,重 208.1 克(图三二,5;彩版一三,2)。

标本 2014FGZT0105⑥：17　以红褐色石英岩砾石为原料,形状不规则,横截面近梯形。以砾石凸起的一面为台面进行剥片,台面长 81.1 毫米,宽 68.4 毫米。台面角 83°～108°,可见十几处剥片,多数片疤深凹,有些小片疤较浅平。最大片疤长 48.4 毫米,宽 43.3 毫米。长 61.4 毫米,宽 82.1 毫米,厚 45.2 毫米,重 293.2 克(图三三,1)。

标本 2014FGZT0207⑧：18　以青褐色安山岩砾石为原料,形状不规则。以砾石微弧的一面为台面,台面长 42.7 毫米,宽 60.3 毫米,台面角 81～101°;可见多处较大的剥片。最大片疤长 32.6 毫米,宽 23.5 毫米。该石核利用率较高,利用到已无法再剥取石片的程度。石核内芯坚硬,导致后期剥片的作用力无法贯穿,因此部分剥片个体较小且远端折断。长 57.4 毫米,宽 69.1 毫米,厚 55.6 毫米,重 302.8 克(图三三,2)。

标本 2014FGZT0206⑦：13　以黄白色石英砾石为原料,个体较小。原料为扁平砾石,以一面为

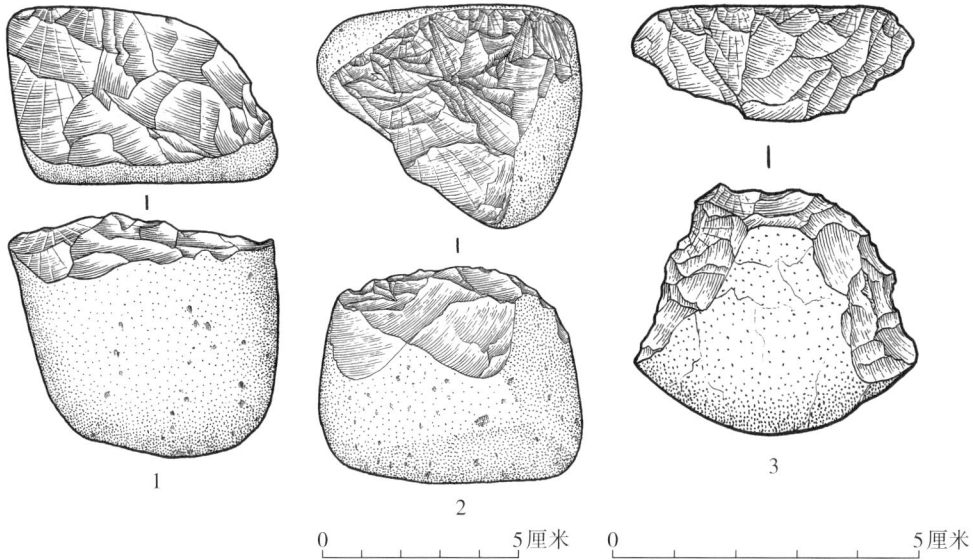

图三三　二期单台面石核

1. 2014FGZT0105⑥∶17　2. 2014FGZT0207⑧∶18　3. 2014FGZT0206⑦∶13

台面进行多次剥片,可见十几处较为成功的剥片,台面长36.3毫米,宽44.2毫米,台面角56°～75°,最大片疤长19.1毫米,宽1.8毫米。长40.9毫米,宽48.2毫米,厚19.2毫米,重43.3克(图三三,3)。

双台面石核　47件,占石核总数的18.5%。

标本2014FGZT0205④∶9　以黄褐色砂岩砾石为原料,形状近矩形(图三四,1)。以砾石的一面和一侧边为台面,原料节理发育,一面可见沿节理面形成的崩疤,较大的剥片有三处,其余的剥片较为细小。最大片疤长19.1毫米,宽36.2毫米。台面角77°～89°。长67.5毫米,宽62.1毫米,厚41.2毫米,重204.3克。

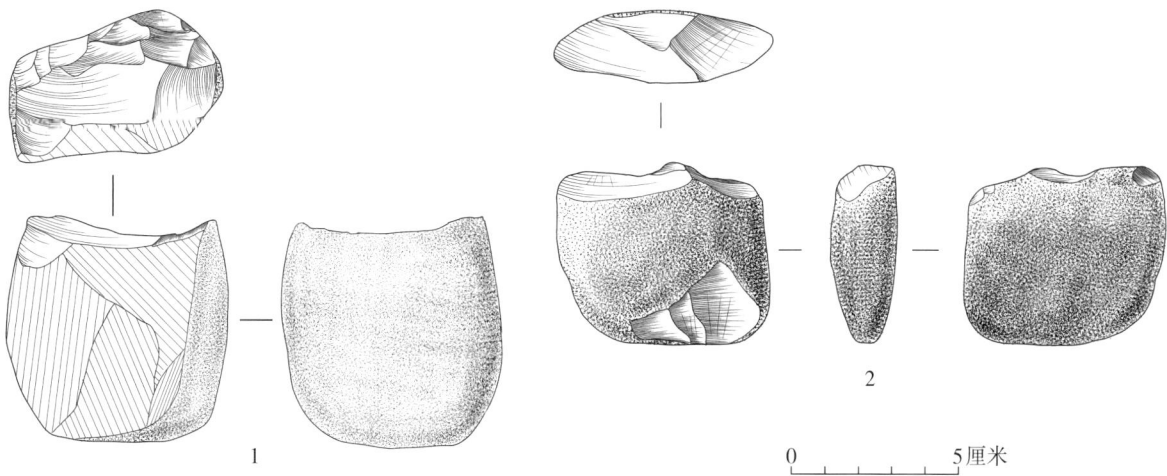

图三四　二期双台面石核

1. 2014FGZT0205④∶9　2. 2014FGZT0206⑧∶1

标本2014FGZT0206⑧：1　以黄褐色砂岩砾石为原料，形状近矩形。沿砾石的一侧及一端进行剥片（图三四，2），台面分别长45.2毫米，宽51.2毫米；长7.52毫米，宽34.7毫米，台面角55～86°。可见6处较为成功的剥片。最大片疤长19.8毫米，宽38.9毫米。长51.9毫米，宽60.2毫米，厚21.1毫米，重89.5克。

标本2014FGZT0308④：6　以灰褐色安山岩砾石为原料，形状不规则。以砾石的一面和一端为台面进行剥片，台面分别长49毫米，宽34毫米；长40毫米，宽49毫米。可见11处较大的剥片（图三五，1），最大片疤长47.1毫米，宽30.4毫米，台面角68°～73°。长61.2毫米，宽60.1毫米，厚43.6毫米，重152.1克。

标本2014FGZT0205④：11　以黄褐色砂岩砾石为原料，形状近椭圆形。以砾石的一面和一侧边为台面进行剥片（图三五，2），台面大小分别长50毫米，宽42毫米；长52毫米，宽32毫米。可见7处剥片，片疤多深凹，最大片疤长27.2毫米，宽32.4毫米，台面角77°～90°。长77.3毫米，宽48.4毫米，厚42.1毫米，重193.5克。

标本2014FGZT0205⑤：2　以红褐色辉绿岩砾石为原料，形状不规整，横截面近三角形。以

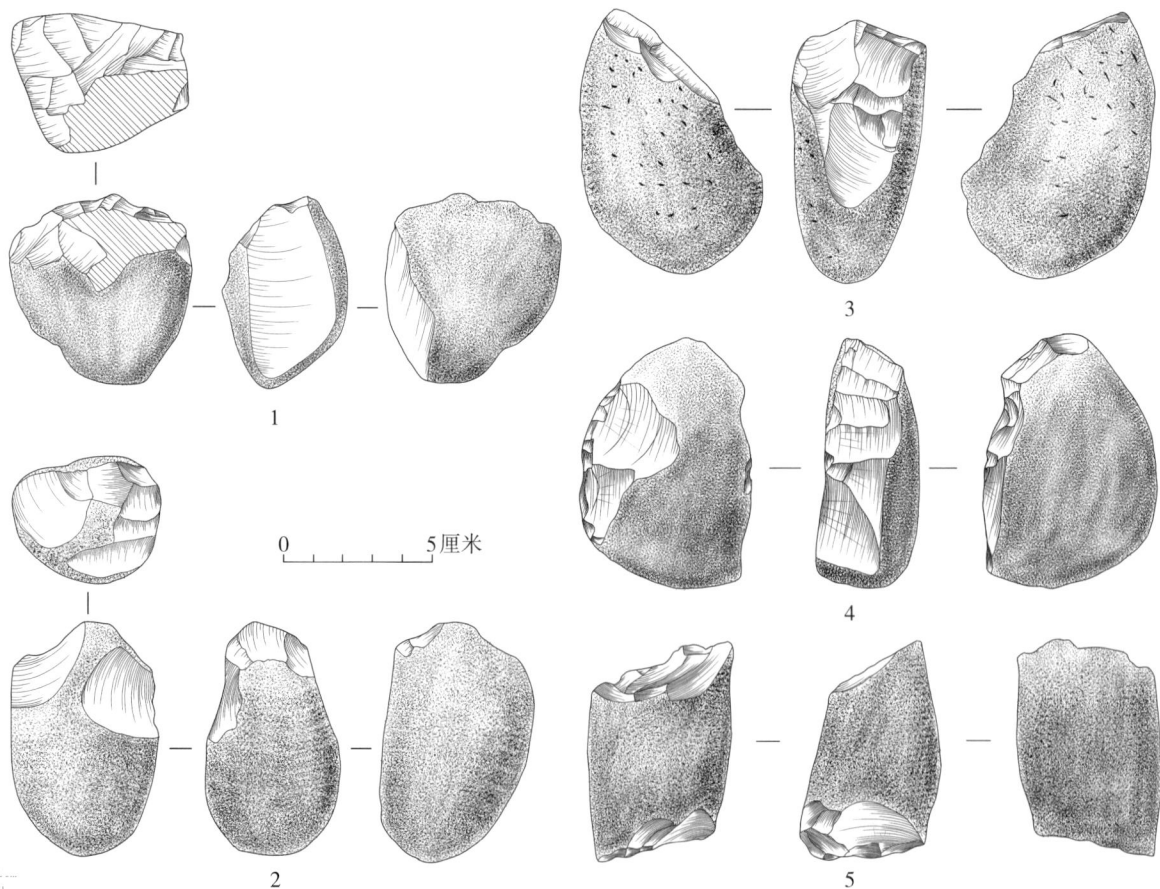

图三五　二期双台面石核

1. 2014FGZT0308④：6　2. 2014FGZT0205④：11　3. 2014FGZT0205⑤：2　4. 2014FGZT0306④：7　5. 2014FGZT0306④：19

砾石一端和侧面为台面进行剥片,第一台面长58.3毫米,宽34.2毫米;第二台面长41.6毫米,宽71.2毫米,台面角62°～96°。可见5处较大的剥片以及若干细小的剥片,片疤多呈鱼鳞状,较浅平,个别片疤远端折断,最大片疤长38.4毫米,宽21.3毫米。长86.1毫米,宽60.6毫米,厚44.2毫米,重225.6克(图三五,3)。

标本2014FGZT0306④:7 以黄褐色石英岩砾石为原料,形状近椭圆形。以砾石的两面为台面,第一台面长26毫米,宽64毫米;第二台面长50毫米,宽71毫米。台面角66°～73°,可见8处较大的剥片,最大片疤长26毫米,宽22毫米;长81.2毫米,宽54.1毫米,厚32.5毫米,重157.3克(图三五,4)。

标本2014FGZT0306④:19 以灰褐色安山岩砾石为原料,形状不规则。以砾石的一面和一侧边为台面,第一台面长35毫米,宽34毫米;第二台面长51毫米,宽39毫米。可见13处较为明显的剥片,片疤多深凹,最大片疤长28毫米,宽30毫米,刃角58°～67°。长70.6毫米,宽43.2毫米,厚42.1毫米,重158.6克(图三五,5)。

标本2014FGZT0306④:23 以灰褐色安山岩砾石为原料,形状不规则。以砾石微凸的一面和砾石的一侧边为台面,第一台面长71毫米,宽50毫米。可见两层剥片,第一层片疤较大,整体剥片较为浅平,最大片疤长26毫米,宽50毫米,最大台面角102°。另一台面长40毫米,宽65毫米。可见两处剥片,片疤深凹,最大片疤长40毫米,宽42毫米,最大台面角71°。长84.2毫米,宽85.1毫米,厚44.1毫米,重394.3克(图三六,1)。

标本2014FGZT0308④:9 以青灰色安山岩砾石为原料,形状近半圆形,横截面近椭圆形。石核利用率较高,剩余部分已不能再剥片。沿长条形砾石一端及一侧进行剥片,片疤多浅平,目前可看到5层主要的剥片,在台面上可见细小崩疤,最大片疤长26.2毫米,宽28.9毫米。台面大小

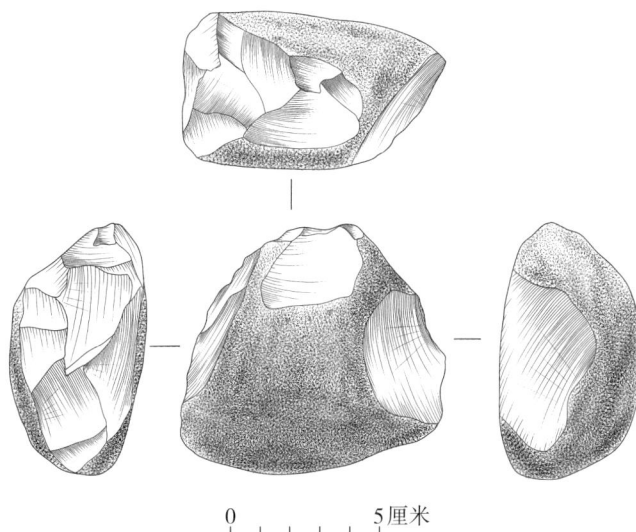

图三六 二期双台面石核

2014FGZT0306④:23

分别长42毫米,宽40毫米;长35毫米,宽45毫米,台面角82°～86°。长47.3毫米,宽60.1毫米,厚54.5毫米,重218.6克(图三七,1)。

　　标本2014FGZT0105④:52　以青灰色安山岩砾石为原料,形状近长方形。以砾石的一面和一侧边为台面进行剥片,台面大小分别长44毫米,宽61毫米;长52毫米,宽72毫米。沿一面剥取的石片较多,沿一侧边剥取的石片较少,共可见9处较大的剥片,最大片疤长28毫米,宽23毫米,台面角80°～99°。的一端有作为石锤使用的痕迹,可见向两侧崩裂的细小片疤。长45.1毫米,宽73.2毫米,厚47.4毫米,重271.4克(图三七,2)。

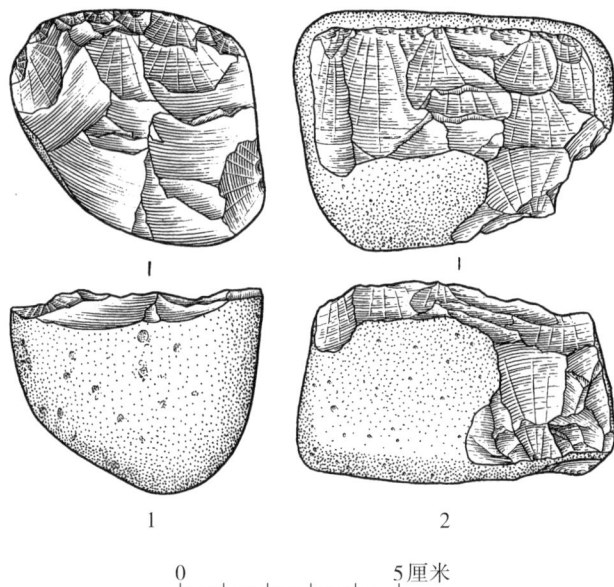

图三七　二期双台面石核
1. 2014FGZT0308④:9　2. 2014FGZT0105④:52

多台面石核　17件,占石核总数的6.6%。

　　标本2014FGZT0308④:1　以灰褐色安山岩砾石为原料,形状不规则。该石核利用率较高,目前已不适合剥取石片。以砾石的四周为台面进行剥片,原料内芯较为坚硬,可见很多片疤远端折断,疤痕多较为深凹,台面角88°～91°。长60.4毫米,宽61.2毫米,厚53.5毫米,重218.9克(图三八,1;彩版一八,1)。

　　标本2014FGZT0308④:2　以红褐色石英岩砾石为原料,形状不规则。以砾石的一端、侧边和较平的一面为台面进行剥片,以端部为台面可见三处明显的剥片,片疤较为浅平,石片长大于宽,最大片疤长31毫米,宽23毫米,最大台面角72°。以较平一面为台面可见两层片疤,剥片较为深凹,最大片疤长33毫米,宽31毫米,最大台面角95°。以侧边为台面有三层明显的剥片,第一层片疤最大,第二、三层剥片较为深凹,最大片疤长55毫米,宽35毫米,最大台面角91°。长67.3毫米,宽60.3毫米,厚45.1毫米,重186.4克(图三八,2)。

标本2014FGZT0308④：43　以青灰色辉绿岩砾石为原料，形状近矩形。以砾石两面及一侧边为台面，第一台面长53毫米，宽54毫米；第二台面长35毫米，宽42毫米；第三台面长42毫米，宽29毫米。可见12处较大的剥片，片疤多深凹，最大石片长32.3毫米，宽21.2毫米，台面角78°～86°。长66.5毫米，宽68.1毫米，厚43.2毫米，重147.7克（图三八，3）。

标本2014FGZT0308④：23　以青灰色安山岩为原料，形状近矩形。以砾石的一端、一侧及一面为台面，台面大小分别长65毫米，宽43毫米；长34毫米，宽51毫米；长64毫米，宽34毫米。可见11处较为成功剥片，最大石片长31.2毫米，宽22.3毫米，台面角85°～96°。长78.1毫米，宽60.1毫米，厚43.3毫米，重212.8克（图三八，4）。

标本2014FGZT0307④：39　以黄褐色安山岩砾石为原料，形状近梯形。以砾石的一面及两侧边为台面，第一台面长53毫米，宽42毫米；第二台面长54毫米，宽24毫米；第三台面长36毫米，宽29毫米。因原料岩性的均质性较差，剥取石片时极易产生细小的崩疤，可见10处较为成功的剥片，最大片疤长22.1毫米，宽28.4毫米，台面角78°～94°。长58.1毫米，宽52.3毫米，厚33.4毫米，重156.9克（图三九，1）。

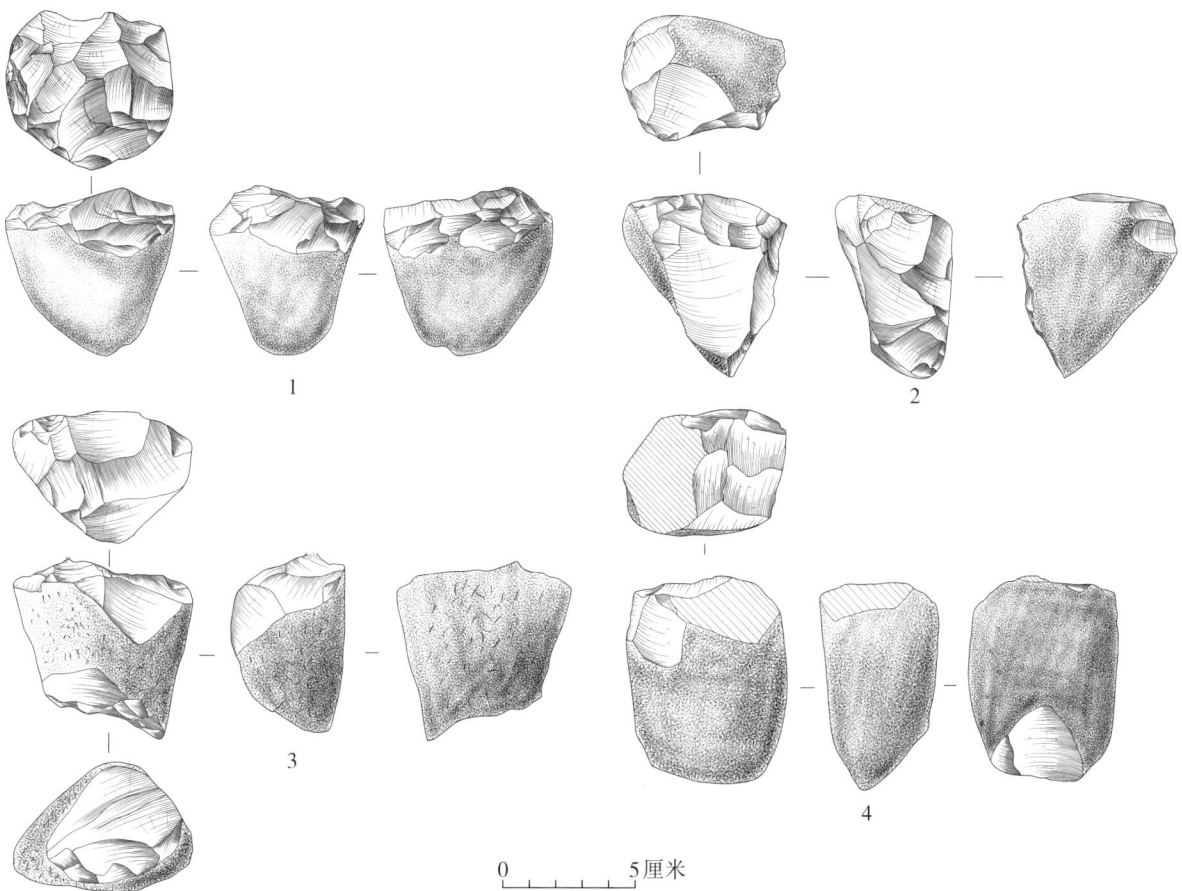

0 ___ 5厘米

图三八　二期多台面石核

1. 2014FGZT0308④：1　2. 2014FGZT0308④：2　3. 2014FGZT0308④：43　4. 2014FGZT0308④：23

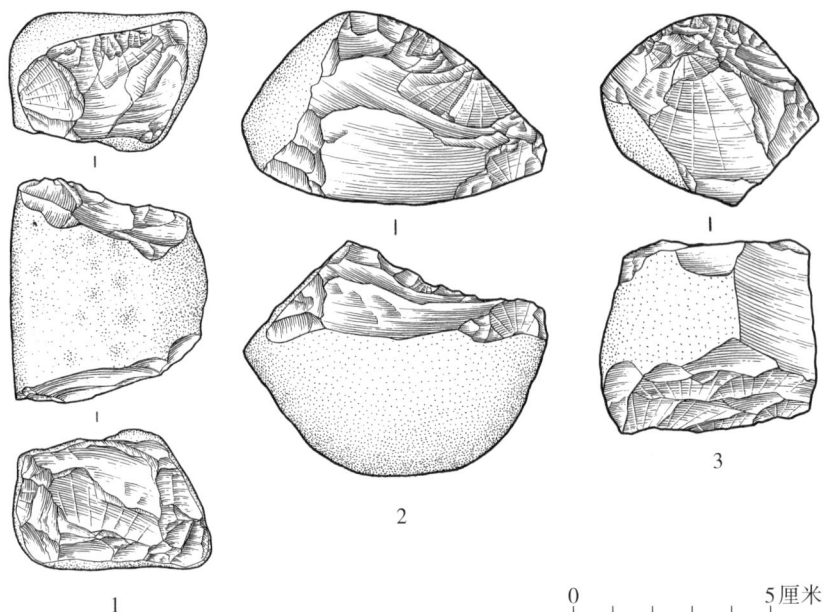

图三九　二期多台面石核

1. 2014FGZT0307④：39　2. 2014FGZT0307④：11　3. 2014FGZT0105④：149

标本2014FGZT0307④：11　以灰褐色安山岩砾石为原料，形状不规则，砾石一面较平，一面凸起。以砾石凸起的一面和两侧边为台面，其中凸起面为主台面，台面长48毫米，宽55毫米。可见11处较大的剥片，其余的片疤较为细小，最大片疤长27毫米，宽51毫米，最大台面角78°。其余两个台面剥取的石片多较为细小，可能是剥片时因角度原因未能成功剥片，只形成了细小的片疤。长61.2毫米，宽78.9毫米，厚49.3毫米，重205.3克（图三九，2）。

标本2014FGZT0105④：149　以青灰色安山岩砾石为原料，形状近矩形。沿砾石的两端和两侧边进行剥片，第一台面长46毫米，宽28毫米；第二台面长52毫米，宽36毫米；第三台面长40毫米，宽33毫米。可见多处较大的剥片，片疤多深凹，因原料的原因，剥片极易形成细小的崩疤，最大片疤长27毫米，宽43毫米，台面角65°～85°。长50.2毫米，宽57.2毫米，厚49.1毫米，重154.2克（图三九，3）。

砸击石核　2件，占石核总数的0.07%。

标本2014FGZT0208④：20　以黄白色石英砾石为原料，整体较为扁平，可见沿砾石边缘砸击剥取石片，可见多个较小的片疤。长60.6毫米，宽44.2毫米，厚17.8毫米，重68.2克（图四〇）。

2. 完整石片、断片、碎片

二期出土完整石片589件，断片121件，碎片2 263件。出土的完整石片均为锤击石片，根据台面的特征可分为自然台面和有疤台面两种，其中自然台面的石片547件，有疤台面的石片42件（表三）。断片分别为右端断片45件，左端断片39件；近端断片6件，远端断片31件。碎片的主要原料为石英，其次为安山岩。

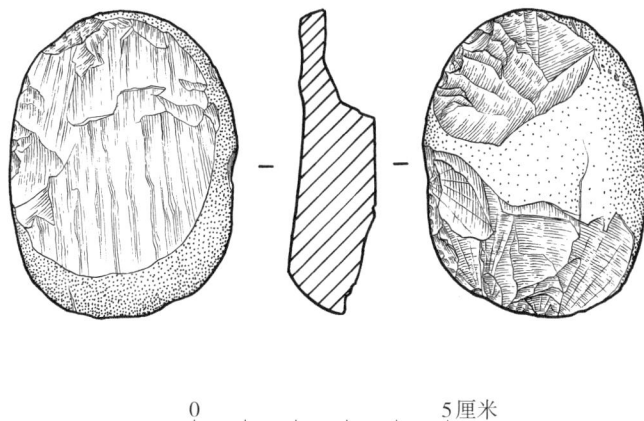

图四〇 二期砸击石核

2014FGZT0208④：20

表三 二期完整石片统计表

台面特征	自然台面			有疤台面	
背面特征	自然面	部分片疤	非自然面	部分片疤	非自然面
数量	76	290	181	30	12

标本2014FGZT0307④：21 原料为灰褐色安山岩。自然台面，台面长5毫米，宽19.1毫米。腹面微凸，打击点集中，半锥体突出，无锥疤，放射线清晰，同心波不显。背面可见多处剥片留下的片疤，保留少部分砾石面，石片两侧边不规整，远端及右边较为厚钝。长47.2毫米，宽56.1毫米，厚13.6毫米，重33.3克，石片角94°（图四一，1）。

标本2014FGZT0105⑥：5 原料为灰褐色辉绿岩。自然台面，台面长3.1毫米，宽22.3毫米。腹面微凸，打击点集中，半锥体突出，无锥疤，放射线清晰，同心波不显。背面可见多次剥片留下的片疤，保留少部分砾石面，石片两侧边平直，远端薄锐。长42.1毫米，宽44.3毫米，厚14.1毫米，重36.1克，石片角90°（图四一，2）。

标本2014FGZT0105④：153 原料为青褐色安山岩。有疤台面，台面长1.5厘米，宽2.2厘米。腹面平坦，远端薄锐，打击点散漫，半锥体不显，背面有多处较小的崩疤，其余均为砾石面。长47.2毫米，宽46.1毫米，厚17.3毫米，重37.2克，石片角67°（图四一，3）。

标本2014FGZT0105⑥：19 原料为青褐色安山岩，有疤台面，台面长2.1毫米，宽14.2毫米。腹面平坦，远端薄锐，打击点散漫，半锥体不显，背面有6处较小的崩疤，其余均为砾石面，部分地方可见磨制痕迹。长34.1毫米，宽44.2毫米，厚0.93毫米，重38.9克，石片角72°（图四一，4）。

标本2014FGZT0307④：33 原料为黄褐色安山岩，形状近梯形。自然台面，台面长4.1毫米，宽22毫米。腹面平坦，打击点散漫，半锥体微凸，放射线、同心波清晰可见，石片远端较为厚

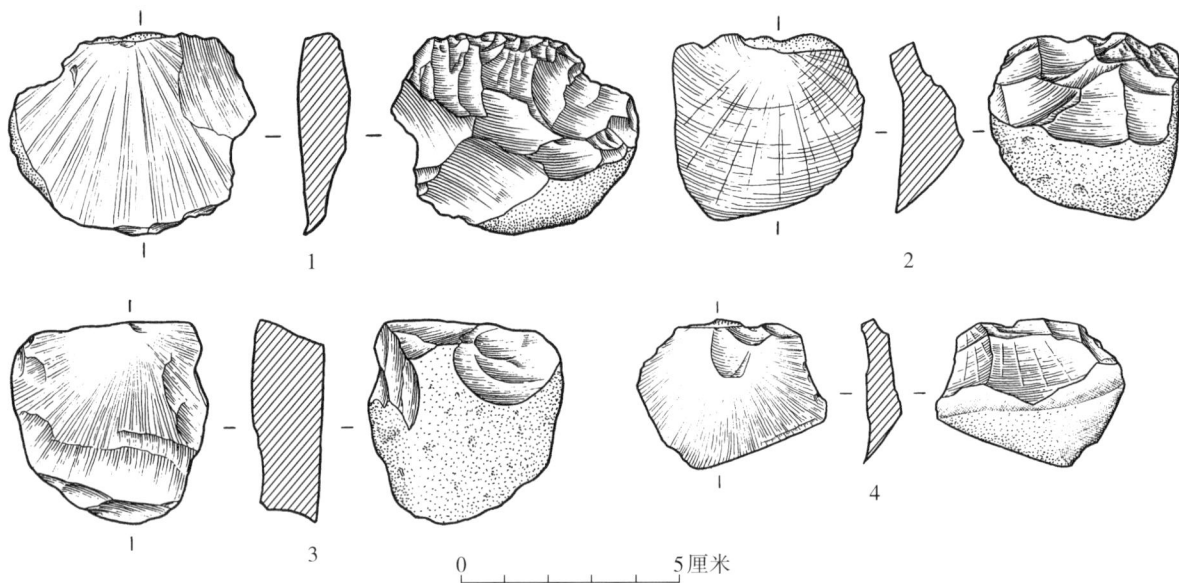

图四一　二期完整石片

1. 2014FGZT0307④：21　2. 2014FGZT0105⑥：5　3. 2014FGZT0105④：153　4. 2014FGZT0105⑥：19

钝。背面可见多处剥片留下的印痕,片疤多长大于宽,保留有少部分砾石面。未见明显的使用痕迹。长52.3毫米,宽39.1毫米,厚19.4毫米,重38.4克,石片角103°(图四二,1)。

标本2014FGZT0307④：30　原料为灰褐色安山岩。自然台面,腹面内折,打击点集中,半锥体凸显,放射线和同心波不甚清晰,近端薄锐,远端厚钝。背面可见多处剥片留下的印痕,片疤为同源同向剥片,保留有近一半的砾石面,远端和右侧交汇处有因砾石自身节理形成的细小崩疤。未见使用痕迹。长49.8毫米,宽51.6毫米,厚13.1毫米,重54.5克,石片角124°(图四二,2)。

标本2014FGZT0105④：155　原料为灰褐色安山岩。自然台面,腹面微凸,打击点散漫,半锥体微凸,放射线不明显,同心波清晰可见。背面可见4处较为明显的剥片留下的印痕,非同源同向剥片。两侧边缘不规整,远端薄锐。未见使用痕迹。长48.1毫米,宽43.2毫米,厚17.4毫米,重53.5克,石片角110°(图四二,3)。

标本2014FGZT0105④：61　原料为黄褐色安山岩。有疤台面,腹面微凸,打击点集中,半锥体微凸,放射线不明显,同心波清晰可见,远端可见因反作用力形成的崩疤。背面为剥片留下的印痕,不见砾石面。两侧边缘不规整,远端厚钝。未见使用痕迹。长41.2毫米,宽44.3毫米,厚14.1毫米,重49.8克,石片角105°(图四二,4)。

标本2014FGZT0105⑥：16　原料为灰褐色安山板岩。有疤台面,台面长20毫米,宽18毫米,石片角106°。该石片打击点集中,半锥体微凸,无锥疤。放射线清晰可见,同心波不显。背面可见剥片留下的印痕,疤痕层叠,但仍保留了砾石面,远端薄锐锋利。不见使用痕迹。长50.6毫米,宽43.1毫米,厚13.6毫米,重30克(图四二,5)。

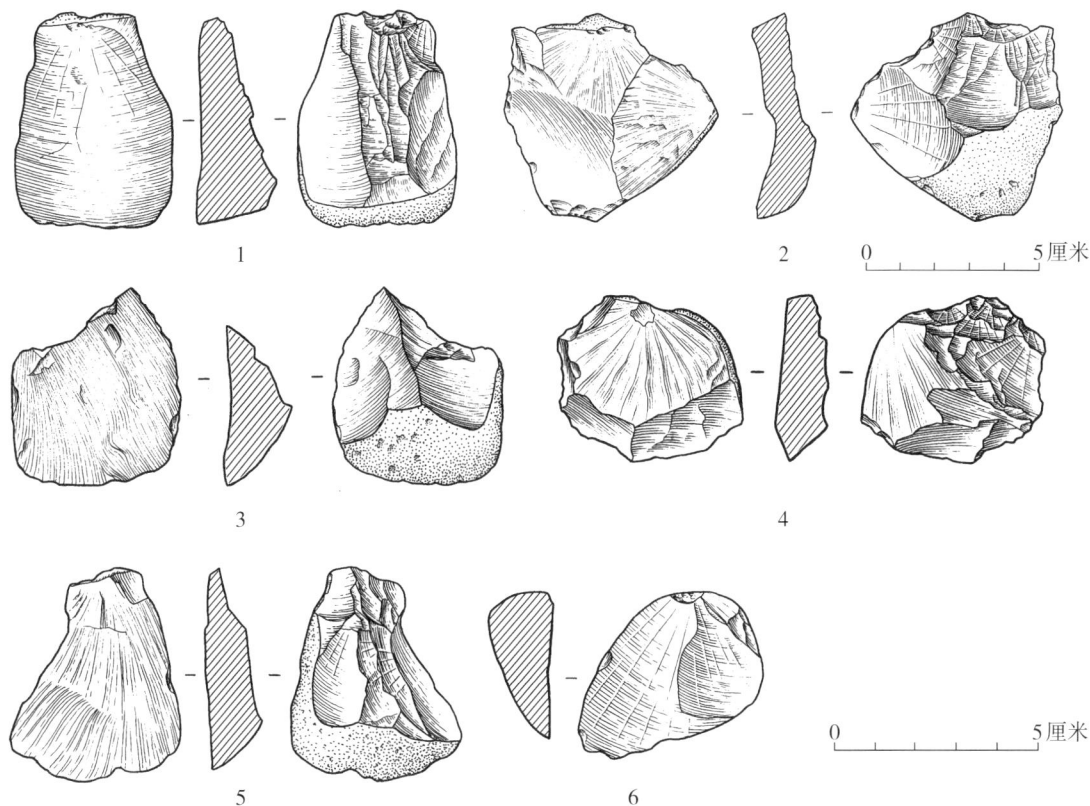

图四二　二期石片

1. 2014FGZT0307④：33　2. 2014FGZT0307④：30　3. 2014FGZT0105④：155
4. 2014FGZT0105④：61　5. 2014FGZT0105⑥：16　6. 2014FGZT0105⑥：167

标本2014FGZT0105④：167　原料为黄褐色石英。自然台面，腹面微凸，打击点集中，放射线和同心波清晰可见，远端薄锐。背面全部为砾石面，该石片为第一片剥片石片。长40.1毫米，宽46.2毫米，厚17.6毫米，重29.9克，石片角92°（图四二，6）。

标本2014FGZT0308④：42　原料为黄褐色砂岩。自然台面，台面长12.1毫米，宽23.4毫米。石片腹面凸起，可见剥片时导致的崩疤。背面内凹，大部分为剥片留下的印痕，仅在远端保留有少部分砾石面。长33.4毫米，宽49.6毫米，厚15.2毫米，重30.4克，石片角123°（图四三，1）。

标本2014FGZT0308④：16　原料为褐色辉绿岩，形状近梯形，自然台面，台面长22.4毫米，宽29.2毫米。石片较为厚钝，腹面微凸，打击点散漫，半锥体微凸，无锥疤，放射线不显。背面可见5处剥片留下的片疤，片疤多长大于宽，其余部分为自然砾面。未见使用痕迹。长50.1毫米，宽47.6毫米，厚22.1毫米，重93.8克，石片角113°（图四三，2）。

标本2014FGZT0105⑥：33　原料为灰褐色安山岩，自然台面，腹面凸起，远端汇聚，打击点集中，半锥体突出，放射线和同心波较清晰。背面可见7处剥片留下的印痕，保留了小部分砾石面。长57.1毫米，宽42.4毫米，厚17.9毫米，重67.1克，石片角95°（图四三，3；彩版三三，3）。

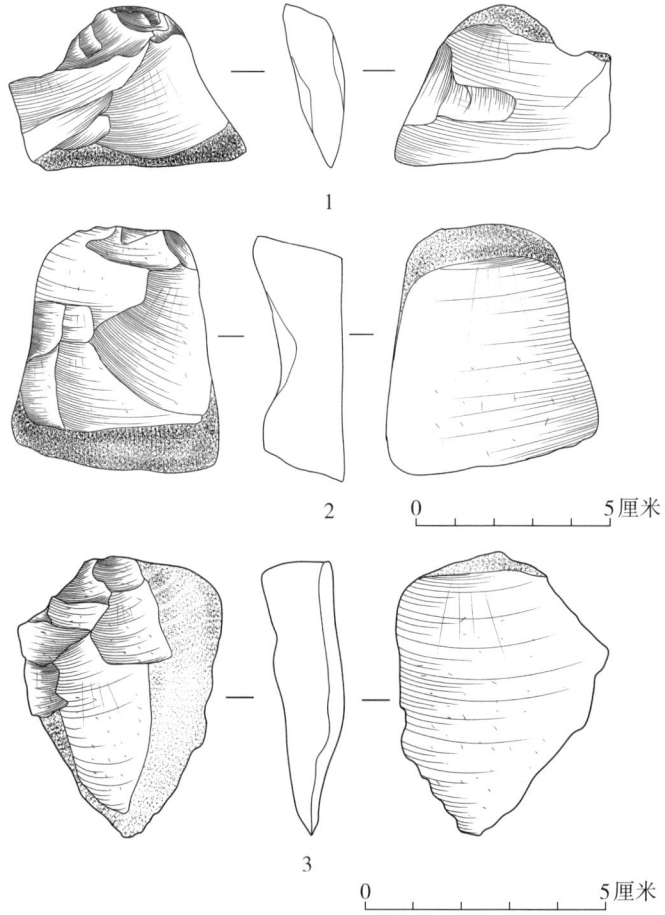

图四三　二期石片

1. 2014FGZT0308④：42　2. 2014FGZT0308④：16　3. 2014FGZT0105⑥：33

3. 断块

192件，占出土石器总数的5.3%。原料主要为安山岩和石英岩，少量为石英断块。最大长度集中在50～100毫米之间（表四），少量大于100毫米，未见长度大于200毫米的断块。

表四　二期断块测量数据

测量统计项目	长度（毫米）	宽度（毫米）	厚度（毫米）	重量（克）
最小值	25毫米	20毫米	8毫米	16.7克
平均值	56.5毫米	40.2毫米	25毫米	91.1克
最大值	157毫米	84毫米	63毫米	583.9克

4. 石锤

47件，占工具总数的39.2%。其中砸击石锤6件，锤击石锤41件。原料分别为石英2件，辉绿岩4件,石英岩19件,安山岩22件。锤击石锤根据使用部位的数量可以分为单端石锤和双端石锤两种,其中单端石锤15件,双端石锤26件。

单端石锤　15件,占石锤总数的31.9%。

标本2014FGZT0304④:19　以黄褐色辉绿岩砾石为原料,形状近椭圆形,横截面近圆形。使用砾石的一端,可见侧边因锤击造成的崩疤和因使用造成的断裂,断裂后仍继续使用,可见使用后形成的细小层叠的崩疤,断面圆钝。长89毫米,宽59毫米,厚51毫米,重432.1克(图四四,1)。

标本2014FGZT0106⑧:3　以黄褐色石英岩砾石为原料,形状近半圆形,横截面近圆形。砾石因节理面产生断裂,沿断裂的边缘使用,边缘四周因反复多次的锤击变得厚钝。原料岩性较为坚硬,未见较大的崩疤。长58毫米,宽76.7毫米,厚53.7毫米,重370.2克(图四四,2;彩版二六,3)。

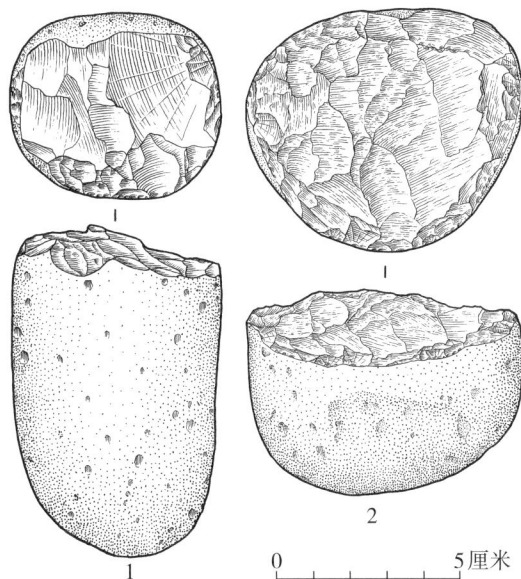

图四四　二期单端石锤
1. 2014FGZT0304④:19　2. 2014FGZT0106⑧:3

标本2014FGZT0206④:1　以青灰色安山岩砾石为原料,形状近长方形。以砾石一端作为石锤使用,可见因使用而形成的崩疤。片疤为多方向,推测是多角度使用所致,断面边缘因多次打击变得厚钝,崩疤多大而深凹。器形大小适中,适合把握。长69.2毫米,宽48.9毫米,厚51毫米,重349.5克(图四五,1)。

标本2014FGZT0208④:6　以灰褐色石英岩石核为原料,形状近长方形。可见作为石核使用时留下的较大的片疤,后将石核作为石锤使用,因锤击形成的片疤较深凹,使用面边缘厚钝。长66毫米,宽43.8毫米,厚37毫米,重229.4克(图四五,2)。

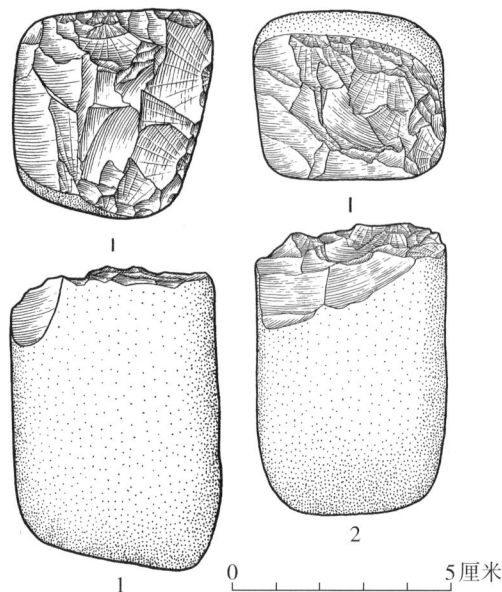

图四五 二期单端石锤

1. 2014FGZT0206④：1　2. 2014FGZT0208④：6

双端石锤　26件，占石锤总数的55.3%。

标本2014FGZT0105④：160　以青灰色辉绿岩砾石为原料，形状不规则，横截面近圆形。利用砾石两端作为石锤使用，砾石较宽的一端片疤较多，较平的一面可见细碎的锤击崩疤；较窄的一端可见层叠的崩疤，但利用率低于较宽的一端。长65.3毫米，宽54.1毫米，厚51.2毫米，重274.5克（图四六，1）。

标本2014FGZT0105⑥：8　以灰褐色安山岩砾石为原料，形状近长方形。利用砾石的两端作为石锤使用，片疤多沿一个方向崩裂，部分片疤沿节理面断裂，边缘因反复锤击变得厚钝。该器大小合适，重量适中。长62.1毫米，宽47毫米，厚44.2毫米，重210克（图四六，2）。

标本2014FGZT0105④：151　以灰褐色安山岩砾石为原料，形状不规则，横截面近矩形。以长条形砾石的两端作为石锤使用，一端较宽，一端较窄。该石锤一端可见三处较大的崩疤，两处是垂直使用所致，一处是横向使用所致。另一端可见多处细碎的崩疤。长62毫米，宽51.4毫米，厚48.3毫米，重246.3克（图四七，1）。

标本2014FGZT0205④：7　以青灰色辉绿岩砾石为原料，形状为长条形，横截面近圆形。砾石一端较厚，一端略薄，利用砾石两端作为石锤使用，较薄的一端片疤较多，较厚的一端崩疤较少。长55毫米，宽46.2毫米，厚35毫米，重135.8克（图四七，2）。

砸击石锤　6件，占石锤总数的12.8%。

标本2014FGZT0208⑥：40　以灰褐色石英岩为原料，形状为长条形，横截面近圆形。砾石两端可见明显的砸击和琢击的疤痕，砸击面呈圆形，微凸，最大片疤面长24毫米，宽24毫米。长103.2毫米，宽49.7毫米，厚46.3毫米，重359.5克（图四八，1）。

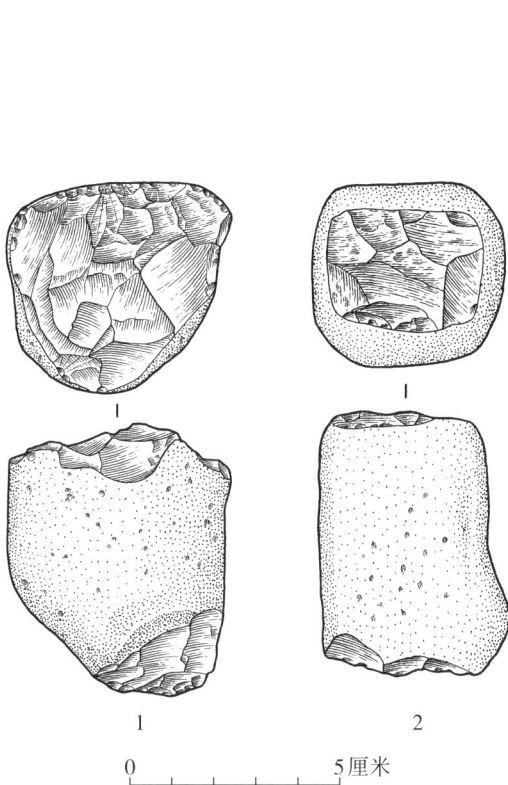

图四六　二期双端石锤

1. 2014FGZT0105④：160　2. 2014FGZT0105⑥：8

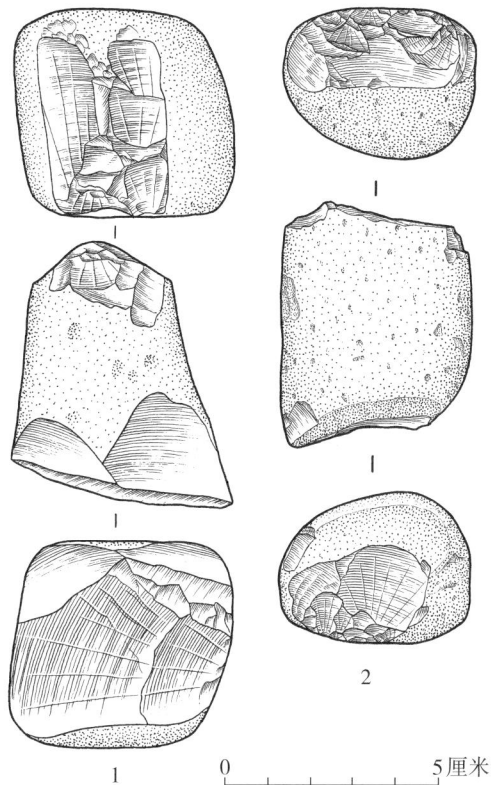

图四七　二期双端石锤

1. 2014FGZT0105④：151　2. 2014FGZT0205④：7

标本2014FGZT0104⑤：17　以红褐色辉绿岩砾石为原料，形状呈长条形，横截面近圆形。使用两端作为砸击和琢击石锤使用，崩疤较多，一端使用面较为平整，另一端崩疤内凹。长89.5毫米，宽49.1毫米，厚45.3毫米，重278.2克（图四八，2）。

标本2014FGZT0105⑤：3　以红褐色石英砾石为原料，形状近椭圆形。砾石两端侧边和两面均可见砸击和琢打形成的凹坑和细小疤痕。长82.3毫米，宽57.1毫米，厚47.4毫米，重317.8克（图四八，3）。

标本2014FGZT0104⑤：1　以红褐色石英岩砾石为原料，形状近矩形，一面可见大量砸击形成的凹坑，使用面积较大，另一面可见零星的砸击凹坑，大小适合把握，重量适中。长96.6毫米，宽59.7毫米，厚51.3毫米，重465.7克（图四九，1）。

标本2014FGZT0105⑦：4　以黄褐色石英砾石为原料，形状近椭圆形。一端可见剥片留下的两处较大的片疤，另一端可见明显的砸击和琢打痕迹，砸击痕迹呈长条形。长68.2毫米，宽54.6毫米，厚29.1毫米，重145.9克（图四九，2）。

标本2014FGZT0106⑧：9　以红褐色石英岩砾石为原料，形状近长方形，横截面近方形。砾石一端可见明显的因砸击而形成的凹疤，偶见崩落的片疤，另一端可见一片较小的崩疤。长82.2毫米，宽53.3毫米，厚56.7毫米，重416.2克（图四九，3）。

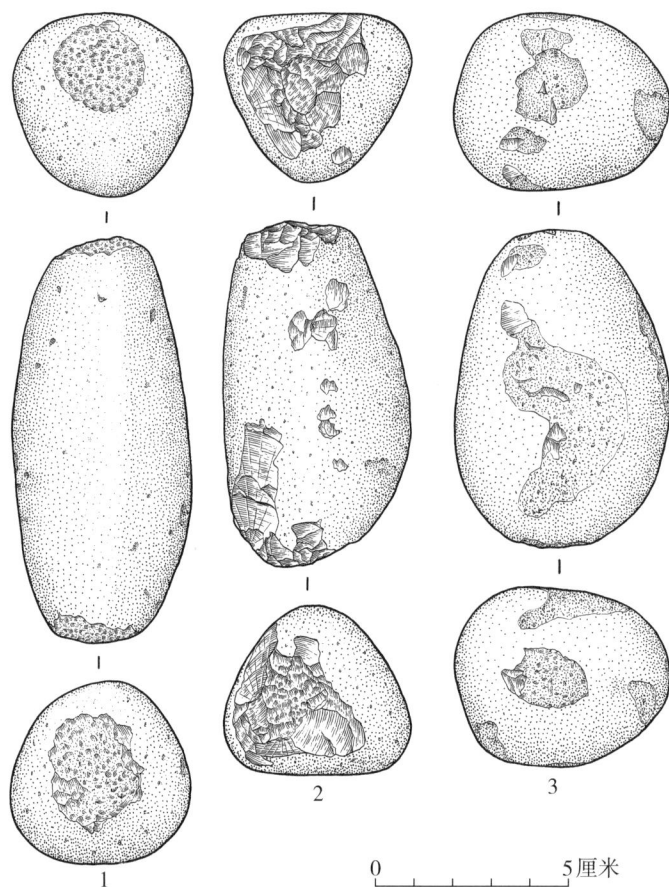

图四八　二期砸击石锤

1. 2014FGZT0208⑥：40　2. 2014FGZT0104⑤：17　3. 2014FGZT0105⑤：3

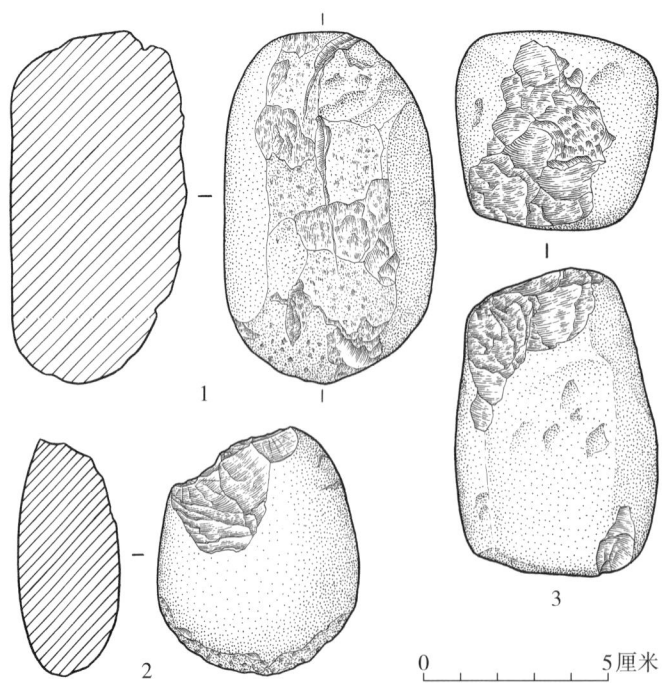

图四九　二期砸击石锤

1. 2014FGZT0104⑤：1　2. 2014FGZT0105⑦：4　3. 2014FGZT0106⑧：9

5. 二类工具（使用石片）

9件，占工具总数的7.5%。二类工具以小型为主，毛坯均为锤击石片，刃部形态以单刃为主，偶见双刃，其中单弧刃居多，直刃次之。使用后的刃缘仍较为锋利，刃角在35°～50°之间。

标本2014FGZT0308④：18　以灰褐色安山岩石为原料。石片形状不规则，自然台面，石片角86°，腹面内凹，打击点散漫，半锥平坦，无锥疤，石片背面凸起，可见多处剥片留下的片疤，石片远端较为锋利，可见因使用而形成的崩疤。长47.2毫米，宽51.6毫米，厚25.1毫米，重56.6克（图五〇，1）。

标本2014FGZT0308④：20　以灰褐色安山岩石片为原料，石片较为厚钝，利用石片背面剥片留下的锋利边缘为一刃缘，同时利用石片的近端为第二刃缘，两刃均为弧形，刃角分别为40°和55°，刃缘处可见较为明显的使用痕迹。长46.5毫米，宽49.1毫米，厚18.4毫米，重45.2克（图五〇，2）。

标本2014FGZT0308④：30　以灰褐色安山岩石片为原料，石片为右端断片，形状近椭圆形，自然台面，石片角116°，腹面内凹，打击点散漫，半锥体微凸，无锥疤，石片背面凸起，可见多处

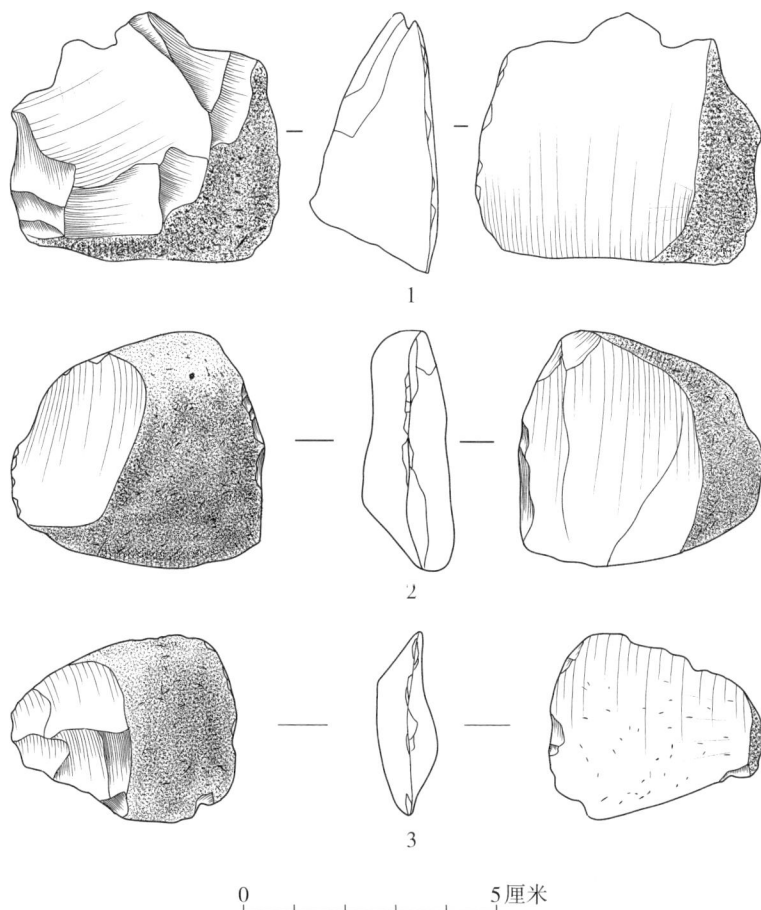

图五〇　二期二类工具

1. 2014FGZT0308④：18　2. 2014FGZT0308④：20　3. 2014FGZT0308④：30

剥片留下的片疤,利用石片的远端为刃缘,直接使用。长36.3毫米,宽43.1毫米,厚11.7毫米,重22.2克(图五〇,3)。

标本2014FGZT0306④:21 以黄褐色砂岩石片为原料,石片形状近矩形,腹面微凸,背面可见剥片留下的多处片疤,其余部分为砾石面,远端薄锐。直接使用石片的远端,刃缘呈弧形,刃角44°。长56.2毫米,宽63.3毫米,厚17.1毫米,重73.6克(图五一,1)。

标本2014FGZT0308④:14 以红褐色砂岩石片为原料,石片形状近半圆形,自然台面,腹面微凸,打击点集中,半锥体凸出,石片背面凸起,可见2处剥片留下的片疤,石片远端薄锐锋利。利用锤击石片的远端为刃缘,直接使用,刃缘呈弧形。可见较多因使用而形成的崩疤。长70.5毫米,宽55.1毫米,厚29.3毫米,重105.3克(图五一,3)。

标本2014FGZT0308④:3 以灰褐色安山岩石片为原料,形状近椭圆形,自然台面,石片角53°,腹面平坦,打击点散漫,半锥体微凹,无锥疤,石片背面凸起,可见2处剥片留下的片疤。石片远端较为锋利,直接使用石片的远端边缘,刃缘呈弧形,可见因使用而形成的明显崩疤。长50.1毫米,宽41.4毫米,厚17.5毫米,重35.8克(图五一,4)。

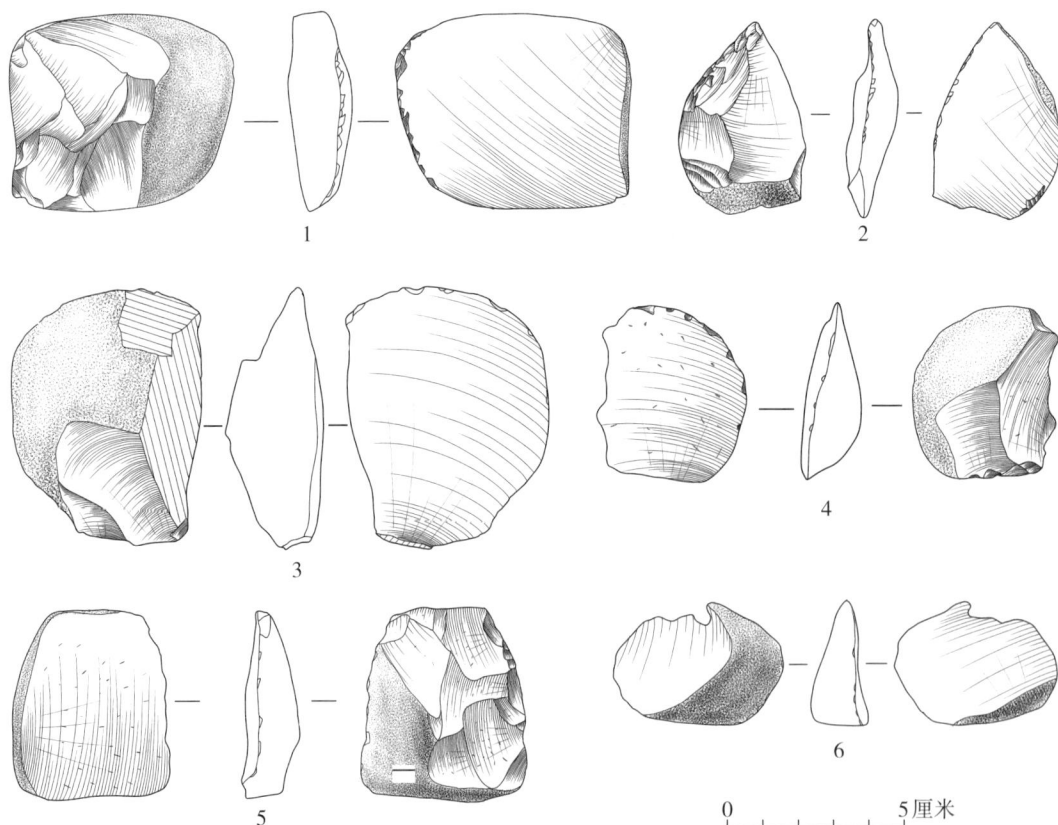

图五一 二期二类工具、尖刃器

1. 2014FGZT0306④:21 2. 2014FGZT0205④:13 3. 2014FGZT0308④:14
4. 2014FGZT0308④:3 5. 2014FGZT0106⑥:1 6. 2014FGZT0205④:12

标本2014FGZT0106⑥：1　以青灰色石英岩石片为原料，石片腹面微凸，打击点集中，半锥体微凸，背面均可见剥片留下的片疤，与石片为同源同向剥片，直接以石片锋利的远端为刃缘进行使用，刃缘平直，可见细小的使用崩疤。长51.6毫米，宽45.2毫米，厚16.3毫米，重46.4克（图五一，5；彩版三三，2）。

标本2014FGZT0205④：12　以红褐色砂岩石片为原料，形状近椭圆形，自然台面，石片角95°，腹面平坦，打击点集中，半锥体微凹，无锥疤，石片背面凸起，可见1处剥片留下的片疤。石片左侧边缘薄锐锋利，利用石片的左侧边缘作为刃缘使用，刃缘呈弧形，刃角51°。长32.6毫米，宽47.1毫米，厚19.3毫米，重17.3克（图五一，6）。

6.尖刃器

3件，占三类工具总数的4.7%。

标本2014FGZT0205④：13　以褐色石英岩石片为原料，形状不规则，自然台面，石片角118°，腹面凸起，打击点集中，半锥体凸起，无锥疤，石片背面内凹，可见剥片留下的片疤，沿石片右侧边缘进行加工与石片近端交汇形成尖刃，刃角25°，石片右边及尖刃处可见明显的使用痕迹。长50.2毫米，宽34.1毫米，厚10.3毫米，重22.9克（图五一，2；彩版二七，1）。

标本2014FGZT0306④：28　以青灰色安山岩石片为原料，形状近矩形，自然台面，石片角97°，腹面平坦，打击点散漫，半锥体微凸，无锥疤，石片背面凸起，可见多处剥片留下的较大片疤，利用锤击石片的远端和右侧刃缘的形态，经简单加工形成尖刃，刃角43°，可见明显的使用痕迹。长59.3毫米，宽48.1毫米，厚21.6毫米，重55.8克（图五二，2）。

标本2014FGZT0105⑥：3　以青灰色安山岩石片为原料，沿石片左右侧边加工，在两侧边汇聚处修整成尖刃，修疤连续细小，两侧边形制规整，尖端残断。长58.4毫米，宽52.6毫米，厚25.1毫米，重29.6克（图五二，3；彩版三三，1）。

7.刮削器

10件，占三类工具总数的15.6%。其中弧刃刮削器7件，直刃刮削器2件，凸刃刮削器1件。

标本2014FGZT0106⑧：2　以青灰色安山岩断块为原料，利用砾石因节理面断裂形成的边缘加工成弧刃，修疤连续细小，刃角55°。长48.2毫米，宽60.1毫米，厚27.9毫米，重54.3克（图五二，1；彩版二六，2）。

标本2014FGZT0107⑥：44　以青灰色石英岩砾石为原料，形状近半圆形。沿砾石的一边进行修刃，修刃的片疤不是很大，刃缘微弧，形制相对规整，刃长69.3毫米，刃角66°，刃缘可见明显因使用而形成的崩疤。长52.9毫米，宽70.9毫米，厚23.1毫米，重134.1克（图五三，1）。

标本2014FGZT0208⑥：35　以灰褐色安山岩砾石为原料，沿砾石的一端和一侧连续修疤，形成一条连续的弧刃，刃缘形制规整，可见因使用而形成的细小崩疤，刃长55.5毫米，刃角60°。长47.3毫米，宽68.1毫米，厚32.2毫米，重128.8克（图五三，2）。

标本2014FGZT0307④：22　以青灰色安山岩石片为原料，石片远端及右边较为锋利，利用石片的远端加工形成弧刃，修疤连续。长51.3毫米，宽45.1毫米，厚14.5毫米，重30.6克（图五四，1）。

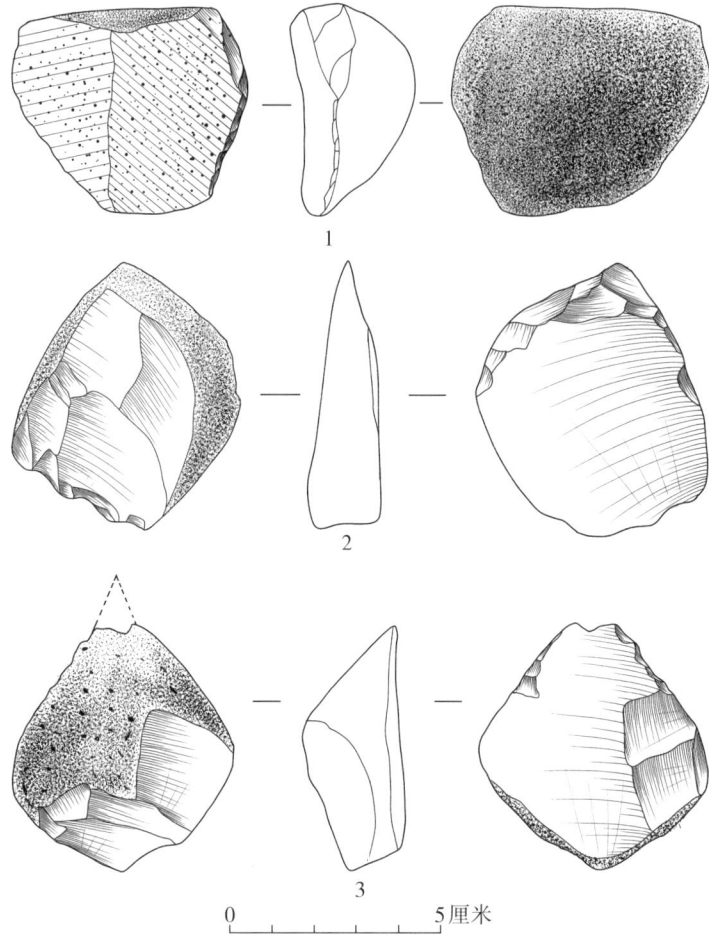

图五二　二期刮削器、尖刃器

1. 2014FGZT0106⑧：2　2. 2014FGZT0306④：28　3. 2014FGZT0105⑥：3

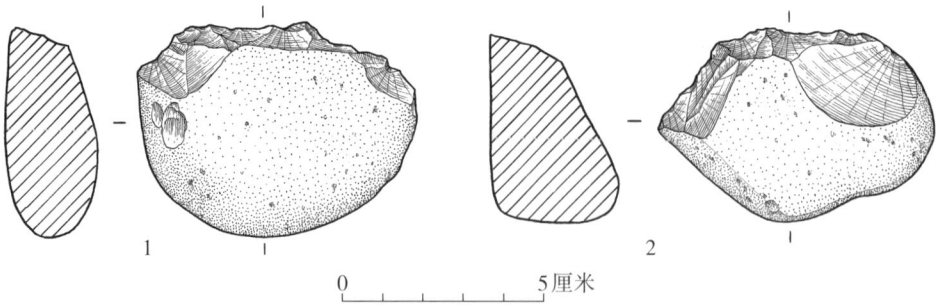

图五三　二期刮削器

1. 2014FGZT0107⑥：44　2. 2014FGZT0208⑥：35

标本2014FGZT0104⑤：13　以黄白色石英砾石为原料，沿砾石一端及两边进行修整，经过修整形成连续弧刃，刃缘形制相对规整，可见因使用而形成的细小崩疤，刃长51.1毫米，刃角69°。长46.2毫米，宽50.9毫米，厚19.1毫米，重52.8克（图五四，2）。

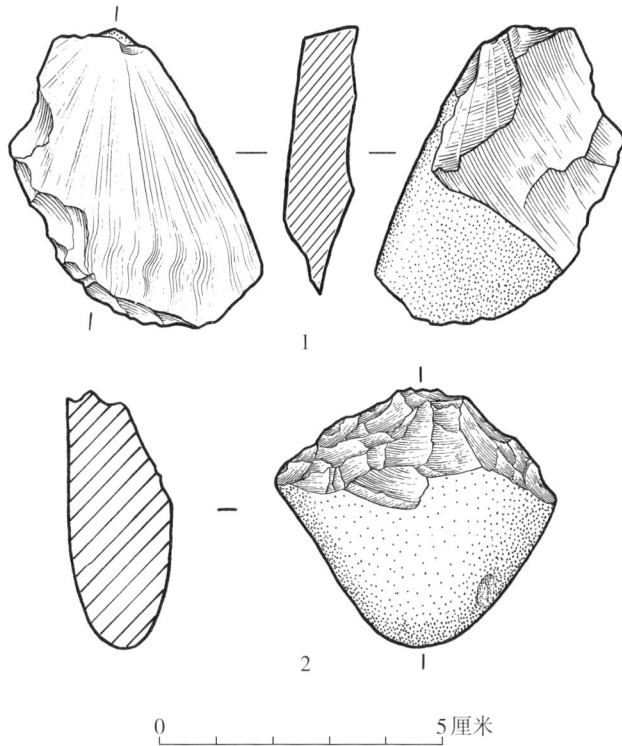

图五四　二期刮削器

1. 2014FGZT0307④：22　2. 2014FGZT0104⑤：13

8. 砍砸器

25件，占三类工具总数的39.1%。根据刃缘形状可以分为直刃、弧刃和凸刃三种，根据刃缘所在的位置可以分为边刃和端刃两种（表五）。以安山岩为原料的数量最多，其次为石英岩。

表五　二期砍砸器统计表

分类	单端直刃	单端弧刃	单端凸刃	单边直刃	单边凸刃
数量	16	4	1	3	1

单端直刃砍砸器16件，占砍砸器总数的64%。

标本2014FGZT0106⑥：2　以青褐色石英岩砾石为原料，形状近梯形，横截面近矩形。沿砾石一端单向加工形成直刃，刃缘较为规整，刃长44.1毫米，刃角65°。长54.2毫米，宽52.3毫米，厚22.6毫米，重96.8克（图五五，1；彩版二六，1）。

标本2014FGZT0308④：29　以黄褐色石英岩砾石为原料，沿砾石的一端进行加工，先剥取2处较大的片疤，形成简单的刃口，在粗制刃口的基础上简单修整，刃缘平直，刃长39.2毫米，刃角63°，刃缘可见多处因使用而造成的崩疤。长62.5毫米，宽44.1毫米，厚32.3毫米，重113.7克（图

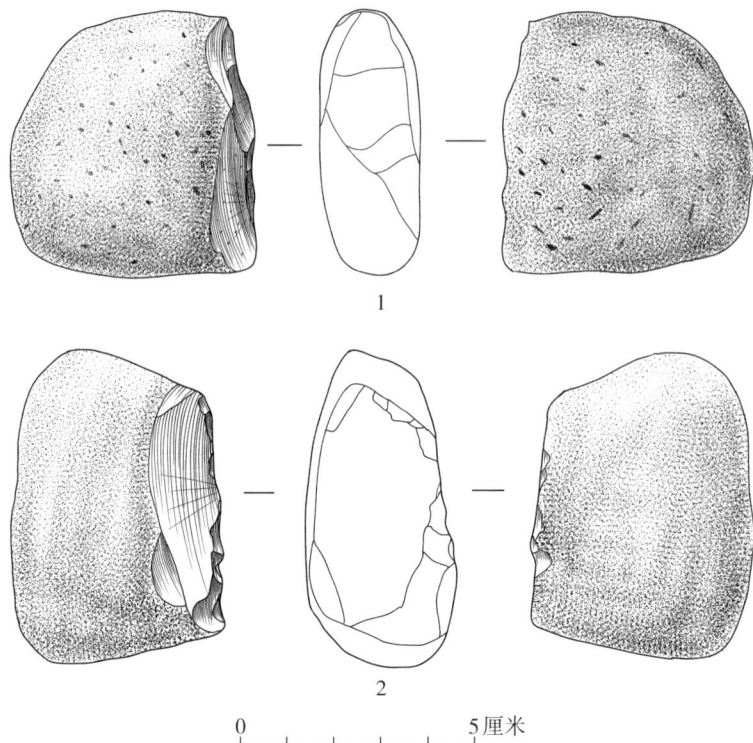

图五五　二期砍砸器

1. 2014FGZT0106⑥：2　2. 2014FGZT0308④：29

五五, 2)。

标本2014FGZT0105④：163　以灰褐色安山岩砾石为原料, 沿砾石一端进行加工, 修疤细小, 刃缘较为规整, 砾石的另一端可见砸击形成的崩疤, 刃长43.2毫米, 刃角68.5°。长51.5毫米, 宽51.9毫米, 厚29.6毫米, 重126.4克(图五六, 2)。

标本2014FGZT0307④：46　以黄褐色安山岩砾石为原料, 形状近三角形, 横截面近椭圆形。沿砾石一端进行剥片, 可见三处较大的剥片, 通过打的剥片形成刃缘, 刃缘平直。刃部可见因使用形成的多处崩疤, 崩疤较大, 因使用造成刃缘变得厚钝, 刃长57.3毫米, 刃角60°。长90.2毫米, 宽61.4毫米, 厚44.2毫米, 重293.3克(图五七, 1)。

标本2014FGZT0307④：47　以黄褐色安山岩旧器为原料, 沿一端进行剥片, 修整成刃, 修刃的片疤略大, 仍能见到旧器的片疤, 在把端进行了简单的修整, 刃长57.1毫米, 刃角64.4°。长72.1毫米, 宽60.6毫米, 厚35.2毫米, 重251.8克(图五七, 2)。

标本2014FGZT0107⑥：41　以灰褐色石英岩砾石为原料, 沿砾石一端进行剥片, 通过五次较大的剥片形成刃缘, 刃长57.2毫米, 刃角55°。刃缘平直规整, 可见因使用而形成的细小崩疤, 崩疤连续。长91.3毫米, 宽68.2毫米, 厚58.1毫米, 重508.5克(图五八, 2)。

标本2014FGZT0208⑤：57　以黑褐色石英岩砾石为原料, 沿砾石较宽的一端进行修刃, 可见多处较大的剥片, 剥片后形成刃缘, 修刃缘平直, 刃长48.5毫米, 刃角68°。长77.8毫米, 宽61.2

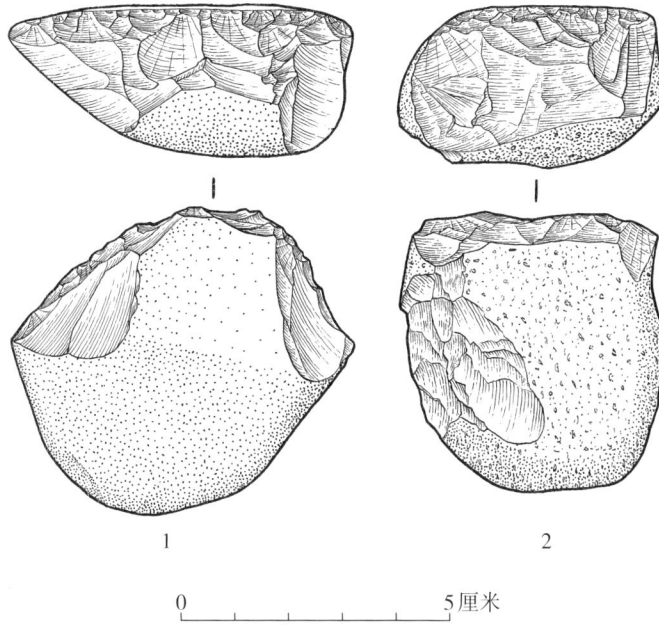

图五六 二期砍砸器

1. 2014FGZT0207⑥：56 2. 2014FGZT0105④：163

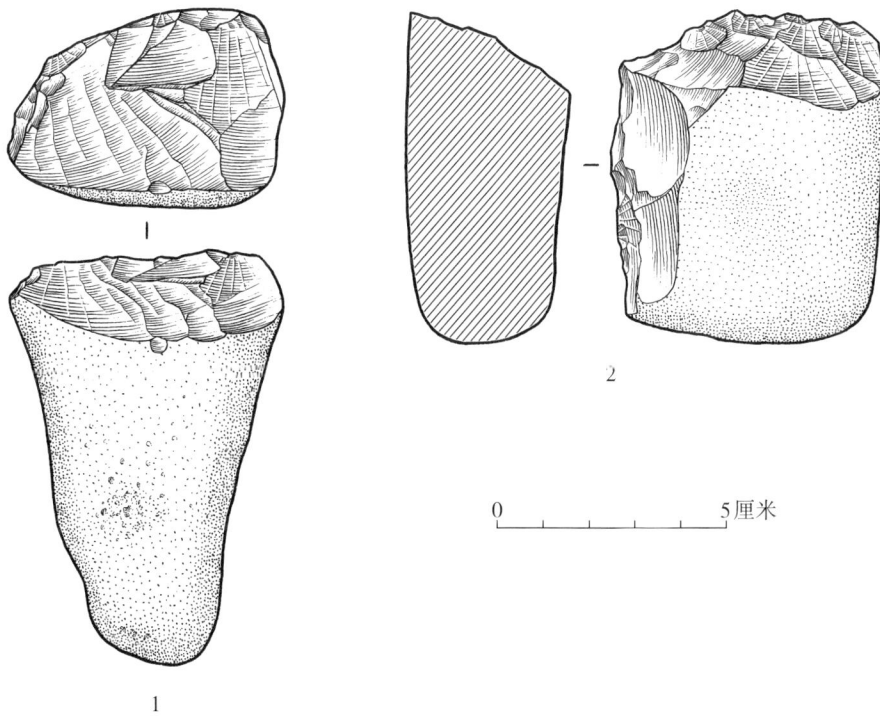

图五七 二期砍砸器

1. 2014FGZT0307④：46 2. 2014FGZT0307④：47

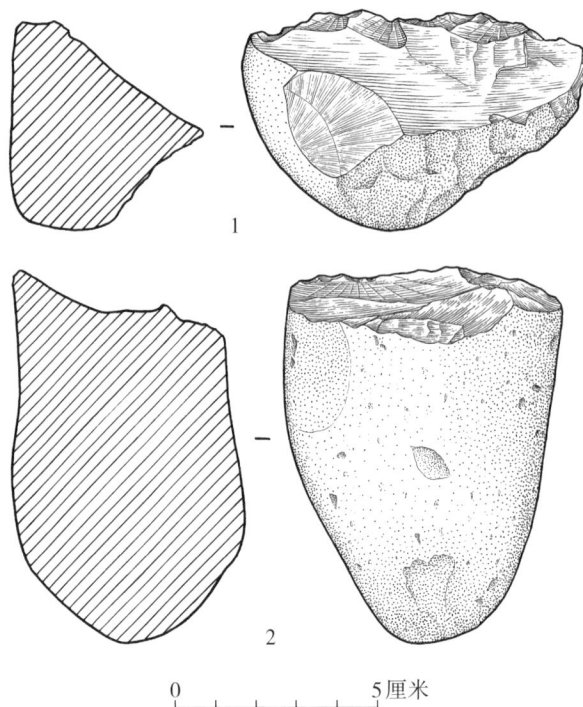

图五八　二期砍砸器

1. 2014FGZT0207④：38　2. 2014FGZT0107⑥：41

毫米，厚32.4毫米，重256.8克（图五九，1）。

标本2014FGZT0208⑤：59　以青灰色安山岩砾石为原料，形状近矩形，沿砾石的一端进行修刃，刃缘平直，修疤简单细小，刃长44.5毫米，刃角59°。长82.2毫米，宽61.9毫米，厚32.3毫米，重283.1克（图五九，2）。

单端弧刃砍砸器4件，占砍砸器总数的16%。

标本2014FGZT0207⑥：56　以灰褐色石英岩砾石为原料，沿砾石的一端和一侧边进行修理，先是进行大的剥片，然后再进行细致的修疤，刃缘相对较为规整，刃长65.7毫米，刃角65°。长58.8毫米，宽65.1毫米，厚28.6毫米，重124.3克（图五六，1）。

标本2014FGZT0308④：19　以黄褐色安山砾石为原料，形状近梯形，横截面近三角形。沿砾石一端剥取三片较大的石片后，进行简单的修刃，刃缘微弧，偶见细小的崩疤，形制规整刃缘锋利，刃长20.1毫米，刃角54°。长77.2毫米，宽60.1毫米，厚39.6毫米，重198.1克（图六〇，1；彩版二二，3）。

单端凸刃砍砸器1件，占砍砸器总数的4%。

标本2014FGZT0105⑤：1　以青灰色安山岩砾石为原料，形状近长条形。沿砾石的一端进行修刃，刃缘呈弧形，可见因使用而形成的崩疤，修刃的片疤可见因节理面导致的断裂，刃长41.6毫米，刃角45°。长76.2毫米，宽53.7毫米，厚27.6毫米，重145.9克（图五九，3）。

单边直刃砍砸器3件，占砍砸器总数的12%。

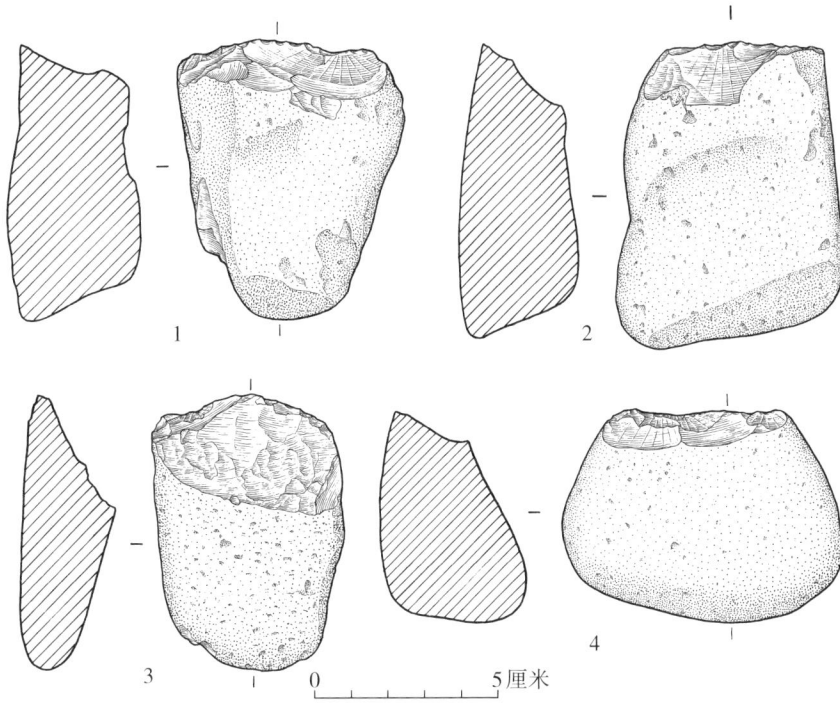

图五九　二期砍砸器

1. 2014FGZT0208⑤：57　2. 2014FGZT0208⑤：59　3. 2014FGZT0105⑤：1　4. 2014FGZT0205⑧：18

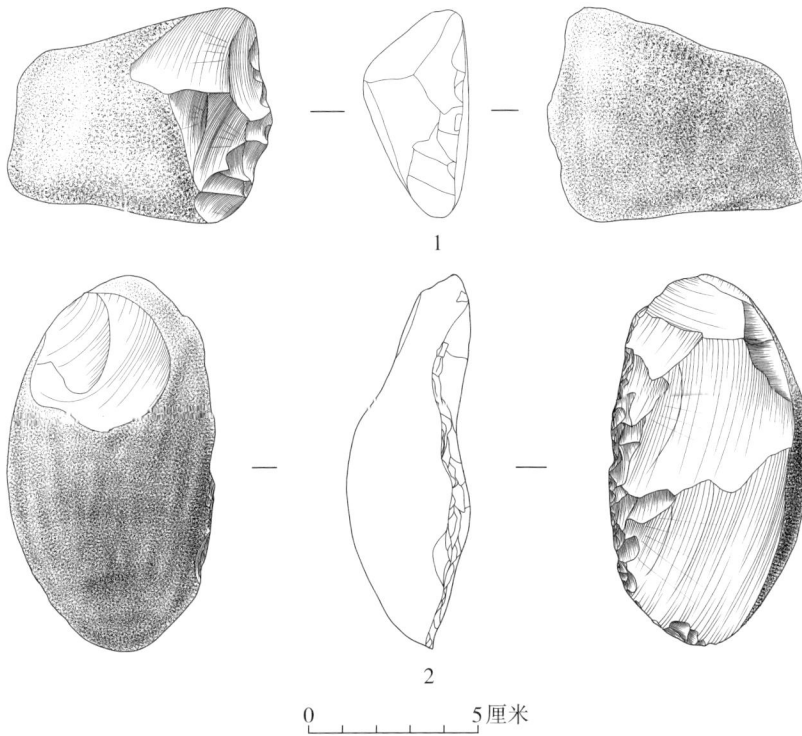

图六〇　二期砍砸器

1. 2014FGZT0308④：19　2. 2014FGZT0308④：12

标本2014FGZT0308④:12　以黄褐色砂岩砾石为原料,沿砾石的一侧边进行加工,先剥取三处较大的片疤,形成简单的刃口,在粗制刃口的基础上进行修疤,疤痕连续规整,刃缘平直,刃长75.2毫米,刃角53°,把握处可见2处剥片,推测应为修理把手。长107.1毫米,宽62.3毫米,厚36.4毫米,重192.3克(图六〇,2)。

标本2014FGZT0207④:38　以红褐色石英岩砾石为原料,沿砾石一侧边进行修刃,修疤连续,刃缘平直,刃长52.9毫米,刃角64°。长52.4毫米,宽85.1毫米,厚50.2毫米,重236.3克(图五八,1)。

标本2014FGZT0205⑧:18　以黑褐色安山岩砾石为原料,沿砾石一边进行3次连续的剥片,形成刃缘,刃缘平直规整,可见因使用而形成的细小崩疤,疤痕不连续,刃长46.1毫米,刃角65°。长56.9毫米,宽78.2毫米,厚40.2毫米,重284.8克(图五九,4)。

单边凸刃砍砸器1件,占砍砸器总数的4%。

标本2014FGZT0106⑧:1　以黑褐色安山岩砾石为原料,形状不规则,横截面近三角形。利用砾石的一端修整成弧刃,经过多次剥片,可明显见到层叠的片疤,最大片疤长40.1毫米,宽33.2毫米。由于原料岩性坚硬,导致很多片疤远端折断,该器刃缘形制规整。长78.1毫米,宽121.3毫米,厚56.3毫米,重518.3克(图六一)。

钻器22件,占三类工具总数的34.4%。主要以石英岩和安山岩为原料,偶见砂岩。尖部位置以正尖居多,有少量的偏尖。

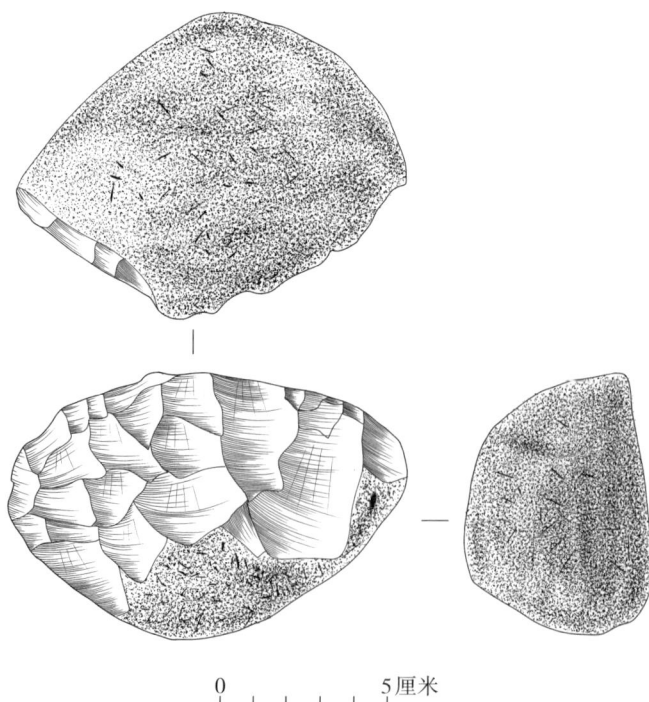

0　　　　　　5厘米

图六一　二期砍砸器

2014FGZT0106⑧:1

标本2014FGZT0205⑦：10　以黄褐色砂岩砾石为原料，形状呈长条形，横截面近圆形。沿一端打制两个小的片疤，形成一个扁薄的尖刃，形成尖刃的两侧边可见明显的磨制痕迹，磨制痕迹对称，应是磨钻某种器物所致。长113.2毫米，宽27.2毫米，厚25.6毫米，重93.8克（图六二，1）。

标本2014FGZT0106⑧：5　以红褐色石英岩砾石为原料，形状近长条形，横截面近矩形。两边及两端均可见因琢打而形成的琢击疤痕，两侧边相交形成尖刃，刃部已折断，但仍能看到近刃端两边的磨制疤痕，残长111.2毫米，宽48.1毫米，厚19.3毫米，重149.1克（图六二，2）。

标本2014FGZT0105⑧：4　以黄褐色石英岩为原料，形状近长条形，横截面近椭圆形。在砾石的一端沿两侧边进行琢打，形成对称的琢击疤痕，顶端可见两处琢打形成的大片崩疤，另一端因节理面断裂。残长100.3毫米，宽29.1毫米，厚21.4毫米，重97.5克（图六二，3）。

标本2014FGZT0105⑧：6　以红褐色石英岩砾石为原料，形状近长条形，横截面为椭圆形。在砾石的一侧边缘进行琢打形成向两端崩裂的片疤，与另一侧边交汇形成尖刃，尖刃的两边可见因使用而形成的磨痕。长98.2毫米，宽30.2毫米，厚17.3毫米，重73.4克（图六二，4）。

标本2014FGZT0105⑦：5　以黑褐色安山岩砾石为原料，形状不规则，横截面近椭圆形。沿两端打制出尖刃，形成两个扁薄的偏尖，形成尖刃的两侧边可见明显因使用导致边缘变得光滑厚

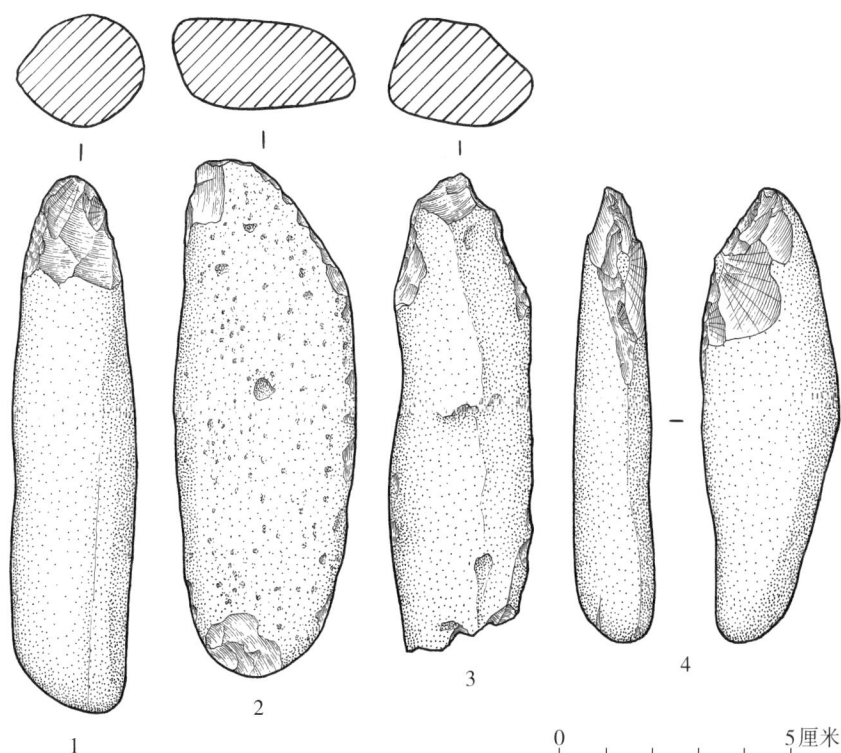

图六二　二期钻器

1. 2014FGZT0205⑦：10　2. 2014FGZT0106⑧：5　3. 2014FGZT0105⑧：4　4. 2014FGZT0105⑧：6

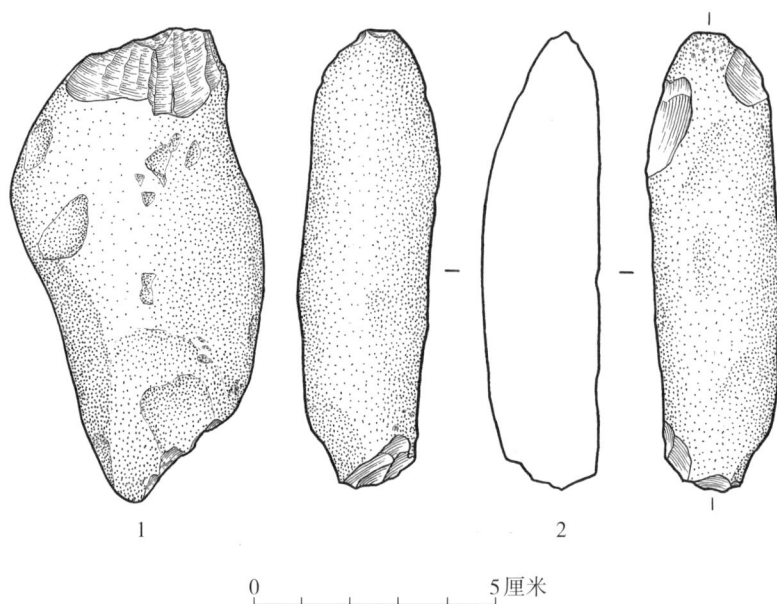

图六三　二期钻器

1. 2014FGZT0105⑦:5　2. 2014FGZT0103⑤:2

钝,应是磨钻某种器物所致。长98.7毫米,宽51.6毫米,厚36.9毫米,重199.8克(图六三,1)。

标本2014FGZT0103⑤:2　以黄褐色安山岩砾石为原料,形状呈长条形,横截面近圆形。沿一端打制出两个小的片疤,形成一个扁薄的尖刃,侧边可见琢打痕迹,另一端可见剥片痕迹。长93.1毫米,宽29.4毫米,厚25.1毫米,重109.6克(图六三,2)。

9. 旧器

4件,占三类工具总数的6.2%。类型包括了石锤、砍砸器、尖状器三类,均风化磨蚀得较为严重,刃缘多已圆钝。

标本2014FGZT0105⑦:3　以青灰色辉绿岩砾石为原料,形状呈长条形,横截面近椭圆形。利用砾石一端作为石锤使用,可见因使用而造成的两处崩疤,疤痕深凹。风化磨蚀严重,应是采集自别处的早期石器。长93.5毫米,宽52.2毫米,厚39.1毫米,重342.1克(图六四,1)。

标本2014FGZT0105⑦:13　以灰褐色辉绿岩砾石为原料,形状呈长条形,横截面近矩形。沿砾石两端进行剥片,形成刃缘,两刃缘均较为平直,刃角58°,风化磨蚀严重。长106.1毫米,宽57.2毫米,厚43.9毫米,重341克(图六四,2)。

标本2014FGZT0205⑦:2　以青灰色辉绿岩砾石为原料,沿砾石一端进行剥片,剥落的片疤长且深凹,可见三处较大的片疤,通过剥片形成尖刃,刃角53°。该器风化磨蚀严重,应是采集自别处的早期石器。长120.2毫米,宽64.2毫米,厚59.3毫米,重673.3克(图六四,3)。

标本2014FGZT0107⑧:3　以黑褐色石英岩砾石为原料,形状呈长条形,横截面近矩形。沿砾石一进行剥片,形成刃缘,刃缘较为平直薄锐,刃角35°。风化磨蚀严重。长89.3毫米,宽44.2毫米,厚37.1毫米,228.7克(图六四,4)。

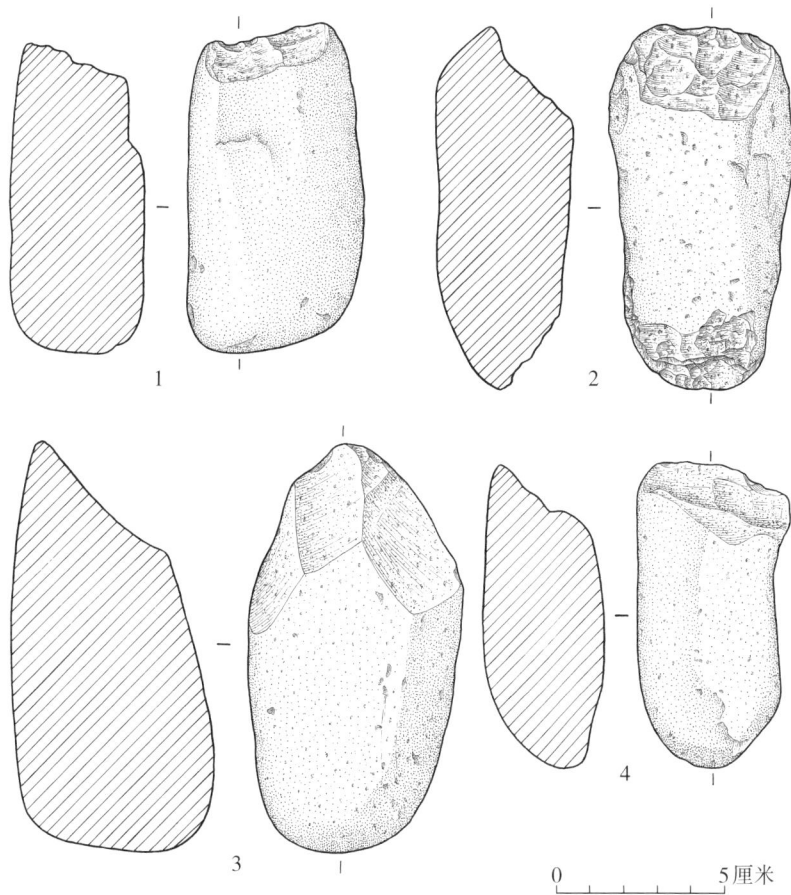

图六四　二期旧器

1. 2014FGZT0105⑦：3　2. 2014FGZT0105⑦：13　3. 2014FGZT0205⑦：2　4. 2014FGZT0107⑧：3

（二）磨制石器

二期共出土磨制石器77件，类型包括了研磨器、砺石、磨盘、石砧和斧锛类工具等（表六）。岩性以硬度较低的砂岩和石灰岩为主，也有少量的石英岩和安山岩。个体大小多为大型工具，偶见巨型工具。

表六　二期磨制石器统计表

类　别	研磨器	砺　石	磨　盘	石　砧	斧锛类工具
数量	28	7	3	2	37
占比	36.4%	9.1%	3.9%	2.6%	48%

1. 研磨器

28件，占磨制石器总数的36.4%。该期出土的研磨器大部分为长方形，多个磨面，偶见使用扁平砾石进行磨制使用的情况，但数量较少。岩性多为砂岩，偶见石英岩。

标本2014FGZT0307④：49　以红褐色砂岩为原料，形状近长方形。两面可见大量琢打留下的疤痕，其中一面作为石砧使用，但凹槽较浅应使用较少，该面尚未进行磨制使用。另一面使用了部分，尚有部分琢打较为深凹的地方未被使用到。两侧边使用较多，磨面较为平坦，两端磨面有因两侧使用形成的凸棱。通过该器可以看出，长条形研磨器在磨制之前会经过琢打，以增加磨制的效率。长121.3毫米，63.4毫米，45.1毫米，重600.2克（图六五，1）。

标本2014FGZT0307④：7　以红褐色砂岩砾石为原料，形状近长方形，通体经过琢打，琢打后进行磨制使用，其中一个侧边使用较多，磨面平坦光滑，另一侧边则仅经过琢打，使用痕迹不明显。砾石的两面均曾作为石砧使用，但形成的凹坑较浅，两端经过磨制使用，磨面较为平滑。长132.5毫米，宽54.6毫米，厚48.2毫米，重554.4克（图六五，2）。

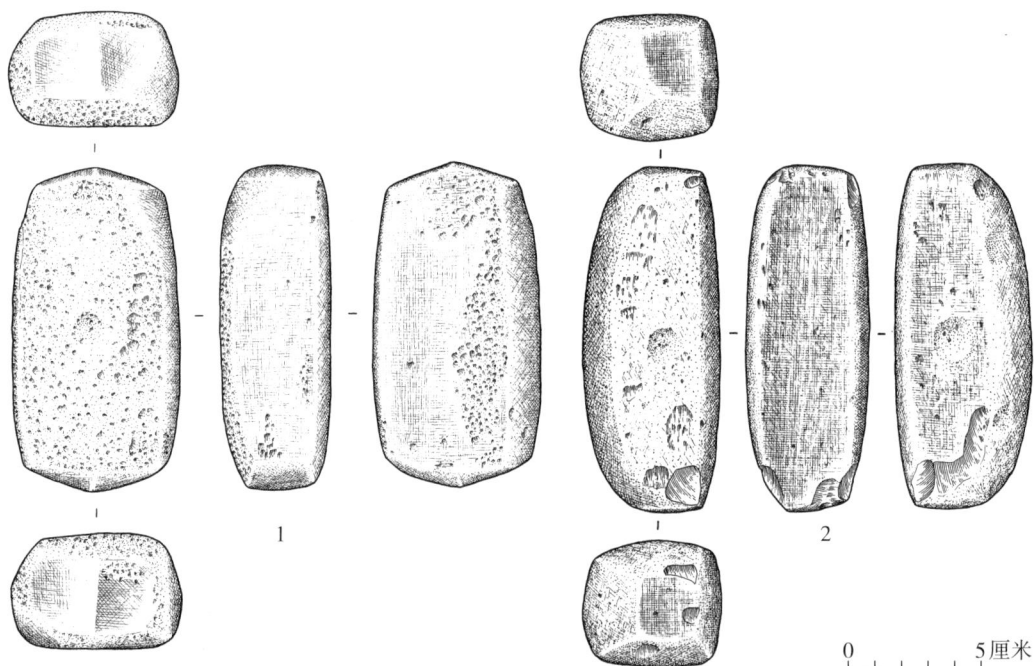

图六五　二期研磨器

1. 2014FGZT0307④：49　2. 2014FGZT0307④：7

标本2014FGZT0307④：41　以红褐色砂岩砾石为原料，形状近梯形，横截面近矩形。的底部和两侧边作为研磨器使用，底面平坦光滑。一面较平坦，一面内凹，平坦的一面作为研磨器使用，内凹的一面则曾作为砺石使用。长97.2毫米，宽72.3毫米，厚53.2毫米，重522.5克（图六六，1）。

标本2014FGZT0206⑥：1　以红褐色砂岩石块为原料，形状近长方形。一端残断，残留的五个面均可见磨制痕迹，形状规整，磨面平整。该器有一面的边缘可见较大的片疤，并在中部有一处近圆形凹窝，应也作为石砧使用，另一面作为砺石使用，磨面内凹。残长71.3毫米，宽48.2毫米，厚33.5毫米，重200克（图六六，2）。

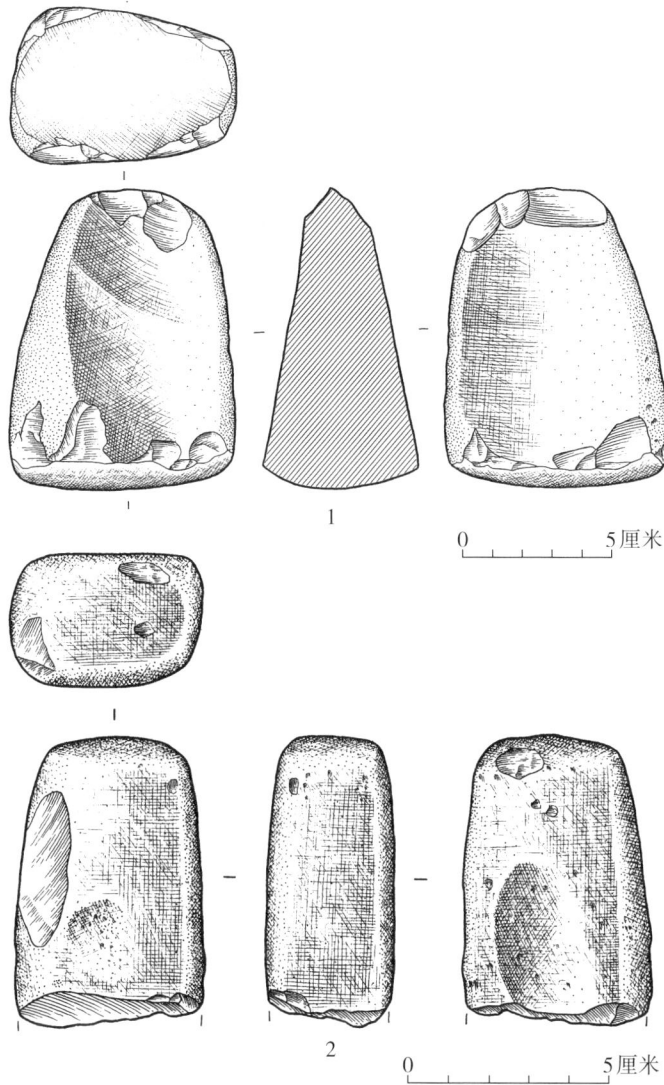

图六六 二期研磨器

1. 2014FGZT0307④：41 2. 2014FGZT0206⑥：1

标本2014FGZT0105⑤：16 以红褐色砂岩为原料，形状近半圆形，横截面近矩形。以砾石的一边为主要磨制面，磨面平坦光滑，磨面长138.5毫米，宽43.1毫米，另外两面也经过简单的磨制，但磨面不是很清晰。长175.2毫米，宽82.4毫米，厚63.5毫米，重1406.9克（图六七）。

标本2014FGZT0208⑥：38 以青灰色石英岩砾石为原料，形状近长方形，横截面近矩形。六个面均进行研磨使用，较为规整，磨面光滑。边棱部位可见零星琢打形成的凹坑。长112.4毫米，宽49.7毫米，厚49.6毫米，重527.6克（图六八，1）。

标本2014FGZT0306④：66 以青灰褐色砂岩砾石为原料，形状近梯形，横截面近矩形。六个面均进行研磨使用，平坦光滑，仅边棱处有零星琢打形成的凹坑。长104.4毫米，宽52.2毫米，厚49.4毫米，重525.5克（图六八，2）。

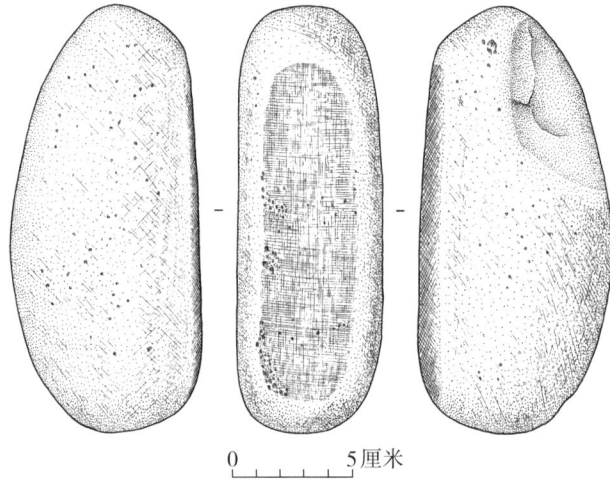

图六七　二期研磨器

2014FGZT0105⑤：16

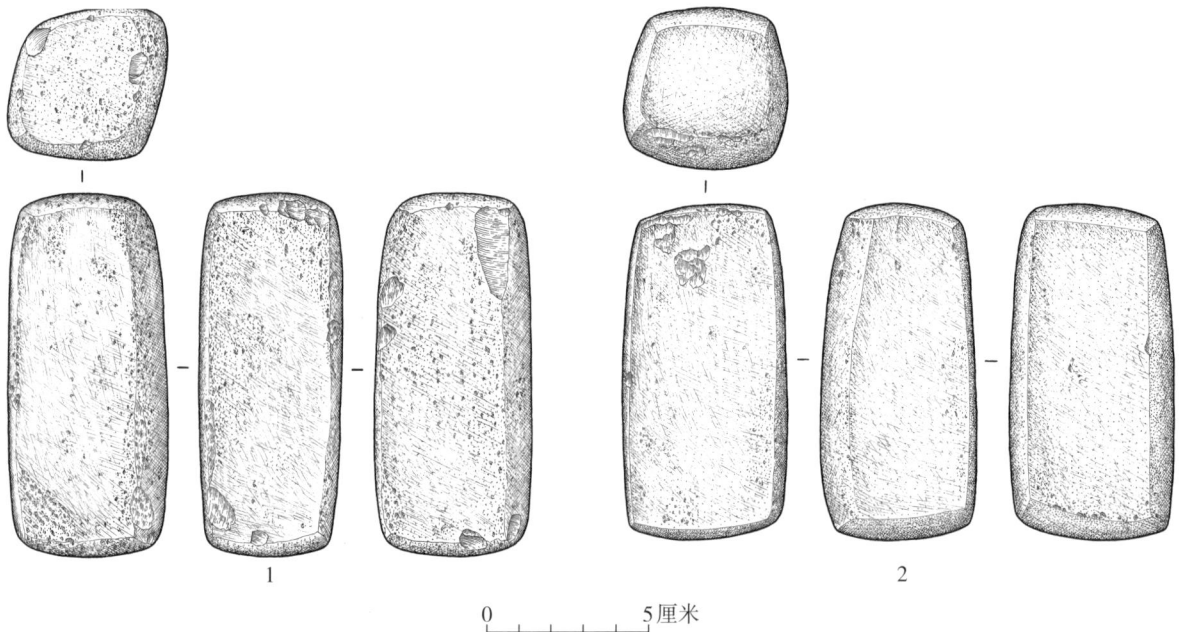

图六八　二期研磨器

1. 2014FGZT0208⑥：38　2. 2014FGZT0306④：66

标本2014FGZT0207⑧：2　以红褐色砂岩砾石为原料，形状近长方形。通体都经过使用，两面及侧边因使用形成平坦的磨面，两端的磨面呈弧形，两面偶见作为石砧使用的痕迹，但凹坑较浅。长88.2毫米，宽53.5毫米，厚40.6毫米，重353.4克（图六九，1；彩版八，1）。

标本2014FGZT0104⑤：17　以红褐色砂岩砾石为原料，经过琢打形成扁长形，两侧边可见明显琢打形成的痕迹，琢打后进行磨制，一端残断，仅可见五处磨面，端部磨面微凸。长67.4毫米，宽60.4毫米，厚38.6毫米，重267.4克（图六九，2）。

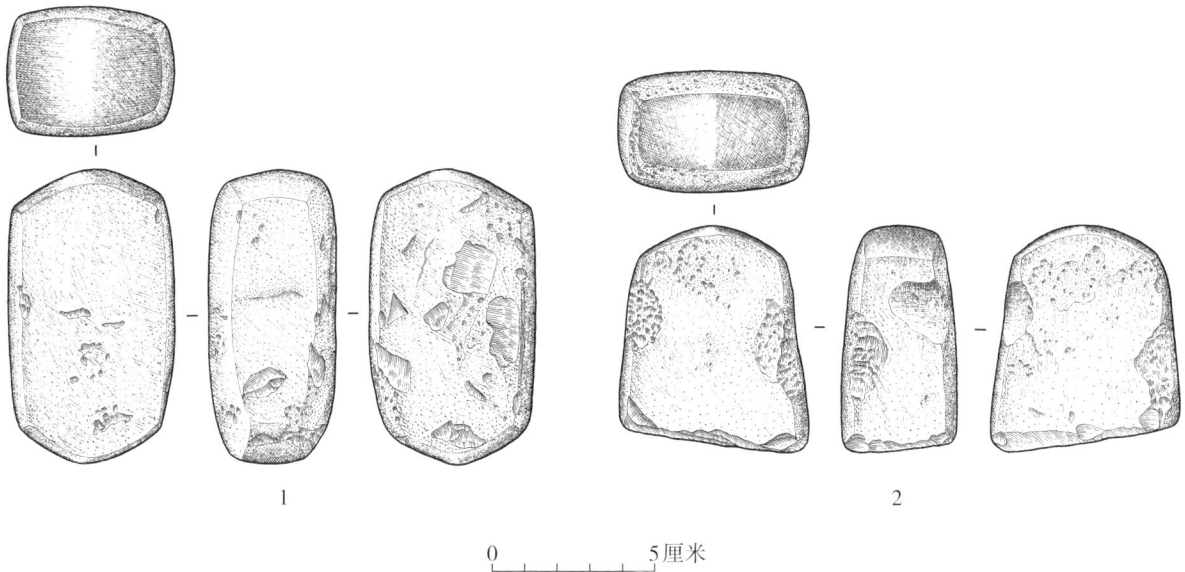

图六九 二期研磨器

1. 2014FGZT0207⑧：2 2. 2014FGZT0104⑤：17

2. 砺石

7件，占磨制石器总数的9.1%。根据磨面的多少可以分为单面和多面两种。

标本2014FGZT0306④：44 以红褐色砂岩岩块为原料，形状不规则。沿一面进行磨制使用，磨面几乎等大，光滑内凹，磨面长71.5毫米，宽62.4毫米。残长75.1毫米，宽112.6毫米，厚33.6毫米，重322.7克（图七〇，1）。

标本2014FGZT0307④：5 以黄褐色砂岩砾石为原料，形状不规整。砾石三个面经过磨制使用，磨面内凹明显，残断，磨面一长86毫米，宽79毫米；磨面二长79毫米，宽66毫米。一个侧边也有一处较小的磨面，磨面轻微内凹，长42毫米，宽41毫米。残长98.4毫米，宽98.1毫米，厚60.3

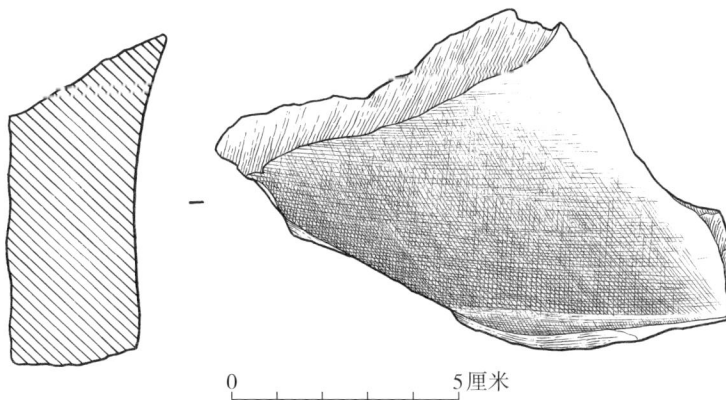

图七〇 二期单面砺石

2014FGZT0306④：44

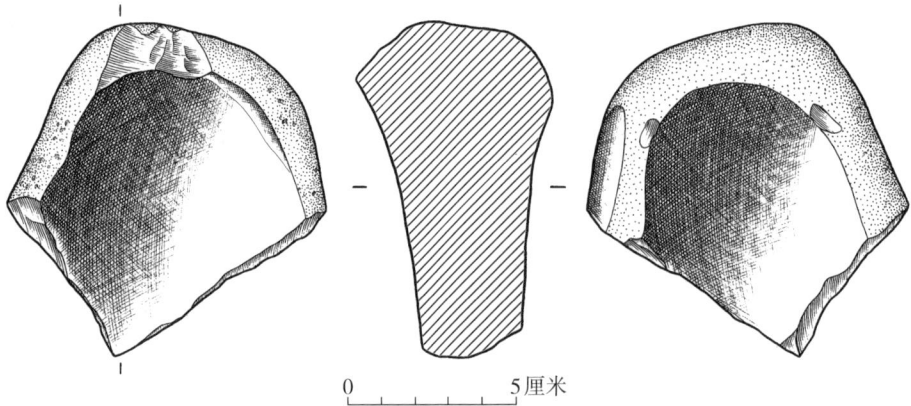

0 ———————— 5厘米

图七一　二期多面砺石

2014FGZT0307④：5

毫米，重687.9克（图七一）。

标本2014FGZT0107⑥：2　以红褐色砂岩砾石为原料，形状近三角形，可见三个磨面，中部内凹。长103.2毫米，宽84.1毫米，厚59.8毫米，重643.7克（彩版九，1）。

标本2014FGZT0107⑥：50　以红褐色砂岩岩块为原料，形状不规则，沿四个方向进行磨制，磨面内凹光滑，最大磨面为130.1毫米，141.7毫米。残长159.3毫米，宽140.6毫米，厚205.3毫米，重2709.3克（图七二）。

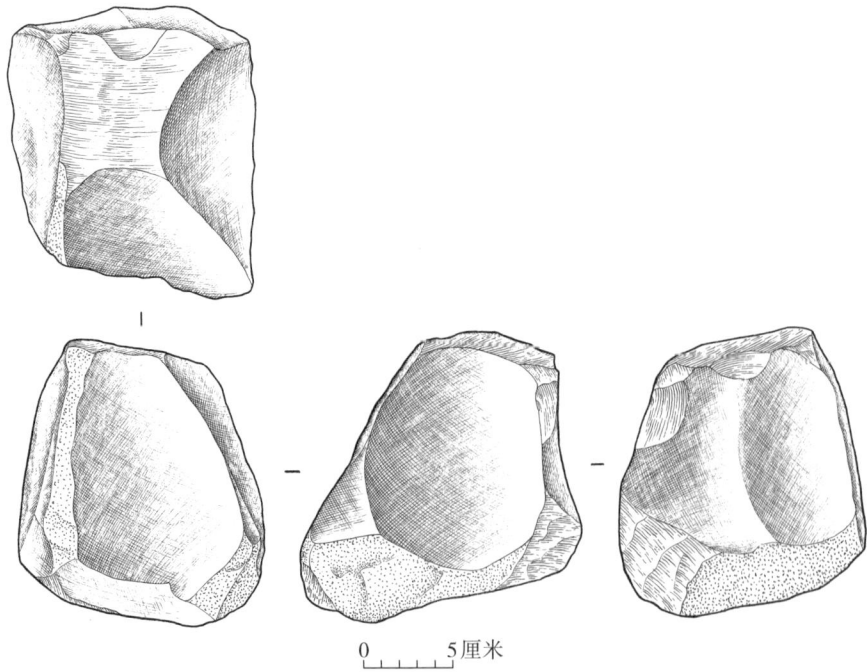

0 ———————— 5厘米

图七二　二期多面砺石

2014FGZT0107⑥：50

3. 磨盘

3件,占磨制石器总数的3.9%。

标本2014FGZT0105⑥∶21　以青黑色硅质灰岩岩块为原料,形状不规则,两面可见明显的磨面,磨面较平,最大磨面为130.8毫米,100.1毫米。长245.2毫米,宽190.6毫米,厚67.9毫米,重5766.6克(图七三)。

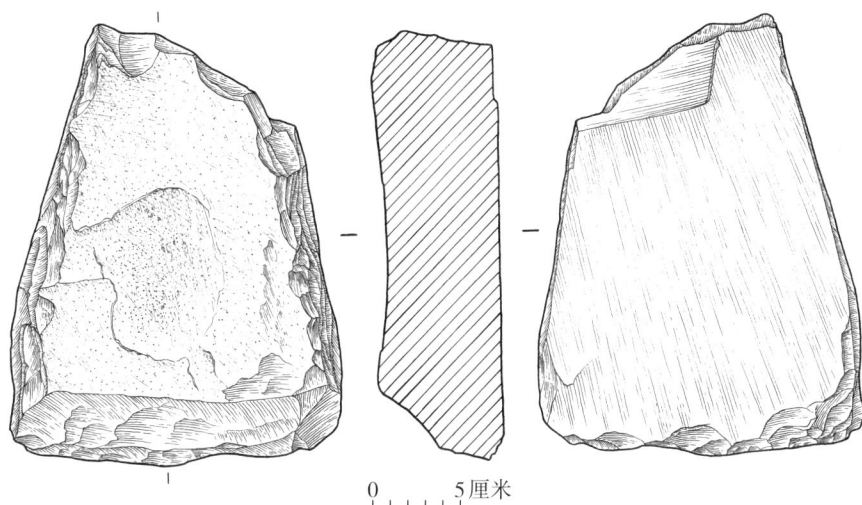

图七三　二期磨盘

2014FGZT0105⑥∶21

标本2014FGZT0208⑥∶109　以青灰色砂岩砾石为原料,形状不规则。沿扁平砾石的两面进行磨制,残断,磨面几乎等大,两面均微微内凹,磨面一长76.8毫米,宽74.1毫米;磨面二长89.1毫米,宽75.6毫米。残长98.3毫米,宽90.1毫米,厚31.8毫米,重442.6克(图七四,1)。

标本2014FGZT0207⑥∶10　以红褐色砂岩砾石为原料,形状近矩形。沿扁平砾石的两面进行磨制,残断,磨制面几乎与等大,其中一个磨面内凹严重,另一磨面微微内凹,磨面一长119.1毫米,宽82.9毫米;磨面二长101.9毫米,宽56.5毫米。残长126.6毫米,宽90.9毫米,厚31.8毫米,重538.2克(图七四,2)。

4. 石砧

2件。

标本2014FGZT0104⑤∶1　以黄褐色砂岩砾石为原料,形状呈椭圆形,该器先作为研磨器使用,可见六个面均有磨制的痕迹,然后将较为平坦的两面作为石砧使用,可见明显的凹窝,凹窝居中,较为深凹。长125.2毫米,宽81.9毫米,厚37.6毫米,重644.1克(图七五)。

5. 斧锛类工具

37件。其中石斧13件,石锛9件,斧锛类残件5件,斧锛坯10件(表七)。主要以石灰岩

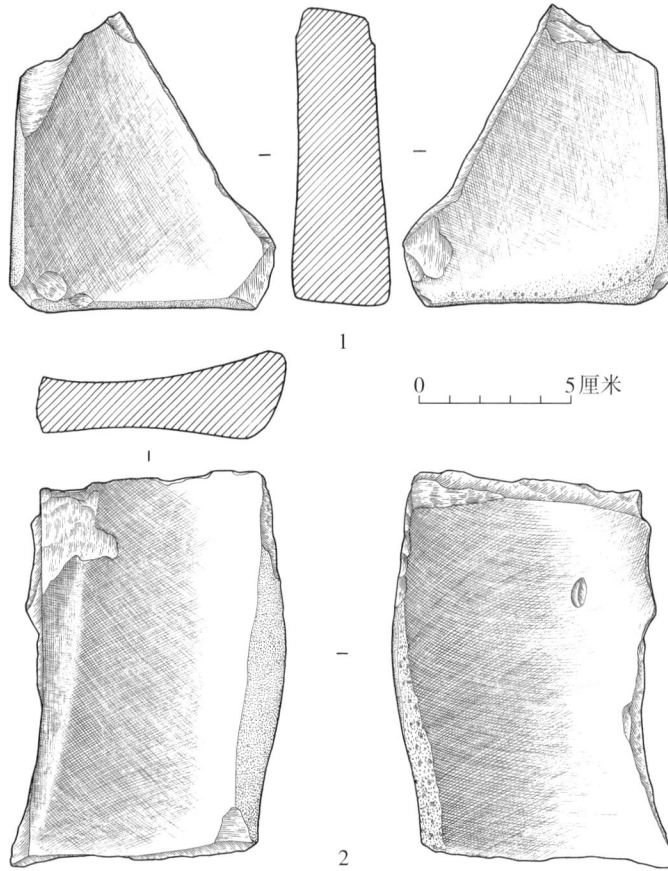

图七四　二期磨盘

1. 2014FGZT0208⑥：109　　2. 2014FGZT0207⑥：10

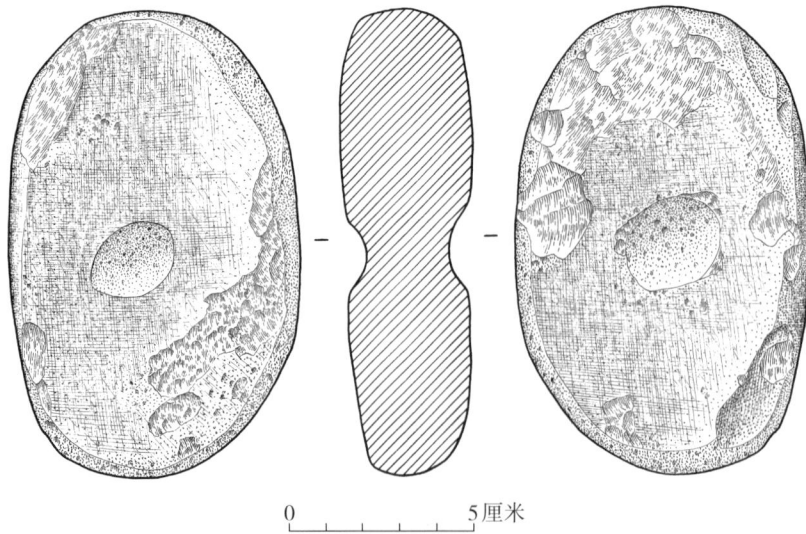

图七五　二期石砧

2014FGZT0104⑤：1

为原料,部分器物风化磨蚀较为严重,个体大小多在50～100毫米之间,偶见大于100毫米的工具。

表七　二期斧锛类工具统计表

类　别	石　斧	石　锛	斧锛残件	斧锛坯
数量	13	9	5	10
占比	35.1%	24.3%	13.5%	27.1%

石斧13件,占磨制石器总数的16.9%。

标本2014FGZT0204⑧:1　以灰白色石灰岩岩块为原料,形状近三角形,横截面呈椭圆形。一面略平,一面微凸,刃部磨制较为精致,两侧边可见少量的片疤,把端有较多大的片疤。刃缘形制规整,较锋利,偶见因使用留下的崩疤,刃长55.1毫米,刃角65°。长74.2毫米,宽56.1毫米,厚21.6毫米,重120克(图七六,1)。

标本2014FGZT0404④:2　以黄褐色砂岩砾石为原料,形状近长条形。利用砾石自然的形状沿两端及侧边修理,可见细小浅平的琢打疤痕,刃部可见简单的磨痕,其余地方未经磨制。长66.1毫米,宽42.5毫米,厚19.2毫米,重56.8克(图七六,2)。

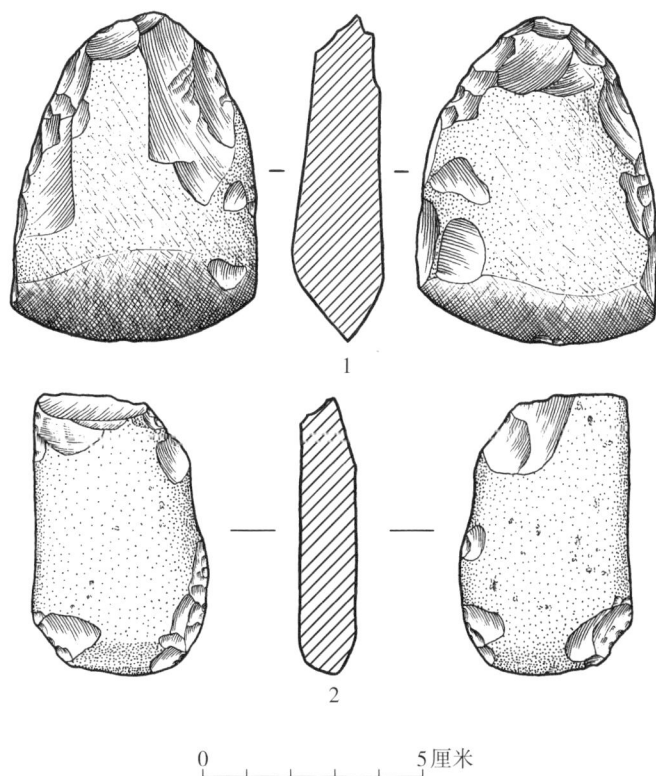

0 ———————— 5厘米

图七六　二期石斧

1. 2014FGZT0204⑧:1　2. 2014FGZT0404④:2

标本2014FGZT0207④：1　以青灰色石灰岩岩块为原料，形状近长方形。两侧边可见层叠的修疤，第一层片疤大且深凹，二三层的修疤较为细小，把端可见一处自上而下的较大剥片。经简单磨制，刃部磨制较为精致，偶见轻微的使用痕迹，刃长36.2毫米，刃角57°。长81.5毫米，宽49.3毫米，厚20.1毫米，重96.9克（彩版五，3）。

标本2014FGZT0208⑤：4　以青灰色石灰岩岩块为原料，形状近矩形，横截面近椭圆形。通体磨制，两面及刃部磨制较为精致，两侧边较陡直，经剥片和琢打修型，片疤细小层叠。把端的修疤较大，刃部磨制精良，有轻微的使用痕迹，刃长34.1毫米，刃角50°。长70.2毫米，宽47.4毫米，厚14.2毫米，重86.2克（彩版七，1）。

标本2014FGZT0104⑧：2　以红褐色砂岩砾石为原料，形状近三角形。沿砾石两侧边进行修整，可见大量因修型留下的片疤，刃缘平直，偶见因使用形成的崩疤。长108.2毫米，宽74.2毫米，厚15.4毫米，重186.3克（图七七，1）。

标本2014FGZT0207⑧：1　以灰褐色石英岩砾石为原料，近矩形，横截面近椭圆形。整体较为厚钝，及把端经过琢打，保留了大量琢打留下的凹坑。刃缘磨制较规整，有轻微使用痕迹，刃长45.3毫米，刃角54°。长90.4毫米，宽54.2毫米，厚27.5毫米，重189.5克（图七七，2）。

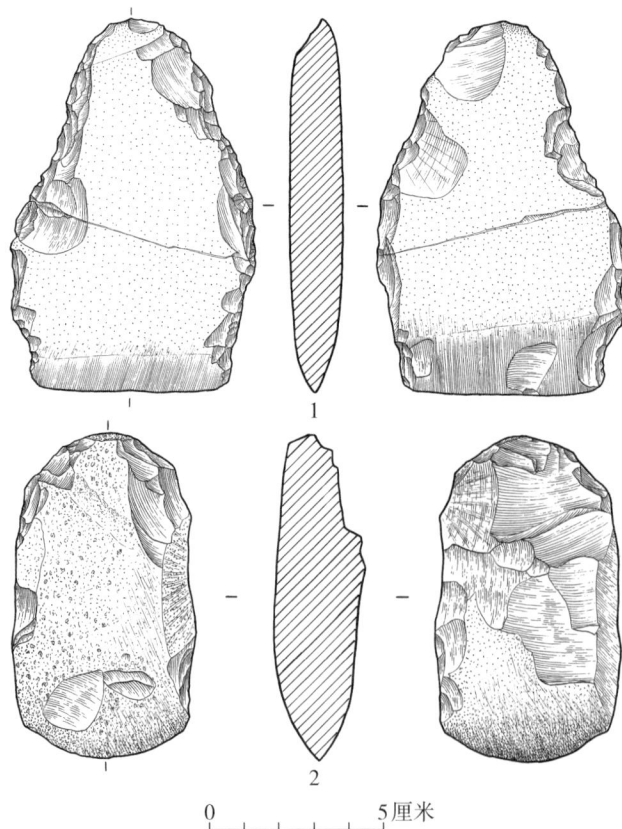

图七七　二期石斧

1. 2014FGZT0104⑧：2　2. 2014FGZT0207⑧：1

标本2014FGZT0104④：2　以黄褐色砂岩砾石为原料，形状近矩形，扁薄。利用扁平砾石的一端直接磨制成刃，把端和两侧边未进行磨制。刃缘可见明显的使用痕迹，刃长23.7毫米，刃角57°。长74.2毫米，宽36.6毫米，厚13.2毫米，重38.1克（图七八，1；彩版七，2）。

标本2014FGZT0206⑦：2　以黑褐色石英岩砾石为原料，扁长，横截面近矩形。利用扁平砾石的一端磨制成刃，可见明显修型和琢打痕迹。刃缘较规整，可见轻微使用痕迹，刃长40.2毫米，刃角43°。长69.1毫米，宽40.2毫米，厚12.4毫米，重76.1克（图七八，2）。

标本2014FGZT0204⑧：4　以灰褐色石英岩砾石为原料，仅残留刃部，磨制较为精致，断面规整。一面几乎不见修疤痕迹，另一面可见较多的崩疤，片疤大而深凹。刃缘规整，偶见使用痕迹，刃长52.1毫米，刃角63°。残长53.4毫米，宽64.2毫米，厚29.3毫米，重135.6克（图七九，1）。

标本2014FGZT0208⑥：43　以青灰色石灰岩岩块为原料，仅残存刃部及中段，可见折断时形成的片疤以及陡坎。磨制精致，一侧边可见修整和琢打的痕迹，但该边也进行了简单的磨制。另一侧边可见一处较大的片疤，该片疤远端与磨面的交汇处较为锋利。刃部形制规整，刃缘锋

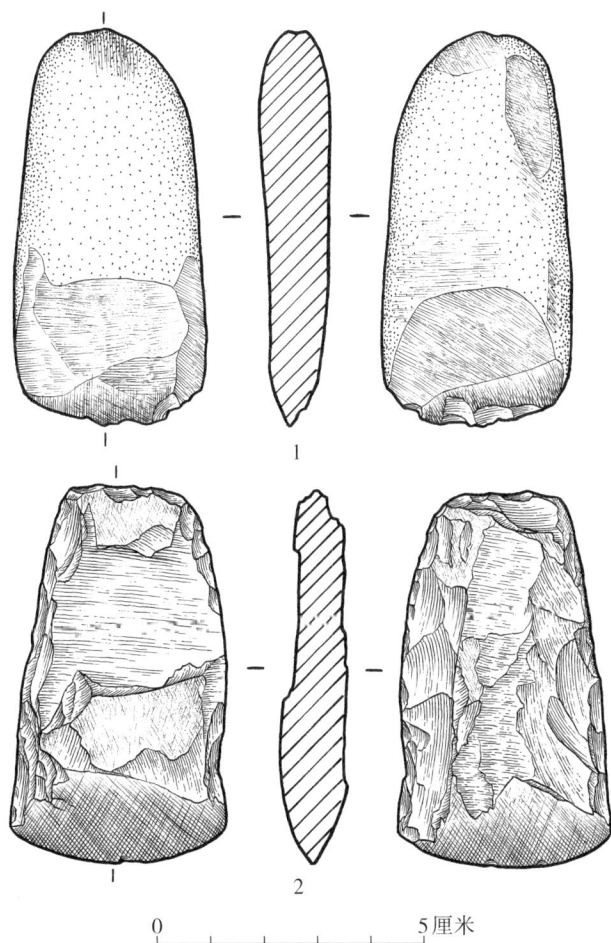

图七八　二期石斧

1. 2014FGZT0104④：2　　2. 2014FGZT0206⑦：2

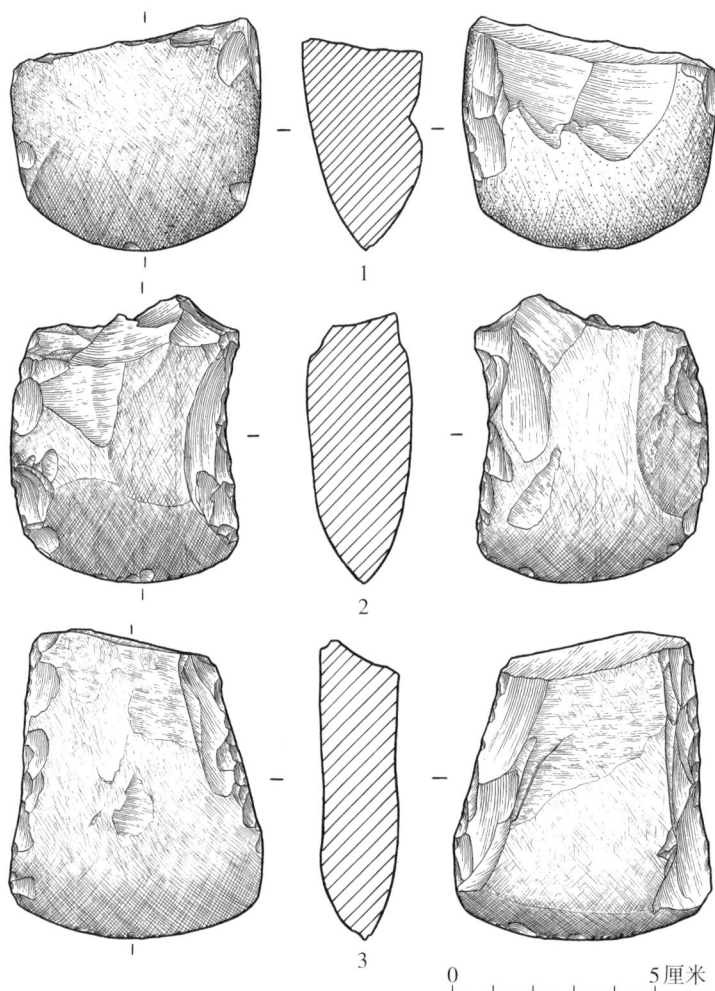

图七九　二期石斧残件

1. 2014FGZT0204⑧：4　2. 2014FGZT0208⑥：43　3. 2014FGZT0208⑤：3

利,可见因使用而形成的连续崩疤,疤痕位于刃缘两侧,刃长48.2毫米,刃角65°。残长71.1毫米,残宽57.4毫米,厚27.1毫米,重150克(图七九,2)。

标本2014FGZT0208⑤：3　以青灰色石英岩砾石为原料,横截面近椭圆形,把端折断,断面较为规整。通体磨制,因两侧边修型的片疤大而深凹,残留了较多片疤。刃缘形制规整,可见明显的使用痕迹,刃长61.1毫米,刃角59°。残长72.5毫米,宽63.2毫米,厚1.99毫米,重160克(图七九,3)。

石锛　9件,占磨制石器总数的11.7%。

标本2014FGZT0204⑤：11　以青灰色石灰岩岩块为原料,形状近梯形,横截面近矩形。未经磨制,可见修理形制时留下的大量片疤,片疤多由两侧边向中间加工,把端可见一处向下的折断疤痕,另一面为砾石面。仅刃部可见磨制痕迹,刃缘平直,刃长40.1毫米,刃角56°。长59.6毫米,宽45.1毫米,厚11.2毫米,重40.5克(图八〇,1)。

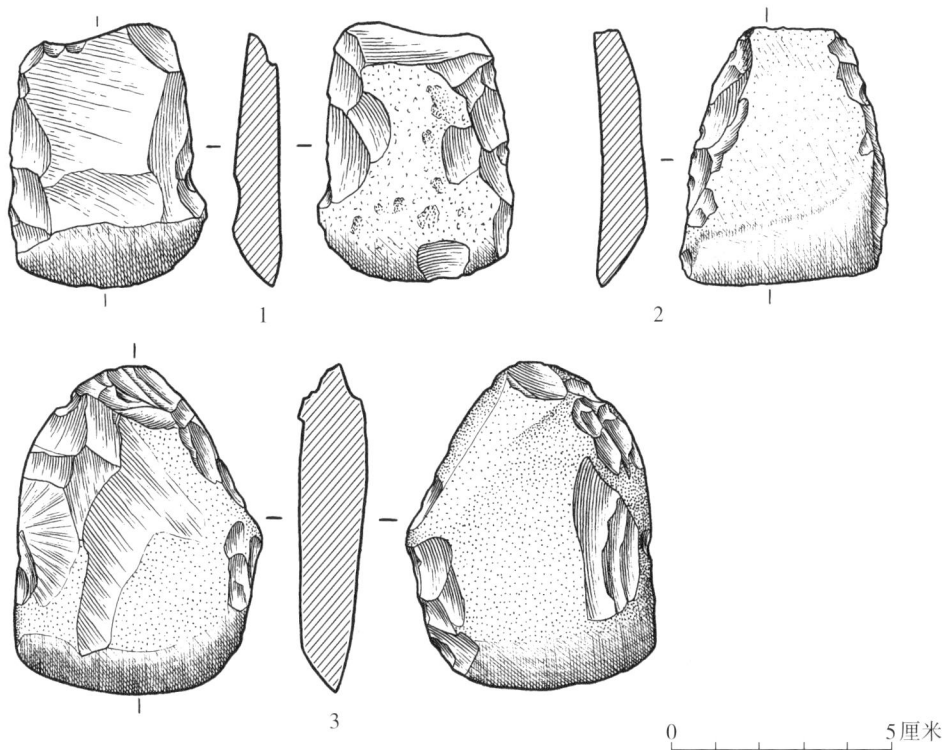

图八〇　二期石锛
1. 2014FGZT0204⑤：11　2. 2014FGZT0206⑦：5　3. 2014FGZT0307④：42

标本2014FGZT0206⑦：5　以黑褐色石英岩砾石为原料,形状近梯形,横截面近矩形。该器刃部和两面磨制十分精致,但两侧边保留了大量修形时的片疤和琢击痕迹,把端轻微折断。刃缘锋利,刃长44.3毫米,刃角39°。长58.2毫米,宽49.1毫米,厚12.4毫米,重39.5克(图八〇,2)。

标本2014FGZT0307④：42　以灰白色石灰岩岩块为原料,两侧边向把端汇聚。经过通体磨制,但仍可见较为深凹的片疤,刃部磨制最为精致,可见轻微的使用痕迹,刃长39.3毫米,刃角49°。长71.4毫米,宽56.3毫米,厚17.7毫米,重87.9克(图八〇,3)。

标本2014FGZT0208⑦：2　以青灰色石灰岩岩块为原料,形状近梯形,横截面近矩形。沿两侧边向中心轴加工,有层叠的片疤和琢打的痕迹,最近中轴的片疤最为深凹。把端由上而下修整,有一处较大的片疤,只经过简单的磨制,但刃部磨制较为精细,刃缘规整锋利,有轻微的使用痕迹,刃长35毫米,刃角43°。长68.1毫米,宽39毫米,厚13毫米,重50克(图八一,1)。

标本2014FGZT0107⑥：32　以灰白色石灰岩岩块为原料,形状近长三角形,横截面近椭圆形。把端较窄,刃部较宽,一面较平,一面隆起。凸起一面修整痕迹较少,较平坦的一面虽经磨制但仍可见修整时留下的片疤,刃部磨制精致,刃缘平整锋利,未见明显的使用痕迹,刃长28.1毫米,刃角45°。长64.2毫米,宽34.1毫米,厚14.1毫米,重40克(图八一,2)。

标本2014FGZT0205⑧：20　以黑褐色石灰岩石片为原料,横截面近梯形。该器一面略内

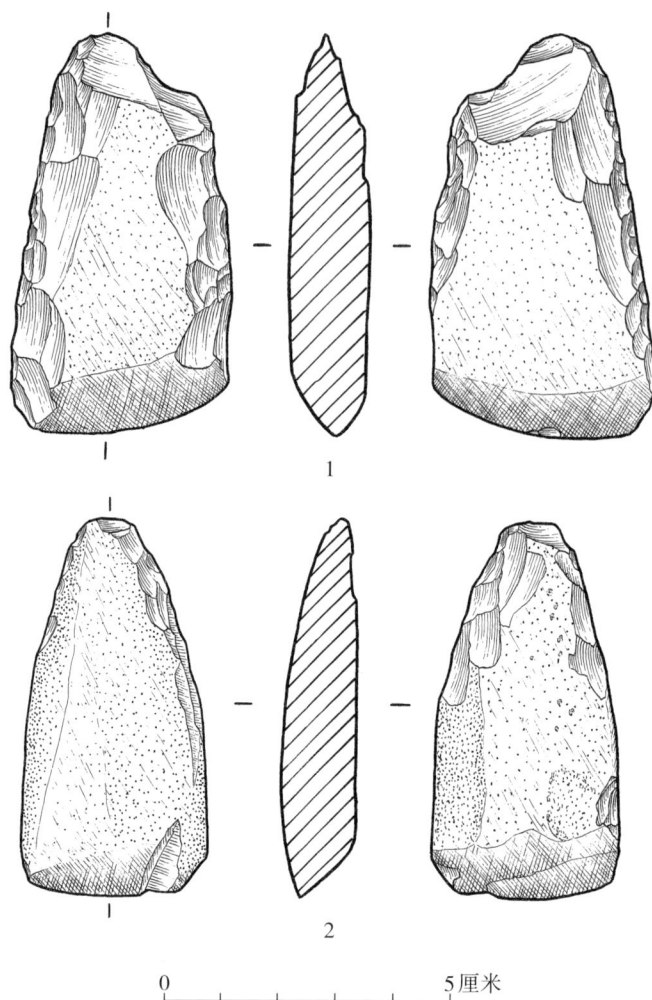

图八一　二期石锛

1. 2014FGZT0208⑦:2　2. 2014FGZT0107⑥:32

凹,一面凸起。内凹面为石片的腹面,打击点位于石锛的右侧边。微凸的一面为石片的背面,修型时留下的片疤大而深凹,其中一个剥片已过纵轴。该器把端折断,刃部磨制精细,刃缘规整,可见因使用而形成的层叠崩疤,刃长35.5毫米,刃角48°。残长62.4毫米,宽40.1毫米,厚20.3毫米,重65.6克(图八二,1)。

　　标本2014FGZT0208⑥:44　以灰白色石灰岩岩块为原料,形状近三角形,两侧边向把端汇聚,横截面近椭圆形。经过简单的磨制,两侧边保留修型时的片疤及大量的琢打痕迹。两侧边在把端汇聚,把端经过简单的减薄,可见一处较大的片疤。刃部磨制最为精致,可见明显因使用造成的崩疤,刃长28.2毫米,刃角50°。长67.1毫米,宽42.5毫米,厚14.1毫米,重58.5克(图八二,2)。

　　标本2014FGZT0204⑤:13　以黄白色石灰岩岩块为原料,形状近三角形,横截面近梯形。一面扁平,一面微凸,保留有很多修整时的片疤,剥片多大而深凹,有的片疤远端折断。刃缘磨制

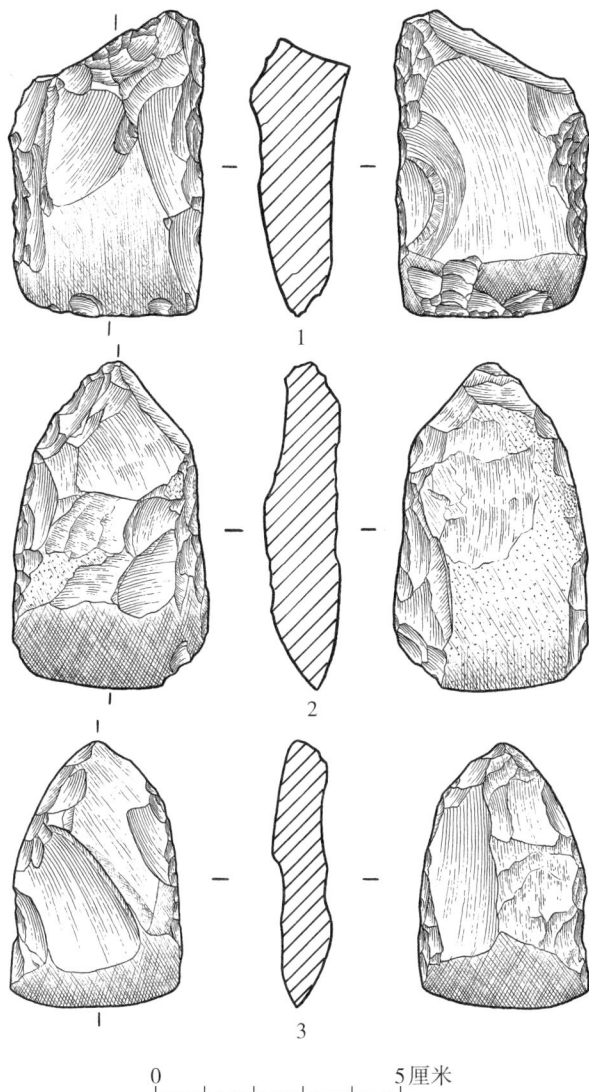

图八二　二期石锛

1. 2014FGZT0205⑧：20　　2. 2014FGZT0208⑥：44　　3. 2014FGZT0204⑤：13

的较为细致，未见明显的使用痕迹，刃长32.1毫米，刃角39°。长54.6毫米，宽34.1毫米，厚11.5毫米，重20克（图八二，3）。

斧锛残件　5件，占斧锛类工具的13.5%。

标本2014FGZT0105④：88　以灰褐色石灰岩岩块为原料，形状近矩形，横截面近梯形。沿原料一面向另一面修型，片疤多大而深凹，一面遍布片疤，另一面则为岩石的自然砾面。整体形制较为规整，经过轻微磨制，把端残断。残长66.1毫米，宽41.2毫米，厚18.5毫米，重70.3克（图八三，1）。

标本2014FGZT0105④：159　以灰褐色石灰岩岩块为原料，形状近梯形，横截面近矩形。沿原料两侧边修型，片疤层叠且深凹，一面几乎全部为加工留下的片疤，另一面可见少量自然面，两端断

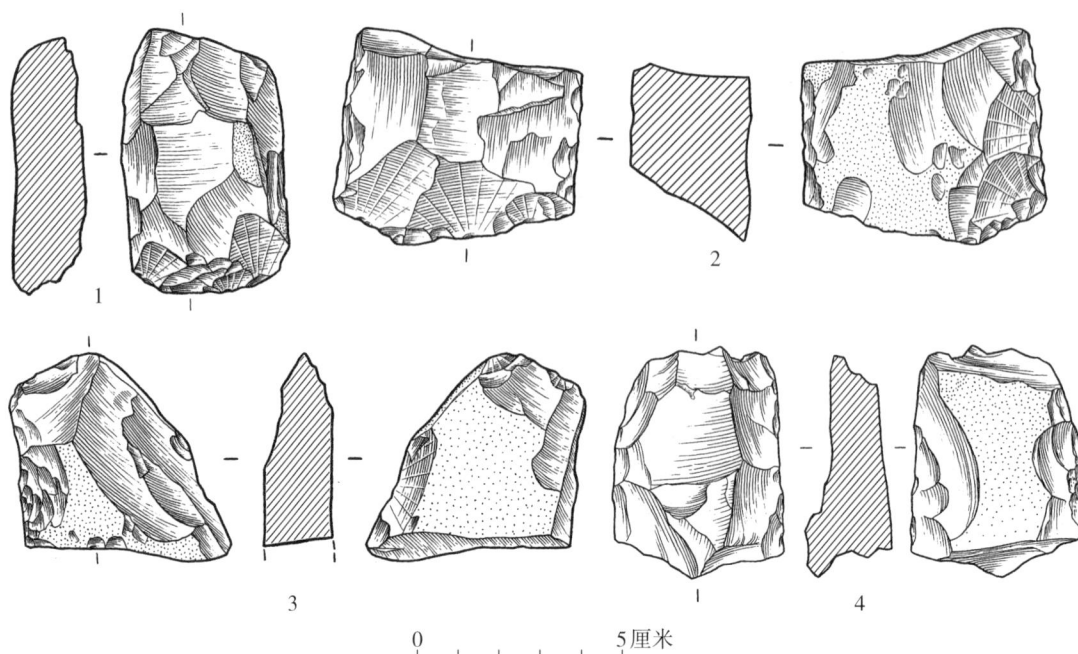

图八三　二期斧锛残件

1. 2014FGZT0105④：88　2. 2014FGZT0105④：159　3. 2014FGZT0105④：145　4. 2014FGZT0105⑥：10

裂,仅残余中段。残长53.1毫米,宽61.2毫米,厚30毫米,重69.1克(图八三,2)。

标本2014FGZT0105④：145　以灰白色石灰岩岩块为原料,形状近梯形。残存部位为的把端,可见由上而下减薄的片疤以及由两侧边向中部加工修型的痕迹,断面较为平直,经过简单的磨制。残长52.5毫米,宽56.1毫米,厚18.2毫米,重63克(图八三,3)。

标本2014FGZT0105⑥：10　以灰白色石灰岩岩块为原料,形状近梯形,横截面近半圆形,仅残留上半部分,刃部不见。遍布修型的片疤,片疤层叠,部分片疤大而深凹,把端可见自上而下修疤,应是进行减薄,其余修疤均由两侧边缘向中部加工,可见轻微磨痕。残长55.4毫米,宽43.2毫米,厚22.1毫米,重50克(图八三,4)。

斧锛类毛坯10件,占斧锛类工具的27.1%。

标本2014FGZT0204⑤：12　以黑褐色石灰岩岩块为原料,形状近长条形。两侧边可见层叠的修疤,把端也可见由上而下的修疤,风化磨蚀的较为严重。长98.1毫米,宽38.2毫米,厚21毫米,重88.2克(图八四,1)。

标本2014FGZT0205④：15　以红褐色砂岩砾石为原料,形状近梯形。两侧边可见层叠的修疤,把端也可见由上而下的修疤。长66.2毫米,宽42.1毫米,厚15.5毫米,重89.9克(图八四,2)。

标本2014FGZT0205④：14　以灰褐色石灰岩岩块为原料,形状为长条形,横截面为椭圆形。未经过磨制,在两侧边,把端和刃部都能看到明显且规整的片疤,两侧边的修疤有些大而深凹,刃缘的修疤层叠平直。长147.4毫米,宽62.1毫米,厚32.6毫米,重360.3克(图八五,1)。

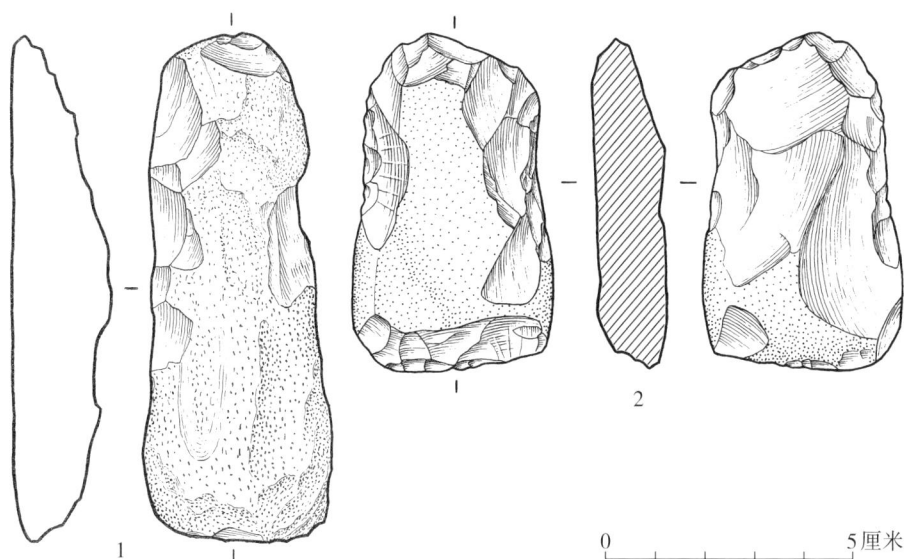

图八四　二期斧锛毛坯

1. 2014FGZT0204⑤:12　2. 2014FGZT0205④:15

标本2014FGZT0308④:44　以黑褐色石灰岩岩块为原料,横截面近椭圆形,两侧边向把端汇聚,经过简单的磨制,把端及两侧边修疤较多,中部最为厚钝,刃缘较规整,刃长41.3毫米,刃角62°。长74.2毫米,宽52.3毫米,厚19.2毫米,重99.1克(图八五,2)。

标本2014FGZT0701⑧:1　以灰褐色石灰岩岩块为原料,形状近矩形,通体可见修形留下的崩疤,远端折断。残长61.1毫米,宽48.3毫米,厚24.1毫米,重103.5克(图八五,3)。

标本2014FGZT0206⑧:2　以黑褐色石灰岩岩块为原料,形状近矩形。可见由两侧边向中心加工的层叠片疤,把端也可见由上而下的修疤,经过简单的磨制,但因片疤较深,仍可见大部分的疤痕。长94.2毫米,宽61.4毫米,厚28.5毫米,重215.6克(图八六,1;彩版四,1)。

标本2014FGZT0308④:15　以红褐色砂岩石片为原料,形状近三角形。沿石片腹面向背面加工,以石片近端为刃,远端为把端进行修型,较为薄锐。长138.5毫米,宽87.2毫米,厚23.2毫米,重164.3克(图八六,2)。

二　蚌器

二期共出土蚌器9件,5件蚌刀、4件蚌铲。多以大的蚌壳为原料进行加工,仅见一件利用较小的蚌壳进行加工的蚌刀。长度多大于100毫米,大部分蚌器有明显的加工和使用痕迹,部分蚌器磨制得较为精致。

蚌刀,5件。

标本2014FGZBT5②:1　以一片蚌壳为原料,形状似鱼头,鱼嘴较短,轻微内凹,朝向左侧,中部穿孔,刃口处可见因使用留下的多处崩疤。长63.3毫米,宽119.2毫米,厚13.3毫米(图八七,1)。

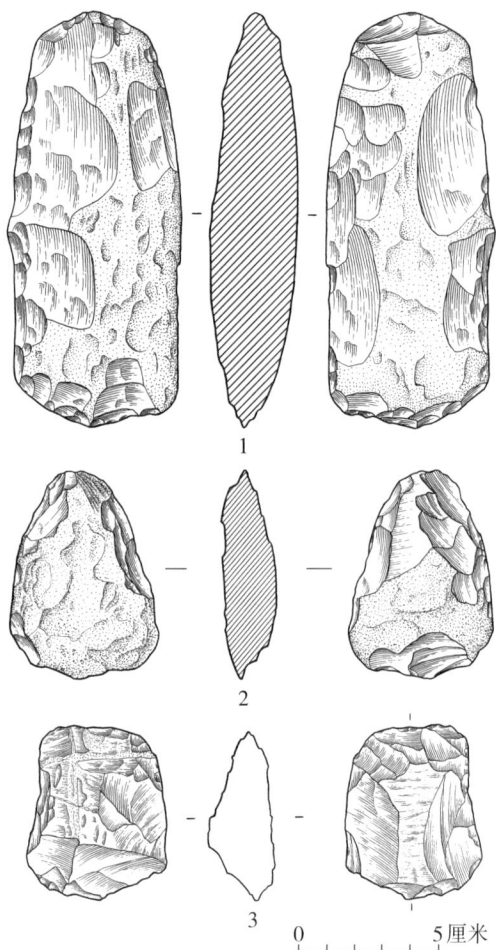

图八五　二期斧锛毛坯

1. 2014FGZT0205④：14

2. 2014FGZT0308④：44　3. 2014FGZT0701⑧：1

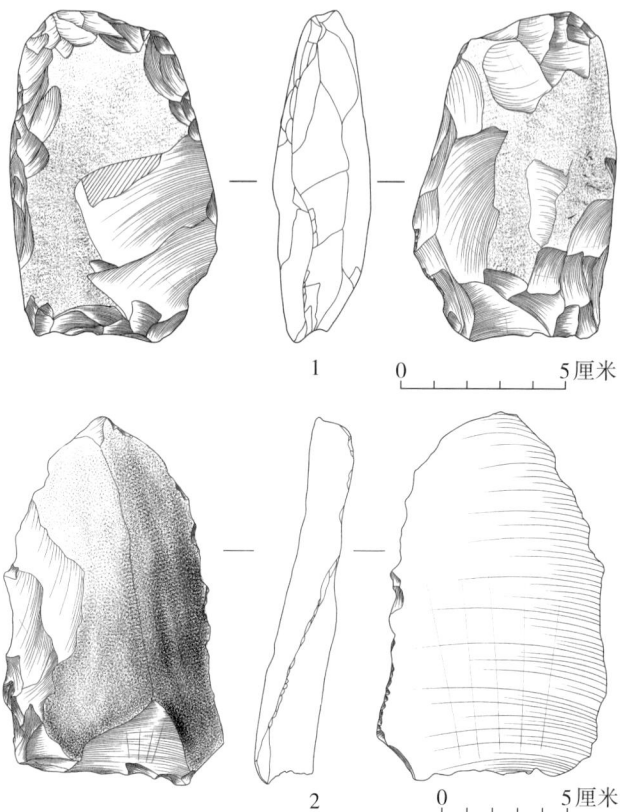

图八六　二期斧锛毛坯

1. 2014FGZT0206⑧：2　2. 2014FGZT0308④：15

标本2014FGZT0207⑧：21　以一片蚌壳为原料，形状似鱼头，鱼嘴轻微内凹，朝向右侧，中部穿孔，刃缘处可见3处因使用而形成的崩疤。长64.2毫米，宽117.5毫米，厚12.1毫米（图八七，2）。

标本2014FGZT0105⑧：2　以一片蚌壳为原料，形状似鱼头，鱼嘴部残断，朝向左侧，中部穿孔，刃缘处可见因使用而形成的崩疤。长56.9毫米，宽107.3毫米，厚12.5毫米（图八七，3）。

标本2014FGZT0107⑥：5　以一片蚌壳为原料，形状似鱼头，鱼嘴轻微内凹，朝向左侧，中部穿孔，自穿孔处残断。残长71.3毫米，宽73.3毫米，厚17.2毫米（图八七，4）。

标本2014FGZT0106⑧：21　以较小的蚌壳为原料，中部穿孔，基本保留贝壳原本的形状，贝壳自身较厚，可见轻微的磨制痕迹。长57.4毫米，宽71.9毫米，厚21.2毫米（图八七，5）。

蚌铲4件，占二期出土蚌器的57.1%。

标本2014FGZT0107⑥：12　利用较大的蚌壳加工磨制成铲状，刃缘锋利，可见明显的使用

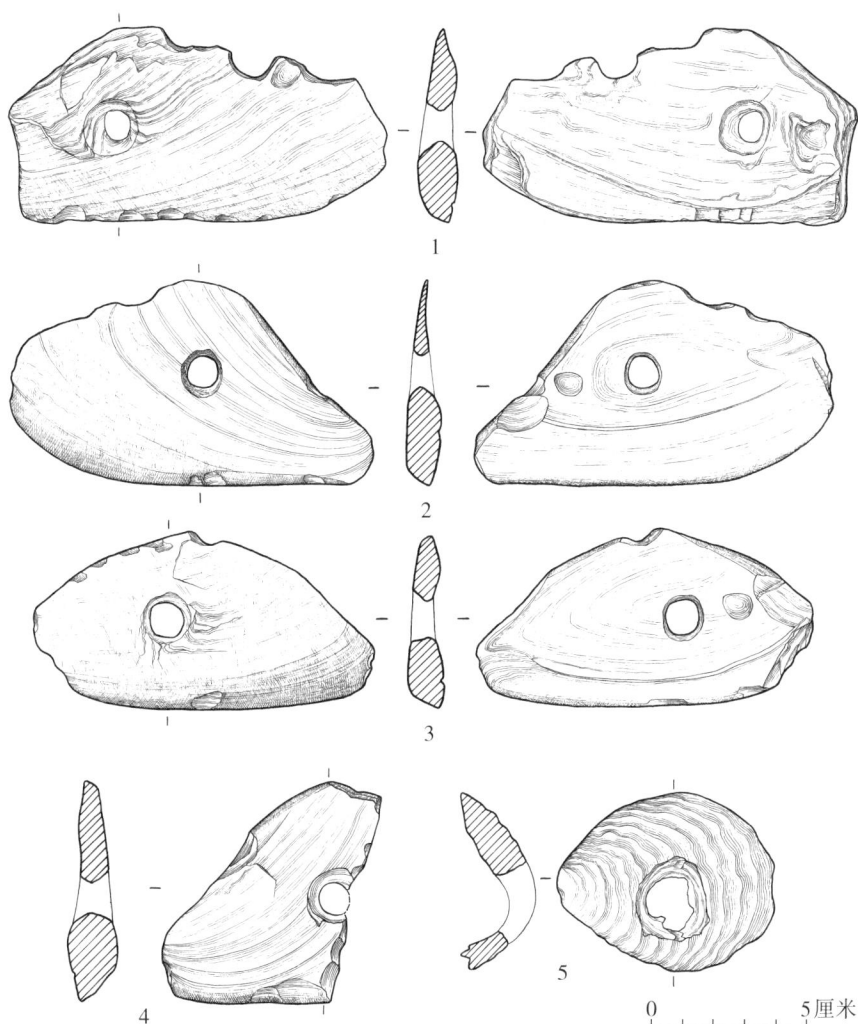

图八七　二期鱼头型蚌刀

1. 2014FGZBT5②：1　2. 2014FGZT0207⑧：2　3. 2014FGZT0105⑧：2　4. 2014FGZT0107⑥：5　5. 2014FGZT0106⑧：21

痕迹，通体磨制，肩部轻微内凹，把端残留有少量片疤。长107.1毫米，宽50.3毫米，厚11.4毫米（图八八，1）。

标本2014FGZT0107⑥：4　利用一片蚌壳磨制成铲状，刃缘弧凸，磨制精美，保留了少量打制痕迹，刃缘未见明显的使用痕迹。长95.3毫米，宽45.2毫米，厚15.3毫米（图八八，2）。

标本2014FGZT0107⑥：1　利用一片蚌壳为原料，在蚌壳两侧边和刃部进行修整，经过简单磨制，保留了较多修整留下的疤痕，刃缘微凸，磨制不甚规整。长111.3毫米，宽54.2毫米，厚12.4毫米（图八八，3）。

标本2014FGZT0206⑦：2　沿蚌壳的边缘进行修整，修疤连续，仅经过简单的磨制，形制不规整，应为蚌铲的毛坯。长127.4毫米，宽62.3毫米，厚13.5毫米（图八八，4）。

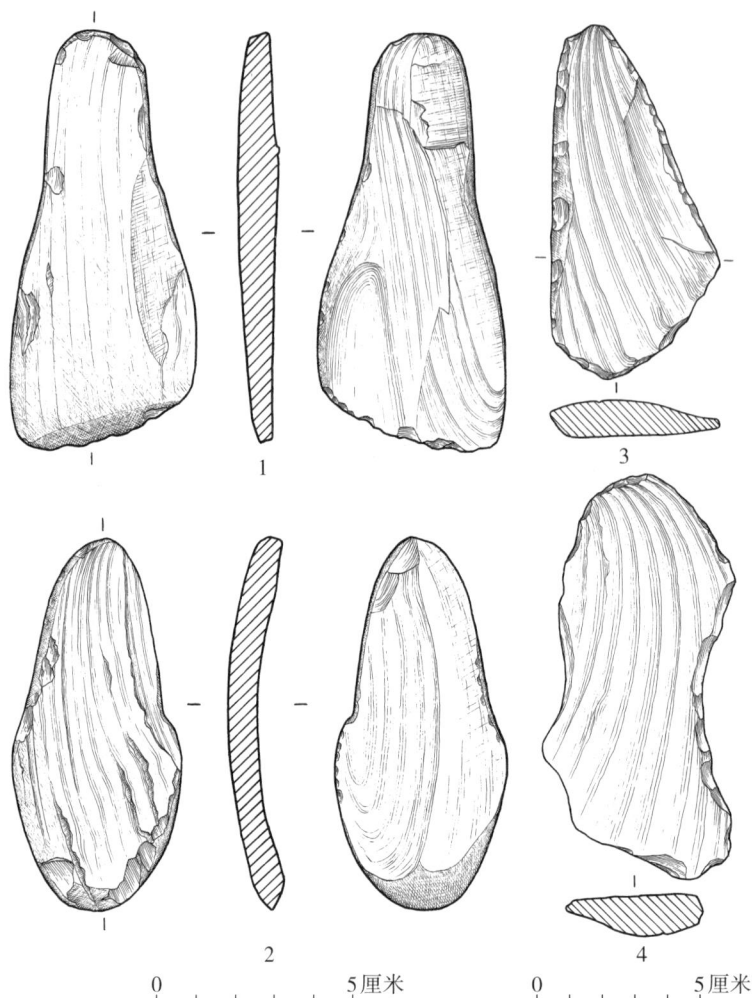

图八八　二期蚌铲

1. 2014FGZT0107⑥：12　2. 2014FGZT0107⑥：4　3. 2014FGZT0107⑥：1　4. 2014FGZT0206⑦：2

三　陶片

　　二期出土了少量的陶片，均为夹砂陶，夹砂颗粒较小，粒径在0.3毫米的居多，陶色主要为灰褐色，部分内壁呈黑色或黑褐色。纹饰以绳纹为主，偶见刻划纹和素面陶片，无完整器，均为陶片，且比较破碎，多为几厘米大小，出土有少量的口沿部位的陶片，其余多为腹片，难以复原。由于陶片少，且很破碎，无法进行考古学上的型式划分，这里仅对较大块的和有代表性的陶片进行介绍。

　　2014FGZT0204⑥：2　口沿残片，红褐色夹砂陶，砂粒较细，粒径在0.3毫米左右，饰细绳纹，绳纹印痕较深，粗约0.3毫米（图八九，1）。

　　2014FGZT0207⑥：57　口沿残片，灰褐色夹砂陶，砂粒较细，粒径在0.5毫米，饰细绳纹和刻划纹（图八九：2）。

2014FGZT0205⑦：16　口沿残片，黑褐色夹砂陶，砂粒较粗，粒径在0.5毫米，素面（图八九，3）。

2014FGZT0106⑥：6　口沿残片，灰褐色夹砂陶，器口饰绳纹，饰中绳纹（图八九，4）。

2014FGZT0207⑥：16　口沿残片，灰褐色夹砂陶，砂粒较细，粒径在0.5毫米，饰细绳纹（图八九，5）。

2014FGZT0306④：36　口沿残片，灰褐色夹砂陶，砂粒较粗，粒径在0.5毫米，饰细绳纹，绳纹印痕较浅，粗约0.3毫米（图八九，6）。

2014FGZT0107⑧：6　口沿残片，灰褐色夹砂陶，砂粒较粗，粒径在0.5毫米，饰细绳纹，绳纹印痕较深，器口饰细绳纹，粗约0.3毫米（图八九，7）。

2014FGZT0107⑧：9　口沿残片，灰褐色夹砂陶，砂粒较粗，粒径在0.5毫米，饰中绳纹，绳纹印痕较深，粗约0.3毫米（图八九，8）。

2014FGZT0207⑥：19　口沿残片，灰褐色夹砂陶，砂粒较细，粒径在0.5毫米，饰细绳纹和刻划纹（图八九，9）。

标本2014FGZT0207⑥：30　腹部残片，灰褐色夹砂陶，砂粒较细，粒径在0.5毫米，饰中绳纹（图九〇，1）。

标本2014FGZT0107⑧：9　腹部残片，灰褐色夹砂陶，砂粒较粗，粒径在0.5毫米，饰中绳纹，绳纹印痕较浅，部分绳纹交错，粗约0.3毫米（图九〇，2）。

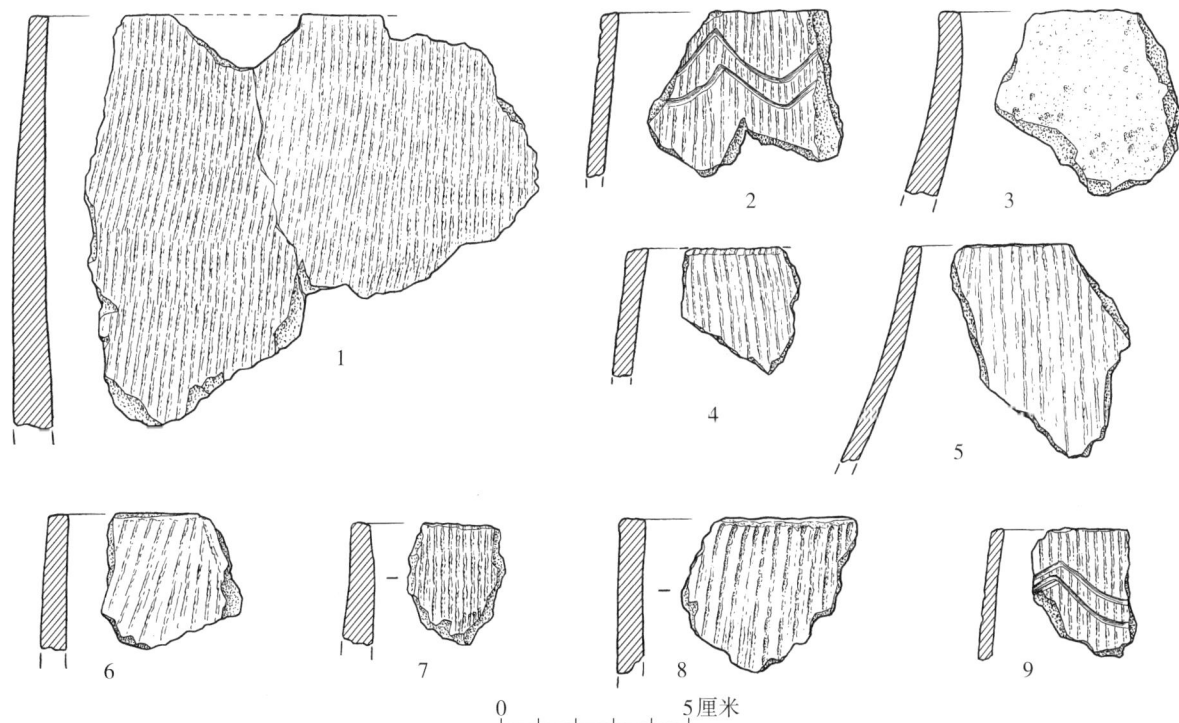

0　　　　　　5厘米

图八九　二期陶片

1. 2014FGZT0204⑥：2　2. 2014FGZT0207⑥：57　3. 2014FGZT0205⑦：16　4. 2014FGZT0106⑥：6　5. 2014FGZT0207⑥：16
6. 2014FGZT0306④：36　7. 2014FGZT0107⑧：6　8. 2014FGZT0107⑧：9　9. 2014FGZT0207⑥：19

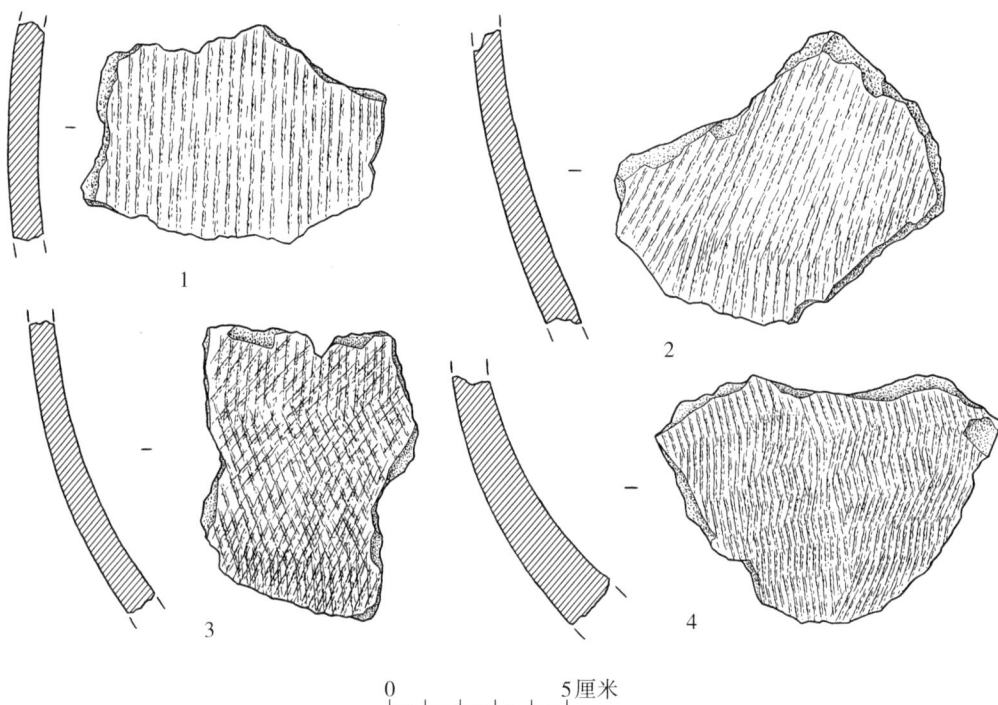

图九〇　二期陶片

1. 2014FGZT0207⑥:30　　2. 2014FGZT0107⑧:9　　3. 2014FGZT0107⑧:11　　4. 2014FGZT0206⑥:17

　　标本2014FGZT0107⑧:11　腹部残片,灰褐色夹砂陶,砂粒较粗,粒径在0.5毫米,饰交错绳纹,绳纹印痕较深,粗约0.3毫米(图九〇,3)。

　　2014FGZT0206⑥:17　腹部残片,灰褐色夹砂陶,饰细绳纹,绳纹简单重叠交错(图九〇,4)。

四　遗迹

　　二期共发现灰坑41个、柱洞19个、墓葬90座。

(一)灰坑

　　二期共发现灰坑41个,平面多近圆形或椭圆形,部分形状近矩形或不规则形。坑内出有石块、炭屑和动物骨骼。

　　H45　位于T0205东南部,开口于④层下,打破⑤层,平面近矩形,直壁平底,部分位于南壁内。距地表约41厘米,长54厘米,宽44厘米,深约14厘米,填土为棕褐色黏土,结构致密,填土中出土有少量的动物骨骼、砾石和一件斧锛坯(图九一,1)。

　　H39　位于T0206西部,开口于④层下,打破⑤层,平面近半圆形,斜壁平底。距地表约34厘米,长90厘米,宽27厘米,深32厘米,填土为灰黑色黏土,较疏松,包含少量烧土颗粒和螺壳,坑内出土有少量的动物骨骼(图九一,2)。

　　H30　位于T0206西北部,开口于④层下,打破⑤层,平面近圆形,直壁平底。距地表约

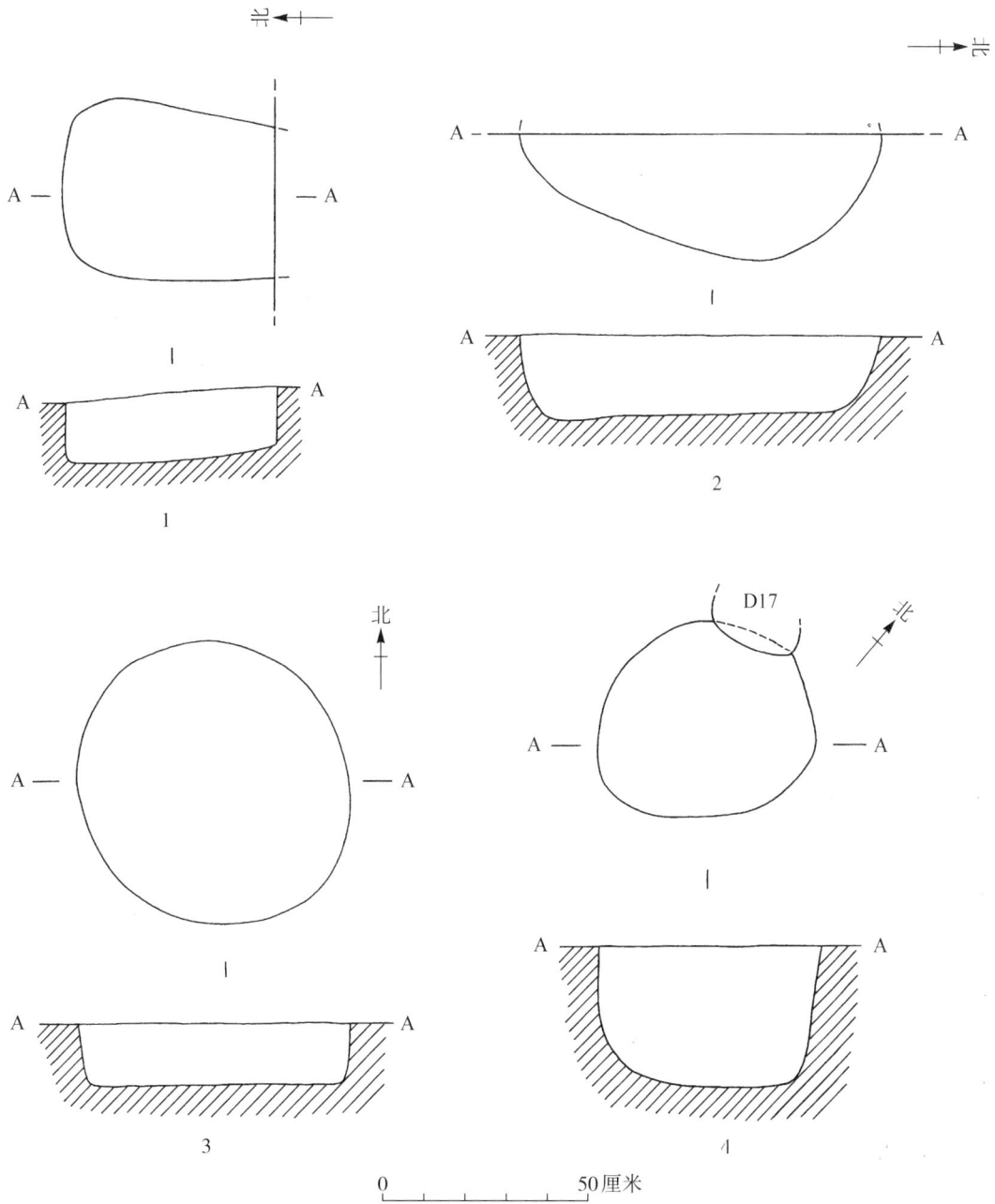

图九一　二期灰坑

1. H45　2. H39　3. H30　4. H41

40厘米,长70厘米,宽69厘米,深约15厘米,填土为黄灰色黏土,夹有零星烧土颗粒、炭粒等(图九一,3)。

　　H41　位于T0206东北部,开口于④层下,打破⑤层,平面形状不规则,被D17打破,斜壁圜底。距地表约60厘米,长约51厘米,宽约48厘米,深约35厘米,填土为灰褐色黏土,包含较多烧土颗粒,发现有少量的动物骨骼(图九一,4)。

（二）柱洞

二期共发现柱洞19个。

D16　位于T0206西部，开口于④层下，打破⑤层。平面近圆形，距地表约40厘米，长26厘米，宽25厘米，直壁平底，深约15厘米。填土为褐色砂土，结构松散，包含少许红烧土颗粒、炭粒和石英碎片等（图九二，2）。

D17　位于T0206东北部，开口于④层下，打破H41，打破⑤层。平面近圆形，距地表约40厘米，长约29厘米，宽约28厘米，直壁平底，深约10厘米。填土为褐色砂土，结构松散，包含少许红烧土颗粒，未发现其他遗物（图九二，3）。

D38　位于T0104西南部，开口于④层下，打破⑧层。平面近圆形，距地表约85厘米，长约33厘米，宽约28厘米，直壁圜底，深约52厘米。填土上半部分呈灰褐色，厚约30厘米，下部为灰黄色砂质土，结构较为疏松。坑底见有较大石块（图九二，1）。

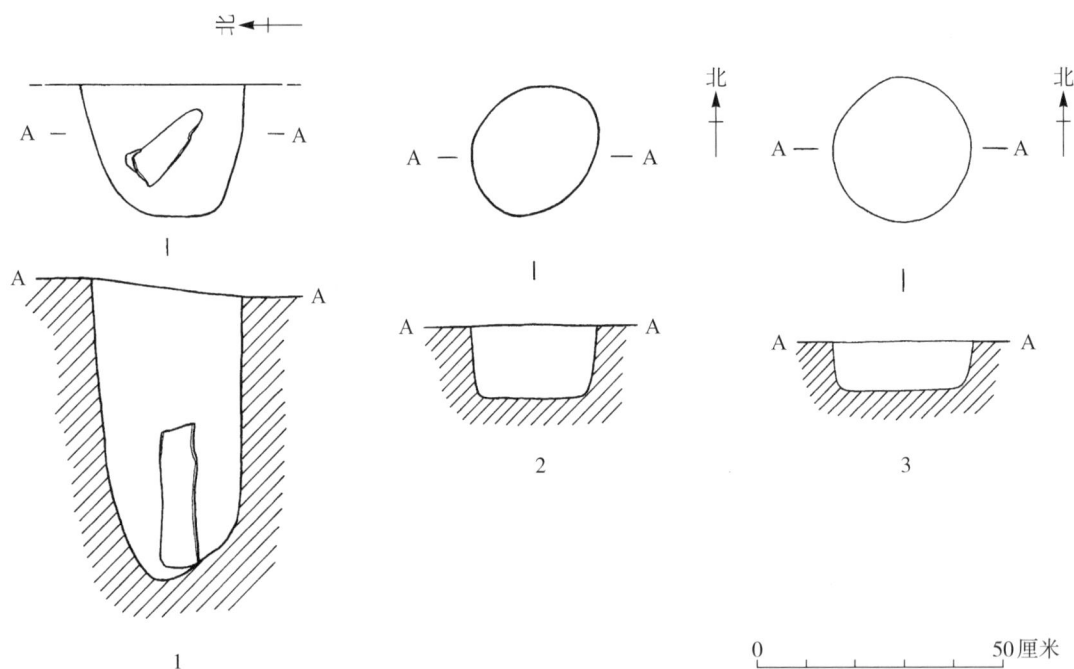

图九二　二期柱洞
1. D38　2. D16　3. D17

（三）墓葬

二期共出土墓葬90座，类型有侧身屈肢葬和仰身屈肢葬两种（彩版二、三）。

M75　位于T0208东南部，开口于⑤层下，打破⑥层，墓向335°，长100厘米，宽80厘米，深约32厘米，填土为灰褐色砂土，结构比较疏松，包含少量螺壳和红烧土颗粒，葬式为侧身屈肢葬，面向朝东北，骨骼保存较好，骨骼周围有石块和蚌壳（图九三，1）。

　　M40　位于T0205东南角,开口于⑥层下,打破⑧层,墓向205°,墓坑长97厘米,宽62厘米,深约16厘米,填土为棕褐色砂质亚黏土,结构较致密,包含较多的红烧土颗粒。葬式为侧身屈肢葬,骨骼保存较好,面向西北,头部和上肢周围放有石块和工具(图九三,2)。

　　M82　位于T0106西南角,开口于⑥层下,打破⑧层,墓向180°,长105厘米,宽87厘米,深约25厘米,填土为灰褐色砂质黏土,土质较疏松,夹杂有少量螺壳。葬式为侧身屈肢葬,面向东,骨骼保存较完整,头部有一较大石块,肢体弯曲程度较大(图九三,3)。

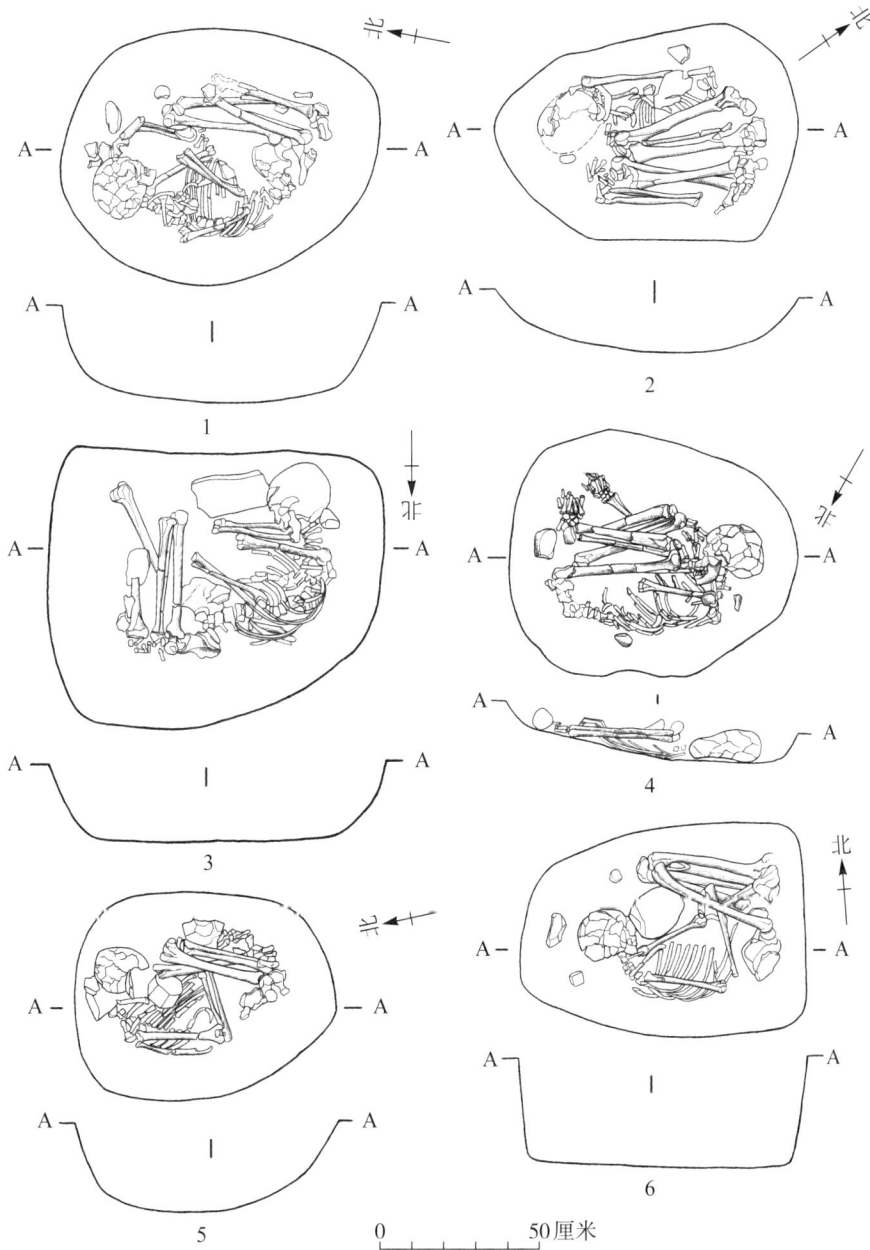

图九三　二期墓葬

1. M75　2. M40　3. M82　4. M67　5. M89　6. M16

　　M67　位于T0106东北部,开口于④层下,打破⑥层,墓向240°,墓坑长92厘米,宽76厘米,深约13厘米,填土为灰黄色砂土,土质较疏松,包含少量的螺壳和红烧土颗粒。葬式为侧身屈肢葬,面向东,骨骼保存较好,身体弯曲程度较大,周围放置有石块和砺石(图九三,4)。

　　M89　位于T0107东北角,开口于⑥层下,打破⑧层,墓向11°,墓坑长为85厘米,宽66厘米,深约28厘米。填土为红褐色砂土,较为疏松,含有少量螺壳和蜗牛壳。葬式为侧身屈肢葬,面向东,骨骼保存情况一般,胸前和下肢骨周围各放置有石块和砺石(图九三,5)。

　　M16　位于T0104东北部,开口于④层下,打破⑧层,墓向276°,墓坑长90厘米,宽78厘米,深约27厘米。填土为黄褐色亚黏土,结构较致密,包含大量的红烧土颗粒。葬式为侧身屈肢葬,弯曲程度一般,面向东北,骨骼保存较好,胸部及周围放置有石块和砺石(图九三,6;彩版二,2)。

　　M68　位于T0205中部,开口于⑤层下,打破⑥层,墓向238°,墓坑长106厘米,宽89厘米,深约为42厘米。填土为棕褐色砂质亚黏土,呈团块状,含有较多的红烧土颗粒。葬式为侧身屈肢葬,面向西南,骨骼保存较好,骨架较为完整(图九四,1)。

　　M38　位于T0207西部,开口于⑥层下,打破⑧层,墓向23°,长116厘米,宽70厘米,深约25厘米。填土为灰褐色砂土,土质疏松,夹杂有少量的螺壳和红烧土颗粒,葬式为仰身屈肢葬,骨骼保存相对完整,头旁有一穿孔蚌刀(图九四,2)。

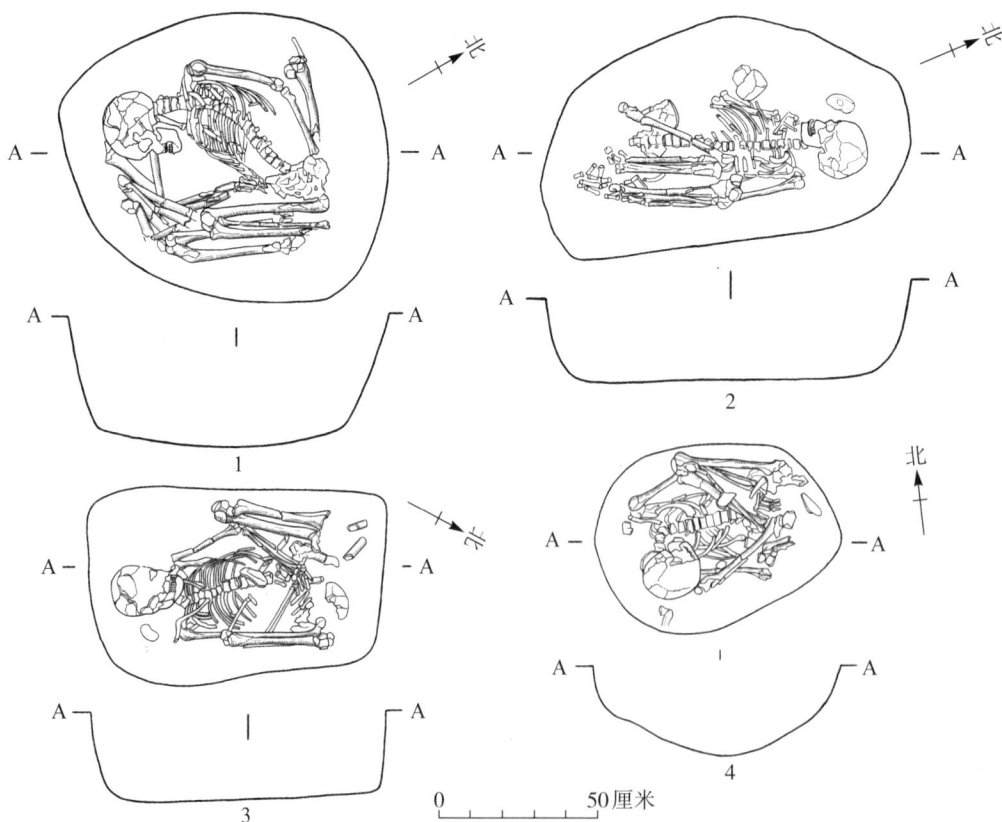

图九四　二期墓葬

1. M68　2. M38　3. M25　4. M72

M25 位于T0104南部，开口于④层下，打破H70和M27，打破⑥、⑧层，墓向156°，长96厘米，宽62厘米，深约28厘米。填土为黄褐色砂土，土质疏松，夹杂有少量的螺壳和红烧土颗粒。葬式为仰身屈肢葬，面部向上，骨骼保存相对完整，椎骨上有一蚌刀，头骨东侧有一石块（图九四，3）。

M72 位于T0206东北部，开口于⑦层下，打破⑧层，墓向264°，长78厘米，宽59厘米，深约28厘米。填土为黄褐色黏土，土质较坚硬，夹杂有少量的动物骨骼和红烧土颗粒，葬式为仰身屈肢葬，面部向上，骨骼保存相对完整，四肢弯曲程度较大（图九四，4；彩版三）。

第三节 三期文化遗存

敢造遗址三期出土了大量的石制品，也有一定数量的蚌器和少量陶片，未见完整器，经过后期的整理和拼合，没有可以复原的器物。本期只发现了灰坑和柱洞，没有发现墓葬。

一 石制品

三期共出土石制品3 831件，其中打制石器3 654件，包括石核1 060件，完整石片849件，断片120件，碎片1 140件，断块302件，石锤19件，使用石片33件，尖刃器1件，刮削器85件，砍砸器19件，钻器26件；磨制石器177件，包括研磨器25件，砺石37件，磨盘4件，石砧2件，斧锛类工具109件（图九五）。

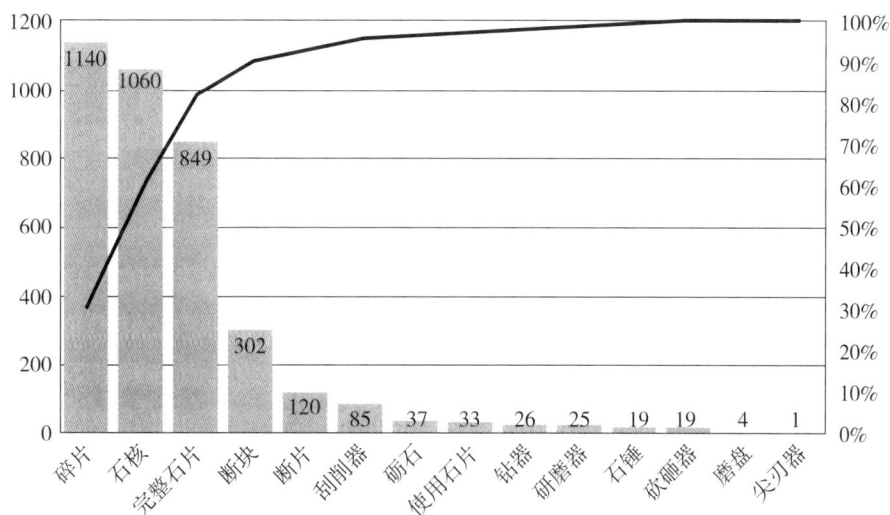

图九五 三期出土石制品数量统计

遗址三期出土的石制品数量较多，原料的类型也较为丰富，包括安山岩、变质砂岩、砂岩、石英岩、硅质岩、石灰岩、凝灰岩、板岩、辉绿岩等，其中以石英为原料的数量最多，其次是砂岩（图九六）。

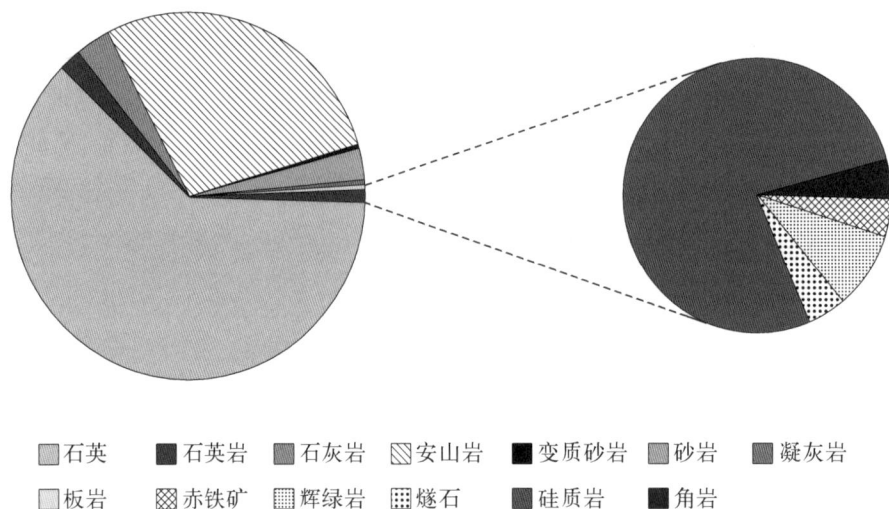

石英　　石英岩　　石灰岩　　安山岩　　变质砂岩　　砂岩　　凝灰岩

板岩　　赤铁矿　　辉绿岩　　燧石　　硅质岩　　角岩

图九六　三期石制品原料数量及占比

（一）打制石器

三期共出土打制石器3 654件,占出土石器总数的95.4%。

1. 石核

1 060件,占打制石器总数的29%。根据台面的多
少可分为单、双、多台面三类。其中单台面石核849件;
双台面石核180件;多台面石核31件(图九七)。石核个
体大小多为中型(50毫米≤L≤100毫米),其次是大型
(100毫米≤L≤200毫米),原料种类较多,主要包括安
山岩、石英岩、石灰岩、砂岩和辉绿岩等。

三期出土单台面石核849件,约占石核总数的89%。

标本2014FGZT0203②:16　以安山岩砾石为原
料,在砾石的一端由较平面向另一面单面剥片,片疤面
较陡,可见2层片疤,片疤较大。台面长90.1毫米,宽
54.2毫米,台面角75°～86°。长84.2毫米,宽52.9毫米,
厚47.5毫米,重311克(图九八,1)。

标本2014FGZT0403②:8　以砂岩砾石为原料,
在砾石窄薄的一端由一面向另一面单面剥片,片疤面较陡,可见3层片疤。台面长66.2毫米,宽
49.1毫米,台面角52°～68°。长67.3毫米,宽51.2毫米,厚36.4毫米,重188克(图九八,2)。

标本2014FGZT0203②:41　以安山岩砾石为原料,在砾石的一端和一侧单面剥片。一端剥
片片疤面较斜,可见1层片疤。侧边的剥片片疤面陡直,可见约3层片疤,片疤第一层较斜平,第
二层开始逐渐变陡直,片疤变小。台面长69.1毫米,宽55.4毫米,台面角79°～95°,最大片疤长

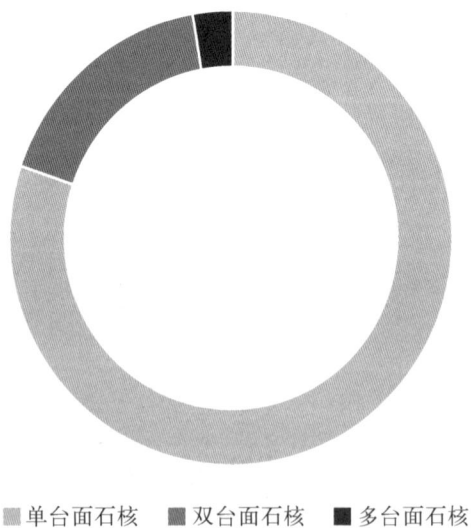

单台面石核　　双台面石核　　多台面石核

图九七　三期石核类型占比图

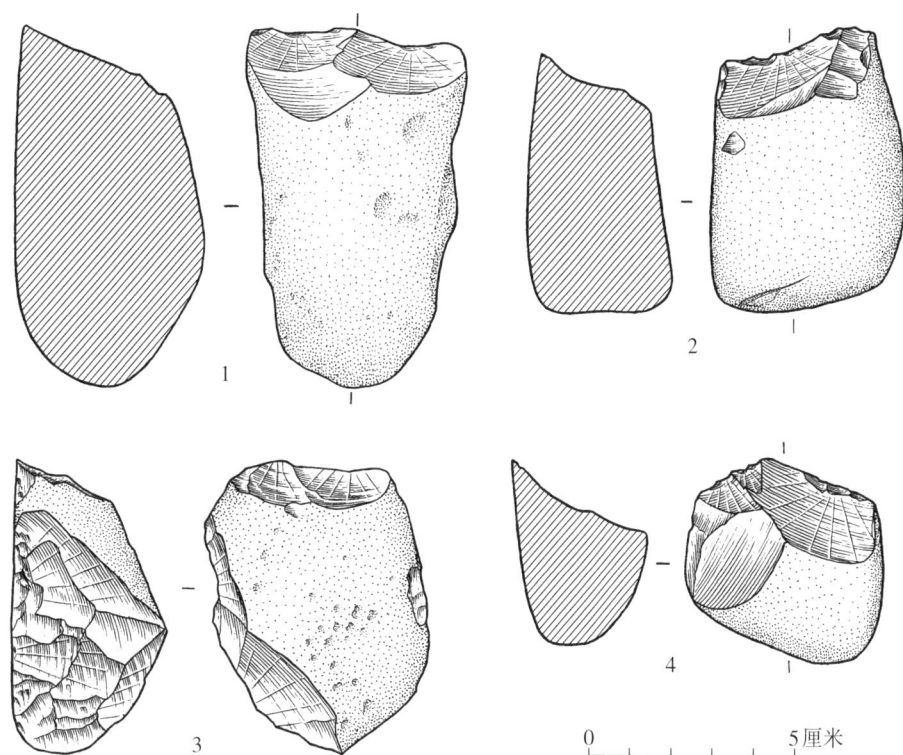

图九八　三期单台面石核

1. 2014FGZT0203②：16　2. 2014FGZT0403②：8　3. 2014FGZT0203②：41　4. 2014FGZT0305③：5

25.1毫米，宽29.5毫米。长71.4毫米，宽57.1毫米，厚38.2毫米，重180克（图九八，3）。

标本2014FGZT0305③：5　以角岩砾石为原料，在砾石的一端单面剥片，可见2层较大片疤，片疤面较陡。台面长42.1毫米，48.4毫米，台面角57°～81°，最大片疤长31.1毫米，21.5毫米。长44.3毫米，宽50.1毫米，厚37.2毫米，重88克（图九八，4）。

标本2014FGZT0102②：11　以安山岩砾石为原料，沿砾石微凸的一面向另一面单面剥片，片疤面较陡直，可见约2层片疤。台面长56.3毫米，65.1毫米，台面角86°～88°，最大片疤长39.5毫米，宽46.5毫米。长75.5毫米，宽91.2毫米，厚89.3毫米，重362克（图九九，1）。

标本2014FGZT0205②：8　以安山岩砾石为原料，在砾石的一面单面剥片，可见约3层片疤，片疤多大而深凹，台面长65.4毫米，42.1毫米，台面角80°～97°，最大片疤长33.5毫米，宽28.5毫米。长56.3毫米，宽75.4毫米，厚50.2毫米，重207克（图九九，2；彩版二〇，1）。

标本2014FGZT0102②：3　以安山岩砾石为原料，横截面近三角形，在一面单面剥片。可见约3层片疤，片疤面较陡直，台面长79.3毫米，宽44.1毫米，台面角80°，最大片疤长31.5毫米，宽31.5毫米。长85.3毫米，宽45.5毫米，厚44.5毫米，重182克（图一〇〇，1）。

标本2014FGZT0405②：13　以安山岩砾石为原料，由较平的一端单面剥片，可见约3层以上片疤，片疤面较陡直。台面长41.2毫米，宽58.5毫米，台面角97°，最大片疤长30.5毫米，宽30.5毫米。长67.3毫米，宽46.9毫米，厚40.1毫米，重209克（图一〇〇，2）。

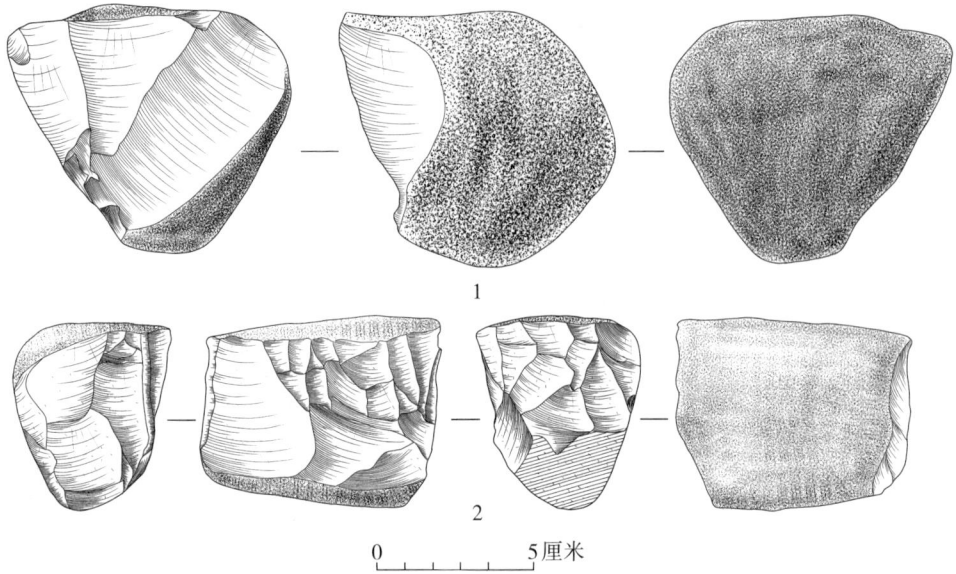

图九九　三期单台面石核

1. 2014FGZT0102②：11　2. 2014FGZT0205②：8

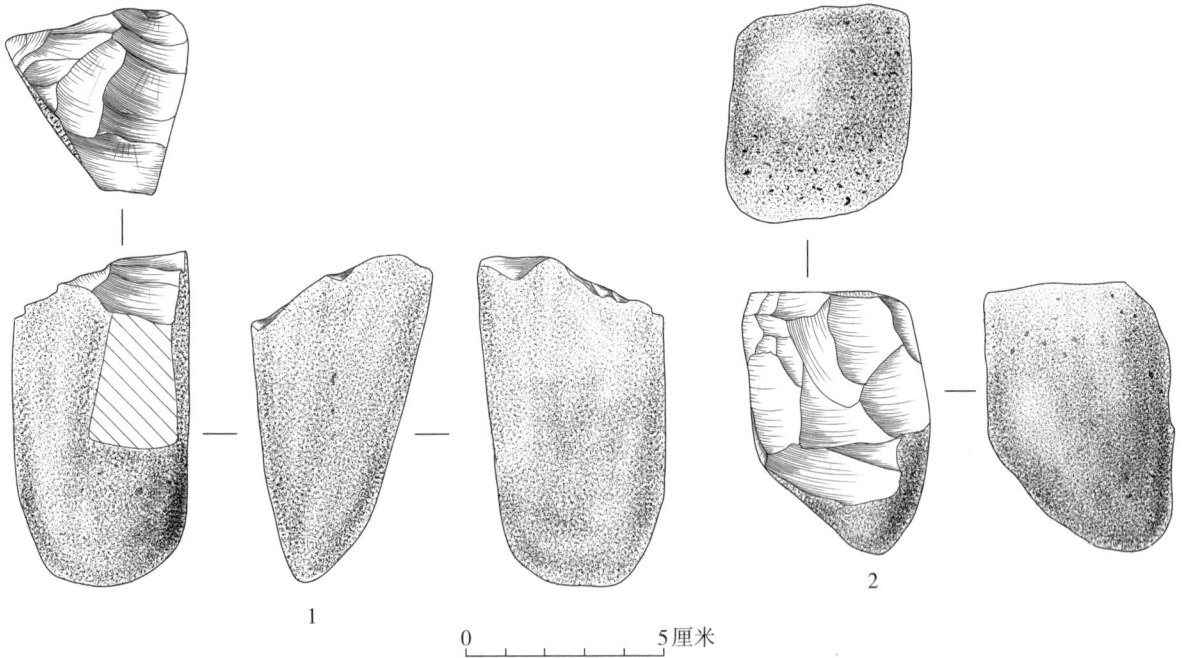

图一〇〇　三期单台面石核

1. 2014FGZT0102②：3　2. 2014FGZT0405②：13

标本2014FGZT0102②：8　以安山岩砾石为原料，在砾石的两端单面剥片，片疤面陡直，可见2层片疤。台面长49.3毫米，56.1毫米，台面角89°～92°，片疤平均长27.1毫米，宽31.2毫米。长60.3毫米，宽62.2毫米，厚42.1毫米，重180克（图一〇一）。

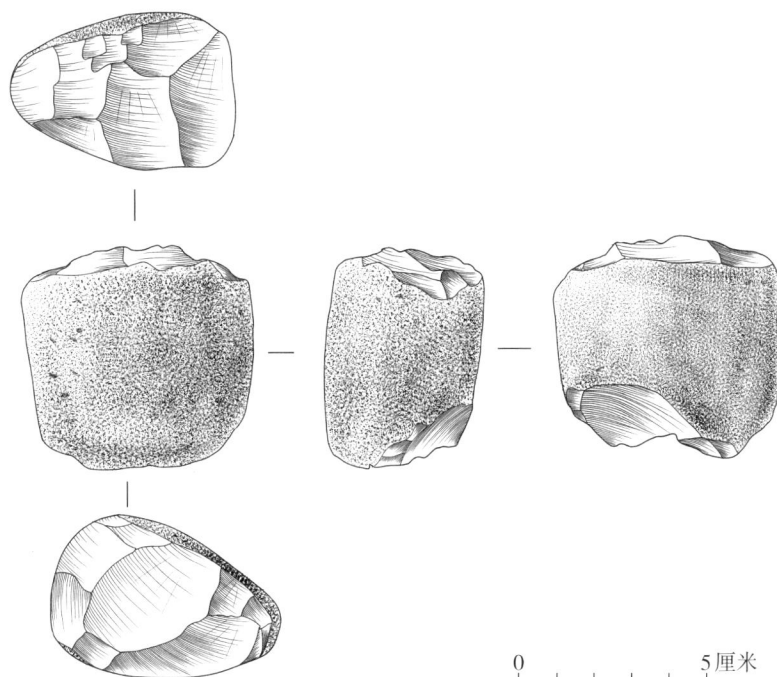

图一〇一　三期单台面石核

2014FGZT0102②：8

标本2014FGZT0205②：7　以硅质岩砾石为原料，在砾石的一端和一侧进行剥片，片疤面陡直，可见约一两层片疤，台面长70.1毫米，宽37.2毫米，台面角60°～90°，片疤平均长43.5毫米，宽59.5毫米。长82.9毫米，宽82.1毫米，厚45.5毫米，重264克（图一〇二，1）。

标本2014FGZT0302②：1　以安山岩砾石为原料，在砾石的两端单面剥片，片疤面一端陡直，另一端较斜，可见约一两层片疤，台面长63.3毫米，宽55.1毫米，台面角78°～97°，片疤平均长33.1毫米，宽34.3毫米。长69.1毫米，宽57.4毫米，厚42.2毫米，重168克（图一〇二，2）。

标本2014FGZT0304②：5　以安山岩砾石为原料，在砾石的一端单面剥片，可见约3层片疤，最大片疤长30.3毫米，宽46.5毫米，台面长89.1毫米，宽66.3毫米，台面角92°～98°。长101.9毫米，宽66.8毫米，厚48.2毫米，重409克（图一〇三，1）。

标本2014FGZT0205②：9　以安山岩砾石为原料，仅可见一处剥片，其余部分均为砾石面和节理面。长61.7毫米，宽64.5毫米，厚45.1毫米，重398克（图一〇三，2）。

标本2014FGZT0204②：10　以安山岩砾石为原料，平面近长条形，沿砾石的一端剥片，仅可见一处较为成功的剥片。台面长78.1毫米，宽46.4毫米，台面角77°。长86.4毫米，宽46.7毫米，厚33.2毫米，重217克（图一〇四，1）。

标本2014FGZT0306③：45　以板岩砾石为原料，沿砾石的一端进行剥片，可见约3层片疤。最大片疤长27.1毫米，宽24.2毫米，台面长70.3毫米，宽43.2毫米，台面角55°～80°。长71.2毫米，宽43.9毫米，厚29.6毫米，重144克（图一〇四，2）。

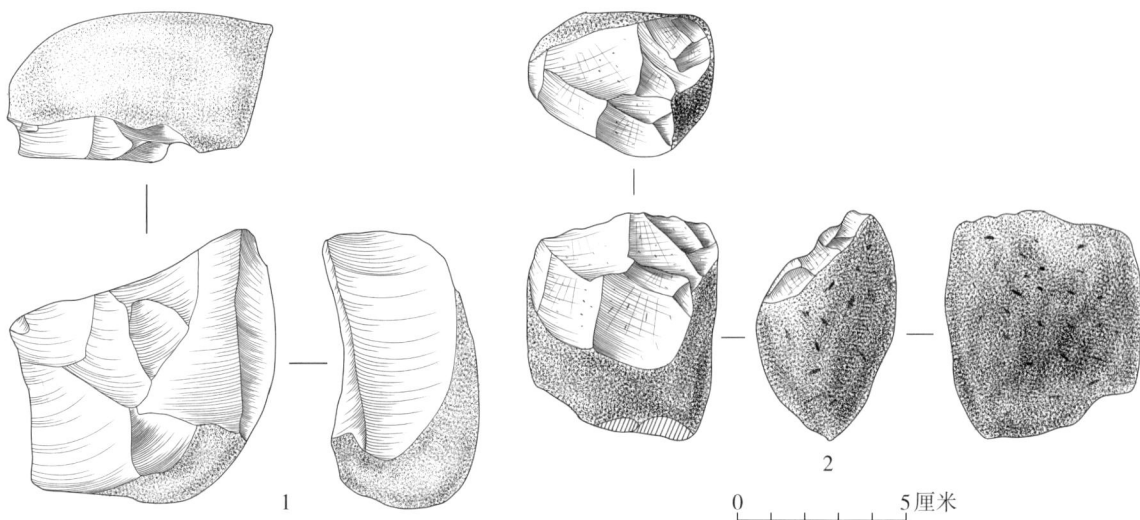

图一〇二 三期单台面石核

1. 2014FGZT0205②：7   2. 2014FGZT0302②：1

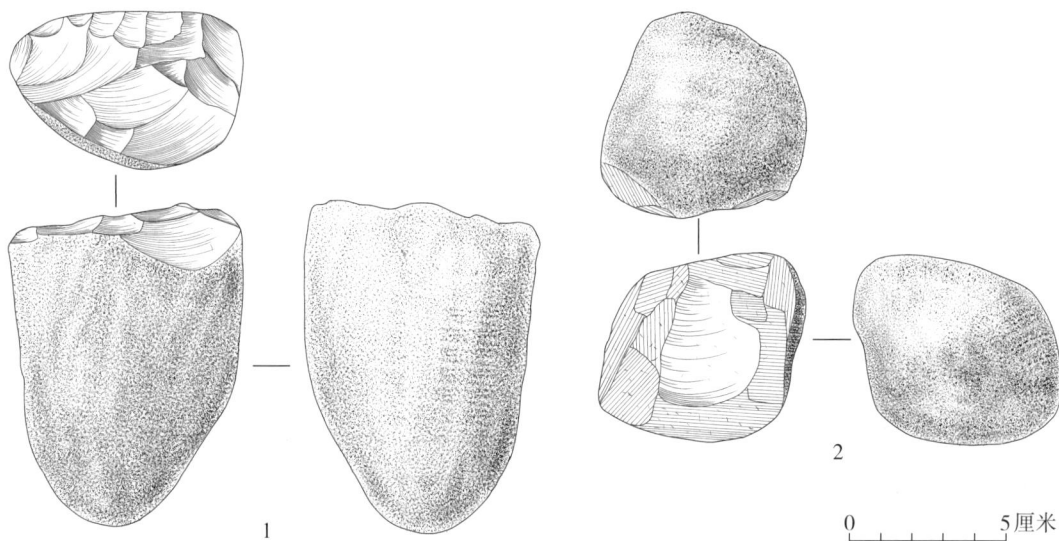

图一〇三 三期单台面石核

1. 2014FGZT0304②：5   2. 2014FGZT0205②：9

标本2014FGZT0204②：9   以安山岩砾石为原料，平面近长条形，沿砾石的一侧边进行剥片，台面边缘有轻微的磨蚀痕迹，可见三处较为明显的片疤。台面长56毫米，宽105.3毫米，台面角85°～95°。最大片疤长28.5毫米，宽35.5毫米。长56.6毫米，宽135.9毫米，厚54.1毫米，重521克（图一〇五，1）。

标本2014FGZT0303②：3   以安山岩砾石为原料，沿砾石的一端进行剥片，可见约3层片疤，石核整体利用率较低。台面长81.3毫米，宽62.4毫米，台面角97°～97°，最大片疤长56.3毫米，宽83.5毫米。长122.5毫米，宽101.1毫米，厚67.2毫米，重267克（图一〇五，2）。

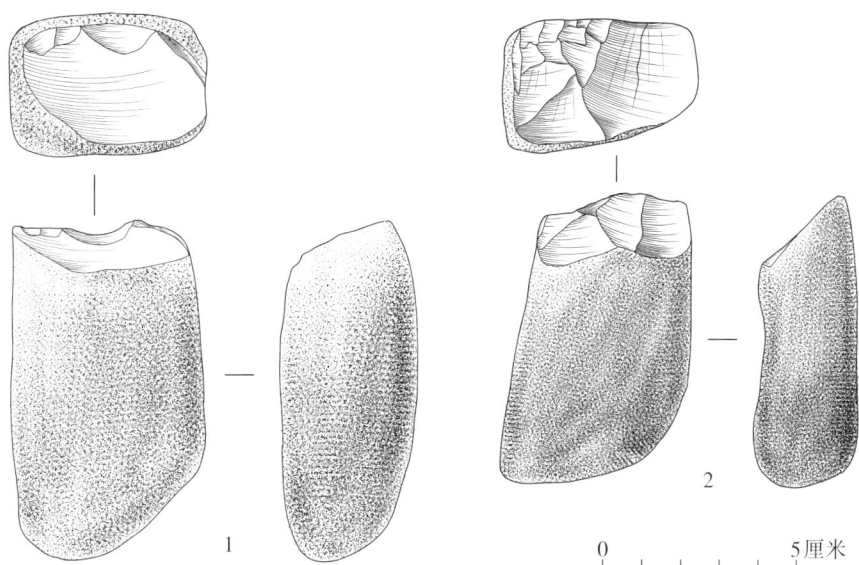

图一〇四 三期单台面石核

1. 2014FGZT0204②：10 2. 2014FGZT0306③：45

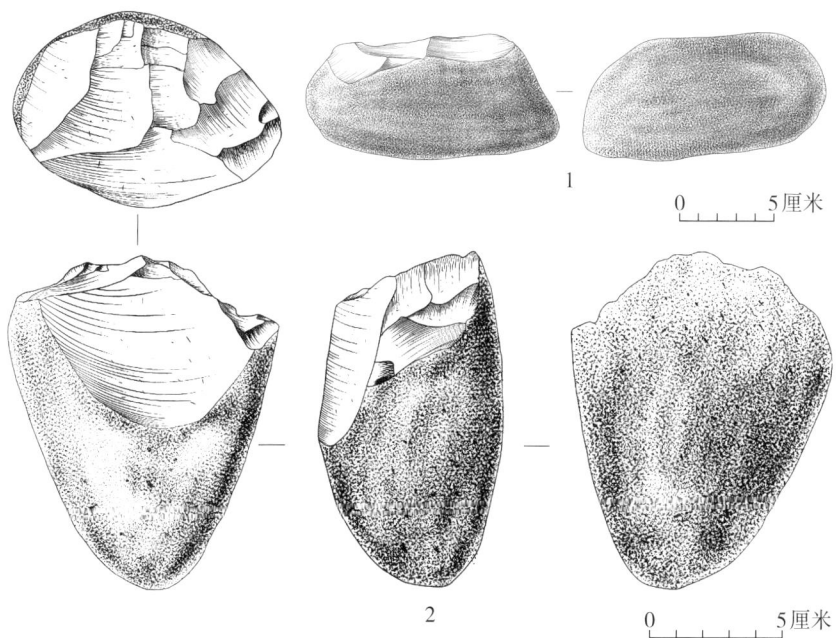

图一〇五 三期单台面石核

1. 2014FGZT0204②：9 2. 2014FGZT0303②：3

标本2014FGZT0205②：3 以安山岩砾石为原料，沿砾石的两端进行剥片，一端疤面陡直，另一端斜平，可见约3层片疤，台面边缘有轻微的磨蚀痕迹。台面长51.5毫米，宽53.1毫米，台面角67°～72°，最大片疤长22.1毫米，宽35.3毫米。长52.3毫米，宽53.6毫米，厚32.3毫米，重110

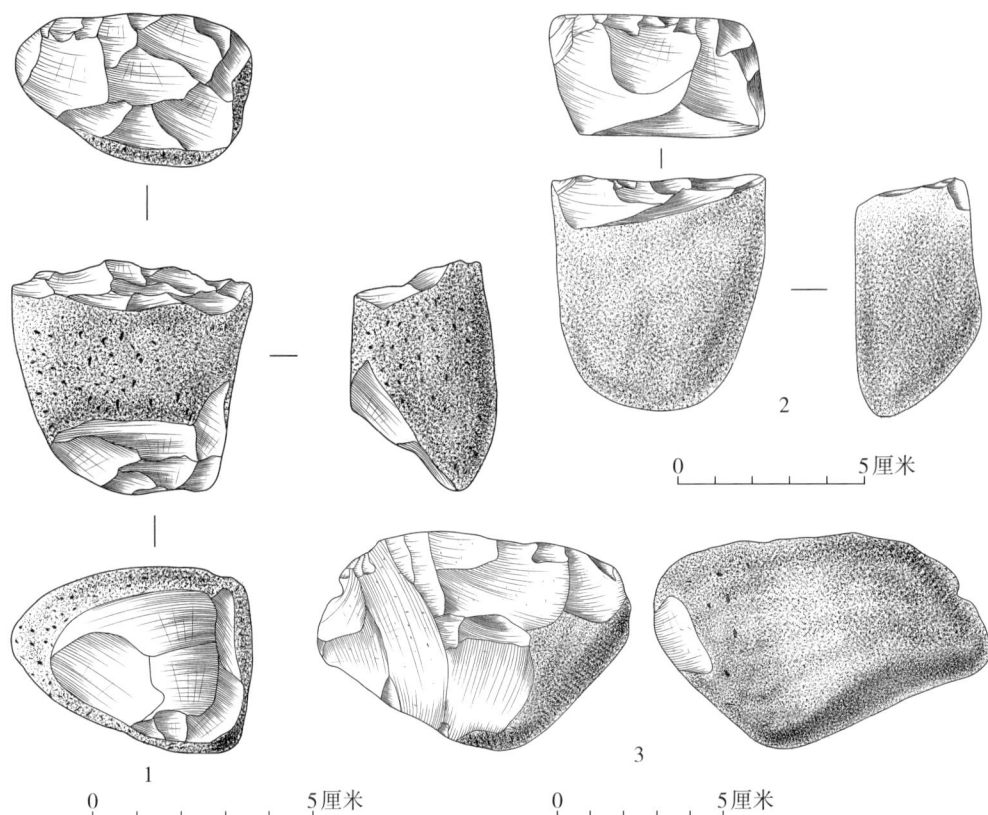

图一〇六　三期单台面石核

1. 2014FGZT0205②：3　2. 2014FGZT0305③：21　3. 2014FGZT0306③：71

克（图一〇六，1）。

标本 2014FGZT0305③：21　以变质砂岩砾石为原料，以砾石的一面为台面沿砾石的一端进行剥片，片疤面陡直，可见2层片疤，台面边缘可见使用形成的10毫米以下崩疤。台面长47.1毫米，长50.3毫米，台面角67°～86°，最大片疤长23.5毫米，36.5毫米。长62.3毫米，宽58.2毫米，厚33.6毫米，重162克（图一〇六，2；彩版一五，2）。

标本 2014FGZT0306③：71　以安山岩砾石为原料，以砾石微凸的一面为台面进行剥片，片疤面较陡，可见两三层片疤，偶见剥片时的反向崩疤。台面长81.3毫米，宽53.6毫米，台面角76°～92°，最大片疤长34.3毫米，宽37.5毫米。长83.1毫米，宽63.3毫米，厚49.2毫米，重240克（图一〇六，3）。

标本 2014FGZT0305③：2　以安山岩砾石为原料，台面长砾石较平的一面，沿一端进行剥片，可见3处较大的片疤。台面长74.2毫米，宽71.2毫米，台面角76°～91°，最大片疤长25.3毫米，宽17.1毫米。长81.3毫米，宽78.2毫米，厚36.5毫米，重248克（图一〇七，1）。

标本 2014FGZT0306③：21　以硅质岩砾石为原料，沿砾石的一端进行剥片，片疤面陡直，可见2层片疤。台面长59.3毫米，宽67.1毫米，台面角89°，最大片疤长29.5毫米，宽35.5毫米。长

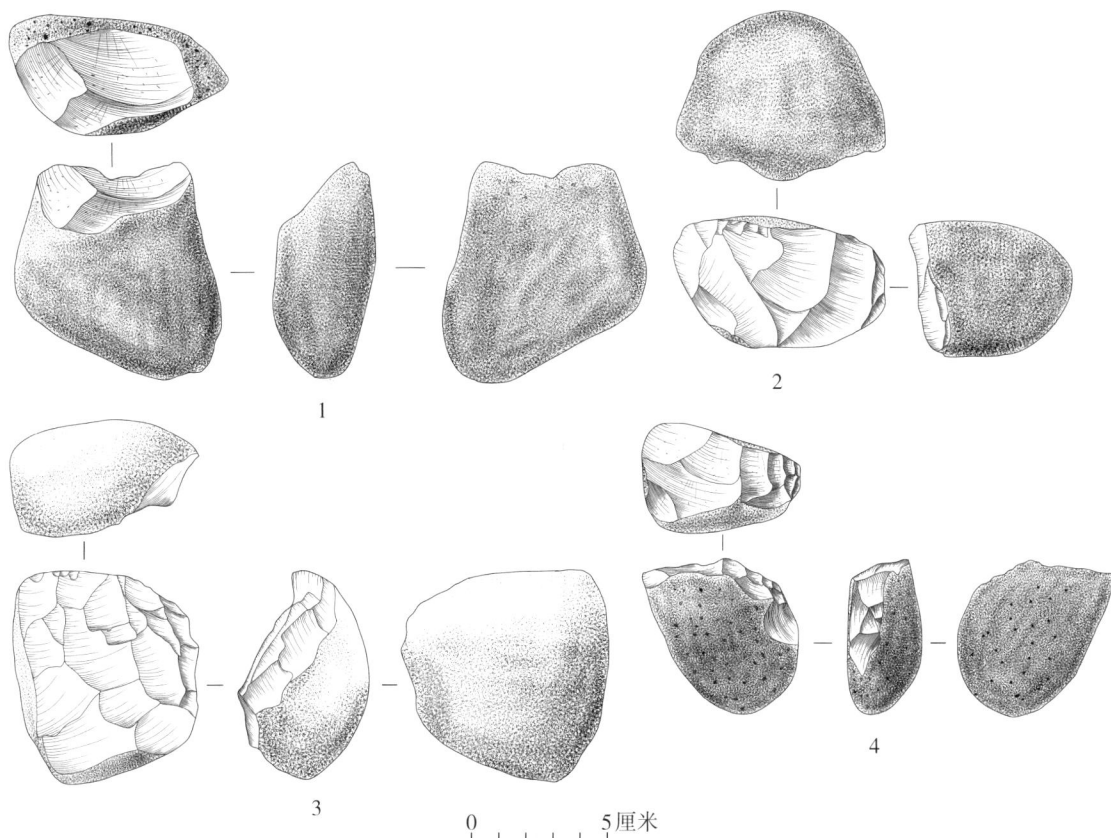

图一〇七　三期单台面石核

1. 2014FGZT0305③：2　2. 2014FGZT0306③：21　3. 2014FGZT0306③：61　4. 2014FGZT0308③：5

60.4毫米,宽68.1毫米,厚46.4毫米,重239克(图一〇七,2)。

　　标本2014FGZT0306③：61　以安山岩砾石为原料,沿砾石的一端单面剥片,台面弧凸,可见三四层片疤。台面长68.2毫米,宽66.2毫米,台面角37°～71°,最大片疤长40.5毫米,宽31.1毫米。长77.9毫米,宽69.8毫米,厚39.6毫米,重209克(图一〇七,3)。

　　标本2014FGZT0308③：5　以安山岩砾石为原料,在砾石的一端及一侧单面剥片,可见3层片疤。台面长75.8毫米,宽49.1毫米,台面角95°～100°,最大片疤长24.2毫米,宽25.5毫米。长54.6毫米,宽50.3毫米,厚38.4毫米,重166克(图一〇七,4)。

　　标本2014FGZT0306③：25　以安山岩砾石为原料,在砾石的一端单面剥片,片疤面陡直,可见4层片疤,台面边缘局部有轻微的磨蚀痕迹。台面长57毫米,宽60毫米,台面角85°,最大片疤长27.5毫米,宽24毫米。长60.4毫米,宽62.1毫米,厚48毫米,重196克(图一〇八,1)。

　　标本2014FGZT0308③：6　以变质砂岩砾石为原料,沿砾石的一端和一侧单面剥片,片疤面较陡,可见约3层片疤,约8个剥片。台面长62毫米,宽54毫米,台面角70°～77°,最大片疤长24.5毫米,宽26.5毫米。长74.3毫米,宽82.3毫米,厚40毫米,重262克(图一〇八,2;彩版一一,1)。

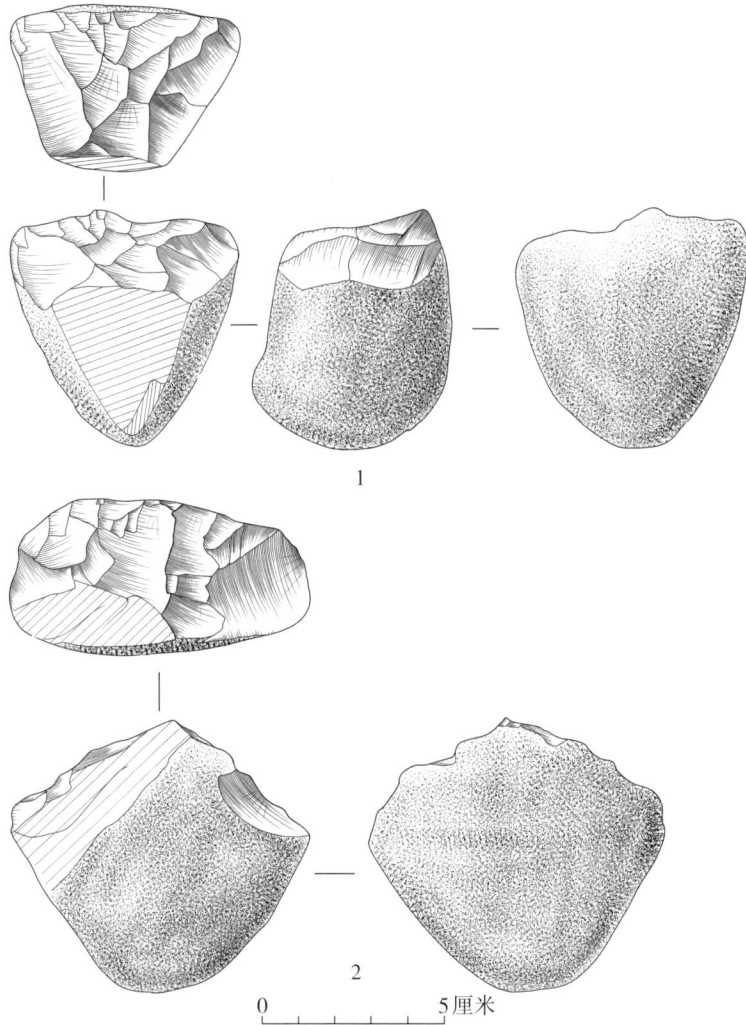

图一〇八 三期单台面石核

1. 2014FGZT0306③：25　2. 2014FGZT0308③：6

标本2014FGZT0206③：23　以安山岩砾石为原料，沿砾石的一端单面剥片，可见约3层较大片疤，疤面陡直。台面长46.2毫米，宽53.1毫米，台面角93°～100°，最大片疤长29.1毫米，宽30.2毫米。长55.4毫米，宽50.3毫米，厚44.4毫米，重190克（图一〇九，1）。

标本2014FGZT0103③：3　以安山岩砾石为原料，在砾石的一端单面剥片，剥片边缘锋利，疤面陡直，可见4层片疤。台面边缘有磨蚀痕迹，台面长58.3毫米，宽72.1毫米，台面角88°～90°，片疤平均长26.5毫米，宽37.1毫米。长60.2毫米，宽76.3毫米，厚42.4毫米，重214克（图一〇九，2）。

标本2014FGZT0103③：1　以安山岩砾石为原料，在砾石的一端单面剥片，剥片边缘平直，疤面陡直，可见3层较大片疤。台面长50.3毫米，宽46.8毫米，台面角93°～100°，最大片疤长28.1毫米，宽21.1毫米。长52.1毫米，宽57.9毫米，厚40.1毫米，重173克（图一〇九，3）。

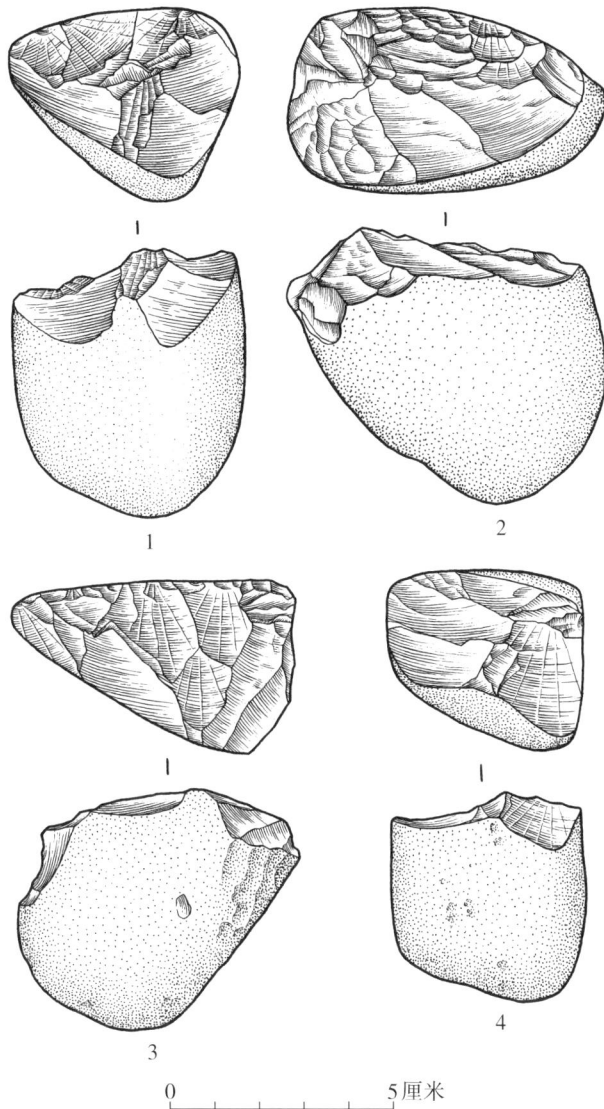

图一〇九　三期单台面石核

1. 2014FGZT0206③：23　2. 2014FGZT0103③：3　3. 2014FGZT0103③：1　4. 2014FGZT0206③：73

标本2014FGZT0206③：73　以安山岩砾石为原料，在砾石的一端单面剥片，可见2层较大片疤，片疤面较陡直。台面长44.5毫米，宽43.1毫米，台面角80°，最大片疤长22.2毫米，宽23.6毫米。长46.3毫米，宽44.1毫米，厚41.5毫米，重136克（图一〇九，4）。

标本2014FGZT0206③：102　以安山岩砾石为原料，在砾石的一端和一侧单面剥片，可见3层较大片疤，疤面较陡。台面边缘局部有磨蚀痕迹，台面长67.4毫米，宽61.1毫米，台面角75°～94°，最大片疤长25.4毫米，宽37.5毫米。长62.9毫米，宽70.4毫米，厚37.6毫米，重203克（图一一〇，1）。

标本2014FGZT0307③：7　以变质砂岩砾石为原料，在砾石的一端单面剥片，可见2层较大

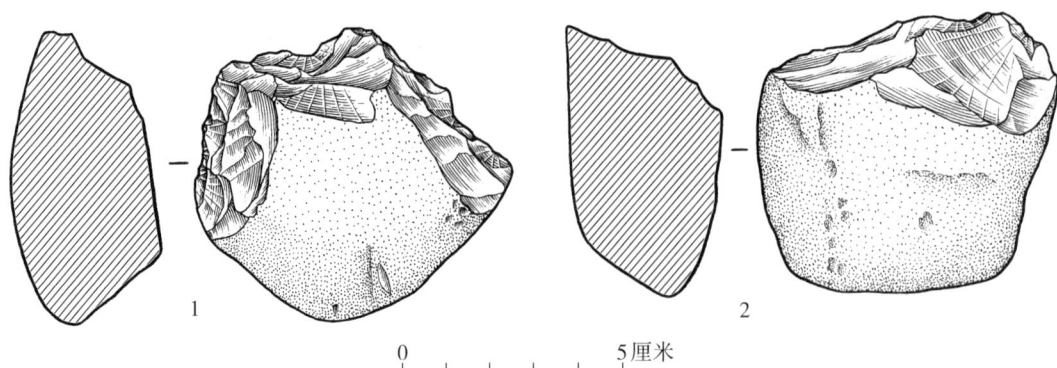

图一一〇　三期单台面石核

1. 2014FGZT0206③：102　　2. 2014FGZT0307③：7

片疤，约6个较大片疤，疤面较陡。台面边缘局部有磨蚀痕迹，台面长52.1毫米，宽47.3毫米，台面角75°～80°，最大片疤长26.5毫米，宽29.5毫米。长61.4毫米，宽68.1毫米，厚36.5毫米，重200克（图一一〇，2）。

　　标本2014FGZT0206③：75　以变质砂岩砾石为原料，在砾石的一端单面剥片，可见2层较大片疤，约6个较大片疤，疤面陡直。台面边缘局部有磨蚀痕迹，台面长53.4毫米，宽63.1毫米，台面角83°～95°，最大片疤长30.3毫米，宽37.1毫米。长68.3毫米，宽64.5毫米，厚49.5毫米，重247克（图一一一，1）。

　　标本2014FGZT0307③：1　以安山岩砾石为原料，沿砾石较宽的一端单面剥片，可见约3层较大片疤，约6个较大片疤，疤面较陡直。台面长70.2毫米，宽49.2毫米，台面角77°，最大片疤长27.5毫米，宽36.5毫米。长71.6毫米，宽50.9毫米，厚37.6毫米，重145克（图一一一，2）。

　　标本2014FGZT0206③：28　以板岩砾石为原料，在砾石的两端单面剥片，疤面较陡。台面长38.1毫米，宽45.7毫米，台面角74°～79°，最大片疤长20.3毫米，宽30.1毫米。长40.3毫米，宽46.9毫米，厚28.5毫米，重79克（图一一一，3）。

　　标本2014FGZT0303③：19　以安山岩砾石为原料，在砾石一端和一侧进行剥片，片疤面浅平。台面长59.1毫米，宽47.5毫米，台面角76°～99°，最大片疤长21.1毫米，宽33.5毫米。长58.2毫米，宽49.3毫米，厚31.2毫米，重132克（图一一二，1）。

　　标本2014FGZT0206③：20　以安山岩砾石为原料，在砾石的一端有少量剥片，可见2层较大的剥片，疤面较陡直。台面长72.3毫米，宽51.2毫米，台面角85°～90°，最大片疤长24.5毫米，宽29.1毫米。长64.3毫米，宽57.5毫米，厚41.6毫米，重231克（图一一二，2）。

　　标本2014FGZT0403②：1　以安山岩砾石为原料，沿砾石一端剥片，片疤面陡直，可见3层片疤。台面边缘有轻微的磨蚀痕迹，台面长52.3毫米，宽52.1毫米，台面角73°～84°，最大片疤长36.5毫米，宽40.2毫米。长55.4毫米，宽53.2毫米，厚46.9毫米，重173克（图一一二，3）。

　　标本2014FGZT0206③：72　以安山岩砾石为原料，在砾石两端进行剥片，大部分疤面较陡，可见2层较大的剥片。台面边缘局部有磨蚀痕迹，台面长71.3毫米，宽43.8毫米，台面角

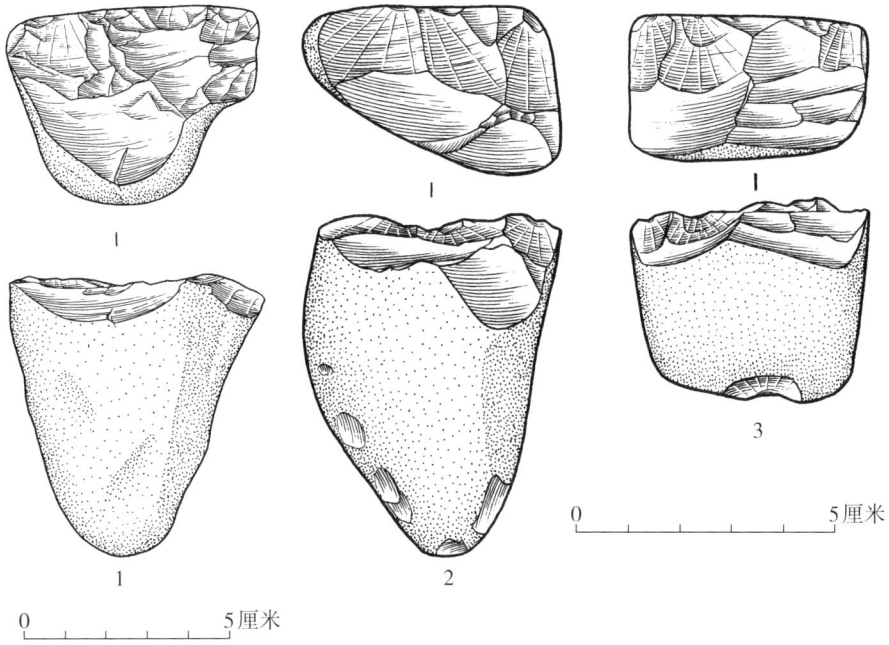

图一一一　三期单台面石核

1. 2014FGZT0206③：75　2. 2014FGZT0307③：1　3. 2014FGZT0206③：28

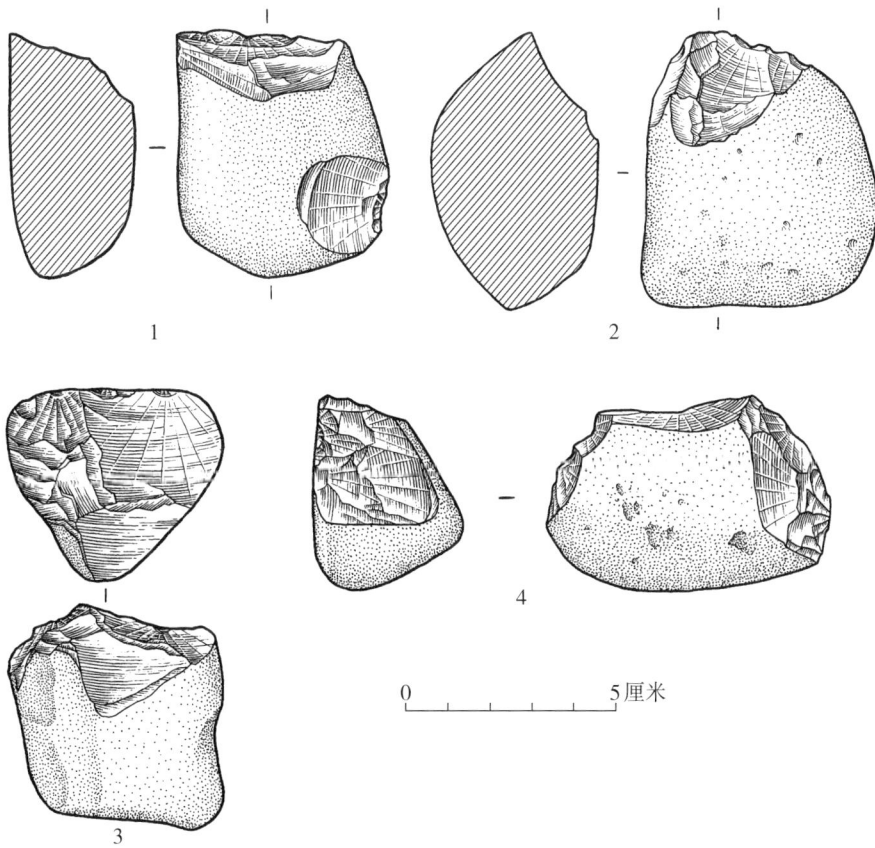

图一一二　三期单台面石核

1. 2014FGZT0303③：19　2. 2014FGZT0206③：20　3. 2014FGZT0403②：1　4. 2014FGZT0206③：72

83°~85°，最大片疤长20.5毫米，宽26.3毫米。长45.6毫米，宽75.3毫米，厚38.1毫米，重169克（图一一二，4）。

三期出土双台面石核180件，约占石核总数的17%。

标本2014FGZT0306③：30　以安山岩砾石为原料，在砾石的两端进行剥片，可见3层片疤，片疤面较陡直。台面边缘有磨蚀痕迹，台面长42.5毫米，宽64.2毫米，台面角68°~92°，最大片疤长20.5毫米，宽32.1毫米。长64.9毫米，宽67.3毫米，厚42.7毫米，重167克（图一一三，1）。

标本2014FGZT0306③：54　以安山岩砾石为原料，在砾石的一端和一侧剥片，片疤面陡直，可见4层片疤，较大片疤约5个。台面边缘局部有贝壳状崩疤和轻微的磨蚀痕迹，台面长52.2毫米，宽63.1毫米，台面角87°，最大片疤长36.3毫米，宽34.1毫米。长65.4毫米，宽60.1毫米，厚

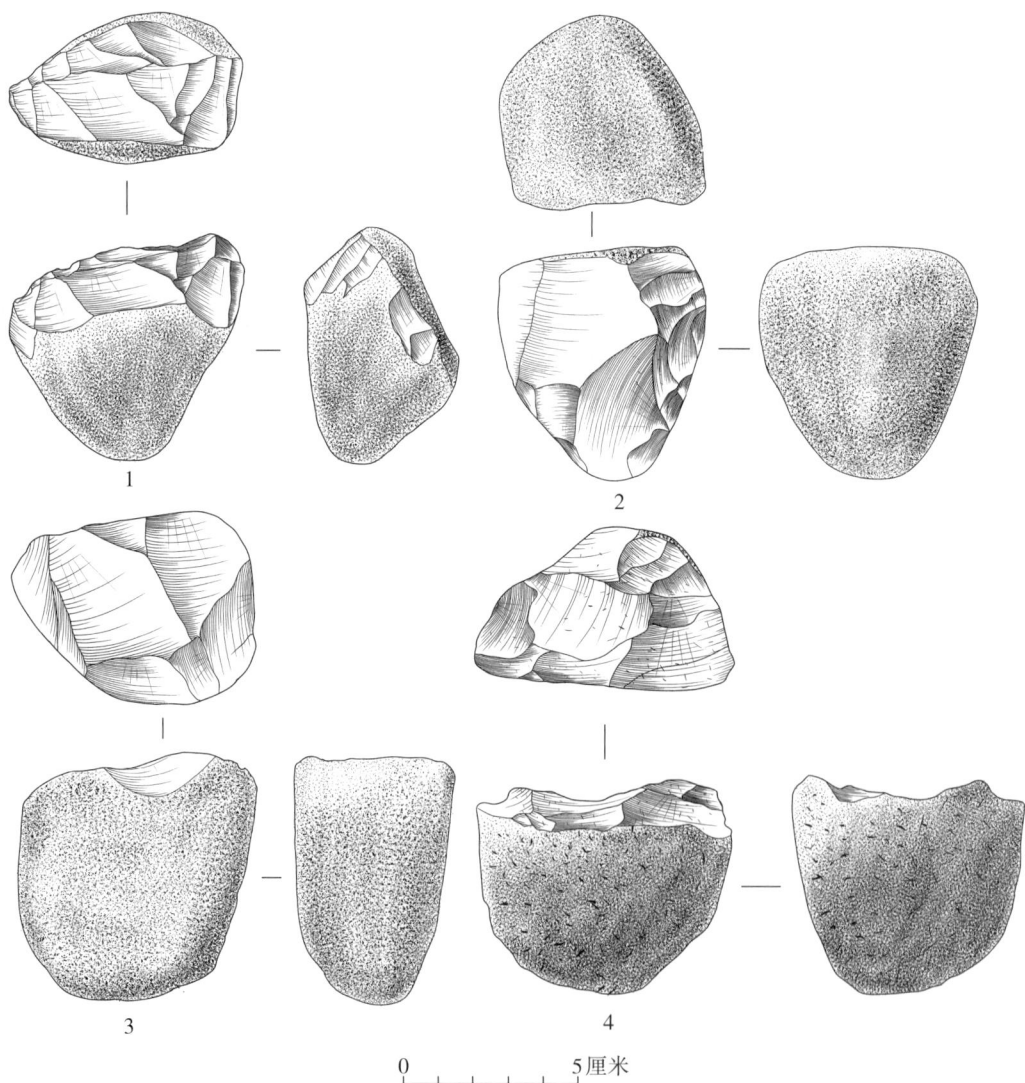

图一一三　三期双台面石核

1. 2014FGZT0306③：30　2. 2014FGZT0306③：54　3. 2014FGZT0303②：5　4. 2014FGZT0306③：42

56.5毫米,重269克(图一一三,2)。

标本2014FGZT0303②:5　以安山岩砾石为原料,沿砾石的一端和一侧进行剥片,第一层片疤较疤浅平,二层片疤较陡直。台面长54.4毫米,宽37.3毫米,台面角78°～95°,最大片疤长37.5毫米,宽34.5毫米。长66.4毫米,宽69.8毫米,厚45.2毫米,重267克(图一一三,3)。

标本2014FGZT0306③:42　以安山岩砾石为原料,沿砾石的一端和一侧剥片,可见约10个片疤。台面长55.2毫米,宽59.3毫米,台面角66°～86°,最大片疤长32.2毫米,宽35.1毫米。长57.4毫米,宽72.2毫米,厚40.2毫米,重175克(图一一三,4)。

标本2014FGZT0205②:6　以安山岩砾石为原料,沿砾石的两端和一侧进行剥片,剥片数量不多。台面长32.4毫米,宽25.3毫米,台面角78°～95°,片疤平均长23.5毫米,宽25.5毫米。长33.4毫米,宽26.8毫米,厚35.2毫米,重167克(彩版一七,2)。

标本2014FGZT0305③:22　以安山岩砾石为原料,平面近三角形,在砾石一端和一侧向两面剥片,片疤面较陡直,可见较大片疤约7个。最大台面长65.2毫米,宽71.3毫米,台面角86°～88°,最大片疤长29.2毫米,宽31.5毫米。长72.4毫米,宽82.3毫米,厚41.5毫米,重313克(图一一四,1)。

标本2014FGZT0305③:11　以安山岩砾石为原料,在砾石一端和一侧两个方向剥片,两个台面剥片方向相互垂直,片疤面陡直,可见较大片疤约8个。台面边缘有轻微磨蚀痕迹,另一端可见细小的崩疤和磨蚀痕迹。最大台面长59.4毫米,宽51.1毫米,台面角87°～96°,最大片疤长

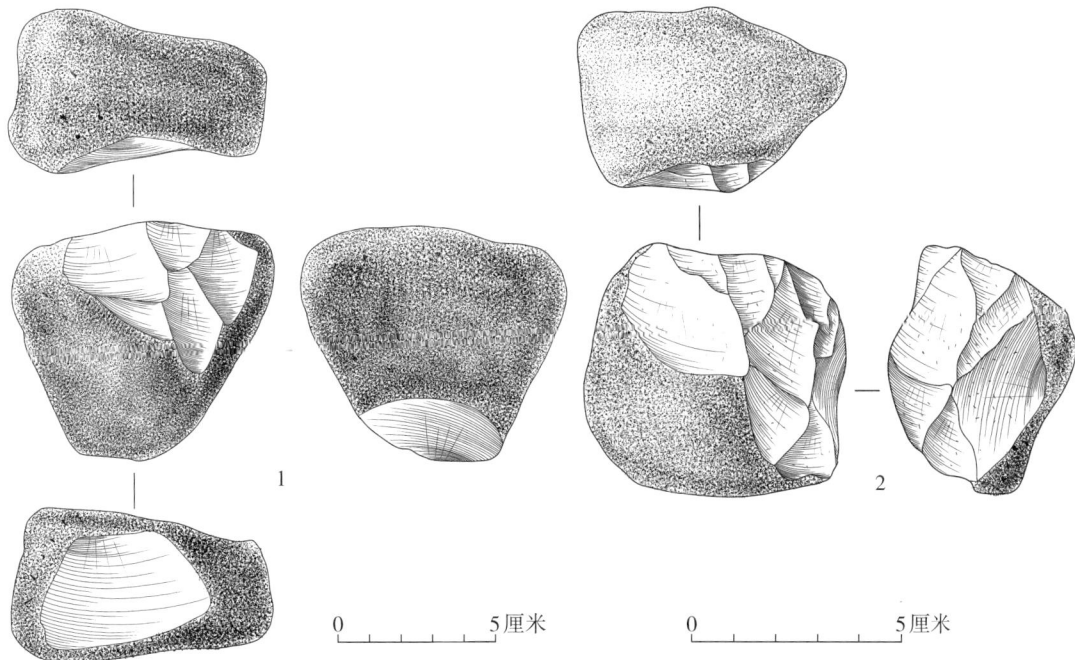

图一一四　三期双台面石核
1. 2014FGZT0305③:22　2. 2014FGZT0305③:11

31.2毫米,宽25.2毫米。长69.2毫米,宽62.4毫米,厚42.5毫米,重160克(图一一四,2)。

　　标本2014FGZT0204②:5　以安山岩砾石为原料,在砾石的一面两端剥片。片疤面较陡直,一端剥片较多,可见3层以上片疤。台面和疤面边缘局部有细小的崩疤及轻微的磨蚀痕迹,台面长56.3毫米,宽43.1毫米,台面角88°～96°,最大片疤长29.1毫米,宽23.5毫米。长70.3毫米,宽62.8毫米,厚40.3毫米,重192克(图一一五,1;彩版一七,1)。

　　标本2014FGZT0305②:1　以安山岩砾石为原料,片疤面较陡直,可见4层片疤。最大台面长72.1毫米,40.5毫米,台面角96°～108°,最大片疤长30.3毫米,宽45.5毫米。长56.2毫米,宽82.5毫米,厚45.3毫米,重184克(图一一五,2)。

　　标本2014FGZT0405②:2　以安山岩砾石为原料,在砾石的两端呈垂直方向两面剥片,片疤面陡直,可见约3层片疤。最大台面长53.4毫米,宽61.1毫米,台面角93°,最大片疤长27.5毫米,

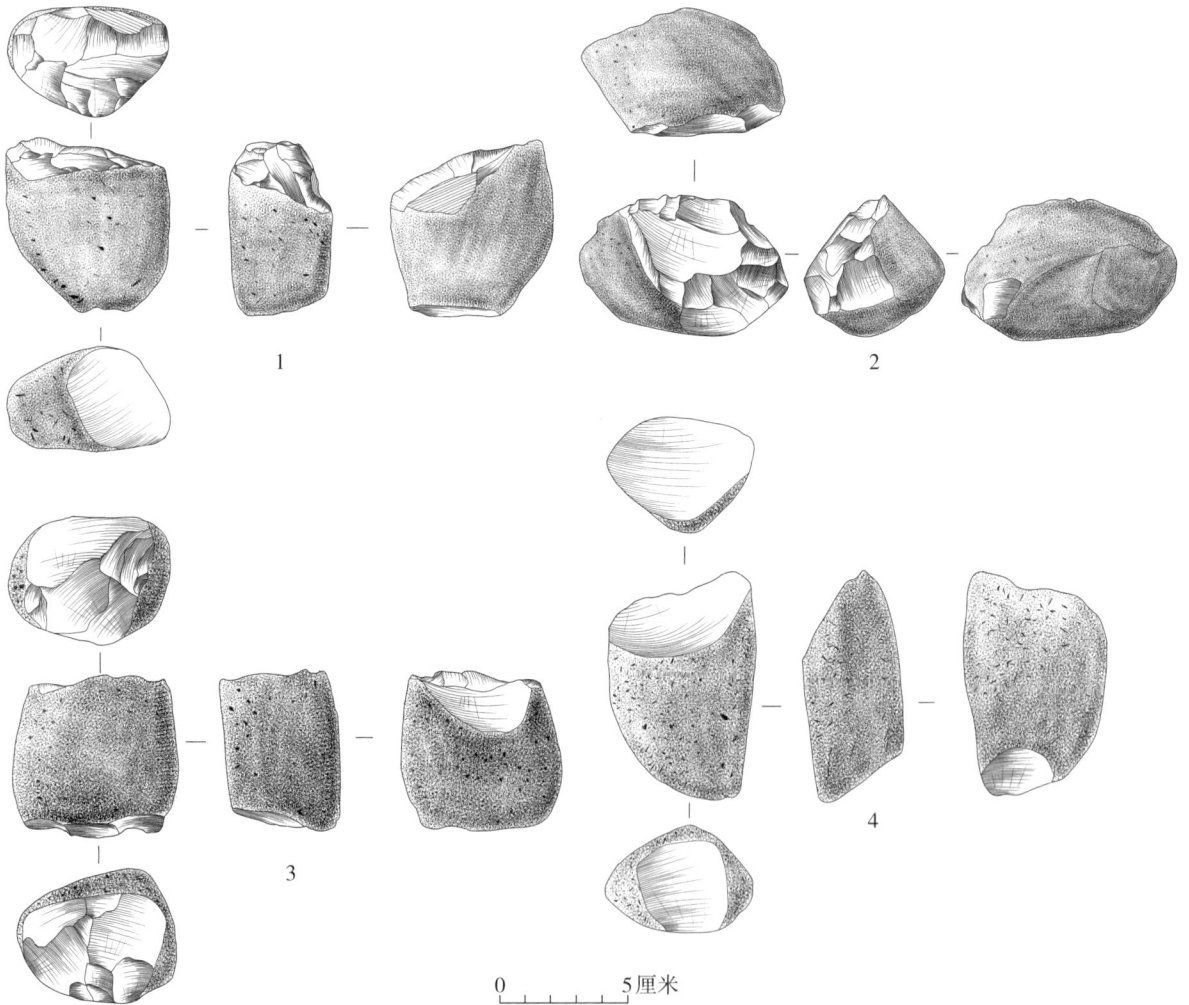

图一一五　三期双台面石核

1. 2014FGZT0204②:5　2. 2014FGZT0305②:1　3. 2014FGZT0405②:2　4. 2014FGZT0306③:60

宽28.5毫米。长62.3毫米,宽64.3毫米,厚39.4毫米,重209克(图一一五,3)。

标本2014FGZT0306③:60　以安山岩砾石为原料,沿砾石两端进行剥片,可见2个较大片疤。主台面长61.2毫米,宽52.4毫米,台面角53°,片疤平均长39.1毫米,宽42.6毫米。长89.4毫米,宽56.4毫米,厚36.5毫米,重174克(图一一五,4)。

标本2014FGZT0302②:4　以安山岩砾石为原料,在砾石的两端呈垂直方向两面剥片,片疤面较陡直,可见两三层片疤。最大台面长69.4毫米,宽41.3毫米,台面角80°~90°,最大片疤长33.5毫米,宽32.5毫米。长52.3毫米,宽78.2毫米,厚43.4毫米,重187克(图一一六,1)。

标本2014FGZT0204②:3　以安山岩砾石为原料,在砾石的两端剥片,可见约3层片疤,片疤面陡直。台面长53.5毫米,宽46.3毫米,台面角76°~79°,最大片疤长23.1毫米,宽30.2毫米。长56.3毫米,宽57.6毫米,厚31.6毫米,重126克(图一一六,2)。

标本2014FGZT0205②:11　以安山岩砾石为原料,在两个不同台面剥片,片疤面较斜,可见约3层片疤。最大台面长73.2毫米,宽64.3毫米,台面角93°~112°,最大片疤长30.1毫米,宽33.5毫米。长75.8毫米,宽66.4毫米,厚56.5毫米,重295克(图一一七,1)。

标本2014FGZT0308③:10　以安山岩砾石为原料,在砾石一端和两侧剥片,片疤面陡直,片疤均约3层以上,台面边缘局部有使用形成的2毫米以下崩疤和磨蚀痕迹。最大台面长49.4毫米,宽52.6,台面角91°~113°,片疤平均长33.5毫米,宽24.5毫米。长70.2毫米,宽74.5毫米,厚48.1毫米,重211克(图一一七,2)。

标本2014FGZT0205②:9　以安山岩砾石为原料,在砾石的一端剥片,然后利用剥片面为台面继续剥取石片。最大台面长74.3毫米,宽63.2毫米,台面角80°~83°,最大片疤长26.5毫米,宽25.5毫米。长75.41毫米,宽64.35毫米,厚38.5毫米,重136克(彩版一二,1)。

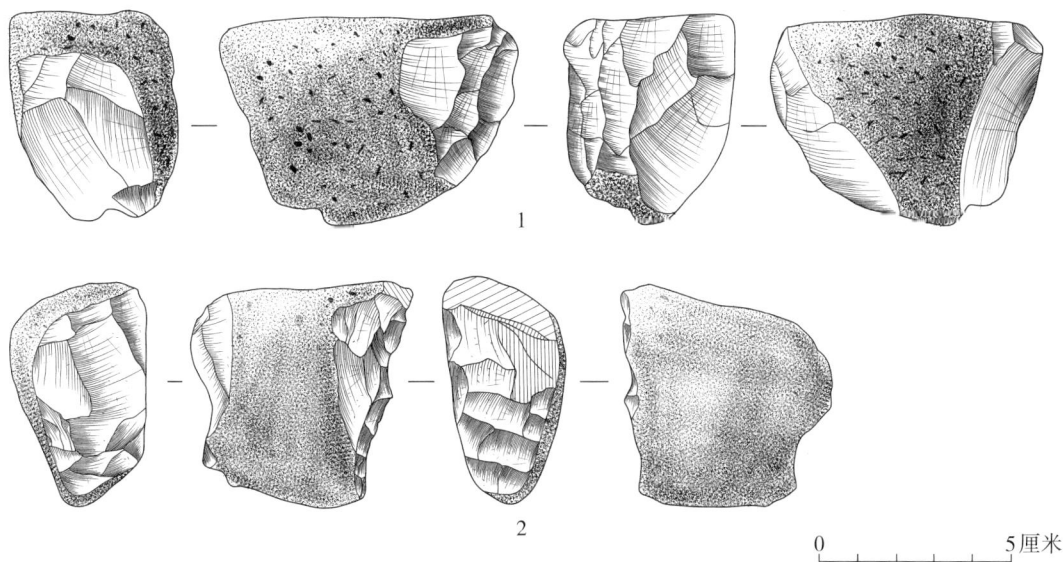

图一一六　三期双台面石核

1. 2014FGZT0302②:4　2. 2014FGZT0204②:3

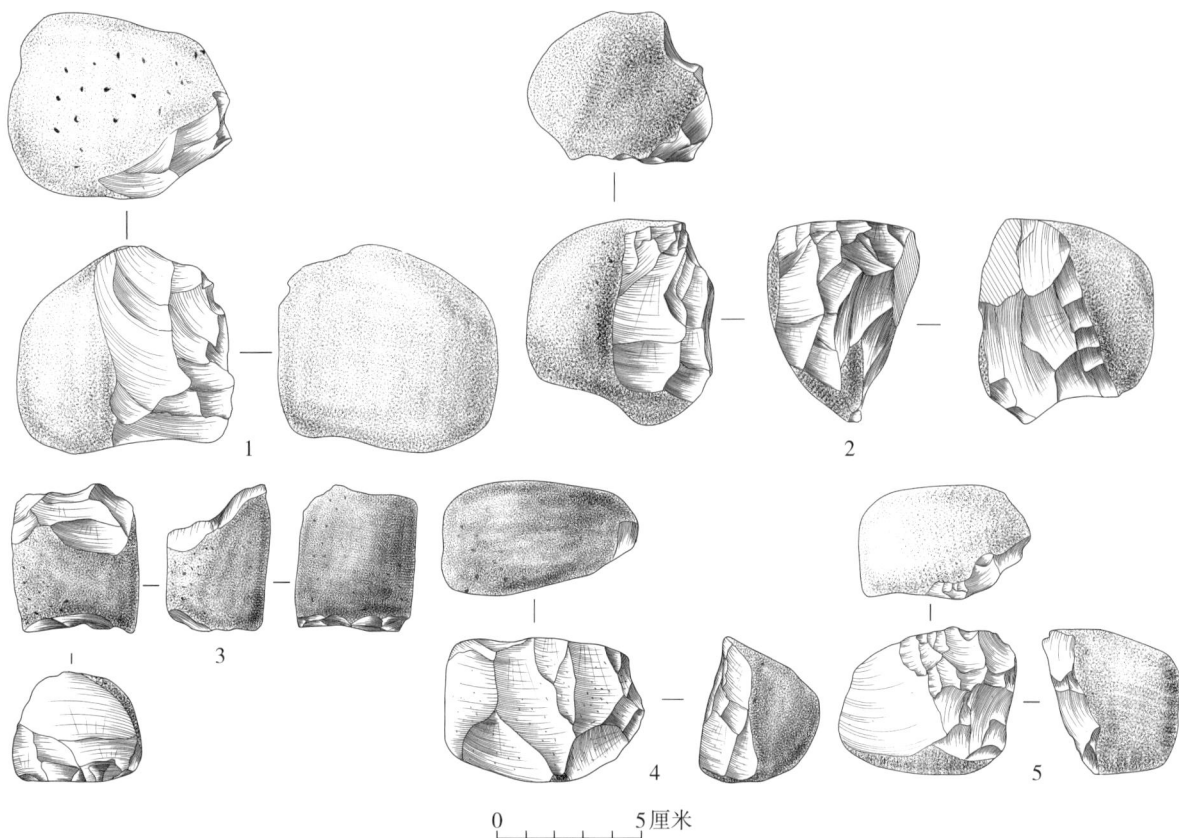

图一一七　三期双台面石核

1. 2014FGZT0205②：11　2. 2014FGZT0308③：10　3. 2014FGZT0405②：3　4. 2014FGZT0305③：14　5. 2014FGZT0205②：10

　　标本2014FGZT0405②：3　以安山岩砾石为原料，沿砾石的两端单面剥片，可见三层片疤，一端片疤面较浅平，另一端片疤面陡直。最大台面长47.5毫米，宽41.1毫米，台面角95°～98°，最大片疤长26.5毫米，宽31.2毫米。长48.2毫米，宽43.2毫米，厚35.8毫米，重111克（图一一七，3）。

　　标本2014FGZT0305③：14　以安山岩砾石为原料，沿砾石的一侧和一端两个方向剥片，片疤面较斜。最大台面长65.1毫米，宽59.6毫米，台面角84°～88°，最大片疤长30.3毫米，宽25.5毫米。长50.3毫米，宽69.1毫米，厚44.6毫米，重161克（图一一七，4；彩版二一，1）。

　　标本2014FGZT0205②：10　以安山岩砾石为原料，在砾石的一端和一侧进行剥片，片疤面较陡直，可见3层以上片疤，石核利用率较高，原料缩减严重。台面边缘局部有磨蚀，痕迹最大台面长36.3毫米，宽55.4毫米，台面角80°～83°，最大片疤长26.5毫米，宽25.5毫米。长50.1毫米，宽61.8毫米，厚38.5毫米，重124克（图一一七，5；彩版一二，2）。

　　标本2014FGZT0103③：10　以安山岩砾石为原料。在砾石一端和一侧剥片，剥片方向近垂直，疤面陡直，可见3层片疤。最大台面长50.2毫米，宽45.6毫米，台面角77°～89°，最大片疤长33.5毫米，宽34.5毫米。长53.4毫米，宽57.5毫米，厚48.1毫米，重230克（图一一八，1）。

标本2014FGZT0206③：38　以安山岩砾石为原料，在砾石两端和一侧剥片，疤面较陡直，可见3层片疤。最大台面长63.2毫米，宽39.1毫米，台面角89°～94°，最大片疤长29.4毫米，宽27.5毫米。长65.7毫米，宽44.5毫米，厚34.5毫米，重176克（图一一八，2）。

标本2014FGZT0302②：2　以安山岩砾石为原料，形状不规则，沿两个台面进行剥片，可见7处较为明显的片疤，最大台面长55.4毫米，宽50.3毫米，台面角83°～95°。长56.2毫米，宽52.4毫米，厚38.5毫米，重154.1克（图一一八，3）。

标本2014FGZT0204③：13　以安山岩砾石为原料，在砾石两端和一侧呈垂直方向剥片，疤面均陡直，片疤约1～3层，最大台面长35.4毫米，宽40.7毫米，台面角83°～97°，最大片疤长26.5毫米，宽24.3毫米。长37.3毫米，宽42.4毫米，厚37.7毫米，重97克（图一一八，4）。

标本2014FGZT0303③：17　以安山岩砾石为原料。在砾石一端和一侧剥片，疤面陡直，片

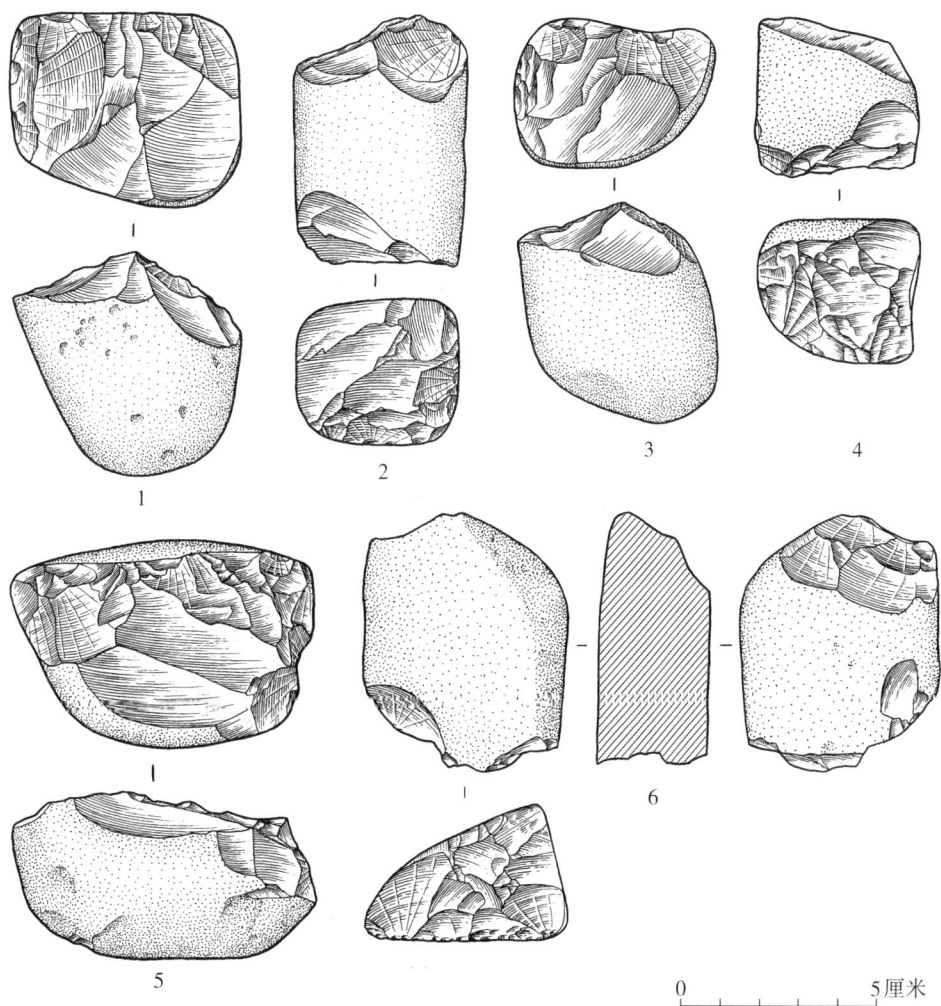

图一一八　三期双台面石核

1. 2014FGZT0103③：10　2. 2014FGZT0206③：38　3. 2014FGZT0302②：2
4. 2014FGZT0204③：13　5. 2014FGZT0303③：17　6. 2014FGZT0206③：26

疤约3层,可见较大片疤约12个。最大台面长60.4毫米,宽80.2毫米,台面角85°～99°,最大片疤长30.3毫米,宽33.5毫米。长43.4毫米,宽78.3毫米,厚52.6毫米,重226克(图一一八,5)。

标本2014FGZT0206③:26　以安山岩砾石为原料,在砾石的两端两面剥片,一端疤面较陡直,另一端较斜平,片疤约3层。最大台面长61.2毫米,宽52.3毫米,台面角67°～99°,最大片疤长25.2毫米,宽25.5毫米。长63.2毫米,宽53.1毫米,厚37.9毫米,重177克(图一一八,6)。

标本2014FGZT0204③:11　以安山岩砾石为原料,在砾石两端剥片,两端疤面较斜,可见2层较大的剥片,较大片疤约5个。最大台面长47.4毫米,宽49.3毫米,台面角80°～94°,最大片疤长21.2毫米,宽38.5毫米。长49.5毫米,宽51.2毫米,厚35.5毫米,重144克(图一一九,1)。

标本2014FGZT0204③:19　以安山岩砾石为原料。在砾石两端错向剥片,片疤面较陡,片疤约3层。最大台面长50.1毫米,宽65.4毫米,台面角83°～85°,最大片疤长27.5毫米,宽43.5毫米。长52.3毫米,宽50.4毫米,厚42.3毫米,重262克(图一一九,2)。

标本2014FGZT0305③:25　以硅质岩砾石为原料,缩减严重,仅剩不到原原料的四分之一,疤面较陡,可见2层较大的剥片。最大台面长47.1毫米,宽47.5毫米,台面角55°,最大片疤长22.2毫米,宽40.5毫米。长39.3毫米,宽61.6毫米,厚39.1毫米,重122克(图一一九,3)。

三期出土多台面石核31件,约占石核总数的2.8%。

标本2014FGZT0302②:5　以安山岩砾石为原料,在砾石的两端剥片,片疤面陡直,可见3层片疤。最大台面长51.9毫米,宽53.4毫米,台面角97°,最大片疤长31.5毫米,宽35.5毫米。长

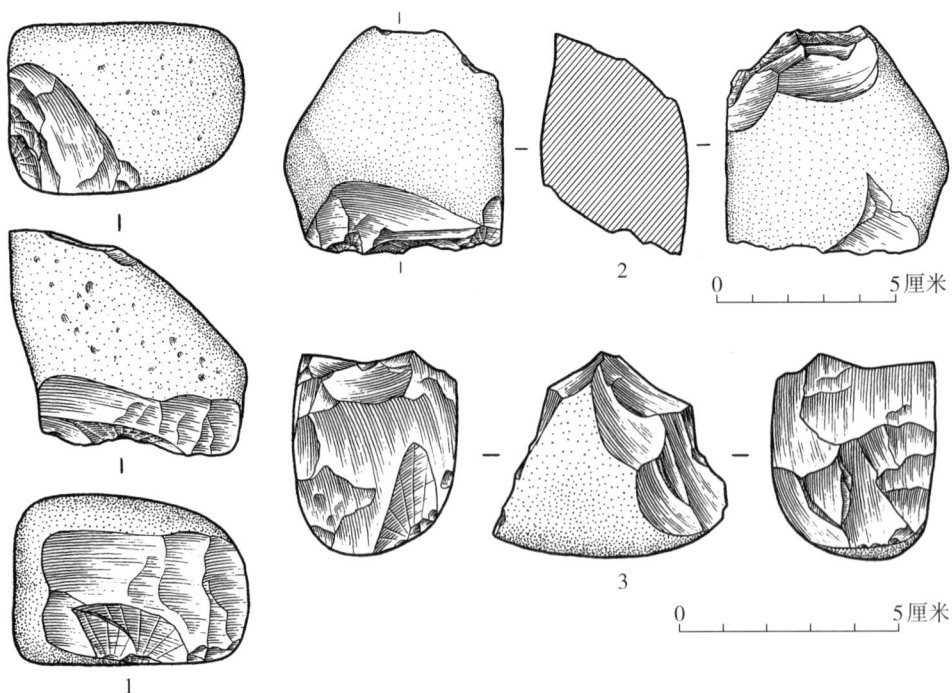

图一一九　三期双台面石核

1. 2014FGZT0204③:11　2. 2014FGZT0204③:19　3. 2014FGZT0305③:25

53.4毫米,宽65.6毫米,厚49.3毫米,重194克(图一二〇,1)。

标本2014FGZT0306③:52　以安山岩砾石为原料,在砾石的两端从三个不同方向剥片,片疤面陡直,约2层片疤。最大台面长58.9毫米,宽45.2毫米,台面角90°～93°,最大片疤长22.5毫米,宽27.5毫米。长50.4毫米,宽49.1毫米,厚71.4毫米,重166克(图一二〇,2)。

标本2014FGZT0205②:1　以安山岩砾石为原料,在砾石的两侧及两端剥片,有一个人工台面,其余为自然台面。最大台面长48.4毫米,宽69.1毫米,台面角94°～98°,最大片疤长24.3毫米,宽24.5毫米。长72.2毫米,宽50.2毫米,厚44.2毫米,重180克(图一二〇,3)。

标本2014FGZT0305③:28　以安山岩砾石为原料,在砾石的两端剥片,一端剥片呈垂直方向,片疤面均陡直,可见4层片疤。最大台面长46.3毫米,宽50.2毫米,台面角78°～105°,最大片疤长30.1毫

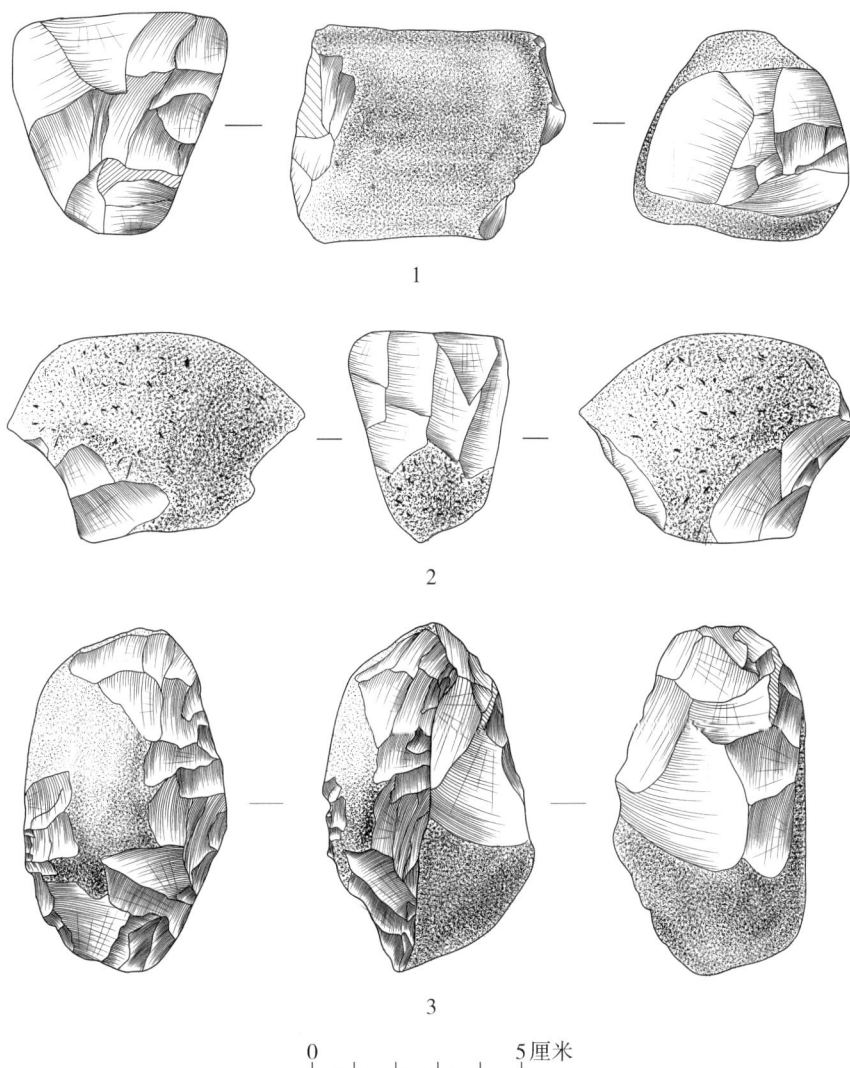

图一二〇　三期多台面石核

1. 2014FGZT0302②:5　2. 2014FGZT0306③:52　3. 2014FGZT0205②:1

米,宽30.5毫米。长69.3毫米,宽58.3毫米,厚56.6毫米,重208克(图一二一,1;彩版二三,1)。

标本2014FGZT0306③:2　以安山岩砾石为原料,在砾石的两端剥片,一端剥片疤面陡直,可见约3层片疤。台面边缘局部有崩疤和磨蚀痕迹,最大台面长49.5毫米,宽54.1毫米,台面角87°~96°,最大片疤长28.5毫米,宽27.5毫米。长65.5毫米,宽67.6毫米,厚46.1毫米,重167克(图一二一,2;彩版一六:1)。

标本2014FGZT0305②:5　以安山岩砾石为原料,在砾石的两端和一侧剥片,两端片疤面较陡直,侧边片疤面斜平,可见3层以上片疤。最大台面长58.5毫米,58.3毫米,台面角72°~102°,最大片疤长29.3毫米,30.1毫米。长60.4毫米,宽72.4毫米,厚40.2毫米,重198克(图一二二,1)。

标本2014FGZT0306③:14　以变质砂岩砾石为原料,在砾石的一端和一侧由三个不同方向剥片,片疤面较陡,可见约3层片疤。最大台面长79.6毫米,宽69.4毫米,台面角85°~90°,最大片疤长24.5毫米,宽30.5毫米。长81.2毫米,宽71.5毫米,厚41.9毫米,重272克(图一二二,2;彩版一五,1)。

标本2014FGZT0306③:29　以安山岩砾石为原料,在砾石的两端剥片,一端仅一个片疤,另一端有多个面向心剥片,片疤面较陡直,可见2层片疤。台面边缘可见崩疤和磨蚀痕迹,最大台面长53.1毫米,宽48.3,台面角76°~92°,最大片疤长26.5毫米,宽29.3毫米。长61.5毫米,宽58.1毫米,厚48.2毫米,重218克(图一二二,3;彩版一九,2)。

标本2014FGZT0306③:35　以安山岩砾石为原料,在砾石的两端和一侧向三个不同方向剥片,两端片疤面较陡直,一侧片疤面较浅平,可见2层片疤。最大台面长42.6毫米,宽51.7毫米,台面角80°~88°,最大片疤长25.5毫米,宽33.2毫米。长52.3毫米,宽53.4毫米,厚32.1毫米,重133克(图一二二,4;彩版一六,2)。

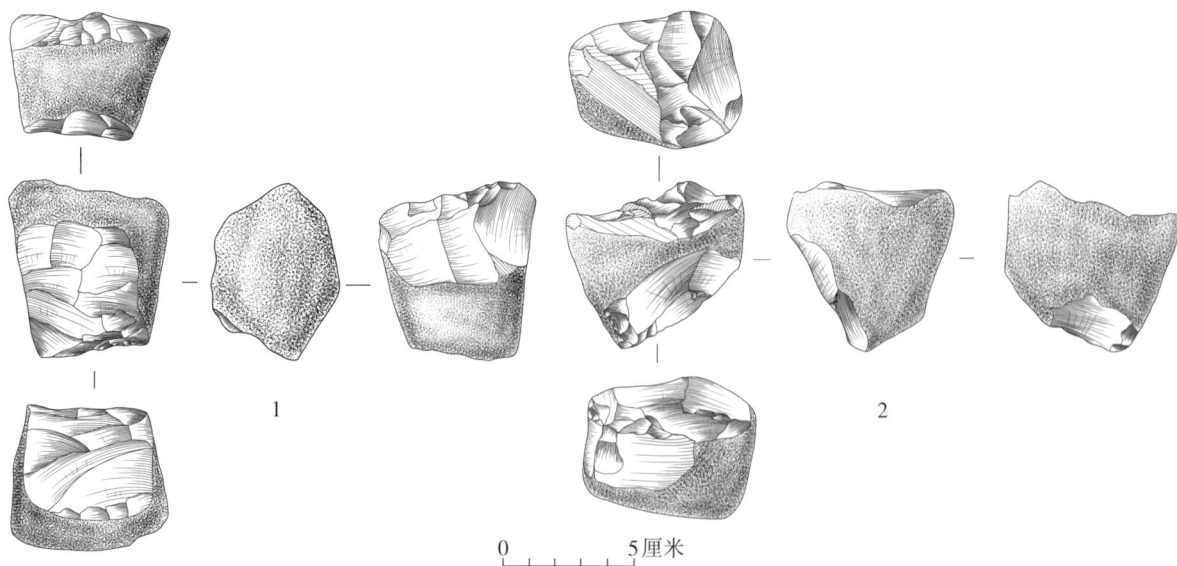

图一二一　三期多台面石核

1. 2014FGZT0305③:28　2. 2014FGZT0306③:2

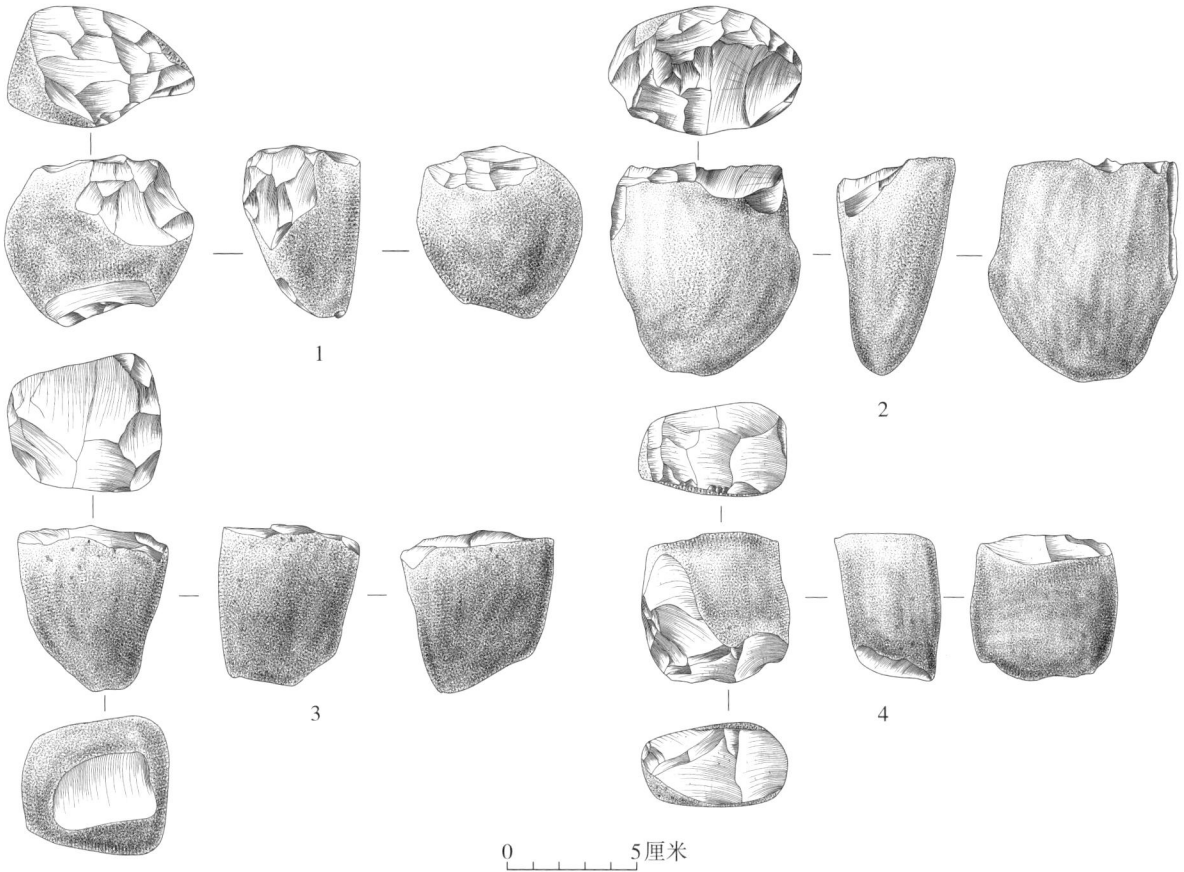

图一二二　三期多台面石核

1. 2014FGZT0305②：5　　2. 2014FGZT0306③：14　　3. 2014FGZT0306③：29　　4. 2014FGZT0306③：35

标本 2014FGZT0306③：19　以安山岩砾石为原料,在砾石一端和两侧剥片,片疤面陡直,可见较大片疤约11个。最大台面长74.5毫米,宽51.4毫米,台面角93°～107°,最大片疤长21.4毫米,宽21.8毫米。长81.5毫米,宽53.2毫米,厚43.2毫米,重236克(图一二三,1)。

标本 2014FGZT0204②：2　以安山岩砾石为原料,在砾石的两侧剥片,一侧剥片较多,另一侧剥片较少,可见2层片疤。最人台面长70.8毫米,宽53.2毫米,台面角82°～87°,最大片疤长26.3毫米,宽31.5毫米。长72.3毫米,宽55.4毫米,厚45.2毫米,重223克(图一二三,2)。

标本 2014FGZT0205②：12　以安山岩砾石为原料,在砾石的两端及一侧剥片,可见3层片疤。最大台面长65.8毫米,宽42.3毫米,台面角82°～87°,最大片疤长26.6毫米,宽34.5毫米。长67.3毫米,宽45.2毫米,厚56.1毫米,重213.4克(彩版二〇,2)。

标本 2014FGZT0206③：6　以安山岩砾石为原料,在砾石的两端单面剥片,一端剥片较多,另一端剥片较少,疤面均较斜,局部陡直,可见约3层片疤。最大台面长63.1毫米,宽43.4毫米,台面角83°～85°,片疤平均长28.1毫米,宽28.5毫米。长65.4毫米,宽45.8毫米,厚38.6毫米,重149克(图一二四;彩版一九,1)。

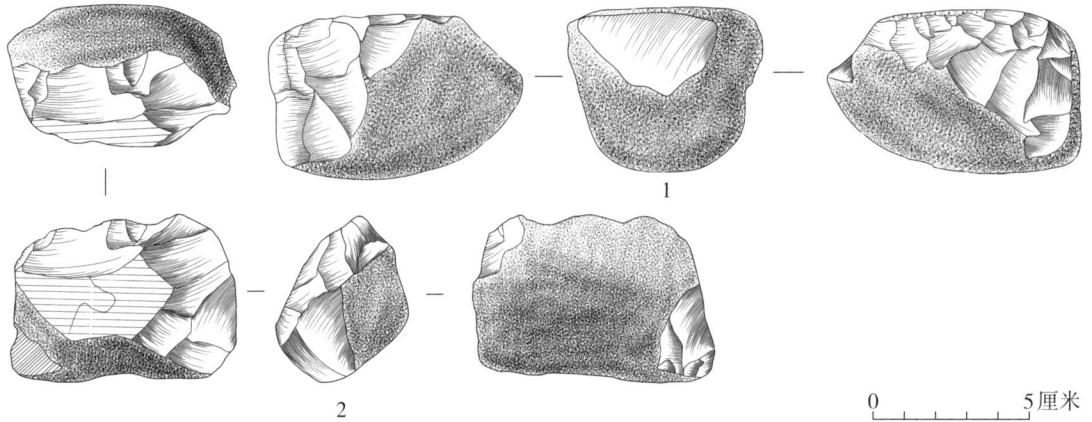

图一二三　三期多台面石核

1. 2014FGZT0306③：19　2. 2014FGZT0204②：2

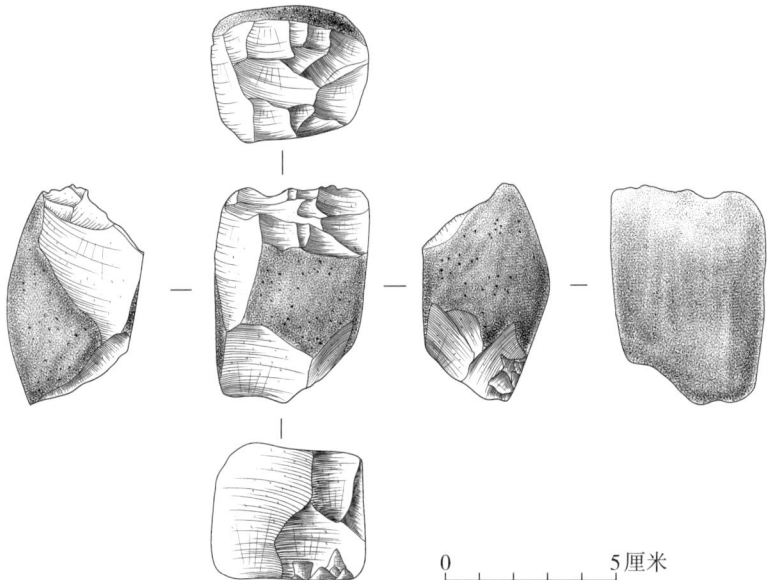

图一二四　三期多台面石核

2014FGZT0206③：6

2. 石片

三期共出土完整石片849件、断片120件、碎片1 140件。完整石片均为锤击石片，台面多为自然台面，有少量有疤台面，背面多有一定数量的片疤，石英碎片的大小在20毫米以下。

标本2014FGZT0305③：13　岩性为安山岩，自然台面。腹面平坦，打击点散漫，半锥体不显，放射线、同心波不甚清晰，背面远端保留少量砾石面，其余为同源同向和对向剥片，台面长6毫米，宽41毫米，石片角121°。长47.2毫米，宽36.8毫米，厚10毫米，重23克（图一二五，1）。

标本2014FGZT0204②：14　岩性为安山岩，自然台面。腹面平坦，打击点集中，半锥体微凸，放射线、同心波不甚清晰，背面远端保留少量石皮，其余多为同源同向剥片，可见2层片疤，台面长2毫米,宽12毫米,石片角130°。长41毫米,宽52毫米,厚14毫米,重27克(图一二五,2;彩版三一,3)。

标本2014FGZT0305③:16　岩性为安山岩,人工台面,腹面平坦,打击点散漫,半锥体不显,放射线可见,同心波不显,背面大部分保留石皮,仅可见1处片疤,台面长9毫米,宽27毫米,石片角127°。长50毫米,宽38毫米,厚11毫米,重32克(图一二五,3;彩版三六,2)。

标本2014FGZT0102②:4　岩性为安山岩,自然台面,腹面微凸,打击点集中,半锥体微凸,放射线可见,同心波不显,背面无石皮,背面片疤均为同源同向剥片,可见2层片疤,台面长8毫米,宽26毫米,石片角117°。长40毫米,宽48.2毫米,厚10毫米,重15克(图一二五,4;彩版二九,2)。

标本2014FGZT0305②:6　岩性为安山岩,自然台面,腹面平坦,打击点集中,半锥体不显,放射线可见,同心波不显,背面可见一处较大的片疤,保留少量石皮,台面长7毫米,宽23毫米,石片角105°。长62.6毫米,宽40.4毫米,厚0.98毫米,重16克(图一二五,5;彩版二九,3)。

标本2014FGZT0204②:12　岩性为安山岩,自然台面,腹面微凸,打击点集中,半锥体不显,放射线、同心波清晰可见,背面可见5处同源同向剥片,其余为石皮,台面长12毫米,宽38毫米,石

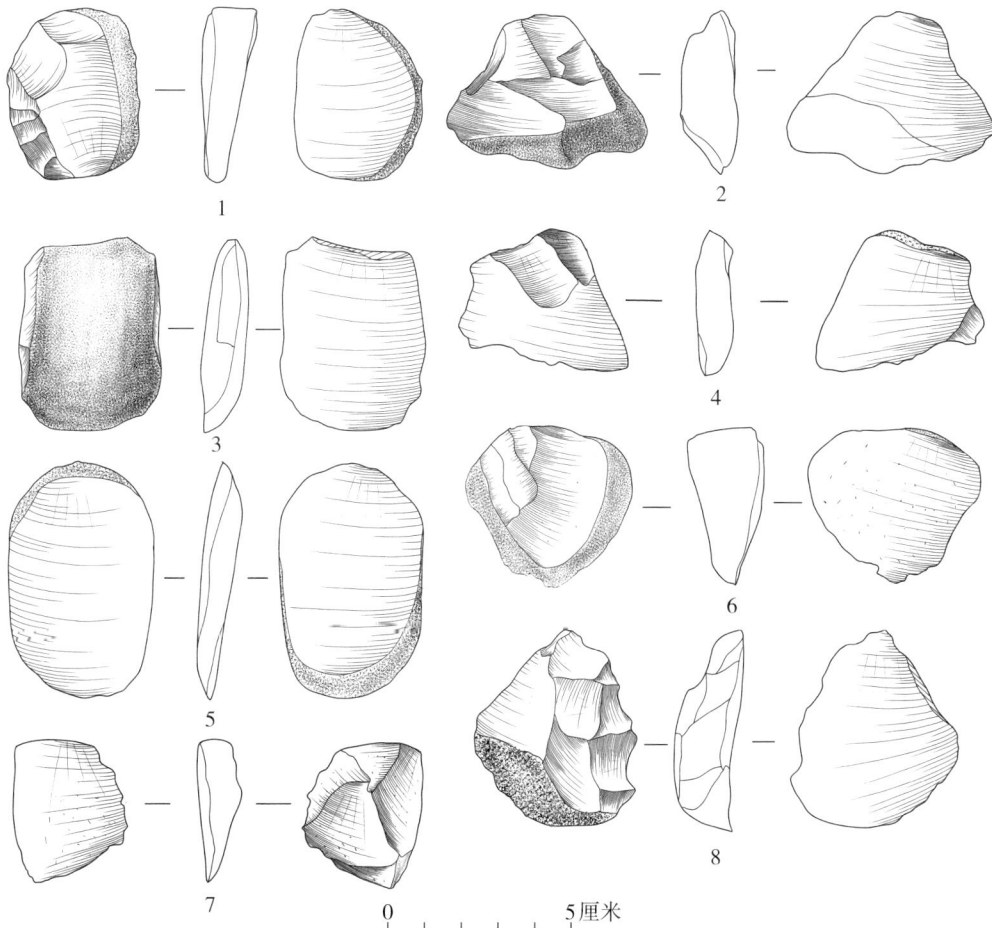

图一二五　三期石片

1. 2014FGZT0305③:13　2. 2014FGZT0204②:14　3. 2014FGZT0305③:16　4. 2014FGZT0102②:4
5. 2014FGZT0305②:6　6. 2014FGZT0204②:12　7. 2014FGZT0101②:6　8. 2014FGZT0305③:26

片角105°。长42毫米,宽46毫米,厚18毫米,重33克(图一二五,6;彩版二八,3)。

标本2014FGZT0101②:6 岩性为安山岩,自然台面,腹面平坦,打击点集中,半锥体微凸,放射线、同心波清晰可见,背面远端一角保留少量石皮,可见2层片疤,台面长8毫米,宽23毫米,石片角111°。长38毫米,宽31毫米,厚13毫米,重14克(图一二五,7;彩版三二,1)。

标本2014FGZT0305③:26 岩性为安山岩,台面残缺,腹面平坦,打击点不见,放射线、同心波清晰可见,背面远端保留较少量石皮,剥片方向非同源同向,可见约3层片疤。长51毫米,宽45毫米,厚16毫米,重35克(图一二五,8)。

标本2014FGZT0204②:7 岩性为安山岩,自然台面,腹面平坦,打击点集中,放射线、同心波清晰可见,背面远端保留少量石皮,可见2层片疤,非同源同向剥片。台面长5毫米,宽16毫米,石片角120°。长54毫米,宽66.3毫米,厚19毫米,重46克(图一二六,1;彩版三四,3)。

标本2014FGZT0306③:16 岩性为安山岩,自然台面,腹面平坦,打击点散漫,半锥体不显,放射线、同心波清晰可见,背面保留少量石皮,剥片方向为同源同向,可见2层片疤,台面长11.4毫米,宽31.1毫米,石片角113°。长59.7毫米,宽39.3毫米,厚12.5毫米,重42克(图一二六,2;彩版三七,3)。

标本2014FGZT0102②:9 岩性为安山岩,自然台面,腹面微凸,打击点集中,半锥体微凸,放射线清晰可见,背面左侧和远端保留少量石皮,可见2层片疤,约6个较大片疤,台面长11毫米,宽29毫米,石片角102°。石片长58毫米,宽39毫米,厚17毫米,重42克(彩版三四,1)。

标本2014FGZT0305②:19 岩性为安山岩,自然台面,腹面平坦,打击点散漫,半锥体不显,放射线清晰可见,腹面内凹,背面保留少量石皮,可见约3层片疤,约4个较大剥片,台面长5毫米,宽17毫米,石片角130°。长57毫米,宽54毫米,厚17毫米,重52克(图一二六,3;彩版三〇,3)。

标本2014FGZT0205②:5 岩性为安山岩,自然台面,腹面平坦,打击点集中,半锥体微凸,放射线清晰可见,背面远端保留少量石皮,剥片方向为同源同向,可见2层片疤,台面长12毫米,宽38毫米,石片角88°。长51.3毫米,宽31.2毫米,厚13毫米,重27克(图一二六,4;彩版三七,2)。

标本2014FGZT0306③:3 岩性为变质砂岩,自然台面,腹面平坦,打击点不见,半锥体不显,放射线清晰可见,背面右侧保留少量石皮,可见3层片疤,台面长20毫米,宽63毫米,石片角124°。长72.3毫米,宽68.2毫米,厚26毫米,重121克(图一二六,5;彩版二八,2)。

标本2014FGZT0306③:62 岩性为安山岩,自然台面,腹面微凸,打击点集中,半锥体微凸,放射线、同心波清晰可见,背面右侧和远端保留较少量石皮,可见约3层片疤,台面长15毫米,宽38毫米,石片角96°。长41毫米,宽41毫米,厚15毫米,重23克(图一二六,6;彩版三〇,2)。

标本2014FGZT0206③:16 岩性为安山岩,有疤台面,腹面平坦,打击点集中,半锥体不显,放射线清晰可见。背面远端保留少量石皮,可见约2层片疤,台面长8毫米,宽50毫米,石片角93°。长53毫米,宽51毫米,厚10毫米,重28克(图一二六,7;彩版二九,1)。

标本2014FGZT0305②:23 岩性为安山岩,自然台面,腹面微凸,打击点集中,放射线清晰可见,背面远端保留少量石皮,其余为同源同向剥片,可见2层片疤,台面长12毫米,宽21毫米,石片角106°。长50毫米,宽32毫米,厚11毫米,重20克(图一二六,8;彩版三七,1)。

标本2014FGZT0306③:85 岩性为安山岩,台面打击点处残缺。腹面平坦,打击点不见,放

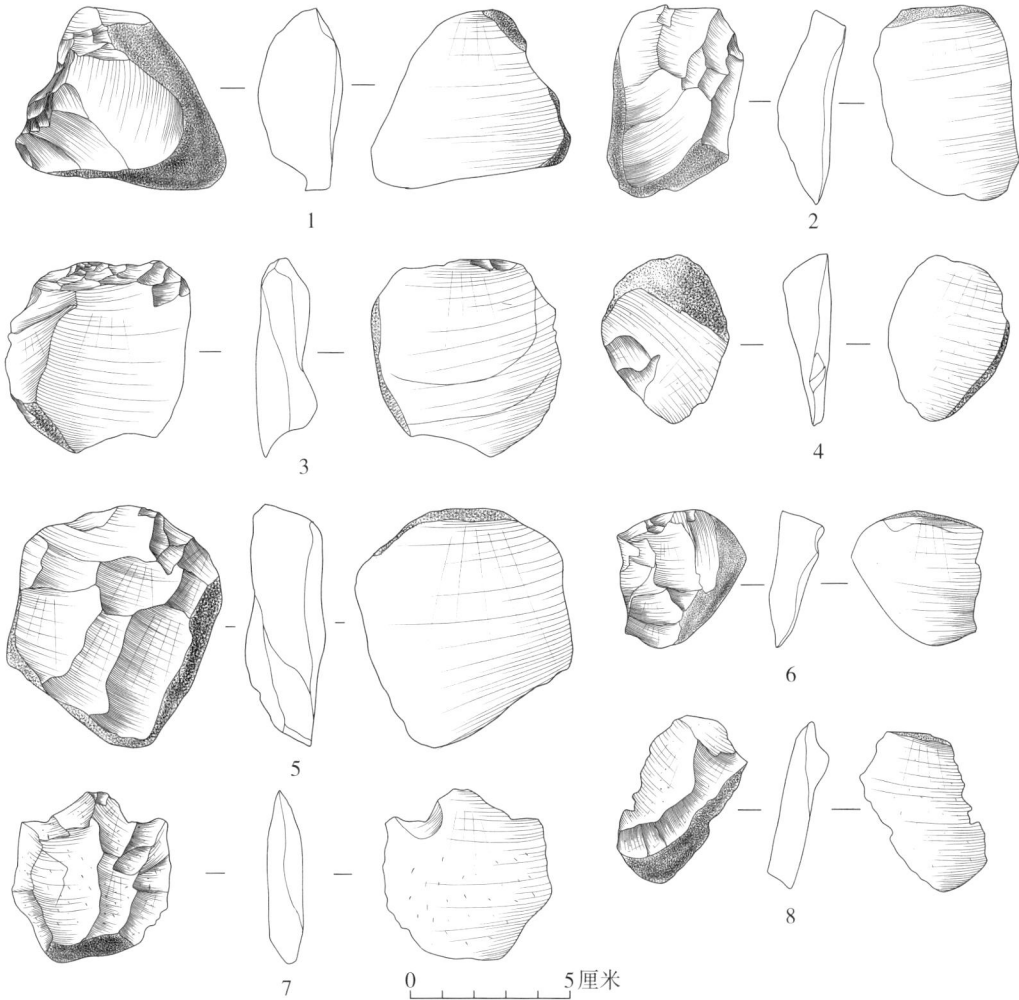

图一二六　三期石片

1. 2014FGZT0204②：7　2. 2014FGZT0306③：16　3. 2014FGZT0305②：19　4. 2014FGZT0205②：5
5. 2014FGZT0306③：3　6. 2014FGZT0306③：62　7. 2014FGZT0206③：16　8. 2014FGZT0305②：23

射线清晰可见，背面远端保留少量石皮，可见2层片疤，约3个较大片疤，台面长10毫米，宽29毫米，石片角103°。长45毫米，宽30毫米，厚8毫米，重15克（图一二七，1）。

标本2014FGZT0306③：86　岩性为安山岩，自然台面，腹面内凹，打击点散漫，放射线、同心波清晰可见，背面左侧和远端保留少量石皮，可见1层片疤，台面长15毫米，宽28毫米，石片角86°。长51毫米，宽53毫米，厚18毫米，重39克（图一二七，2；彩版二七，3）。

标本2014FGZT0306③：87　岩性为安山岩，自然台面，腹面内凹，打击点集中，放射线、同心波清晰可见，背面近全疤，远端保留少量石皮，剥片方向为同向和右侧，可见2层片疤，6个较大剥片。台面长2毫米，宽7毫米，石片角122°。长43毫米，宽30毫米，厚11毫米，重16克（图一二七，3）。

标本2014FGZT0306③：76　岩性为安山岩，台面部位残缺，残余远端大部分，腹面凸起，打击点集中，放射线清晰可见，背面远端保留少量石皮，可见约3层片疤。长45毫米，宽45毫米，厚

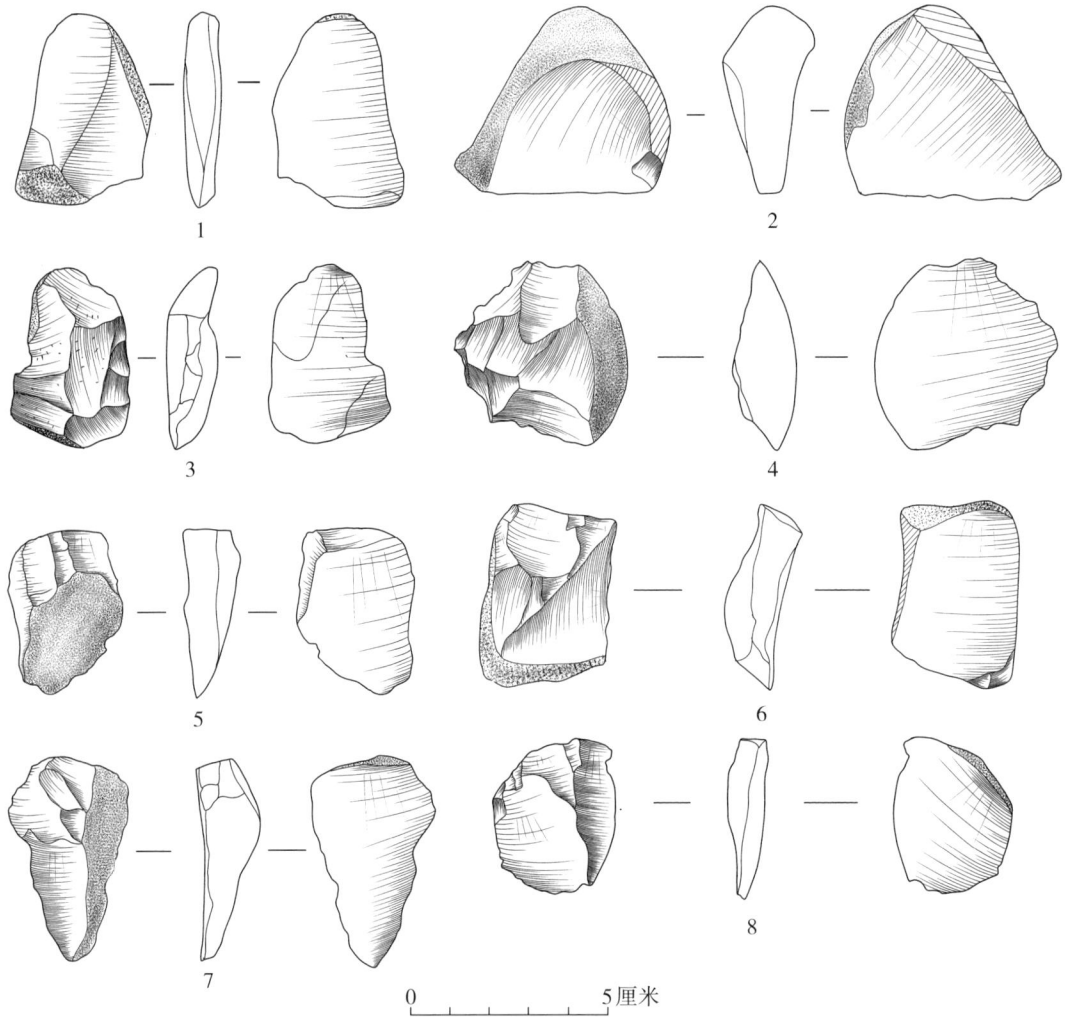

图一二七　三期石片

1. 2014FGZT0306③：85　2. 2014FGZT0306③：86　3. 2014FGZT0306③：87　4. 2014FGZT0306③：76
5. 2014FGZT0306③：94　6. 2014FGZT0306③：73　7. 2014FGZT0306③：77　8. 2014FGZT0306③：66

13毫米,重24克(图一二七,4;彩版三五,2)。

标本2014FGZT0306③：94　岩性为安山岩,有疤台面,腹面微凸,打击点散漫,放射线清晰可见,背面全部为片疤面,均为同源同向剥片,可见2层片疤,4个较大片疤,台面长10毫米,宽23毫米,石片角80°。长40.1毫米,宽30.2毫米,厚12毫米,重12克(图一二七,5)。

标本2014FGZT0306③：73　岩性为安山岩,自然台面,腹面平坦,打击点散漫,放射线清晰可见,背面远端保留少量石皮,可见2层片疤,台面长13毫米,宽26毫米,石片角105°。长45毫米,宽33毫米,厚13毫米,重25克(图一二七,6;彩版三五,1)。

标本2014FGZT0306③：77　岩性为安山岩,自然台面,腹面平坦,打击点集中,放射线、同心波清晰可见,背面右侧保留少量石皮,可见2层片疤,台面长10毫米,宽24毫米,石片角90°。长50.2毫米,宽31.2毫米,厚14毫米,重17克(图一二七,7;彩版三六,1)。

标本2014FGZT0306③：66 岩性为安山岩，自然台面，腹面平坦，打击点集中，放射线清晰可见，背面全部为片疤面，均为同源同向剥片，可见2层片疤，台面长5毫米，宽12毫米，石片角110°。长38.3毫米，宽32.4毫米，厚9毫米，重11克（图一二七，8）。

标本2014FGZT0306③：96 岩性为安山岩，自然台面，腹面凸起，打击点集中，放射线清晰可见，背面全部为砾石面，台面长11毫米，宽32毫米，石片角112°。长33毫米，宽38毫米，厚17毫米，重20克（图一二八，1）。

标本2014FGZT0308③：13 岩性为变质砂岩，自然台面，腹面凸起，打击点集中，放射线清晰可见，背面大部分为片疤面，均为同源同向剥片，可见2层片疤，台面长7毫米，宽30毫米，石片角119°。长30毫米，宽37毫米，厚8毫米，重9克（图一二八，2）。

标本2014FGZT0102②：2 岩性为石英岩，自然台面，腹面平坦，半锥体微凸，打击点散漫，放射线清晰可见，背面有少量片疤，保留有大部分砾石面。台面长8毫米，宽34毫米，石片角102°。长39.1毫米，宽45.1毫米，厚17.2毫米，重95.9克（图一二九，1）。

标本2014FGZT0103②：8 岩性为安山岩，自然台面，腹面平坦，半锥体突出，放射线清晰可见，背面有较多片疤，保留有部分砾石面。台面长11毫米，宽32毫米，石片角97°。长44.3毫米，宽45.1毫米，厚16.5毫米，重86.9克（图一二九，2）。

标本2014FGZT0103②：5 岩性为安山岩，有疤台面，腹面平坦，半锥体较平，放射线清晰可见，背面有较多片疤，保留有部分砾石面。台面长9毫米，宽36毫米，石片角95°。长57.2毫米，宽43.4毫米，厚14.8毫米，重87.2克（图一二九，3）。

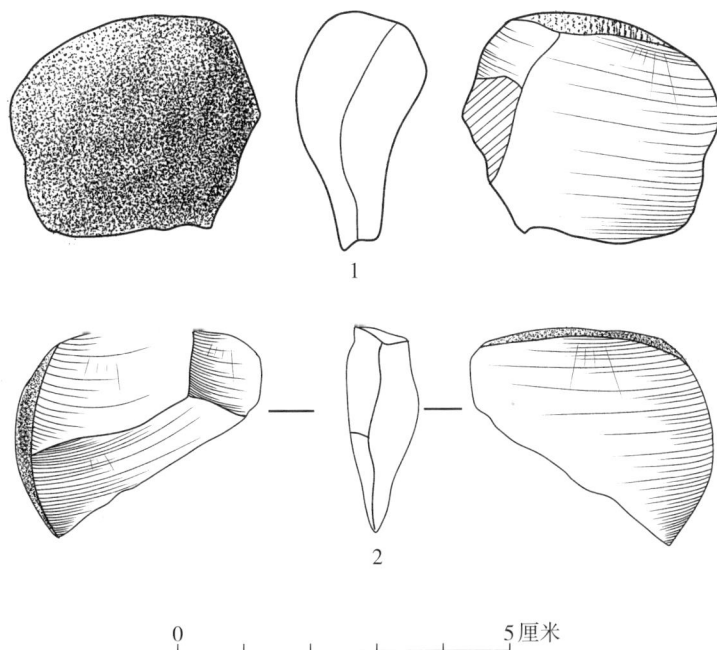

图一二八 三期石片

1. 2014FGZT0306③：96 2. 2014FGZT0308③：13 3. 2014FGZT0405②：15

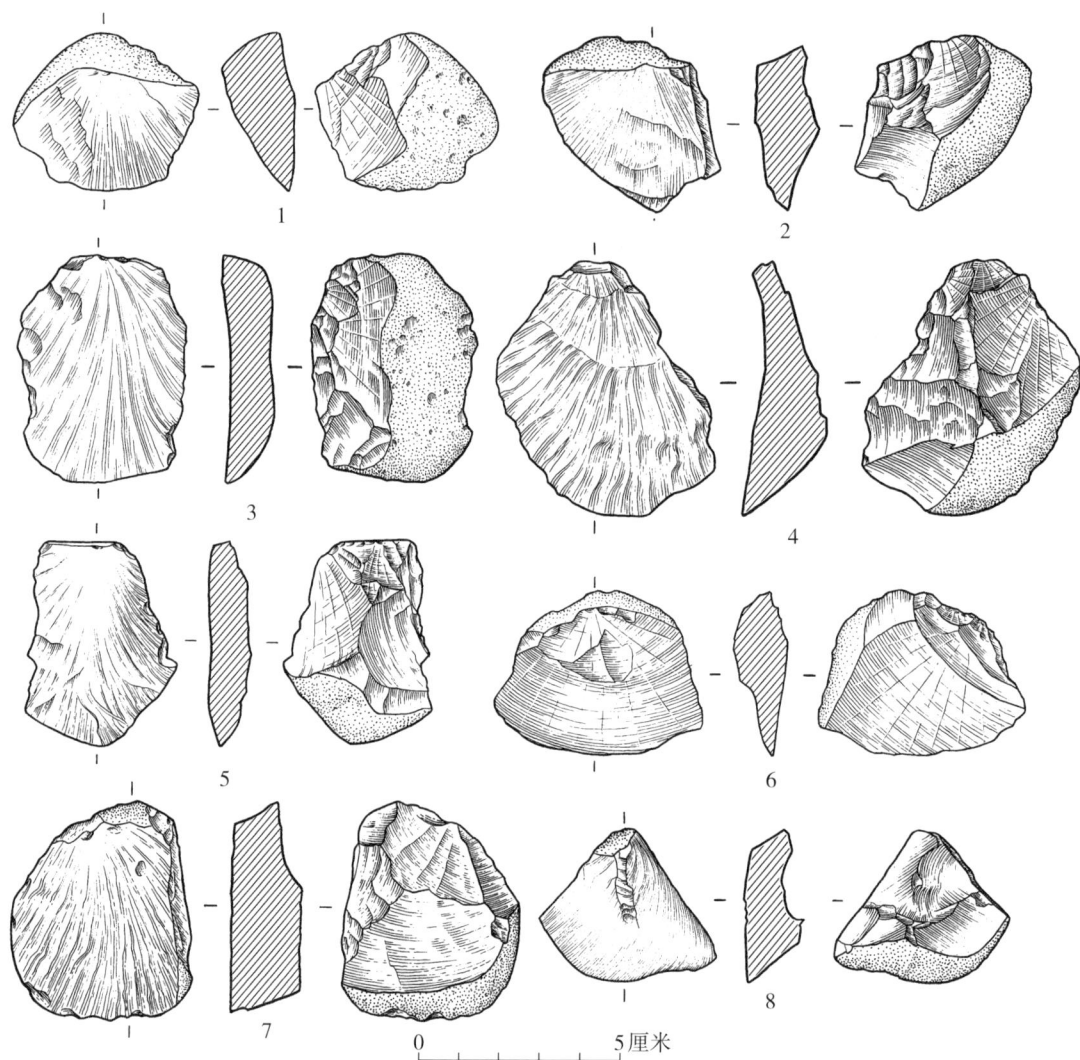

图一二九　三期石片

1. 2014FGZT0102②：2　2. 2014FGZT0103②：8　3. 2014FGZT0103②：5　4. 2014FGZT0103②：4
5. 2014FGZT0103②：16　6. 2014FGZT0103②：12　7. 2014FGZT0103②：20　8. 2014FGZT0103②：9

标本2014FGZT0103②：4　岩性为安山岩，有疤台面，腹面平坦，半锥体较平，放射线清晰可见，背面有较多片疤，保留有部分砾石面。台面长8毫米，宽47毫米，石片角102°。长63.2毫米，宽56.2毫米，厚22.4毫米，重99.3克(图一二九，4)。

标本2014FGZT0103②：16　岩性为安山岩，有疤台面，腹面平坦，半锥体微凸，打击点散漫，放射线清晰可见，背面有较多片疤，保留有部分砾石面。台面长12毫米，宽34毫米，石片角105°。长51.5毫米，宽38.5毫米，厚11.2毫米，重68.4克(图一二九，5)。

标本2014FGZT0103②：12　岩性为安山岩，自然台面，腹面平坦，半锥体微凸，打击点散漫，放射线清晰可见，背面有较多片疤，保留有部分砾石面。台面长7毫米，宽47毫米，石片角99°。长41.2毫米，宽53.5毫米，厚14.7毫米，重101.3克(图一二九，6)。

标本2014FGZT0103②：20　岩性为安山岩，自然台面，腹面平坦，半锥体微凸，打击点散漫，背面有较多片疤，保留有部分砾石面。台面长11毫米，宽44毫米，石片角106°。长55.2毫米，宽46.1毫米，厚19.5毫米，重112.4克（图一二九，7）。

标本2014FGZT0103②：9　岩性为石英岩，自然台面，腹面平坦，半锥体微凸，打击点散漫，放射线清晰可见，背面有较多片疤，保留有部分砾石面。台面长12毫米，宽43毫米，石片角100°。长38.2毫米，宽45.1毫米，厚16.4毫米，重95.1克（图一二九，8）。

标本2014FGZT0103③：26　岩性为石英岩，有疤台面，腹面微凸，半锥体微凸，打击点散漫，放射线清晰可见，背面有较多片疤，不见砾石面。台面长7毫米，宽28毫米，石片角96°。长52.2毫米，宽36.3毫米，厚13.4毫米，重95.9克（图一三〇，1）。

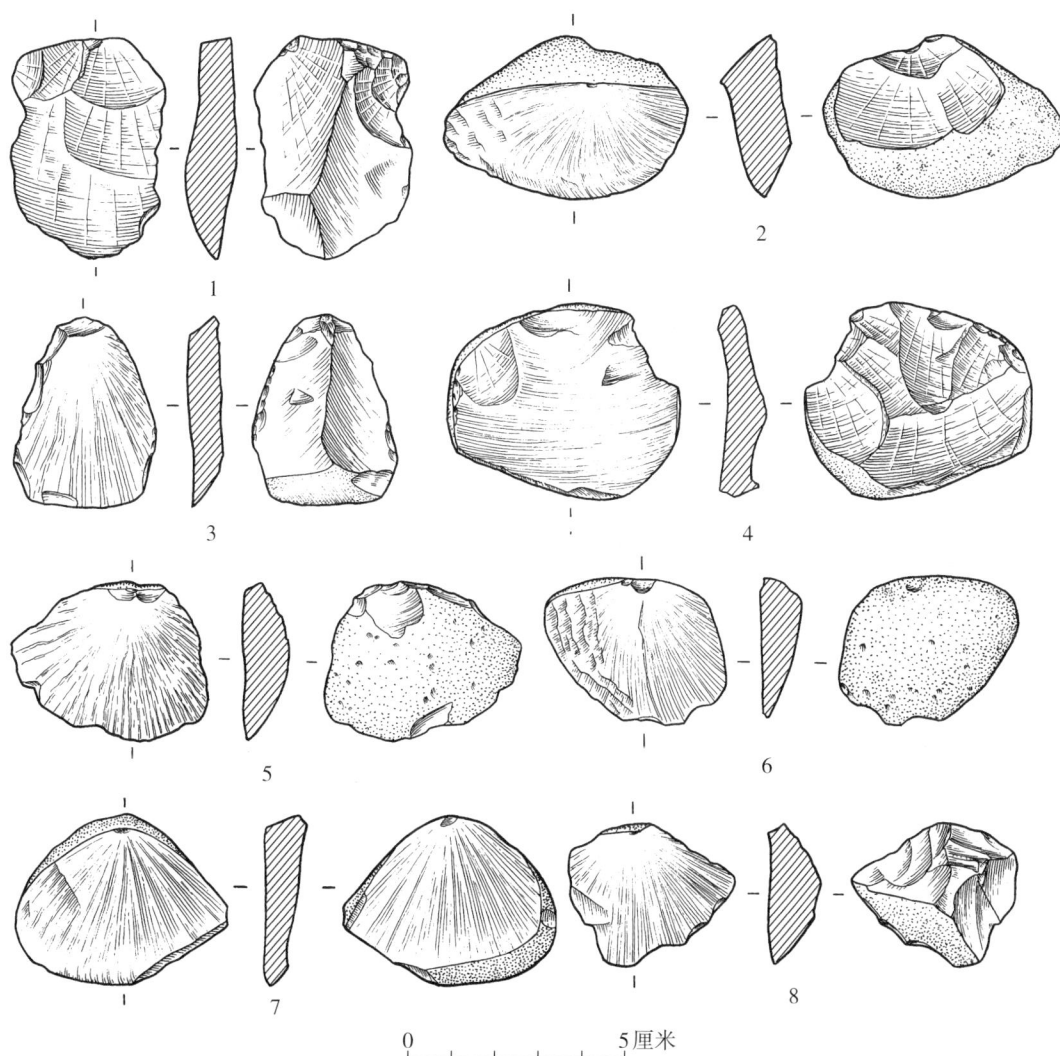

图一三〇　三期石片

1. 2014FGZT0103③：26　2. 2014FGZT0103③：15　3. 2014FGZT0203②：20　4. 2014FGZT0103③：23
5. 2014FGZT0203③：3　6. 2014FGZT0202③：4　7. 2014FGZT0103③：19　8. 2014FGZT0103③：6

标本2014FGZT0103③：15　岩性为安山岩，自然台面，腹面微凸，半锥体微凸，打击点散漫，放射线清晰可见，背面有3处片疤，保留有部分砾石面。台面长12毫米，宽38毫米，石片角106°。长38.3毫米，宽58.1毫米，厚17.5毫米，重103.2克（图一三〇，2）。

标本2014FGZT0203②：20　岩性为安山岩，有疤台面，腹面微凸，半锥体微凸，打击点散漫，放射线清晰可见，背面有两处较大的片疤，保留有少部分砾石面，可见明显的磨制痕迹，应是由磨制工具上剥落的，边缘有很多细小的琢打片疤。台面长8毫米，宽19毫米，石片角93°。长45.2毫米，宽34.1毫米，厚8.5毫米，重95.1克（图一三〇，3）。

标本2014FGZT0103③：23　岩性为安山岩，自然台面，腹面平坦，半锥体平坦，可见明显的锥疤，打击点散漫，放射线清晰可见，背面有多处较大的片疤，保留有极少部分砾石面。台面长10毫米，宽33毫米，石片角102°。长47.3毫米，宽55.2毫米，厚11.6毫米，重102.6克（图一三〇，4）。

标本2014FGZT0203③：3　岩性为安山岩，自然台面，腹面微凸，半锥体凸起，打击点集中，放射线清晰可见，背面仅可见较小的崩疤，保留有大部分砾石面。台面长8毫米，宽37毫米，石片角108°。长37.5毫米，宽46.3毫米，厚11.2毫米，重99.6克（图一三〇，5）。

标本2014FGZT0202③：4　岩性为安山岩，自然台面，腹面微凸，半锥体凸起，打击点集中，放射线清晰可见，第一次剥片产品，背面全部为砾石面。台面长13毫米，宽40毫米，石片角100°。长35.4毫米，宽43.2毫米，厚10.5毫米，重84.9克（图一三〇，6）。

标本2014FGZT0103③：19　岩性为安山岩，自然台面，腹面微凸，半锥体凸起，打击点集中，放射线清晰可见，背面可见一处剥片留下的片疤。台面长16毫米，宽39毫米，石片角106°。长40.2毫米，宽51.4毫米，厚10.3毫米，重88.9克（图一三〇，7）。

标本2014FGZT0103③：6　岩性为安山岩，自然台面，腹面微凸，半锥体微凸，打击点散漫，放射线清晰可见，背面可见剥片留下的小片疤，保留有小部分砾石面。台面长8毫米，宽28毫米，石片角96°。长34.3毫米，宽40.1毫米，厚13.6毫米，重79.9克（图一三〇，8）。

标本2014FGZT0204②：74　岩性为安山岩，自然台面，腹面微凸，半锥体微凸，打击点散漫，放射线清晰可见，背面可见剥片留下的多处片疤。台面长7毫米，宽37毫米，石片角92°。长33.3毫米，宽44.9毫米，厚10.2毫米，重81.9克（图一三一，1）。

标本2014FGZT0204②：89　岩性为安山岩，自然台面，腹面微凸，半锥体微凸，打击点散漫，放射线清晰可见，背面可见一处剥片留下的片疤，保留有部分砾石面。台面长10毫米，宽28毫米，石片角103°。长31.5毫米，宽35.4毫米，厚10.5毫米，重84.6克（图一三一，2）。

标本2014FGZT0204②：64　岩性为安山岩，自然台面，腹面微凸，半锥体微凸，打击点散漫，放射线清晰可见，背面可见多处剥片留下的片疤，保留有部分砾石面。台面长9毫米，宽32毫米，石片角102°。长33.2毫米，宽42.1毫米，厚13.1毫米，重64.6克（图一三一，3）。

标本2014FGZT0204②：79　岩性为安山岩，自然台面，腹面微凸，半锥体微凸，打击点散漫，放射线清晰可见，背面可见多处剥片留下的片疤，未保留砾石面。台面长12毫米，宽23毫米，石片角90°。长33.1毫米，宽40.2毫米，厚15.4毫米，重74.6克（图一三一，4）。

标本2014FGZT0203③：7　岩性为安山岩，自然台面，腹面微凸，半锥体微凸，打击点散漫，

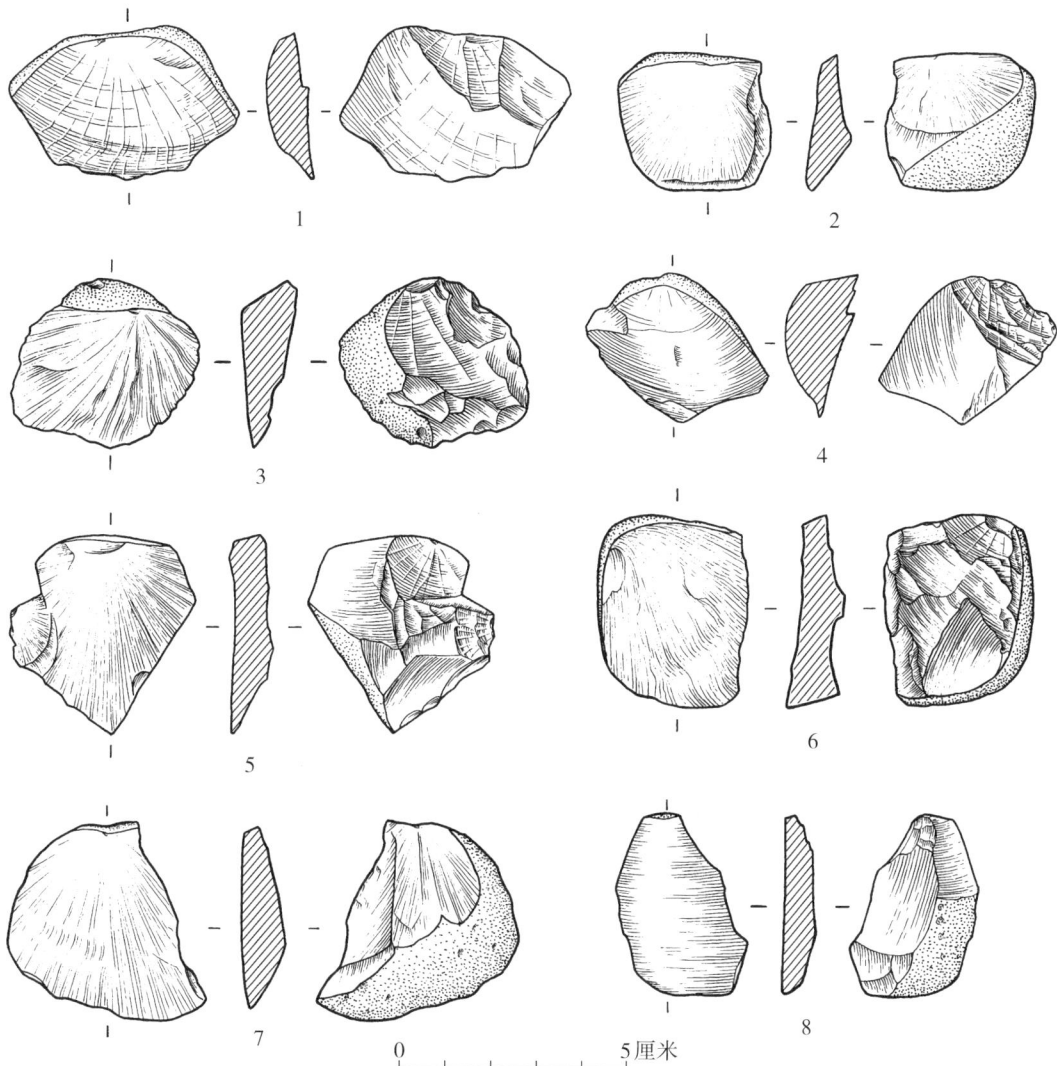

图一三一　三期石片

1. 2014FGZT0204②：74　2. 2014FGZT0204②：89　3. 2014FGZT0204②：64　4. 2014FGZT0204②：79
5. 2014FGZT0203③：7　6. 2014FGZT0204②：67　7. 2014FGZT0204②：107　8. 2014FGZT0203③：27

放射线清晰可见，背面可见多处剥片留下的片疤，保留有小部分砾石面。台面长9毫米，宽31毫米，石片角109°。长45.8毫米，宽42.1毫米，厚10.7毫米，重78.6克（图一三一，5）。

标本2014FGZT0204②：67　岩性为安山岩，自然台面，腹面微凸，打击点集中，放射线清晰可见，背面远端保留少量石皮，其余均为剥片留下的片疤，可见3层片疤，约5个剥片。台面长9毫米，宽31毫米，石片角108°。长44毫米，宽34毫米，厚15毫米，重24克（图一三一，6）。

标本2014FGZT0204②：107　岩性为安山岩，自然台面，腹面微凸，打击点散漫，放射线清晰可见，背面远端保留较多的砾石面，剥片方向同向，可见约3处较大的片疤，台面长14毫米，宽34毫米，石片角98°。长45.3毫米，宽46.3毫米，厚10.5毫米，重69.4克（图一三一，7）。

标本2014FGZT0204③：27　岩性为安山岩，自然台面，腹面微凸，半锥体微凸，打击点散漫，放射线清晰可见,背面可见多处剥片留下的片疤,保留有小部分砾石面。台面长9毫米,宽19毫米,石片角102°。长41.4毫米,宽30.6毫米,厚9.3毫米,重65.6克(图一三一,8)。

标本2014FGZT0204②:78 岩性为安山岩,有疤台面,腹面凸起,打击点集中,放射线清晰可见,背面远端保留少量石皮,约5个较大片疤,台面长7毫米,宽45毫米,石片角108°。长40.1毫米,宽68.4毫米,厚20.5毫米,重104.5克(图一三二,1)。

标本2014FGZT0205②:57 岩性为安山岩,自然台面,腹面微凸,打击点集中,放射线清晰可见,背面保留少量砾石面,剥片方向同向,可见约3层片疤,台面长9毫米,宽41毫米,石片角103°。长44.2毫米,宽47.3毫米,厚15.6毫米,重61.9克(图一三二,2)。

标本2014FGZT0205②:50 岩性为安山岩,自然台面,腹面内凹,打击点散漫,背面保留约一半石皮,剥片方向同向,可见约3层片疤,约6个较大片疤,疤面较陡直,台面长13毫米,宽18毫

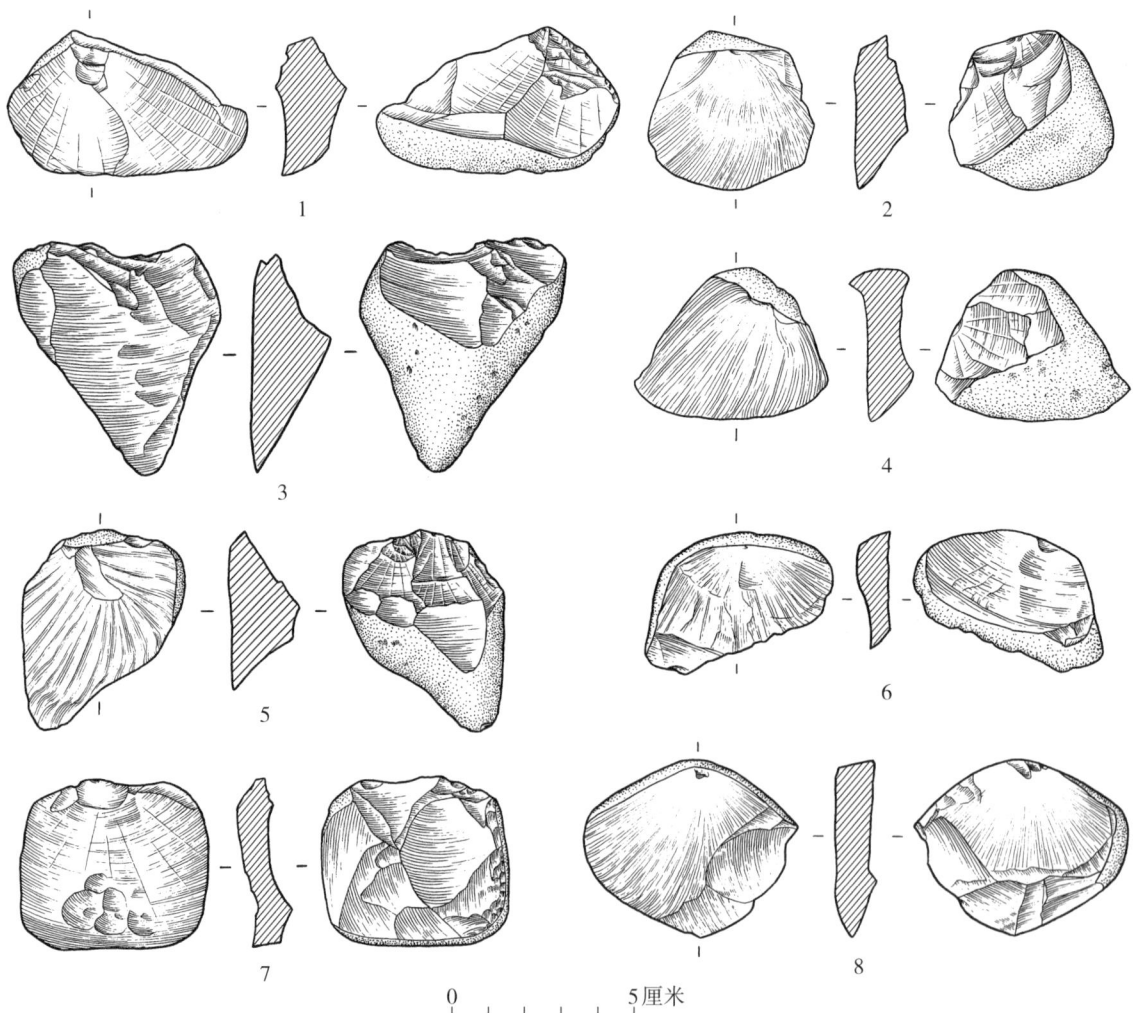

图一三二 三期石片

1. 2014FGZT0204②:78　2. 2014FGZT0205②:57　3. 2014FGZT0205②:50　4. 2014FGZT0205②:55
5. 2014FGZT0206③:31　6. 2014FGZT0206③:31　7. 2014FGZT0205②:60　8. 2014FGZT0205②:69

米,石片角102°。长68毫米,宽57毫米,厚20毫米,重62克(图一三二,3)。

标本2014FGZT0205②:55　岩性为安山岩,自然台面,腹面微凸,打击点集中,放射线清晰可见,背面保留少量砾石面,可见4处较为明显的片疤,台面长8毫米,宽43毫米,石片角100°。长42.4毫米,宽54.2毫米,厚16.1毫米,重78.5克(图一三二,4)。

标本2014FGZT0206③:31　岩性为安山岩,自然台面,腹面平坦,打击点集中,背面远端保留较多石皮,剥片方向为同向,可见约3层片疤,台面长5毫米,宽18毫米,石片角125°。长52.4毫米,宽48毫米,厚20毫米,重49克(图一三二,5)。

标本2014FGZT0205②:4　岩性为安山岩,自然台面,腹面较平坦,打击点散漫,放射线清晰可见,背面全部为片疤面,台面长11毫米,宽23毫米,石片角103°。长41.4毫米,宽32.3毫米,厚8.5毫米,重49.6克(彩版三二,3)。

标本2014FGZT0205②:73　岩性为安山岩,自然台面,腹面微凸,打击点集中,放射线、同心波清晰可见,背面保留少量砾石面,可见1处较为明显的片疤,台面长8毫米,宽24毫米,石片角102°。长38.4毫米,宽51.3毫米,厚9.5毫米,重68.5克(图一三二,6)。

标本2014FGZT0205②:60　岩性为安山岩,有疤台面,腹面微凸,打击点散漫,放射线可见,同心波不显,背面保留极少量的砾石面,可见多处剥片留下的片疤,台面长14毫米,宽39毫米,石片角95°。长46.3毫米,宽54.2毫米,厚10.2毫米,重79.5克(图一三二,7)。

标本2014FGZT0205②:69　岩性为安山岩,自然台面,腹面微凸,打击点集中,放射线、同心波清晰可见,背面保留极少量的砾石面,可见1处剥片留下的较大片疤,台面长10毫米,宽53毫米,石片角104°。长49.4毫米,宽61.3毫米,厚12.4毫米,重101.4克(图一三二,8)。

标本2014FGZT0303③:23　岩性为辉绿岩,自然台面,腹面微凸,半锥体微凸,打击点散漫,放射线清晰可见,背面可见多处剥片留下的片疤,保留极少的砾石面。台面长8毫米,宽43毫米,石片角108°。长45.6毫米,宽60.1毫米,厚11.5毫米,重81.26克(图一三三,1)。

标本2014FGZT0206③:46　岩性为安山岩,自然台面,腹面微凸,半锥体微凸,打击点散漫,放射线清晰可见,背面可见多处剥片留下的片疤,保留极少的砾石面。台面长9毫米,宽22毫米,石片角109°。长37.2毫米,宽44.1毫米,厚18.7毫米,重83.5克(图一三三,2)。

标本2014FGZT0205②:72　岩性为安山岩,自然台面,腹面微凸,半锥体凸出,打击点集中,放射线清晰可见,背面可见多处剥片留下的片疤,保留极少的砾石面。台面长9毫米,宽29毫米,石片角95°。长38.1毫米,宽48.5毫米,厚12.5毫米,重76.5克(图一三三,3)。

标本2014FGZT0205②:74　岩性为安山岩,有疤台面,腹面微凸,半锥体凸出,打击点集中,放射线清晰可见,背面可见多处剥片留下的片疤,不见砾石面。台面长7毫米,宽20毫米,石片角100°。长36.3毫米,宽47.2毫米,厚9.4毫米,重84.1克(图一三三,4)。

标本2014FGZT0304②:87　岩性为安山岩,自然台面,腹面微凸,半锥体凸出,打击点集中,放射线清晰可见,背面可见多处剥片留下的片疤,不见砾石面。台面长11毫米,宽25毫米,石片角94°。长37.2毫米,宽47.4毫米,厚13.5毫米,重94.6克(图一三三,5)。

标本2014FGZT0206③:48　岩性为安山岩,自然台面,腹面微凸,半锥体凸出,打击点集中,

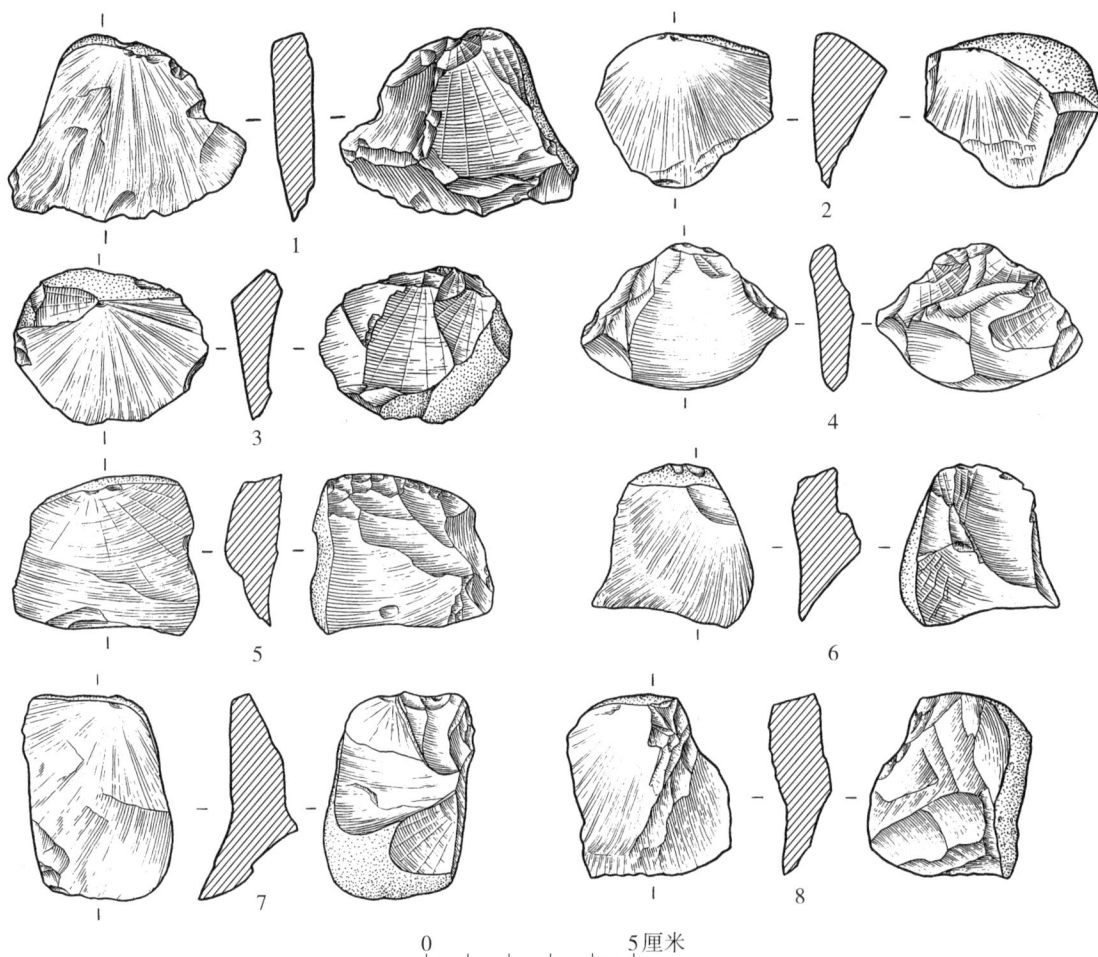

图一三三　三期石片

1. 2014FGZT0303③：23　2. 2014FGZT0206③：46　3. 2014FGZT0205②：72　4. 2014FGZT0205②：74
5. 2014FGZT0304②：87　6. 2014FGZT0206③：48　7. 2014FGZT0304②：89　8. 2014FGZT0306②：124

放射线清晰可见，背面可见多处剥片留下的片疤，不见砾石面。台面长9毫米，宽23毫米，石片角95°。长40.3毫米，宽41.4毫米，厚17.2毫米，重88.3克（图一三三，6）。

标本2014FGZT0304②：89　岩性为安山岩，自然台面，腹面微凸，半锥体凸出，打击点集中，放射线清晰可见，背面可见多处剥片留下的片疤，保留部分砾石面。台面长10毫米，宽19毫米，石片角100°。长50.2毫米，宽36.5毫米，厚17.2毫米，重98.5克（图一三三，7）。

标本2014FGZT0306②：124　岩性为安山岩，自然台面，腹面微凸，半锥体凸出，打击点集中，放射线清晰可见，背面可见多处剥片留下的片疤，保留小部分砾石面。台面长78毫米，宽29毫米，石片角102°。长45.1毫米，宽40.4毫米，厚17.3毫米，重99.2克（图一三三，8）。

标本2014FGZT0306③：107　岩性为安山岩，有疤台面，腹面平坦，半锥体微凸，打击点集中，放射线清晰可见，背面可见多处剥片留下的片疤，不见砾石面。台面长9毫米，宽31毫米，石片角106°。长45.1毫米，宽42.4毫米，厚12.6毫米，重89.1克（图一三四，1）。

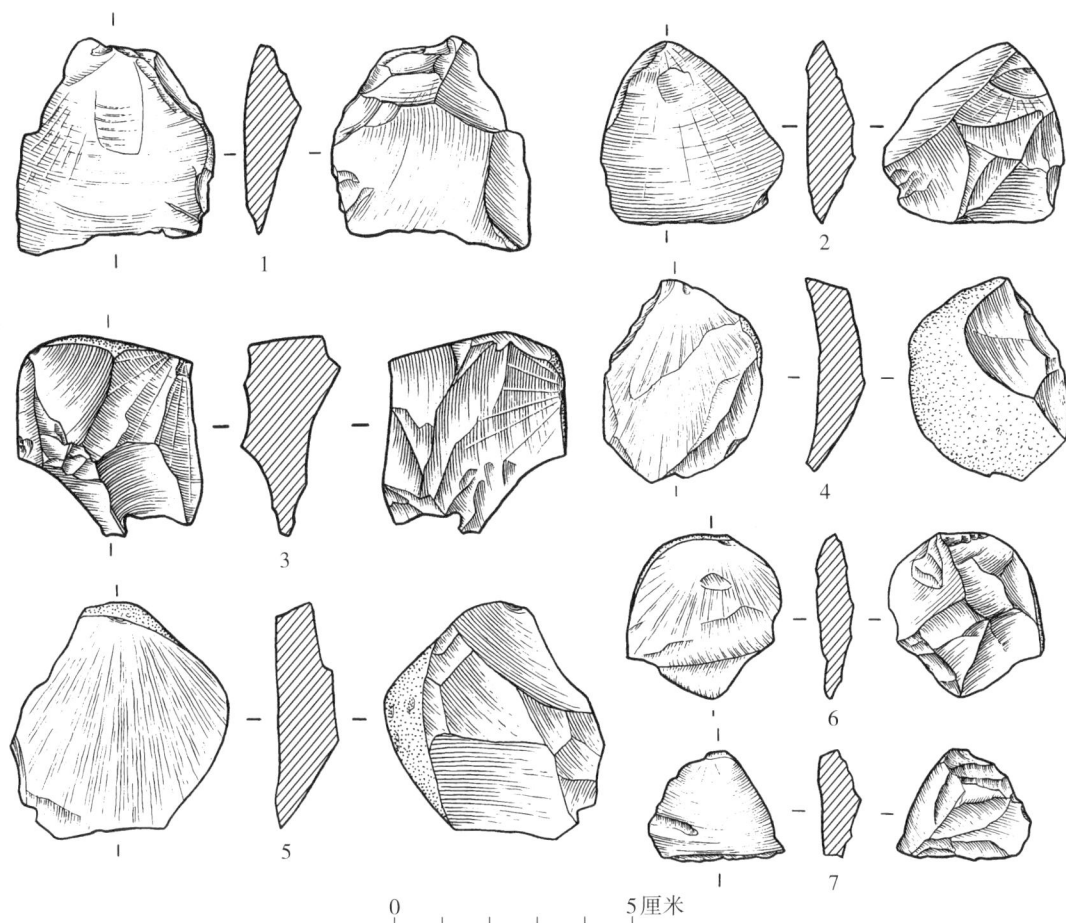

图一三四 三期石片

1. 2014FGZT0306③：107　2. 2014FGZT0205②：40　3. 2014FGZT0307③：10　4. 2014FGZT0304③：39
5. 2014FGZT0303③：21　6. 2014FGZT0304③：17　7. 2014FGZT0304③：149

标本2014FGZT0205②：40　岩性为安山岩，有疤台面，腹面平坦，半锥体微凸，打击点集中，放射线清晰可见，背面可见多处剥片留下的片疤，不见砾石面。台面长9毫米，宽33毫米，石片角89°。长39.2毫米，宽40.4毫米，厚10.2毫米，重56.1克（图一三四，2）。

标本2014FGZT0307③：10　岩性变质砂岩，自然台面，腹面内凹，打击点散漫，背面全疤，剥片方向为远端和右侧，可见约4层片疤，台面长13毫米，宽36毫米，石片角100°。长44.5毫米，宽42.1毫米，厚20.4毫米，重37.2克（图一三四，3）。

标本2014FGZT0304③：39　岩性安山岩，自然台面，腹面内凹，打击点集中，背面可见少量剥片留下的片疤，台面长13毫米，宽27毫米，石片角99°。长44.1毫米，宽35.4毫米，厚13.4毫米，重49.1克（图一三四，4）。

标本2014FGZT0303③：21　岩性安山岩，自然台面，腹面平坦，打击点集中，背面可见少量剥片留下的片疤，保留部分砾石面，台面长15毫米，宽33毫米，石片角92°。长51.3毫米，宽48.2毫米，厚14.3毫米，重50.8克（图一三四，5）。

标本2014FGZT0304③：17　岩性安山岩，自然台面，腹面平坦，打击点集中，背面保留少部分砾石面，台面长7毫米，宽32毫米，石片角100°。长35.6毫米，宽34.3毫米，厚8.2毫米，重39.7克（图一三四，6）。

标本2014FGZT0304③：149　岩性安山岩，自然台面，腹面平坦，打击点集中，背面全部为片疤面，台面长9毫米，宽28毫米，石片角96°。长24.1毫米，宽30.4毫米，厚9.2毫米，重39.1克（图一三四，7）。

3. 断块

302件，约占打制石器总数的8.3%。原料主要为安山岩和石英，部分为砂岩，其他岩性的数量较少。最大长度主要集中在≤50毫米，约占总数的68.8%；其次为50～100毫米之间，占比约29.5%；其余均≥100毫米，未见长度≥200毫米的断块（表八）。

表八　三期断块测量数据

测量统计项目	长度（毫米）	宽度（毫米）	厚度（毫米）	重量（克）
最小值	31毫米	22毫米	9毫米	18.2克
平均值	49毫米	39毫米	27毫米	100.4克
最大值	172毫米	91毫米	76毫米	576.9克

4. 石锤

19件，均为锤击石锤。

标本2014FGZT0308③：9　以安山岩砾石为原料，利用砾石的一端作为石锤使用。长62.7毫米，宽63.8毫米，厚50.1毫米，重223克（图一三五，1；彩版一一，2）。

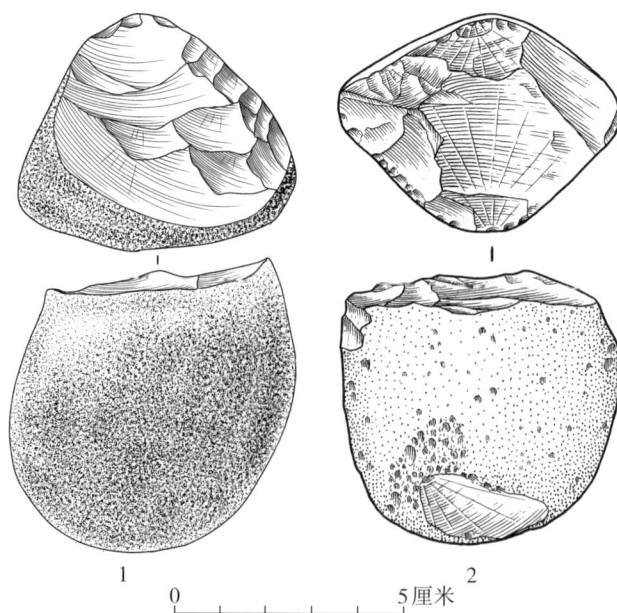

图一三五　三期单端石锤

1. 2014FGZT0308③：9　2. 2014FGZT0203②：29

标本2014FGZT0203②：29 以安山岩砾石为原料，使用一端，有较多的崩疤。长59.6毫米，宽62.3毫米，厚48.9毫米，重247克（图一三五，2）。

标本2014FGZT0307③：11 以安山岩砾石为原料，形状近椭圆形，使用砾石一端和一侧边作为石锤使用。长80.3毫米，宽63.4毫米，厚60.1毫米，重328.1克（图一三六，1）。

标本2014FGZT0303③：18 以安山岩砾石为原料，利用砾石的一端作为石锤使用，疤面陡直。长75.2毫米，宽61.3毫米，厚56毫米，重304克（图一三六，2）。

标本2014FGZT0404②：6 以安山岩砾石为原料，利用砾石两端作为石锤。长70.3毫米，宽56.4毫米，厚40毫米，重216克（图一三六，3）。

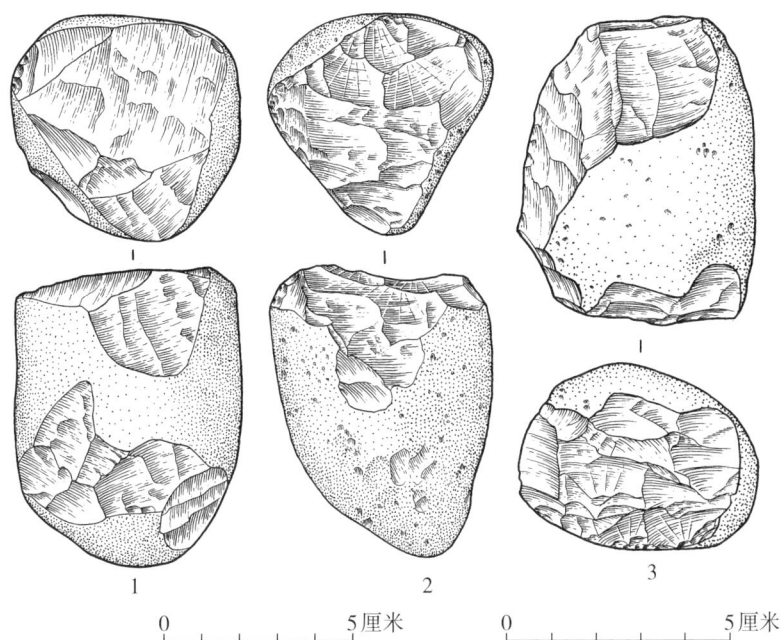

图一三六 三期石锤

1. 2014FGZT0307③：11 2. 2014FGZT0303③：18 3. 2014FGZT0404②：6

标本2014FGZT0307③：5 以安山岩砾石为原料，横截面呈圆形，两端均有因使用而形成的巨大崩疤，疤面陡直。长55.5毫米，宽60.2毫米，厚51毫米，重250克（图一三七，1）。

标本2014FGZT0103③：8 以安山岩砾石为原料，两端可见因使用而形成的2层崩疤。长67毫米，宽57.2毫米，厚39毫米，重168克（图一三七，2）。

标本2014FGZT0206③：67 以灰褐色安山岩砾石为原料，利用砾石的两端作为石锤使用，呈长条形，一端因使用而折断。残长70.1毫米，宽46.4毫米，厚35.6毫米，重124.5克（图一三七，3）。

标本2014FGZT0103③：7 以安山岩砾石为原料，两端使用，一端因使用造成的崩疤较多。长75.1毫米，宽46.2毫米，厚43.1毫米，重201克（图一三八，1）。

标本2014FGZT0206③：27 以安山岩砾石为原料，砾石的两端可见不同方向的使用痕迹，

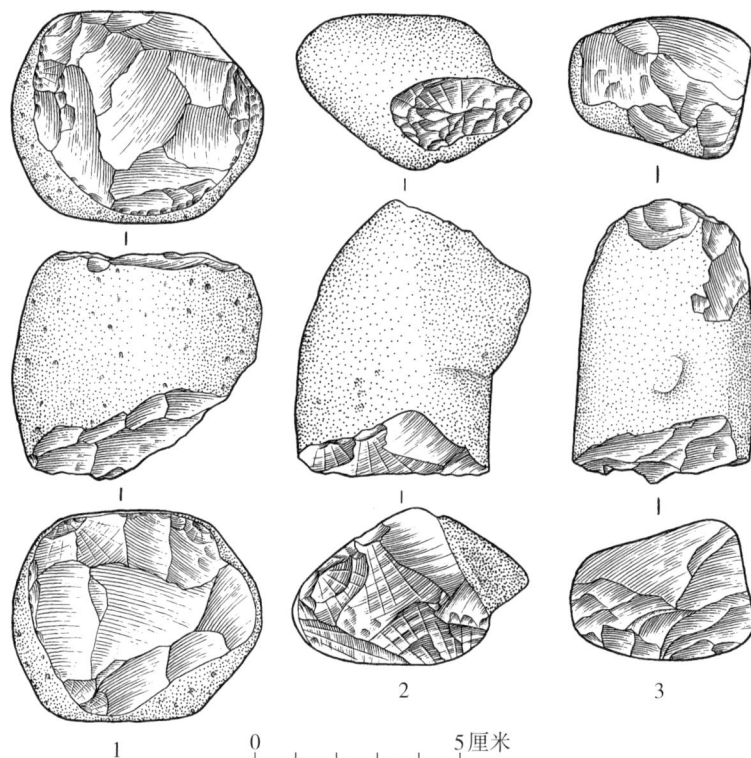

图一三七　三期双端石锤

1. 2014FGZT0307③：5　2. 2014FGZT0103③：8　3. 2014FGZT0206③：67

一端因使用留下的崩疤较多，另一端崩疤较少。长66.3毫米，宽49.1毫米，厚39.9毫米，重159克（图一三八，2）。

标本2014FGZT0206③：111　以安山沿砾石为原料，沿两端使用，可见明显因锤击而造成的崩疤。长71.4毫米，宽55.2毫米，厚43.9毫米，重175克（图一三八，3）。

标本2014FGZT0307③：9　以安山岩砾石为原料，沿砾石两端进行使用，崩疤一端较陡另一端较斜。长81.4毫米，宽55.9毫米，厚56.2毫米，重310克（图一三八，4）。

5. 使用石片

33件，约占打制工具总数的18%。二类弧刃刮削器数量最多，其次为二类直刃刮削器。

标本2014FGZT0102②：1　以安山岩石片为原料，自然台面，背面全部为砾石面。台面长20毫米，宽36毫米，石片角99°，直接使用石片远端的弧刃，可见明显的使用痕迹。长49.2毫米，宽57.2毫米，厚22.4毫米，重56克（图一三九，1；彩版二八，1）。

标本2014FGZT0308③：11　以安山岩石片为原料，自然台面，背面远端保留少量石皮，其余为同源同向剥片。台面长17毫米，宽39毫米，石片角103°，直接使用石片左侧的弧刃，可见明显的使用痕迹。长58.4毫米，宽57.1毫米，厚19.3毫米，重73克（图一三九，2）。

标本2014FGZT0206③：14　以安山岩石片为原料，自然台面，背面近全疤，远端保留少量砾石面，其余为同源同向剥片，可见约3层片疤，约6个较大片疤。台面长9毫米，宽36毫米，石片角

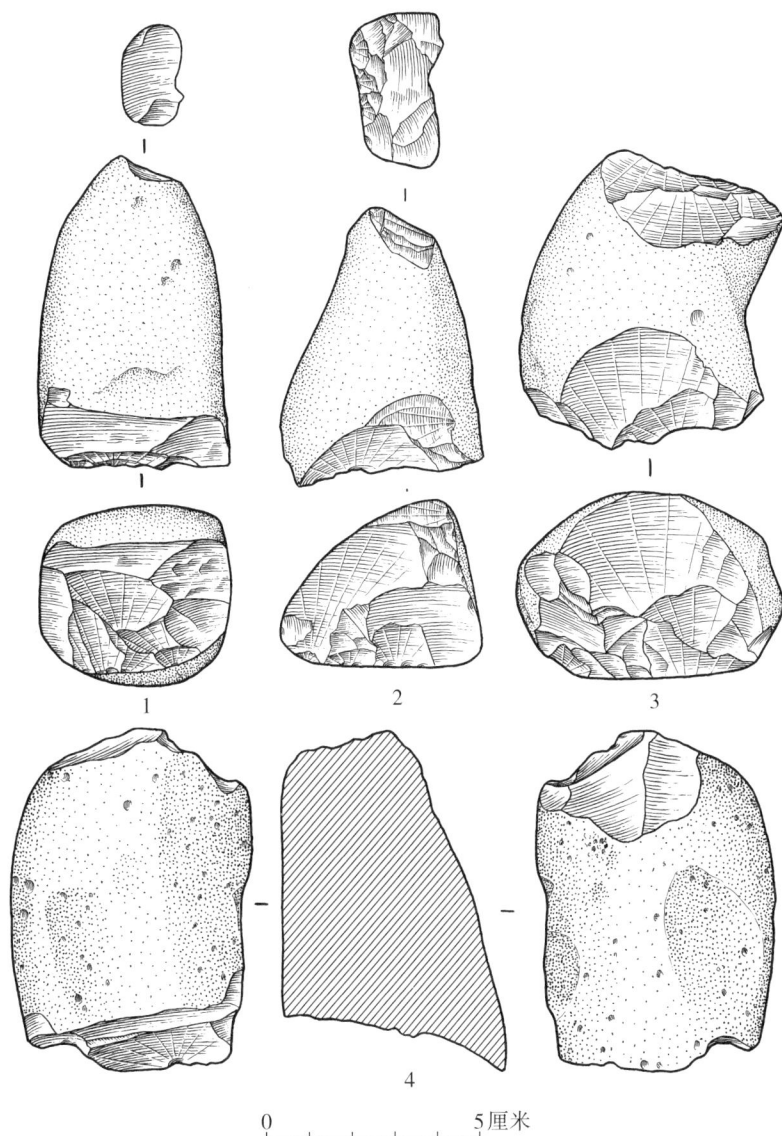

图一三八　三期双端石锤

1. 2014FGZT0103③：7　2. 2014FGZT0206③：27　3. 2014FGZT0206③：111　4. 2014FGZT0307②：9

112°，直接使用石片右侧边缘的弧刃，可见明显的使用痕迹。长53.2毫米，宽54.1毫米，厚15.3毫米，重51克（图一三九，3）。

　　标本2014FGZT0306③：93　以硅质岩石片为原料，人工台面，该石片是从斧锛类工具剥落下来的，台面后缘保留了打坯修理的小片疤，背面大部分保留磨面，可见2层片疤，约2个较大片疤。台面长9毫米，宽39毫米，石片角128°，直接使用石片右侧边缘的弧刃，可见明显的使用痕迹。长47.4毫米，宽44.1毫米，厚13.2毫米，重35克（图一三九，4）。

　　标本2014FGZT402②：7　以安山岩石片为原料，自然台面，背面有多处剥片留下的痕迹，保留有部分砾石面，直接使用石片右侧边缘的弧刃，可见明显的使用痕迹。长50.2毫米，宽51.2毫

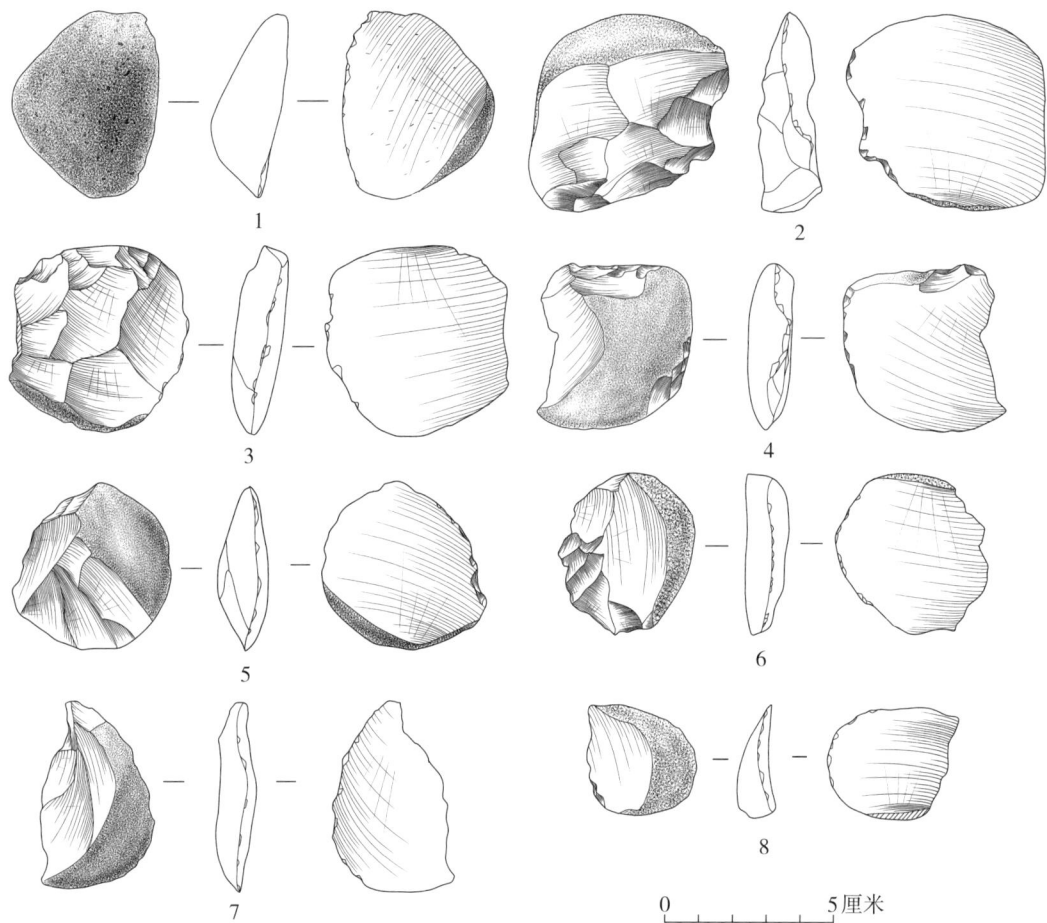

图一三九　三期二类弧刃刮削器

1. 2014FGZT0102②：1　2. 2014FGZT0308③：11　3. 2014FGZT0206③：14　4. 2014FGZT0306③：93
5. 2014FGZT402②：7　6. 2014FGZT0306③：79　7. 2014FGZT0305③：15　8. 2014FGZT0306③：78

米，厚12.5毫米，重66.5克（图一三九，5）。

标本2014FGZT0306③：79　以安山岩石片为原料，自然台面，背面右侧保留少量石皮。台面长10毫米，宽24毫米，石片角126°，直接使用石片右侧边缘的弧刃，有明显的使用痕迹。长48.9毫米，宽43.3毫米，厚12.1毫米，重23克（图一三九，6；彩版三五，3）。

标本2014FGZT0305③：15　以安山岩石片为原料，自然台面，右侧残断，背面右侧和远端保留较少量石皮，其余为同源同向剥片，可见1层片疤，约3个较大片疤，直接使用石片右侧边缘的弧刃，有明显的使用痕迹，可见3毫米以下贝壳状崩疤。长54.3毫米，宽35.2毫米，厚11.5毫米，重20克（图一三九，7；彩版二七，2）。

标本2014FGZT0306③：78　以安山岩石片为原料，自然台面，背面左侧和远端保留较多砾石面，可见1层片疤。台面长11毫米，宽23毫米，石片角92°，直接使用石片左侧边缘的弧刃，可见明显的使用痕迹。长21.4毫米，宽35.1毫米，厚9.3毫米，重9.7克（图一三九，8）。

标本2014FGZT0306③：75　以变质砂岩石片为原料，自然台面，背面远端保留近半石皮，其余均为同源同向剥片,可见约4层片疤。台面长12毫米,宽33毫米,石片角128°,直接使用石片远端的弧刃,可见明显的使用痕迹。长64.9毫米,宽40.1毫米,厚14毫米,重35克(图一四〇,1;彩版三〇,1)。

标本2014FGZT0306③:91　以安山岩石片为原料,自然台面,背面左侧和远端保留少量石皮,其余均为同源同向剥片,可见2层片疤。台面长10毫米,宽37毫米,石片角94°,直接使用石片右侧边缘,可见明显的使用痕迹。长52.3毫米,宽47.9毫米,厚9毫米,重17克(图一四〇,2)。

标本2014FGZT0306③:89　以安山岩锐棱砸击石片为原料,背面全部为砾石面,石片角91°,直接使用石片远端的弧刃,使用痕迹较为明显。长30毫米,宽44毫米,厚9毫米,重14克(图一四〇,3)。

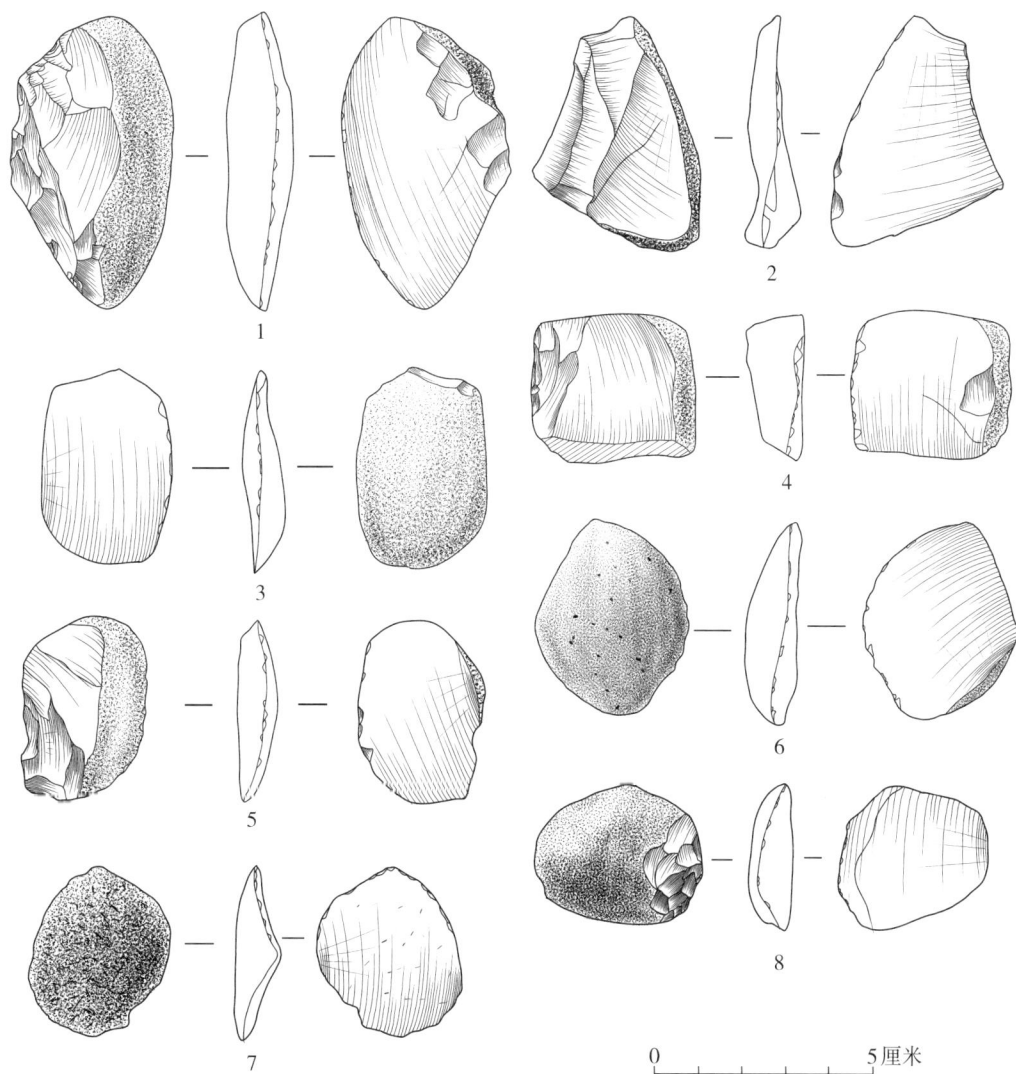

图一四〇　三期二类工具

1. 2014FGZT0306③:75　2. 2014FGZT0306③:91　3. 2014FGZT0306③:89　4. 2014FGZT0306③:95
5. 2014FGZT0305③:17　6. 2014FGZT0204②:6　7. 2014FGZT0306③:84　8. 2014FGZT0306③:90

标本2014FGZT0306③：95　以安山岩石片为原料，自然台面，背面远端保留少量石皮，其余为同源同向剥片，可见2层片疤。台面长9毫米，宽28毫米，石片角134°，直接使用石片远端的直刃，可见明显的使用痕迹。长37毫米，宽31毫米，厚10毫米，重19克（图一四〇，4）。

标本2014FGZT0305③：17　以安山岩石片为原料，自然台面，背面远端保留少量石皮，可见约3层片疤，台面长9毫米，宽25毫米，石片角108°，直接使用石片远端的弧刃，可见明显的使用痕迹。长29毫米，宽41毫米，厚9毫米，重12克（图一四〇，5；彩版三六，3）。

标本2014FGZT0204②：6　以安山岩石片为原料，自然台面，背面全部为砾石面，台面长8毫米，宽28毫米，石片角101°，直接使用石片右侧边缘的弧刃，使用痕迹明显。长37毫米，宽36毫米，厚12毫米，重19克（图一四〇，6；彩版三一，1）。

标本2014FGZT0306③：84　以安山岩锐棱砸击石片为原料，背面全部为砾石面，直接使用石片远端和侧边及相交形成的尖刃，使用痕迹明显。长30毫米，宽36毫米，厚7毫米，重10克（图一四〇，7）。

标本2014FGZT0306③：90　以变质砂岩石片为原料，背面远端有少量片疤，剥片方向为左侧，可见1层片疤，台面长6毫米，宽12毫米，直接使用石片远端的弧刃，使用痕迹清晰可见。长37毫米，宽32毫米，厚10毫米，重13克（图一四〇，8）。

标本2014FGZT0206③：4　以安山岩石片为原料，自然台面，背面远端保留少量砾石面，可见约3层片疤，台面长2毫米，宽10毫米，石片角107°，直接使用石片右侧边缘的弧刃，可见因使用而留下的细小崩疤。长43毫米，宽58毫米，厚13毫米，重36克（图一四一，1）。

标本2014FGZT0205②：70　以安山岩石片为原料，自然台面，背面保留大量砾石面，可见2层片疤，台面长10毫米，宽21毫米，石片角118°，直接使用石片的右侧边缘和远端以及两边相交形成的尖刃，使用痕迹明显。长62毫米，宽62毫米，厚19毫米，重63克（图一四一，2）。

标本2014FGZT0204②：15　以安山岩石片为原料，自然台面，背面保留有少量的砾石面，台面长8毫米，宽12毫米，石片角103°，直接利用石片的远端为刃缘，使用痕迹明显，可见明显的细小崩疤。长58.2毫米，宽39.6毫米，厚10.2毫米，重59.1克（图一四一，3）。

标本2014FGZT0305②：16　以安山岩石片为原料，自然台面，背面左侧和远端保留大量砾石面，可见2层片疤，台面长16毫米，宽40毫米，石片角129°，直接使用石片远端及右侧边缘，可见明显的使用痕迹。长60.2毫米，宽53.6毫米，厚18毫米，重56克（图一四一，4）。

标本2014FGZT0306③：26　以安山岩石片为原料，自然台面，背面左侧和远端保留少量砾石面，可见2层片疤，台面长15毫米，宽38毫米，石片角117°，直接使用石片远端及右侧边缘，可见明显的使用痕迹。长38毫米，宽46毫米，厚15毫米，重27克（图一四一，5；彩版三二，2）。

标本2014FGZT0204②：56　以安山岩石片为原料，自然台面，背面全部为砾石面，台面长9毫米，宽24毫米，石片角105°，直接使用石片远端的弧刃，可见使用形成的5毫米以下贝壳状崩疤。长51.4毫米，宽69.1毫米，厚22.2毫米，重82克（图一四二，1）。

标本2014FGZT0206③：45　以安山岩石片为原料，自然台面，背面大部分为剥片留下的片

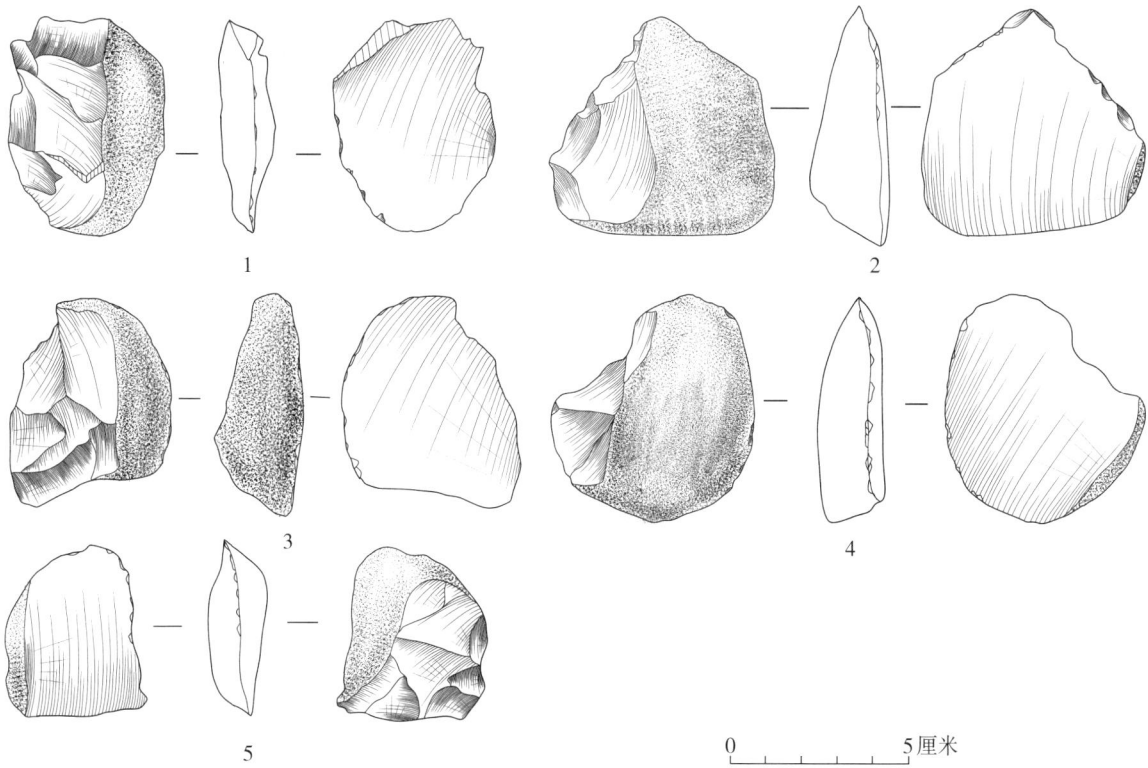

图一四一　三期二类工具

1. 2014FGZT0206③：4　2. 2014FGZT0205②：70　3. 2014FGZT0204②：15
4. 2014FGZT0305②：16　5. 2014FGZT0306③：26

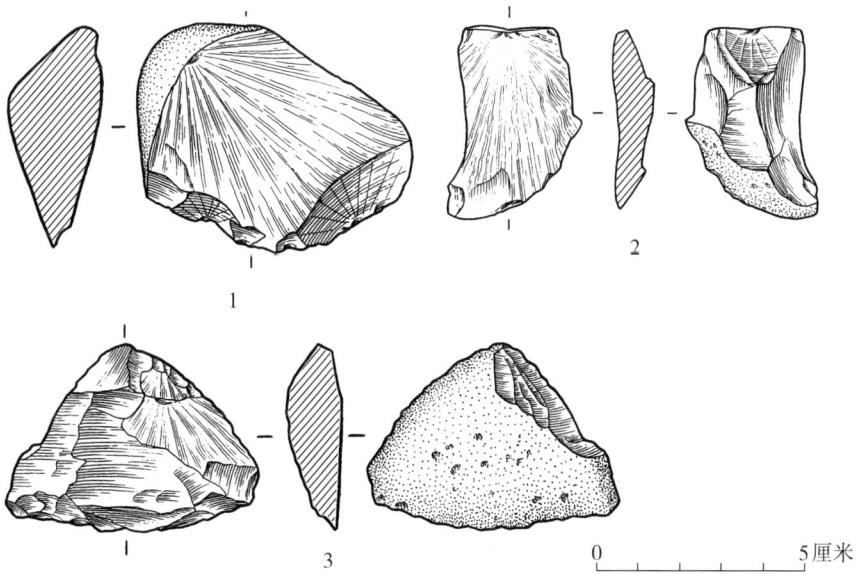

图一四二　三期二类工具

1. 2014FGZT0204②：56　2. 2014FGZT0206③：45　3. 2014FGZT0303③：25

疤,保留有少量的砾石面,台面大小10毫米,宽11毫米,石片角为98°,石片远端可见明显的使用痕迹。长45.1毫米,宽33.2毫米,厚10.3毫米,重37克(图一四二,2)。

标本2014FGZT0303③:25 以安山岩石片为原料,自然台面,背面大部分为片疤面,保留有少量的砾石面,台面长13毫米,宽29毫米,石片角为94°,石片远端可见明显的使用痕迹。长44.1毫米,宽62.4毫米,厚13.3毫米,重67克(图一四二,3)。

6. 尖刃器

1件

标本2014FGZT0204②:1 以石灰岩锐棱砸击石片为原料,该石片是由斧锛类工具上剥落下的,背面保留部分磨制痕迹,沿石片一侧边和近端修理形成尖刃,刃缘形状相对规整。长76.1毫米,宽46.4毫米,厚17.3毫米,重64克(图一四三,1)。

7. 刮削器

85件,约占打制石器三类工具总数的64.8%。根据刃缘的多少可分为单刃和双刃两种,单刃

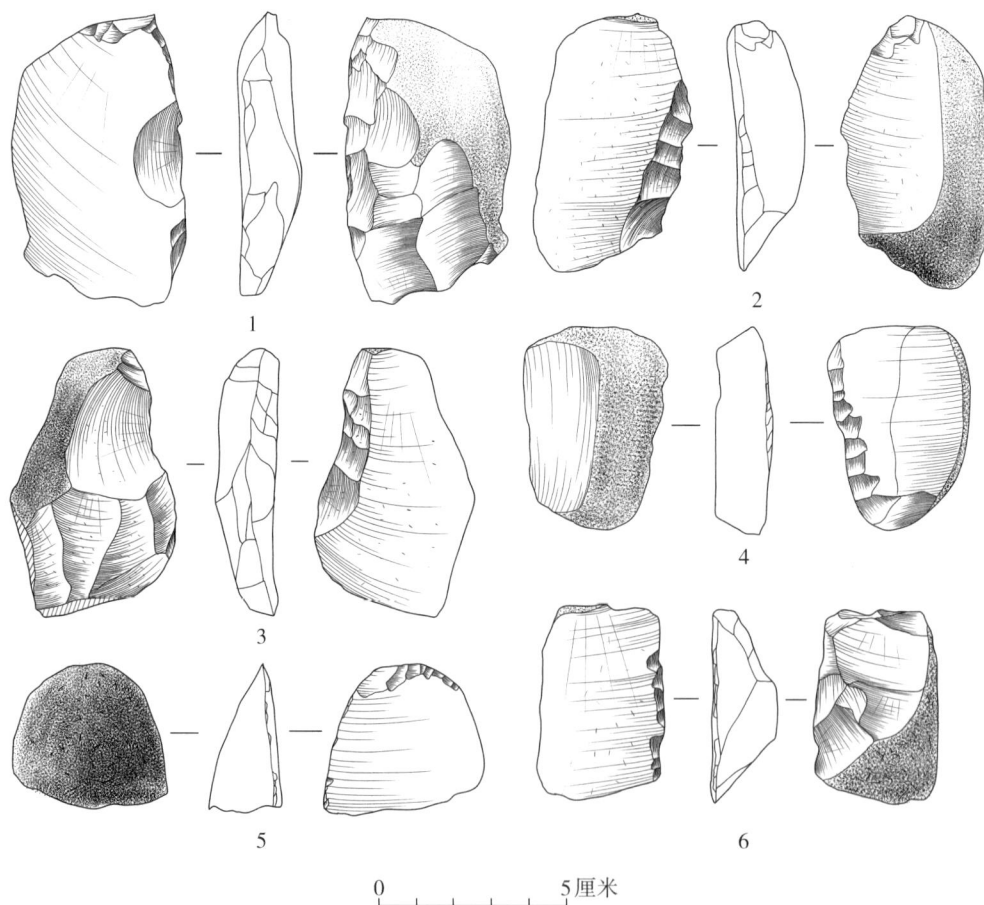

图一四三 三期尖刃器、刮削器

1. 2014FGZT0204②:1　2. 2014FGZT0204②:4　3. 2014FGZT0308③:16　4. 2014FGZT0306③:33
5. 2014FGZT0204②:13　6. 2014FGZT0306③:39

占比较大,偶见双刃。根据刃缘形态可分为直刃、弧刃、凹刃三种,其中直刃占比最高。

标本2014FGZT0204②:4　以安山岩石片,自然台面,背面保留近一半的砾石面,台面长15毫米,宽17毫米,石片角107°,石片右侧边缘可见背面向腹面的连续加工,形成直刃,刃缘形制相对规整。长67.5毫米,宽40.2毫米,厚19.1毫米,重46克(图一四三,2;彩版三四,2)。

标本2014FGZT0308③:16　以安山岩石片为原料,自然台面,沿石片左侧边缘加工形成刃缘,修疤规整,刃缘内凹。长71.4毫米,宽45.3毫米,厚17.1毫米,重57克(图一四三,3)。

标本2014FGZT0306③:33　以安山岩石片为原料,自然台面,腹面微凹,背面远端保留部分砾石面,沿石片左侧边缘进行加工,修整成直刃,刃缘规整锋利。长52.1毫米,宽35.3毫米,厚13.4毫米,重31克(图一四三,4)。

标本2014FGZT0204②:13　以安山岩石片为原料,沿石片的近端修整成一弧刃,石片左侧边缘可见使用痕迹。长45.3毫米,宽41.2毫米,厚26.1毫米,重81克(图一四三,5;彩版三一,2)。

标本2014FGZT0306③:39　以安山岩石片为原料,自然台面,背面远端保留少量砾石面,背面片疤与石片为同源同向剥片,沿石片右侧边缘修整出直刃,刃缘规整锋利。长51.1毫米,宽33.3毫米,厚17.1毫米,重34克(图一四三,6)。

标本2014FGZT0205③:1　以安山岩砾石为原料,在砾石的一侧,由一面向另一面单面剥片,修整出弧刃,可见2层加工片疤,刃缘局部有使用形成的10毫米以下贝壳状崩疤。长71.2毫米,宽43.8毫米,厚24毫米,重109克(图一四四,1;彩版二五,2)。

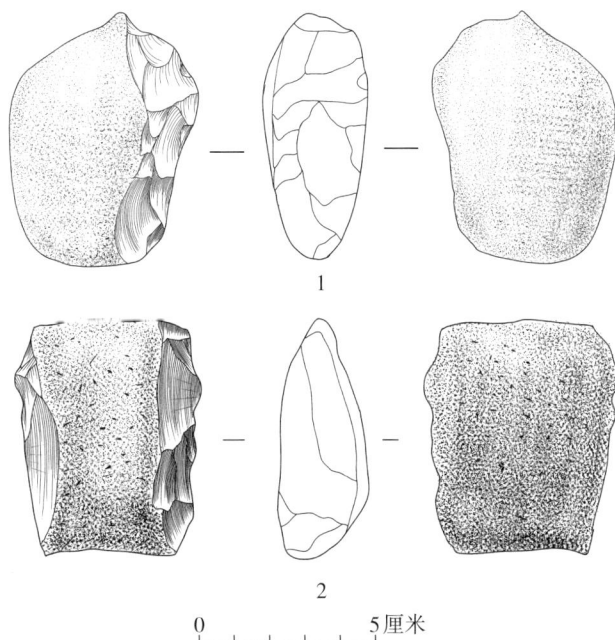

图一四四　三期刮削器

1. 2014FGZT0205③:1　2. 2014FGZT0306③:41

标本2014FGZT0306③：41　以安山岩砾石为原料，在砾石的两端单面加工出两直刃，加工简单，修疤不甚规整，刃缘局部有使用形成的3毫米以下羽状崩疤。长51毫米，宽60毫米，厚22毫米，重101克（图一四四，2）。

标本2014FGZT0401②：2　以石英砾石为原料，在砾石的两端和一侧加工，形成弧刃，刃缘较锋利，形制不规整，刃部有较多3毫米以下的贝壳状崩疤和轻微磨蚀痕迹，刃角66°。长45.3毫米，宽53.1毫米，厚17.1毫米，重55克（图一四五，1）。

标本2014FGZT0206③：122　以石英砾石为原料，在较宽的一端单向加工出一弧刃，刃部加工较好，加工面斜平，刃缘有少量5毫米以下的贝壳状崩疤，刃长52毫米，刃角57°。长42.4毫米，宽54.1毫米，厚21.2毫米，重113克（图一四五，2）。

标本2014FGZT0206③：24　以安山岩断块为原料，沿窄薄的一端单向加工出一直刃，刃缘锋利，刃部有使用形成的4毫米以下贝壳状崩疤，刃长约29毫米，刃角57°。长54.2毫米，宽52.1毫米，厚29.3毫米，重82克（图一四五，3）。

标本2014FGZT0203②：37　以石英砾石为原料，在一端单向加工出一弧刃，刃部加工简单，刃缘有少量2毫米以下的贝壳状崩疤。刃长约42毫米，刃角66°。长36.2毫米，宽42.1毫米，厚11.3毫米，重113克（图一四五，4）。

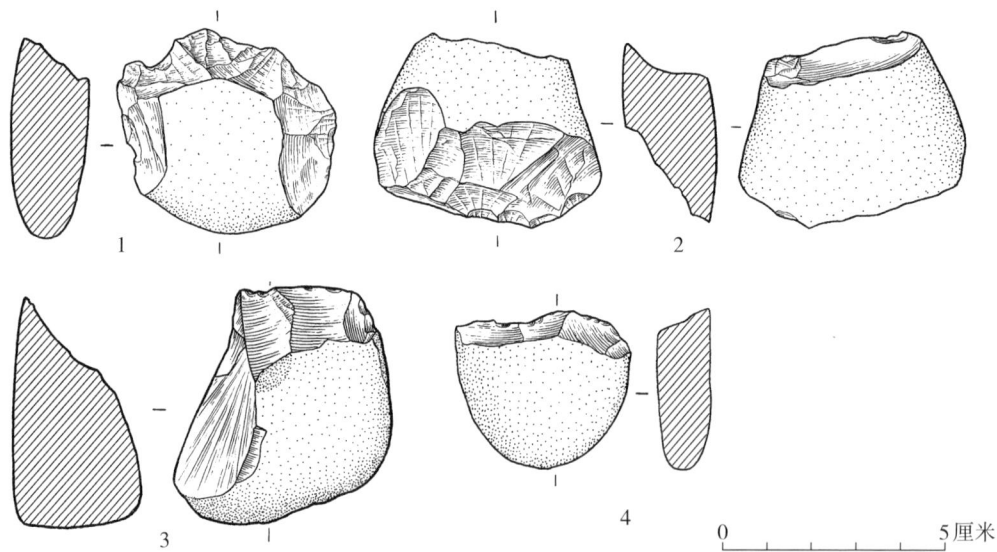

图一四五　三期刮削器

1. 2014FGZT0401②：2　2. 2014FGZT0206③：122　3. 2014FGZT0206③：24　4. 2014FGZT0203②：37

8. 砍砸器

19件，占出土打制石器三类工具总数的14.5%。根据刃缘的形状可以分为直刃、弧刃、凹刃三种，根据刃缘的数量可分为单刃和双刃两种，其中单刃的数量较多，偶见双刃。

标本2014FGZT0306③：49　以石英岩砾石为原料，在砾石的一侧由一面向另一面单向加工出一直刃，加工面大部分斜平，局部较陡，可见2层修疤，刃缘大部分有使用形成的4毫米

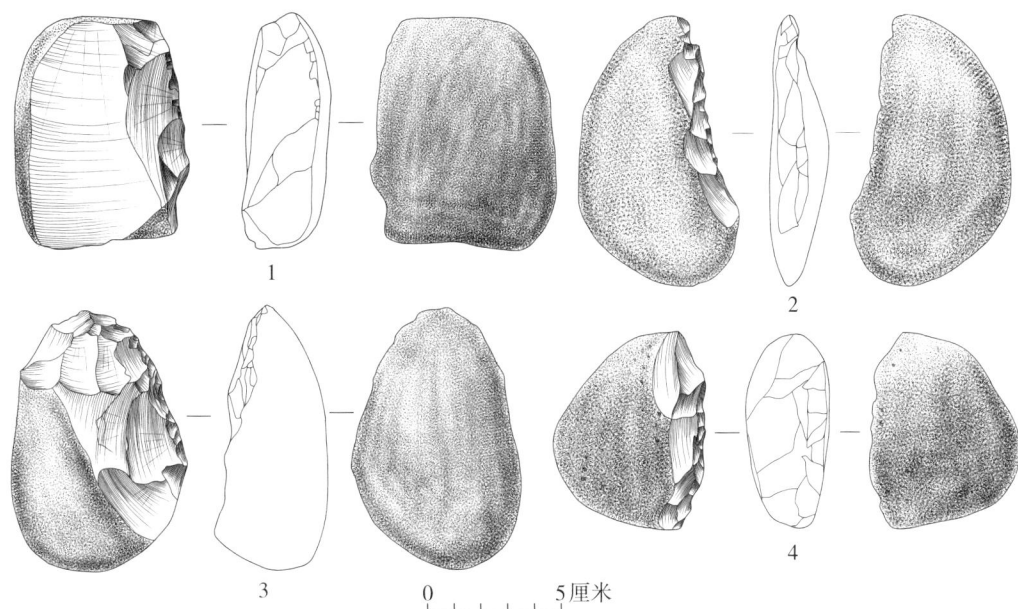

图一四六　三期砍砸器

1. 2014FGZT0306③：49　2. 2014FGZT0308③：15　3. 2014FGZT0306③：44　4. 2014FGZT0306③：17

以下羽状崩疤，刃角60°。长89.1毫米，宽64.3毫米，厚28.2毫米，重207克（图一四六，1；彩版二五，3）。

标本2014FGZT0308③：15　以石英岩砾石为原料，在砾石的一侧单向加工出一凹刃，加工面较斜平，可见2层加工片疤，修疤连续规整，刃长约70毫米，刃角62°。长100.2毫米，宽62.1毫米，厚22.3毫米，重149克（图一四六，2；彩版二四，2）。

标本2014FGZT0306③：44　以变质砂岩砾石为原料，在砾石的两侧和一端单向加工出弧刃，加工面较斜平，可见约4层修疤，刃角75°。长96.2毫米，宽72.1毫米，厚35毫米，重198克（图一四六，3；彩版二四，1）。

标本2014FGZT0306③：17　以安山岩砾石为原料，在砾石的一边由一面向另一面单向加工出一直刃，加工面较陡，可见约3层加工片疤，修疤连续规整，刃长约70毫米，刃角78°。长74.5毫米，宽54.1毫米，厚33.3毫米，重173克（图一四六，4；彩版二五，1）。

标本2014FGZT0405②：4　以安山岩砾石为原料，在砾石的一边单向加工出一弧刃，加工面较斜，可见约3层加工片疤，刃部有使用形成的崩疤，刃长约74毫米，刃角62°。长78.1毫米，宽69.1毫米，厚40.3毫米，重241克（图一四七，1）。

标本2014FGZT0203②：1　以安山岩砾石为原料，沿砾石的一边单向加工出直刃，加工面较陡，约一两层加工片疤，刃长约57毫米，刃部有使用形成的10毫米以下贝壳状崩疤，刃角77°。长82.4毫米，宽52.8毫米，厚31.1毫米，重181克（图一四七，2）。

标本2014FGZT0206③：104　以安山岩砾石为原料，沿砾石较宽的一端单向加工出一弧刃，疤面较陡，刃缘形制规整，边缘可见使用形成的10毫米以下崩疤，刃角73°。长66.3毫米，宽67.1

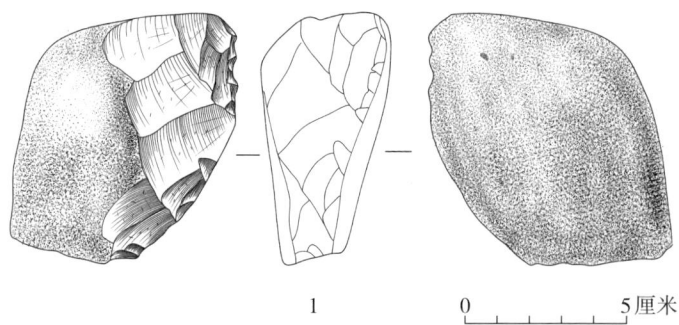

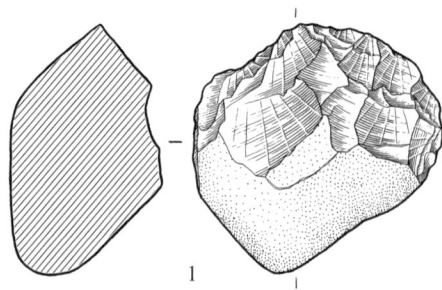

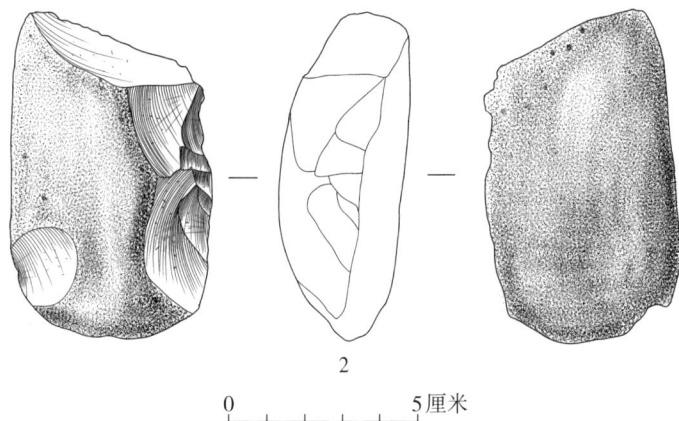

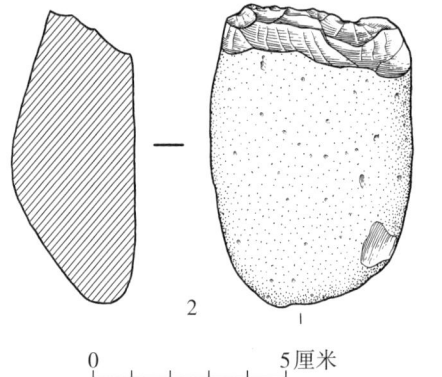

1　　　　　　　　　0 ——————— 5厘米

2

0 ——————— 5厘米

图一四七　三期砍砸器

1. 2014FGZT0405②：4　2. 2014FGZT0203②：1

图一四八　三期砍砸器

1. 2014FGZT0206③：104

2. 2014FGZT0203②：39

毫米，厚41.3毫米，重185克（图一四八，1）。

　　标本2014FGZT0203②：39　以安山岩砾石为原料，在砾石的一端单向加工出直刃，加工面较陡，局部有使用形成的5毫米以下羽状崩疤，刃长约46毫米，刃角75°。长79.2毫米，宽54毫米，厚34毫米，重214克（图一四八，2）。

　　标本2014FGZT0203②：21　以安山岩砾石为原料，在砾石宽薄的一端单面加工形成刃缘，片疤面较陡，可见3层以上修疤，刃缘平直，刃角78°。长79.3毫米，宽59.1毫米，厚34.9毫米，重213克（图一四九，1）。

　　标本2014FGZT0204③：10　以安山岩砾石为原料，沿砾石的一端单面加工，修疤陡直，可见4层片疤，刃缘平直，刃角72°。长54.1毫米，宽58.3毫米，厚38.3毫米，重174克（图一四九，2）。

　　标本2014FGZT0206③：120　以石英砾石为原料，在一端单面剥片加工出一弧刃，刃部加工较好，加工面较陡，刃角69°。长60毫米，宽61毫米，厚21毫米，重113克（图一五〇，1）。

　　标本2014FGZT0304③：34　以安山岩砾石为原料，在砾石两端单面加工，形成两条直刃，一端疤面陡直，另一端浅平，刃角为65°～73°。边缘可见因使用形成的3毫米以下崩疤和磨蚀痕迹痕迹，长53.2毫米，宽62.3毫米，厚53.1毫米，重280克（图一五〇，2）。

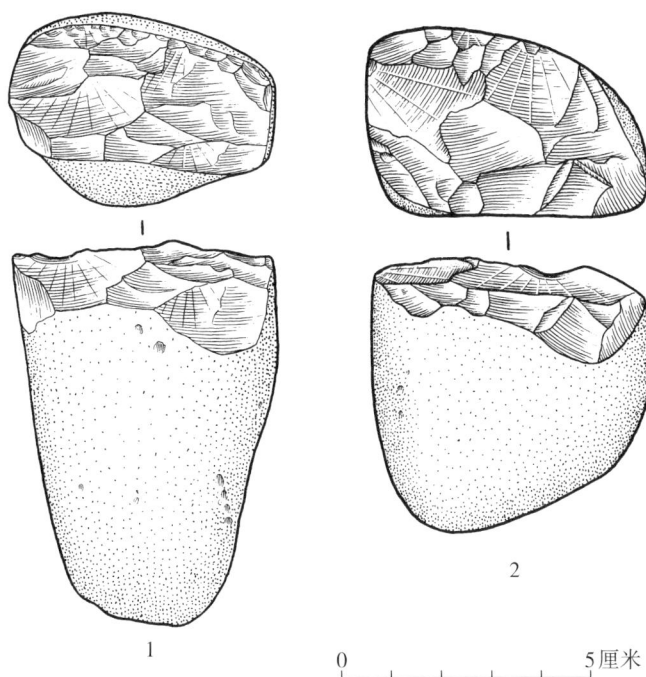

图一四九　三期砍砸器

1. 2014FGZT0203②：21　2. 2014FGZT0204③：10

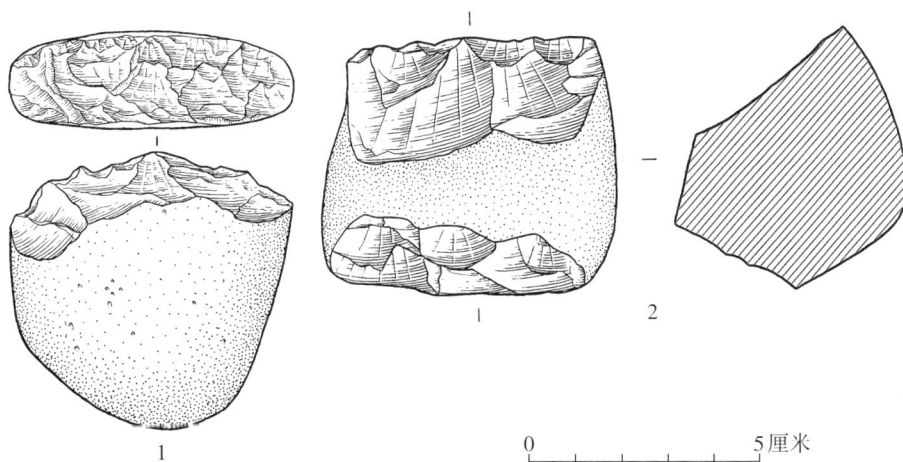

图一五〇　三期砍砸器

1. 2014FGZT0206③：120　2. 2014FGZT0304③：34

　　标本2014FGZT0205②：13　以安山岩砾石为原料，在砾石的一端，由平面向凸面单向加工出一直刃，可见约3层修疤，刃角71°。长57.1毫米，宽67.2毫米，厚38.2毫米，重140克（图一五一；彩版一二，3）。

　　9. 石钻

　　26件，占打制石器三类工具总数的19.8%，根据尖部的位置可分为正尖和歪尖两种，其中正

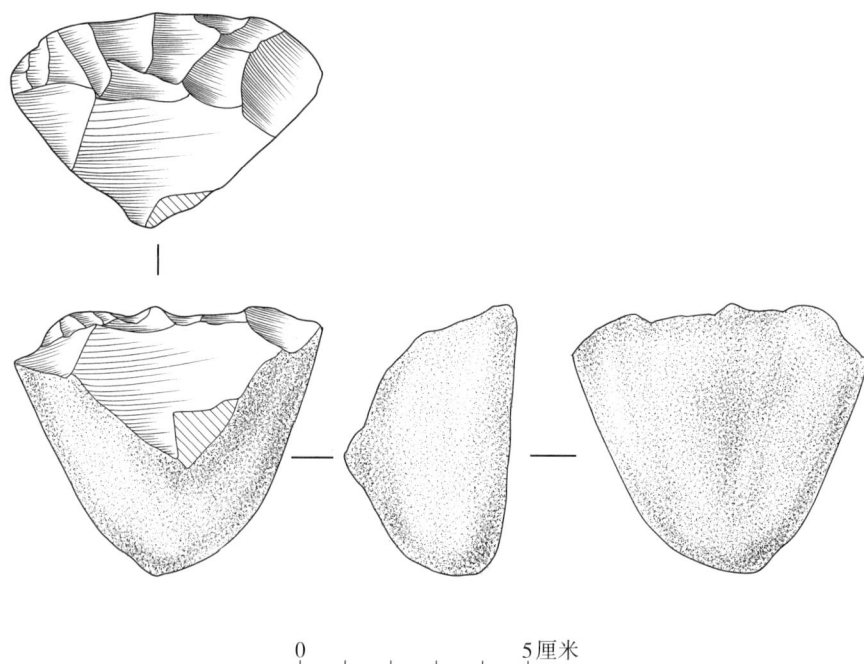

0　　　　　　　　5厘米

图一五一　三期砍砸器
2014FGZT0205②：13

尖10件，歪尖16件。

标本2014FGZT0103③：27　以安山岩砾石为原料，近四边形。在砾石的一端两侧双面剥片加工，左侧加工较少，右侧加工较多，尖部居中。该器整体加工较为精致，修疤连续，器形规整，尖部有使用形成的磨蚀痕迹和崩疤。长117.4毫米，宽59.9毫米，厚38.2毫米，重283克（图一五二，1）。

标本2014FGZT0206③：19　以砂岩砾石为原料，形状呈长条形，沿砾石的一端两面剥片，形成尖刃，尖部位于中部，可见因使用形成的崩疤和磨痕。长101.2毫米，宽44.2毫米，厚2.82毫米，重159.5克（彩版一〇，1）。

标本2014FGZT0303③：5　以安山岩砾石为原料，形状呈长条形，沿砾石的一端两面剥片，形成尖刃，尖部位于右侧，可见因使用形成的崩疤和磨痕。长109.2毫米，宽43.2毫米，厚35.2毫米，重187.5克（图一五二，2）。

标本2014FGZT0304③：35　以安山岩砾石为原料，近扁长形，在砾石较宽薄的一端两侧两面剥片加工，尖刃位于右侧，可见轻微的磨蚀痕迹。长80毫米，宽48毫米，厚32毫米，重159克（图一五二，3）。

标本2014FGZT0301②：1　以安山岩砾石为原料，形状近长条形，沿砾石的一端剥片形成尖刃，尖部位于中部，可见因使用形成的崩疤和磨痕。长109.2毫米，宽43.2毫米，厚35.2毫米，重187.5克（彩版一〇，2）。

标本2014FGZT0303③：1　以安山岩砾石为原料，形状呈长条形，沿砾石的一端两面剥片，

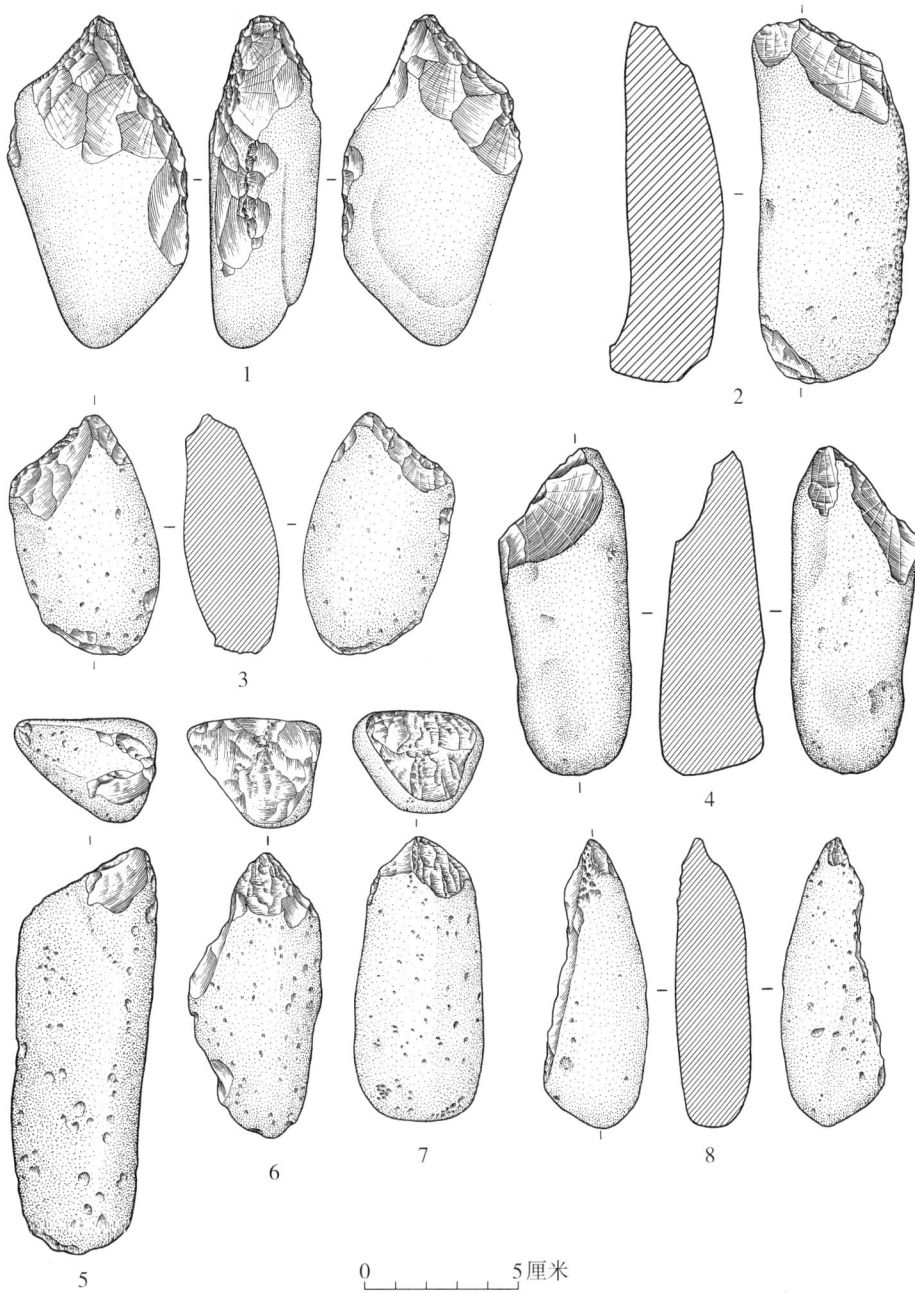

图一五二 三期钻器

1. 2014FGZT0103③：27　2. 2014FGZT0303③：5　3. 2014FGZT0304③：35　4. 2014FGZT0303③：1
5. 2014FGZT0306③：99　6. 2014FGZT0203③：11　7. 2014FGZT0303③：4　8. 2014FGZT0303③：27

形成尖刃，尖部位于右侧，可见因使用形成的崩疤和磨痕。长108.2毫米，宽43.5毫米，厚31.9毫米，重192.3克（图一五二，4）。

标本2014FGZT0306③：99　以安山岩砾石为原料，呈长条形，在砾石一端两面剥片加工，尖刃位于右侧，有轻微的磨蚀痕迹。长135.2毫米，宽49.2毫米，厚35.3毫米，重237克（图一五二，5）。

标本2014FGZT0301③：1　以安山岩砾石为原料，形状不规则，沿砾石的一端两面剥片，形成尖刃，尖部位于右侧，可见因使用形成的崩疤和磨痕。长103.5毫米，宽50.3毫米，厚40.2毫米，重202.1克（彩版一〇，3）。

标本2014FGZT0203③：11　以安山岩砾石为原料，平面近长条形，横截面呈三角形。在砾石较宽的一端两侧两面剥片加工，主要在一面加工，尖刃居中，尖部未见明显的痕迹。长95.2毫米，宽44.9毫米，厚36.1毫米，重183克（图一五二，6）。

标本2014FGZT0303③：4以安山岩砾石为原料，形状呈长条形，横截面近椭圆形。沿砾石一端加工形成尖刃，刃部位于中部，可见因使用而形成的崩疤及磨痕。长95.2毫米，宽44.3毫米，厚34.1毫米，重186.3克（图一五二，7）。

标本2014FGZT0303③：27　以安山岩砾石为原料，呈长条形。在砾石的一端两面剥片加工，尖刃居中，可见因使用形成的轻微磨蚀痕迹。长95.1毫米，宽34.2毫米，厚25.2毫米，重115克（图一五二，8）。

（二）磨制石器

二期出土磨制石器177件，类型包括研磨器、砺石、磨盘、石砧、斧锛类工具等。

1. 研磨器

25件，占磨制石器总数的14.1%。根据形状可分为长方形、椭圆形和束腰形三类。

标本2014FGZT0203②：44　以砂岩砾石为原料，平面近长条形，局部可见绿豆状大小琢打修理的坑疤。在两面、两端和两侧使用，在宽的一侧使用面微凸，其余使用面均较平，使用痕迹呈粗麻点状和细麻点状，最大使用面长23毫米，宽50毫米。长145.3毫米，宽68.1毫米，厚56.4毫米，重976克（图一五三）。

标本2014FGZT0304③：1　以砂岩砾石为原料，平面近长方形，两端残留较多修理疤面。在两面、两端和两侧使用，一端使用面微凸，其余使用面均较平，使用痕迹呈粗麻点状和细麻点状，最大使用面长60毫米，宽58毫米。长69毫米，宽59毫米，厚43毫米，重323克（彩版八，2）。

标本2014FGZT0103②：11　以砂岩砾石为原料，平面近长方形，局部残留少量绿豆状大小坑疤。通体可见使用痕迹，两端使用面微凸，两侧和两面使用面较平，最大使用面为57毫米，42毫米。长69.1毫米，宽48.3毫米，厚46.1毫米，重268克（图一五四）。

标本2014FGZT0404②：8　以砂岩砾石为原料，平面近长方形，残余一端，残余5个磨面，磨面可见磨痕，呈芝麻状、粗麻点状和细麻点状。长79毫米，宽50毫米，厚50毫米，重263克（图一五五，1）。

标本2014FGZT0206③：68　以砂岩砾石为原料，平面近长方形，残余小部分，可见5个磨面，端部磨面微凸，其余较平，磨面的使用痕迹呈芝麻状、粗麻点状和细麻点状。长33毫米，宽37毫米，厚37毫米，重70克（图一五五，2）。

标本2014FGZT0303②：9　以砂岩砾石为原料，平面近椭圆形，一侧有明显的剥片加工。在

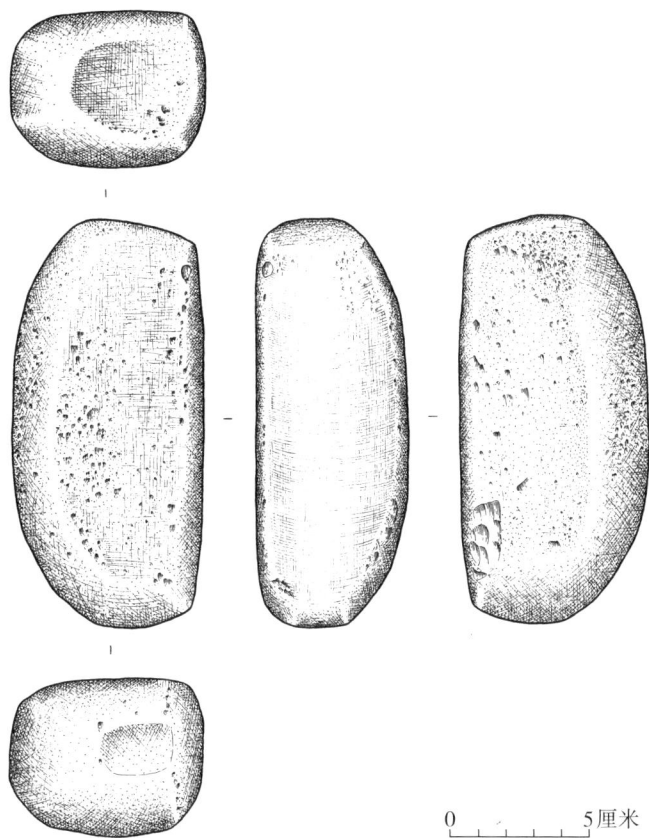

0   5厘米

图一五三　三期研磨器

2014FGZT0203② : 44

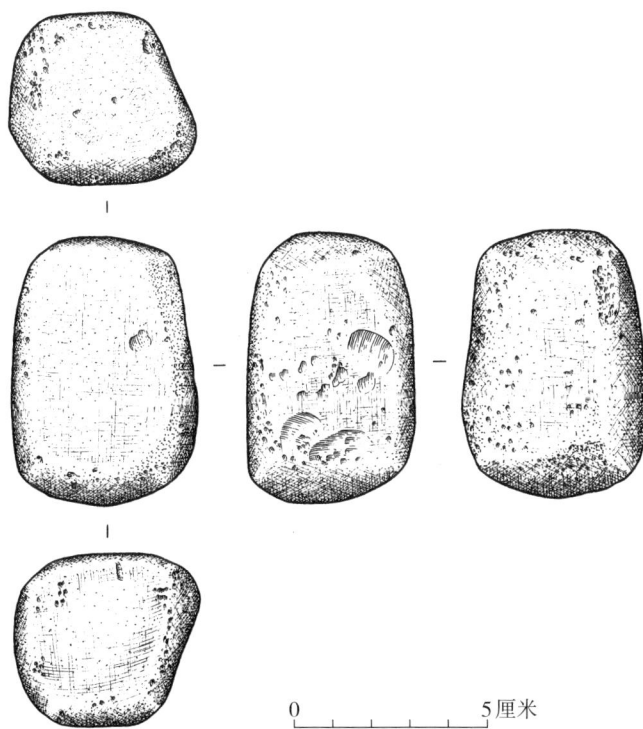

0   5厘米

图一五四　三期研磨器

2014FGZT0103② : 11

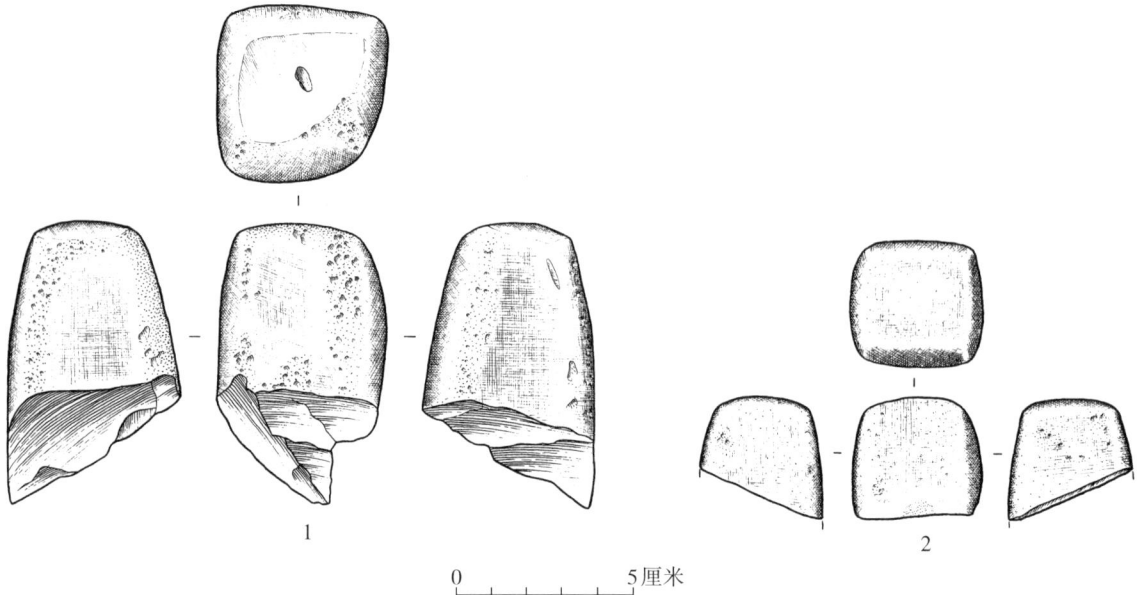

图一五五　三期研磨器

1. 2014FGZT0404②∶8　2. 2014FGZT0206③∶68

两面、两端和两侧使用,两面和两侧使用面较平,两端使用面呈弧凸,使用痕迹呈芝麻状、粗麻点状和细麻点状,最大磨面长77毫米,宽71.6毫米。长79.2毫米,宽72.5毫米,厚36毫米,重624克(图一五六,1)。

标本2014FGZT0104③∶70　以砂岩砾石为原料,平面近长条形,局部有残留少量修型留下的片疤,一面有经琢打修理的芝麻状坑疤。一面、两端和两侧使用,使用面均较平,使用痕迹呈芝麻状、粗麻点状和细麻点状,最大使用面长110.2毫米,宽53毫米。长112.5毫米,宽98.3毫米,厚49毫米,重615克(图一五六,2)。

标本2014FGZT0203②∶3　以砂岩岩块为原料,形状扁平,残余小部分,可见1个磨面,磨面的使用痕迹为粗麻点状和细麻点状坑疤。其他部位有磨和琢打的绿豆大小坑疤,端部有呈粗麻点状和绿豆状坑疤。长97.2毫米,宽53.1毫米,厚50.1毫米,重268克(图一五六,3)。

标本2014FGZT0404③∶17　以砂岩砾石为原料,近长方形,残余一端,可见5个磨面,一端的磨面微弧,其余面较平,有因琢打形成的粗麻点状和细麻点状坑疤。长62毫米,宽74毫米,厚36毫米,重274克(图一五六,4)。

2. 砺石

37件,占磨制石器总数的20.9%,根据磨面可分为单面、双面和多面三种类型。

标本2014FGZT0401②∶1　以砂岩岩块为原料,单面使用,整个面几乎都经过磨制使用,磨面长104毫米,宽77毫米。长142毫米,宽119.1毫米,厚41毫米,重773克(图一五七,1)。

标本2014FGZT0203②∶43　以砂岩岩块为原料,残余小部分,可见1个磨面,磨面微凹。长108毫米,宽94毫米,厚41毫米,重548克(图一五七,2)。

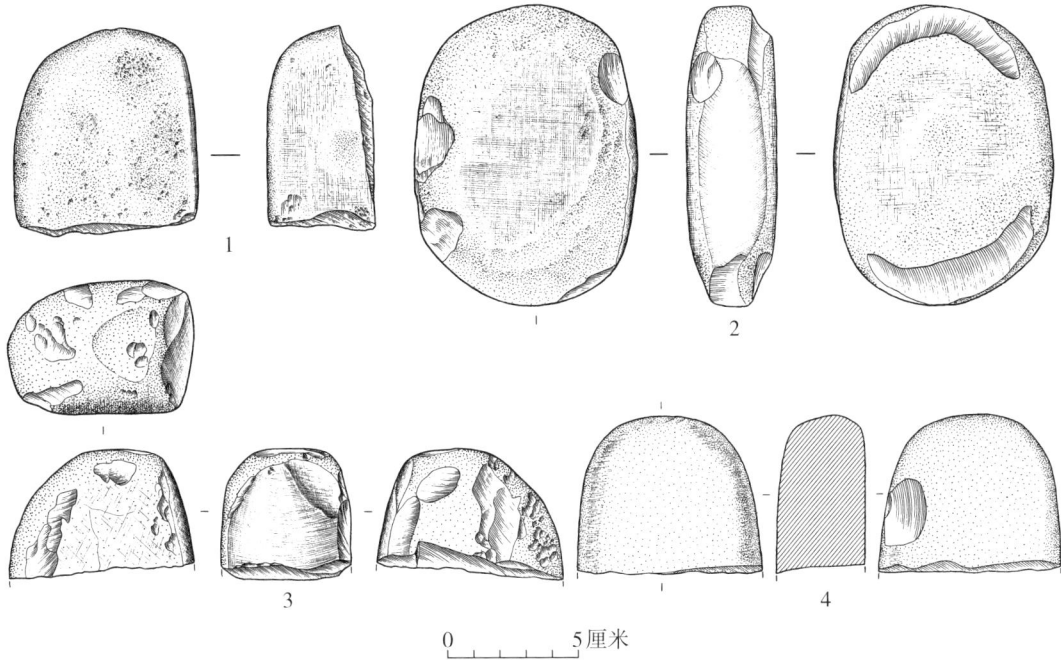

图一五六　三期研磨器

1. 2014FGZT0303②：9　2. 2014FGZT0104③：70　3. 2014FGZT0203②：3　4. 2014FGZT0404③：17

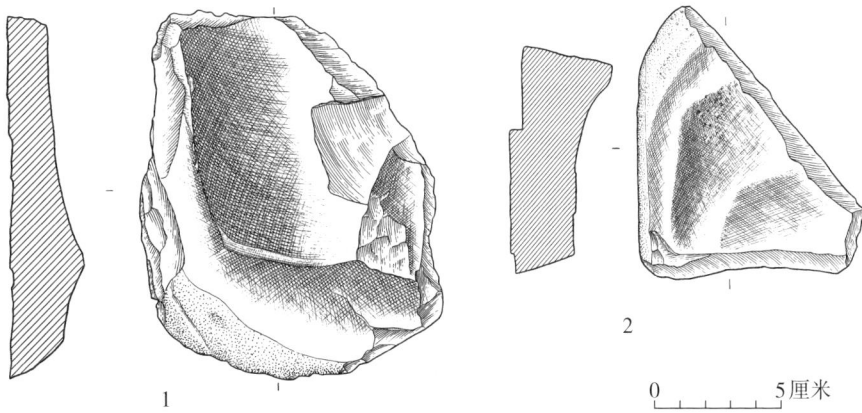

图一五七　三期单面砺石

1. 2014FGZT0401②：1　2. 2014FGZT0203②：43

　　标本2014FGZT0103③：18　以砂岩岩块为原料，平面呈半圆形，两面及一侧使用，共有6个磨面，3个内凹，3个微平，最大磨面长85毫米，宽64毫米。长99.1毫米，宽84.3毫米，厚45.1毫米，重350克（图一五八，1）。

　　标本2014FGZT0202②：21　以砂岩岩块为原料，两面一端和两侧使用，共有8个磨面，其中6个磨面内凹，2个磨面较平，最大磨面长103.1毫米，宽42毫米。长110.2毫米，宽63.3毫米，厚49.1毫米，重356克（图一五八，2）。

　　标本2014FGZT0403②：13　以砂岩砾石为原料，残余小部分，可见2个磨面，磨面微凹，一磨

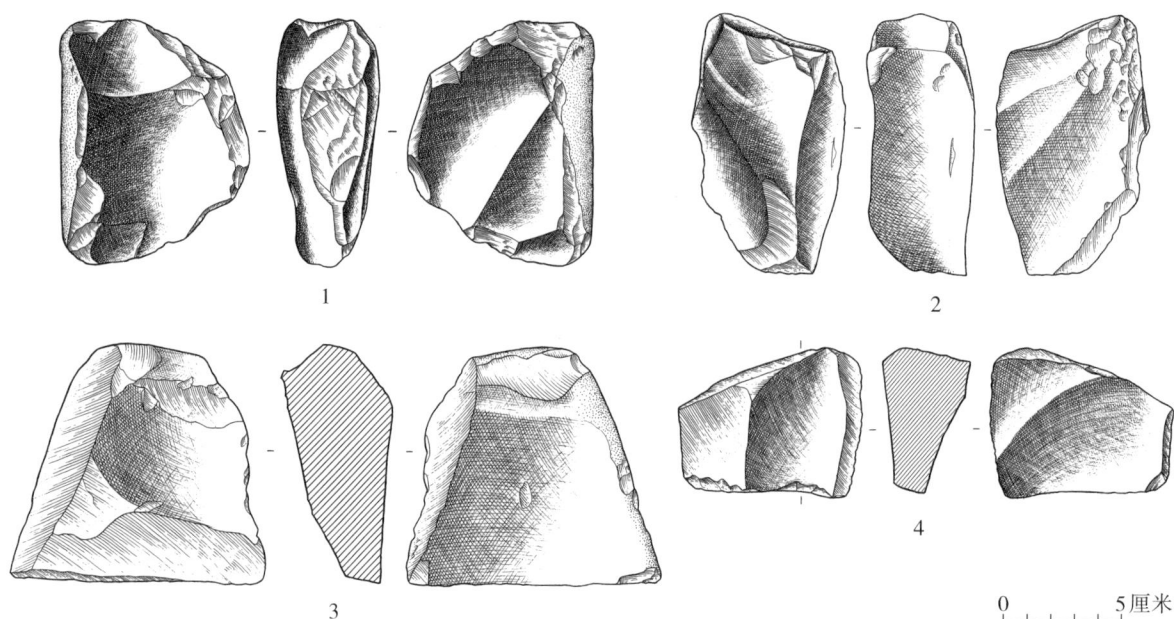

图一五八　三期砺石

1. 2014FGZT0103③：18　2. 2014FGZT0202②：21　3. 2014FGZT0403②：13　4. 2014FGZT0304③：36

面中部有黄豆状和芝麻状坑疤。长100.3毫米，宽113.2毫米，厚49毫米，重607克（图一五八，3）。

标本2014FGZT0304③：36　以砂岩岩块为原料，残余小部分，可见4个磨面，磨面微凹，一面磨面中部有黄豆状和芝麻状坑疤。长64.3毫米，宽80.1毫米，厚39.1毫米，重407克（图一五八，4）。

标本2014FGZT0202②：25　以砂岩岩块为原料，残余一侧大部分，可见5个磨面，其中两个磨面较为内凹。长94.5毫米，宽59.1毫米，厚41毫米，重180克（图一五九，1）。

标本2014FGZT0203③：13　以砂岩砾石为原料，平面呈C字形，双面使用，磨面使用程度较高，内凹严重，最大磨面长71毫米，宽57毫米。长74.2毫米，宽58.1毫米，厚20.3毫米，重65克（图一五九，2）。

标本2014FGZT0303③：13　以砂岩岩块为原料，残余小部分，可见2个磨面，磨面微凹。长66.3毫米，宽61.2毫米，厚23.1毫米，重81克（图一五九，3）。

标本2014FGZT0207②：1　以砂岩砾石为原料，残余一端小部分，可见3个磨面，磨面均比较内凹。长55.4毫米，宽52.1毫米，厚20.2毫米，重41克（图一五九，4）。

标本2014FGZT0203②：17　以砂岩岩块为原料，残余小部分，可见1个磨面，磨面较平。长68.1毫米，宽70.5毫米，厚49.4毫米，重243克（图一五九，5）。

标本2014FGZT0203③：8　以砂岩砾石为原料，残余小部分，可见1个磨面，磨面微凹。长65.5毫米，宽42.5毫米，厚26.2毫米，重69克（图一五九，6）。

标本2014FGZT0304②：75　以砂岩岩块为原料，残余小部分，可见1个磨面，磨面较为内凹。长59.1毫米，宽65.3毫米，厚39.2毫米，重124克（图一五九，7）。

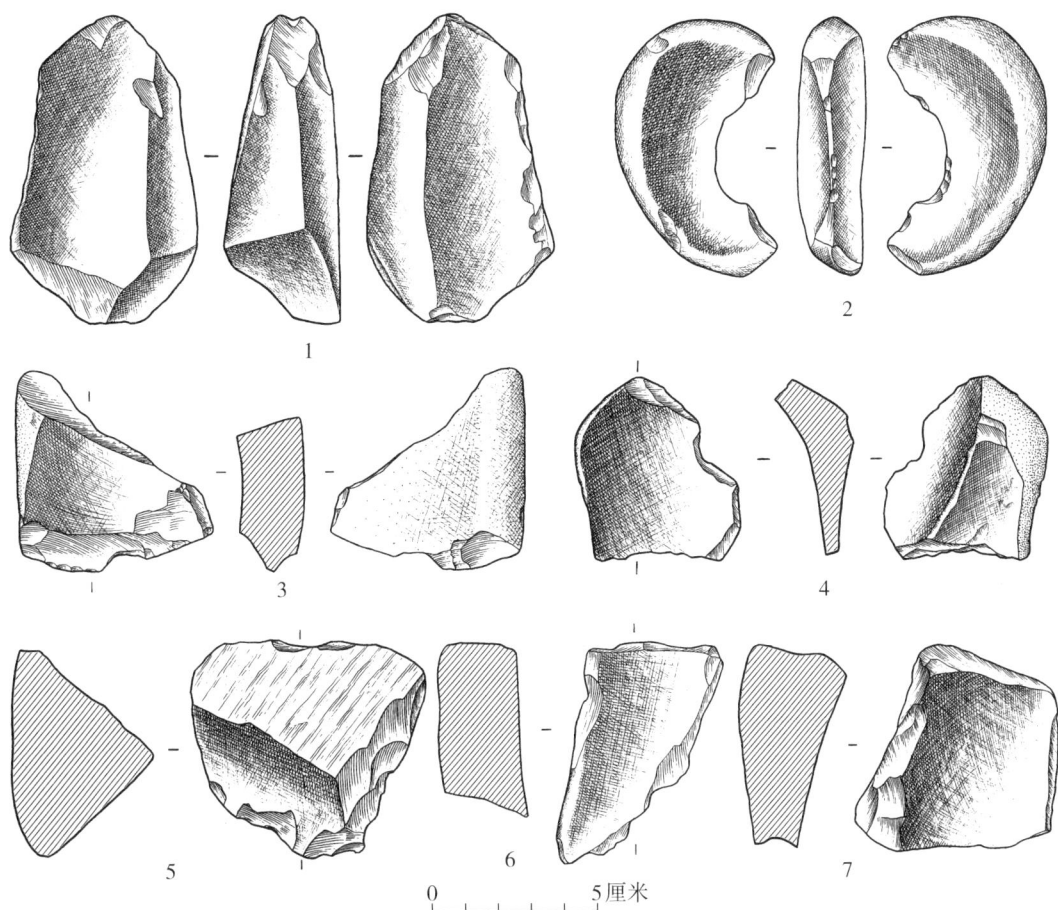

图一五九 三期砾石

1. 2014FGZT0202②：25 2. 2014FGZT0203③：13 3. 2014FGZT0303③：13 4. 2014FGZT0207②：1
5. 2014FGZT0203②：17 6. 2014FGZT0203③：8 7. 2014FGZT0304②：75

标本2014FGZT0304②：7 以砂岩岩块为原料，残余一侧大部分，可见2个磨面，一磨面微凹，另一磨面较平。残长103毫米，宽79毫米，厚41毫米，重518克（彩版九，2）。

3. 磨盘

4件，占磨制标本总数的2.3%。

标本2014FGZT0202③：16 以砂岩砾石为原料，平面不规则，两面及侧边可见明显的使用痕迹。最大磨面长135.4毫米，宽106.2毫米。长109.4毫米，宽140.3毫米，厚30.2毫米，重615克（图一六〇，1）。

标本2014FGZT0206③：21 以砂岩岩块为原料，形状近三角形，部分残断，可见1个磨面，磨面内凹。长168.4毫米，宽108.1毫米，厚25.4毫米，重446克（图一六〇，2）。

标本2014FGZT0304②：94 以砂岩岩块为原料，有3个磨面，2个内凹，1个较平，最大磨面长106毫米，宽96毫米。长133.3毫米，宽85.5毫米，厚69.2毫米，重2578克（图一六〇，3）。

标本2014FGZT0303③：9 岩性为砂岩，残余一侧小部分，可见2个磨面，磨面较平。长

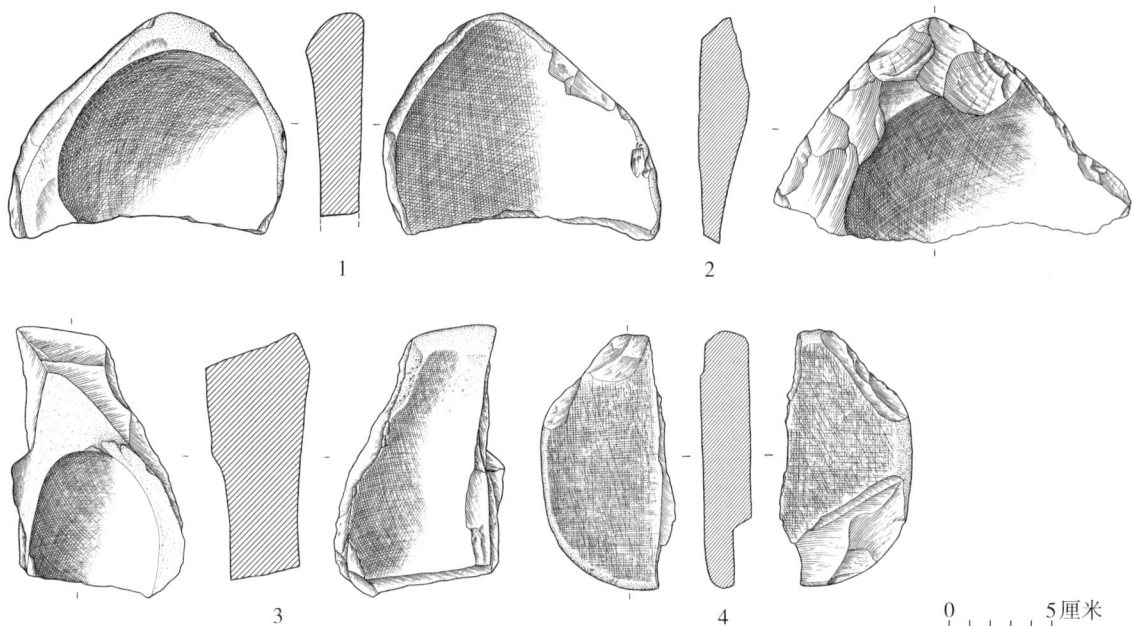

图一六〇　三期磨盘

1. 2014FGZT0202③：16　2. 2014FGZT0206③：21　3. 2014FGZT0304②：94　4. 2014FGZT0303③：9

127.4毫米,宽65.1毫米,厚25.3毫米,重299克(图一六〇,4)。

4.石砧

2件,占磨制石器总数的1.1%。

标本2014FGZT0403③：8　以砂岩砾石为原料,扁平。经过剥片,琢打和磨制使用,保留较多芝麻状坑疤和少量片疤面,一面的中部,可见明显的作为石砧使用的凹痕,凹窝较深。长96.3毫米,宽70.1毫米,厚39.9毫米,重526克(图一六一)。

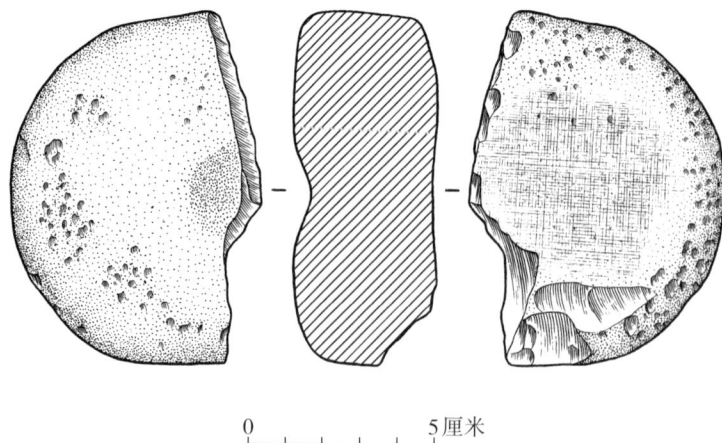

图一六一　三期石砧

2014FGZT0403③：8

5. 斧锛类工具

109件,占磨制石器总数的61.6%,其中石斧28件,占斧锛类工具总数的25.7%。

标本2014FGZT0101②:14　以石灰岩岩块为原料,无肩,两侧边向把端汇聚呈八字形,刃部微弧,刃部和一面通体磨,另一面保留大面积片疤面,中度风化,未见明显的使用痕迹。长109.2毫米,宽54.3毫米,厚26毫米,重181克(图一六二,1)。

标本2014FGZT0402③:4　岩性为石灰岩,通体磨制,无肩,两侧边向把端汇聚呈八字形,两侧边缘保留了少部分修疤痕迹,刃部微弧,可见明显的使用痕迹。长103.1毫米,宽53.9毫米,厚16.3毫米,重117克(图一六二,2)。

标本2014FGZT0201②:1　以硅质岩砾石为原料,通体磨制,无肩,两侧边向把端汇聚。刃缘微弧,两面保留少量疤面,刃部未见明显的使用痕迹,轻微风化。长90.2毫米,宽58.1毫米,厚

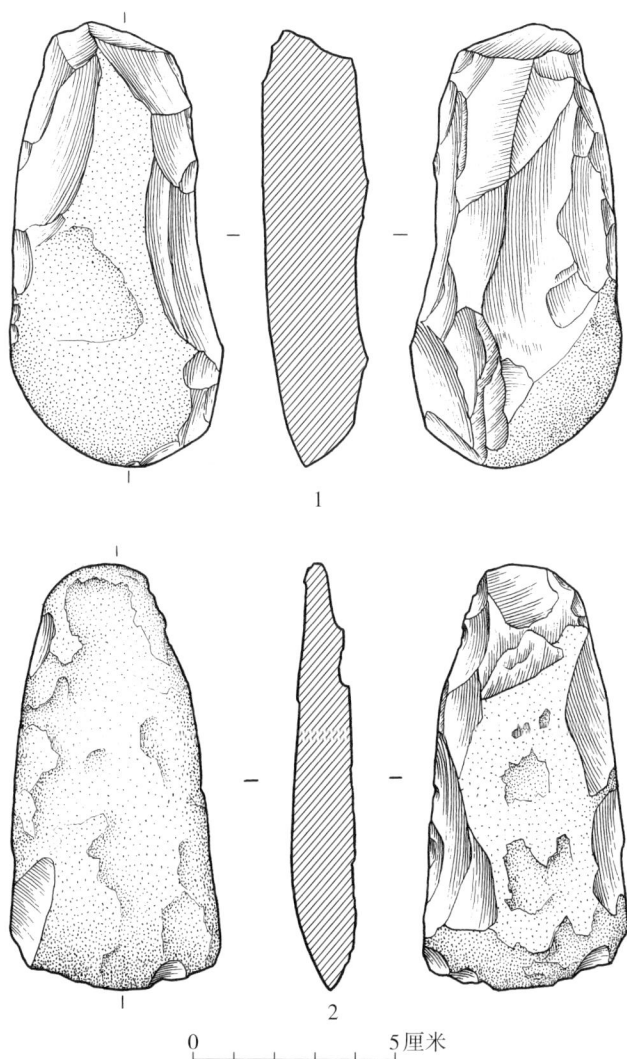

图一六二　三期石斧

1. 2014FGZT0101②:14　2. 2014FGZT0402③:4

34.2毫米,重235克(彩版五,2)。

标本2014FGZT0205③:2　以石灰岩岩块为原料,平面呈四边形。刃部及侧边可见明显的磨制痕迹,两面保留大量片疤面,无肩,两侧呈八字形,刃部较平直。长63.3毫米,宽42.1毫米,厚16.4毫米,重54克(图一六三,1)。

标本2014FGZT0408②:1　以石灰岩岩块为原料,通体磨制,无肩,两侧边近平直,刃部微弧,左侧边可见一处较大的片疤,中度风化,有轻微的使用痕迹。长55.4毫米,宽33.9毫米,厚15.2毫米,重39克(图一六三,2)。

标本2014FGZT0101③:6　以硅质岩砾石为原料,通体磨制,无肩,两侧向把端汇聚,刃部微弧,两面保留少量片疤痕迹,刃缘可见8毫米以下贝壳状崩疤。长57.2毫米,宽45.1毫米,厚20.1毫米,重65克(彩版五,1)。

标本2014FGZT0101②:12　以石灰岩岩块为原料,通体磨制,无肩,两侧平行,刃部微弧,保留少量片疤面。有一定程度的风化,刃缘可见明显的使用痕迹。长98.4毫米,宽49.1毫米,厚19.3毫米,重227克(图一六四,1)。

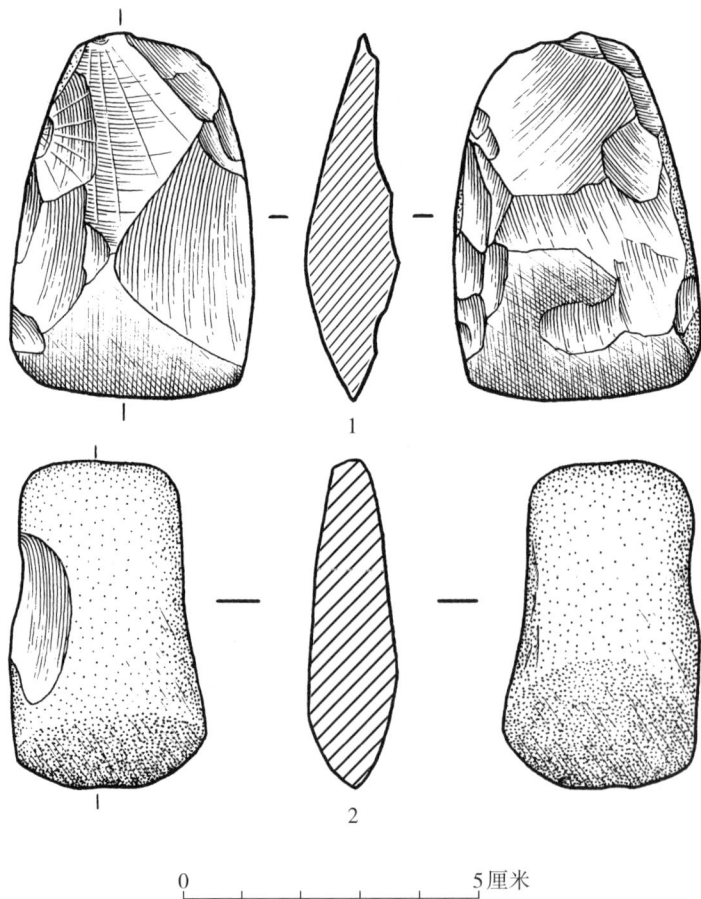

图一六三　三期石斧

1. 2014FGZT0205③:2　2. 2014FGZT0408②:1

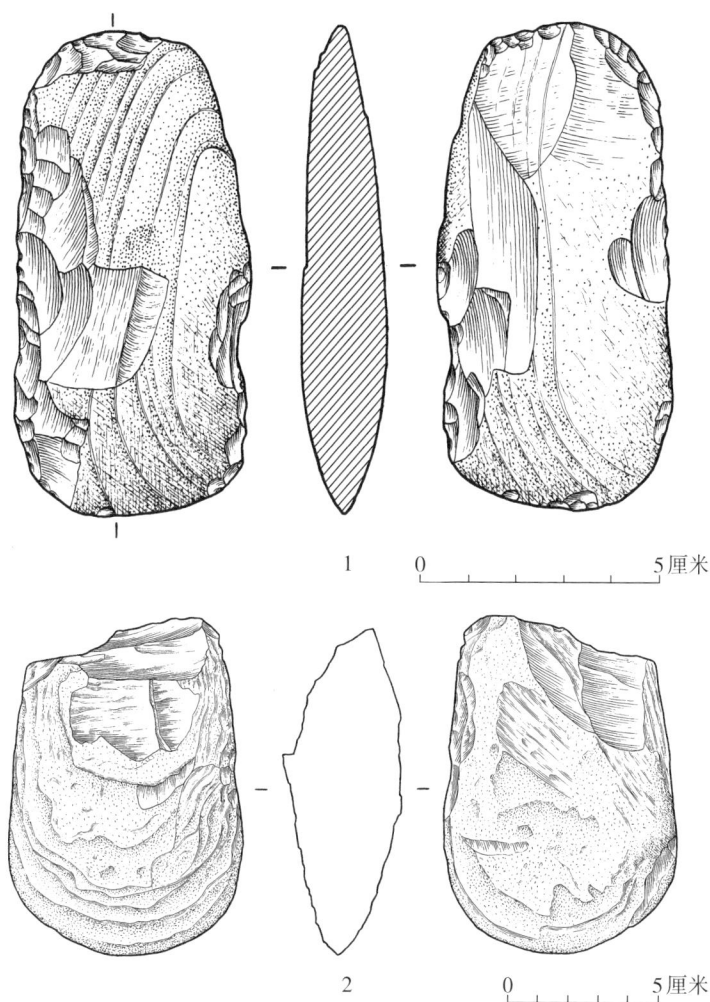

图一六四　三期石斧

1. 2014FGZT0101②：12　2. 2014FGZT0201②：3

标本2014FGZT0201②：3　以石灰岩岩块为原料，通体磨制，把端有小部分残断，刃缘微弧，保留少量片疤，刃缘未见明显的使用痕迹，中度风化。长108.9毫米，宽76.3毫米，厚38.4毫米，重222.1克（图一六四，2）。

标本2014FGZT0204③：18　以板岩岩块为原料，通体磨制，无肩，两侧边平行，刃部微弧，把端和侧边有较多片疤。轻度风化，刃部可见因使用形成的20毫米以下贝壳状崩疤。长91.1毫米，宽50.3毫米，厚31.1毫米，重192克（图一六五，1）。

标本2014FGZT0203②：25　以石灰岩岩块为原料，通体磨制，无肩，两侧边平行，刃部微弧，把端和侧边保留大量的片疤面。轻度风化，可见轻微的使用痕迹。长73毫米，宽35毫米，厚22毫米，重75克（图一六五，2）。

标本2014FGZT0103③：22　以石灰岩岩块为原料，通体磨制，无肩，两侧边平行，刃部较平直，一面保留了大量的片疤。中度风化，刃部有使用形成的10毫米以下贝壳状崩疤。长85.2毫

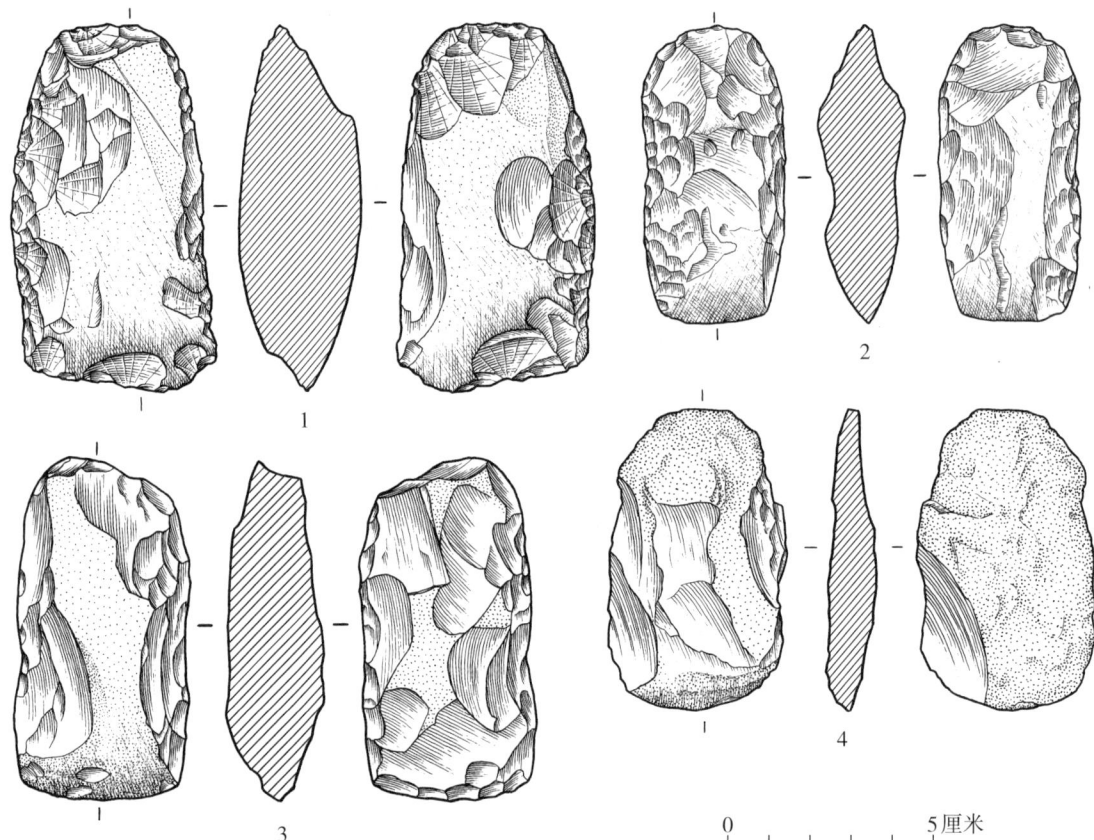

图一六五　三期石斧

1. 2014FGZT0204③：18　2. 2014FGZT0203②：25　3. 2014FGZT0103③：22　4. 2014FGZT0304③：28

米,宽43.1毫米,厚25.3毫米,重130克(图一六五,3)。

标本2014FGZT0304③：28　以石灰岩岩块为原料,通体磨制,无肩,两侧边平行,刃部微弧,一面保留了部分片疤,中度风化。长74.2毫米,宽43.1毫米,厚13.2毫米,重48克(图一六五,4)。

石锛18件,占斧锛类工具总数的16.5%。

标本2014FGZT0304②：96　以硅质岩砾石为原料,两面通体磨制,无肩,两侧向把端汇聚,刃缘微凸,一面保留较多片疤面,中度风化,刃部有轻微的使用痕迹。长85.3毫米,宽54.1毫米,厚20.2毫米,重89克(图一六六,1)。

标本2014FGZT0404②：7　以安山岩砾石为原料,通体磨制,无肩,两侧边向把端汇聚,刃部平直,中度风化,可见轻微的使用痕迹。长71.4毫米,宽37.1毫米,厚14.1毫米,重53克(图一六六,2)。

标本2014FGZT0101②：13　以石灰岩岩块为原料,无肩,两侧边向把端汇聚呈八字形,刃缘微弧,刃缘处磨制痕迹明显,保留大量的片疤面,中度风化,可见明显的使用痕迹。长71.1毫米,宽48.2毫米,厚18.2毫米,重68克(图一六六,3)。

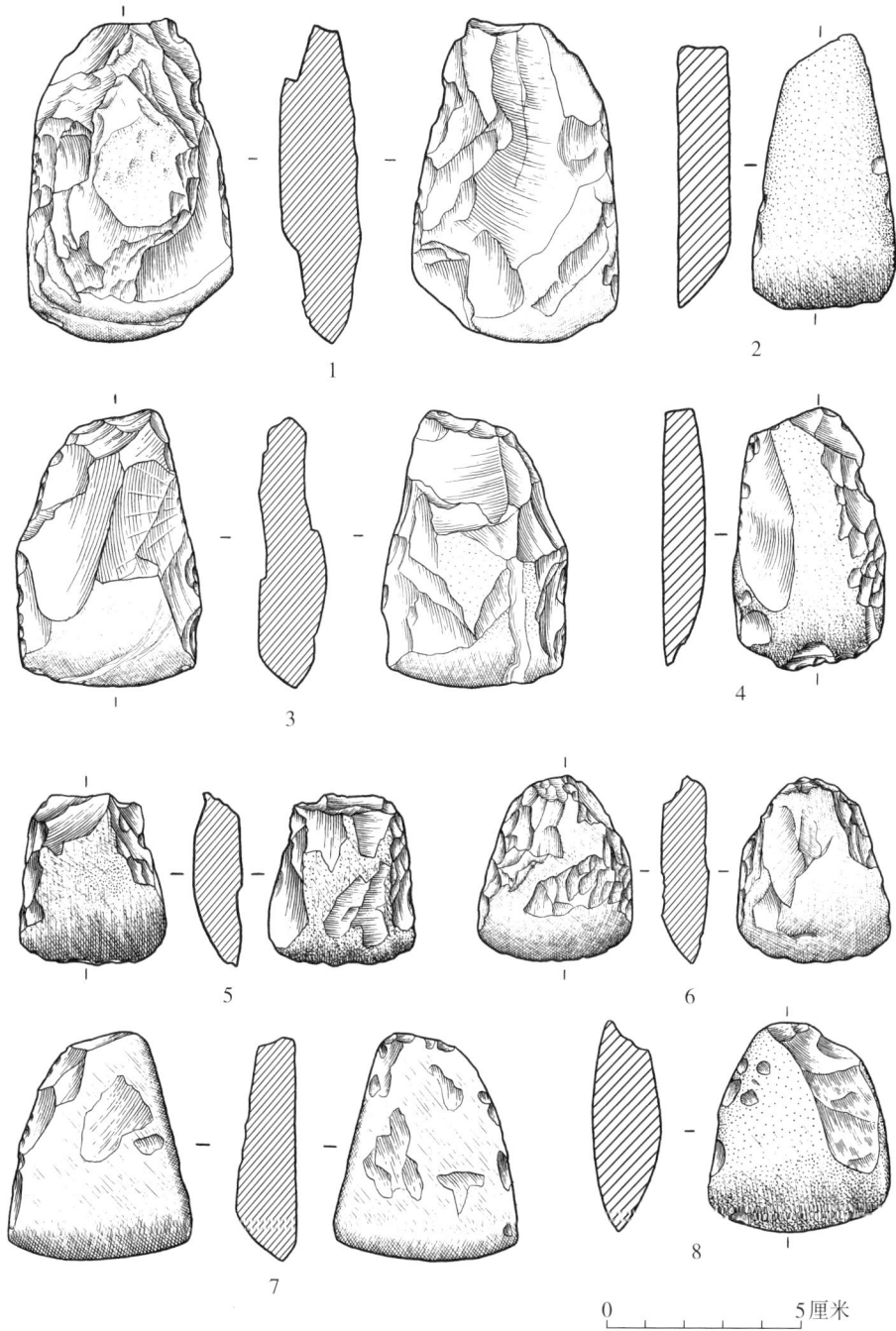

图一六六　三期石锛

1. 2014FGZT0304②：96　2. 2014FGZT0404②：7　3. 2014FGZT0101②：13　4. 2014FGZT0104②：6
5. 2014FGZT0102②：16　6. 2014FGZT0101③：7　7. 2014FGZT0301③：2　8. 2014FGZT0101②：15

标本2014FGZT0104②：6　以石灰岩岩块为原料，两面通体磨，无肩，两侧边向把端汇聚呈八字形，刃部平直，两侧边保留部分片疤面，中度风化，刃部有较多10毫米以下的贝壳状崩疤。长67.2毫米，宽39.1毫米，厚10.2毫米，重40克（图一六六，4）。

标本2014FGZT0102②：16　以硅质岩砾石为原料，两面通体磨制，无肩，两侧边向把端汇聚呈八字形，刃部平直，保留少量的片疤面，轻度风化，刃部有较多羽状崩疤，使用痕迹明显。长45.3毫米，宽38.1毫米，厚12.2毫米，重32克（图一六六，5）。

标本2014FGZT0101③：7　以板岩砾石为原料，平面近三角形，通体磨制，无肩，两侧边向把端汇聚呈八字形，刃部微弧，保留少量疤面。轻度风化，刃部局部有少量3毫米以下的贝壳状崩疤。长47.2毫米，宽40.2毫米，厚12.1毫米，重26克（图一六六，6）。

标本2014FGZT0301③：2　以板岩砾石为原料，平面近梯形，通体磨制，无肩，两侧边向把端汇聚呈八字形，刃缘微弧，保留少量片疤面，轻度风化，刃部无明显使用痕迹。长58.2毫米，宽47.1毫米，厚17.2毫米，重67克（图一六六，7）。

标本2014FGZT0101②：15　以辉绿岩砾石为原料，通体磨制，无肩，两侧边向把端汇聚，平面近三角形，刃部微弧，保留少量疤面，轻度风化，刃缘有使用形成的轻微磨痕。长53.3毫米，宽48.1毫米，厚18.3毫米，重64克（图一六六，8）。

标本2014FGZT0102②：14　以石灰岩岩块为原料，经简单磨制，无肩，两侧边向把端汇聚，刃缘平直，两侧边保留少量片疤面，轻度风化。长63.2毫米，宽41.3毫米，厚17.2毫米，重56克（彩版六，2）。

标本2014FGZT0103③：30　以石灰岩岩块为原料，平面近长三角形。通体磨制，无肩，两侧边在把端汇聚，刃缘微弧，保留少量的片疤面，刃部有明显因使用造成的崩疤，中度风化。长117.9毫米，宽66.2毫米，厚29.8毫米，重286克（图一六七，1）。

标本2014FGZT0303③：28　以灰绿岩砾石为原料，平面近三角形。通体磨制，无肩，刃部平直，把端和一侧边保留了少量的片疤面。轻度风化，刃部可见明显的使用痕迹。长49.1毫米，宽35.3毫米，厚12.1毫米，重31克（图一六七，2）。

标本2014FGZT0204③：17　以灰绿岩砾石为原料，平面近四边形。通体磨制，无肩，两侧边平行，刃部微弧，保留少量疤面，刃部有轻微的使用痕迹，轻度风化。长47.2毫米，宽39.1毫米，厚10.3毫米，重33克（图一六七，3）。

标本2014FGZT0101②：16　以石灰岩砾石为原料，四周打制，无肩，两侧边近平行，刃部仅一面进行磨制，中度风化，刃缘微弧。长70.1毫米，宽43.9毫米，厚14.1毫米，重74克（图一六八，1）。

标本2014FGZT0206③：71　以石灰岩砾石为原料，平面近四边形。四周打制，无肩，两侧边向刃部汇聚呈八字形，刃缘微弧偏向一侧，轻度风化。长61.3毫米，宽39.4毫米，厚14.1毫米，重46克（图一六八，2）。

标本2014FGZT0404③：8　以凝灰岩砾石为原料，平面近长三角形。两面通体磨制，保留少量片疤，刃部微弧，轻度风化。长105.1毫米，宽50.9毫米，厚18.3毫米，重143.5克（图一六八，3）。

斧锛类半成品和毛坯共37件，占斧锛类工具总数的33.9%。

标本2014FGZT0102②：15　以石灰岩岩块为原料，周边打坯，无肩，两侧边平行，经过简单磨制，刃部仍保留较多的片疤面，中度风化。长112毫米，宽73毫米，厚34毫米，重374克（图一六九，1）。

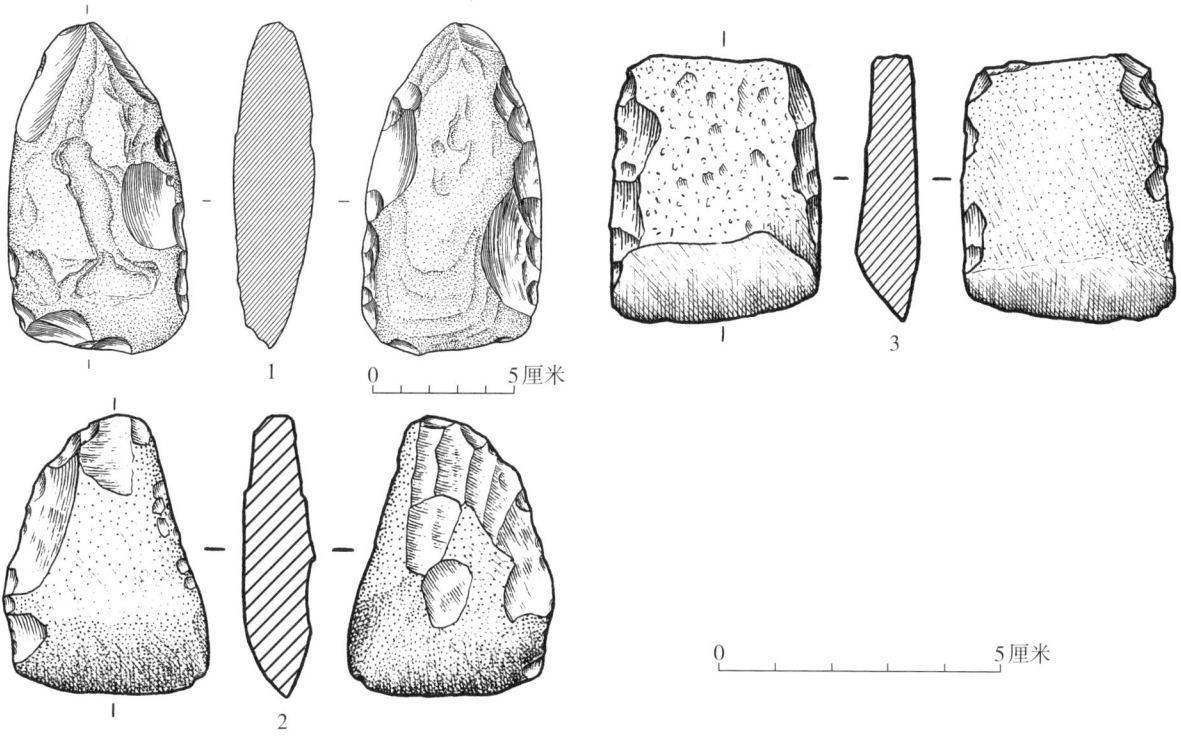

图一六七　三期石锛

1. 2014FGZT0103③：30　　2. 2014FGZT0303③：28　　3. 2014FGZT0204③：17

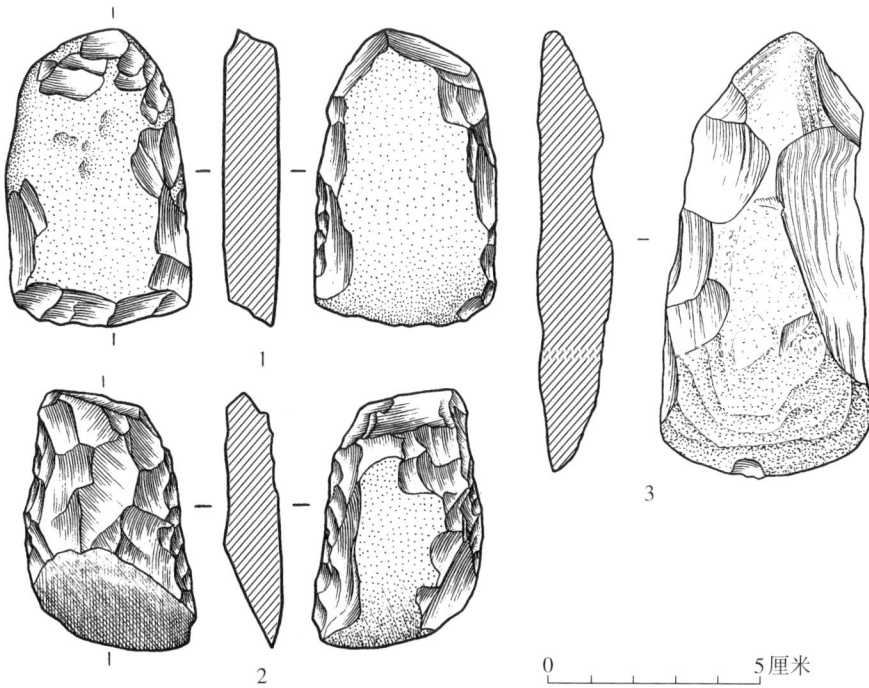

图一六八　三期石锛

1. 2014FGZT0101②：16　　2. 2014FGZT0206③：71　　3. 2014FGZT0404③：8

标本2014FGZT0404②：1　以石灰岩砾石为原料，周边打坯，无肩，两侧边向把端汇聚呈八字形，刃部为断裂面，中度风化。长85毫米，宽47毫米，厚19毫米，重101克（图一六九，2）。

标本2014FGZT0206③：65　以板岩砾石为原料，平面近长三角形，利用斧锛旧器再加工而成，仍保留旧器两面的磨痕，无肩，两侧边向刃部汇聚呈八字形，保留大量疤面，刃部经再次修整，可见多处片疤，轻度风化。长127.1毫米，宽60.3毫米，厚33.5毫米，重291克（图一六九，3）。

标本2014FGZT0102②：18　以石灰岩岩块为原料，利用斧锛旧器再次加工而成，周边打坯，无肩，两侧边向刃部汇聚呈八字形，刃部经再次修整，可见明显的修疤痕迹，刃部尚未重新磨制，轻度风化。长98毫米，宽49毫米，厚28毫米，重170克（图一六九，4）。

标本2014FGZT0206③：70　以石灰岩岩块为原料，平面近长条形，周边打坯，无肩，两侧边向把端汇聚呈八字形，刃部残断，中度风化，刃缘较平直。长93.9毫米，宽62.1毫米，厚36.2毫米，重144.3克（图一七〇，1）。

标本2014FGZT0103③：28　以凝灰岩石片为原料，经简单的修整即进行磨制，石片背面可见明显的磨痕，中度风化，刃缘微弧。长68.2毫米，宽50.1毫米，厚14.9毫米，重108.2克（图一七〇，2）。

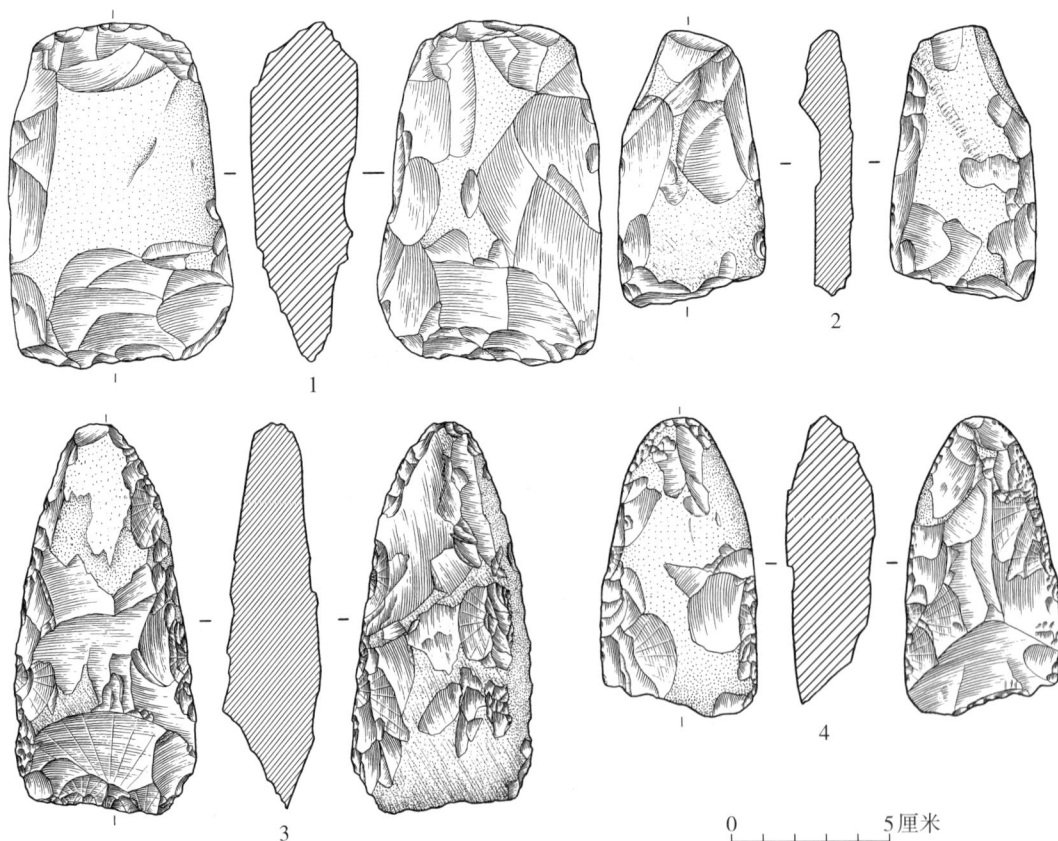

0　　　　　　　5厘米

图一六九　三期斧锛类半成品

1. 2014FGZT0102②：15　2. 2014FGZT0404②：1　3. 2014FGZT0206③：65　4. 2014FGZT0102②：18

标本2014FGZT0103③：4 以石灰岩砾石为原料，平面近矩形。一面可见磨制痕迹，另一面全部为片疤面，刃缘形制不太规整，中度风化。长62.2毫米，宽66.6毫米，厚30.2毫米，重105.3克（图一七〇，3）。

标本2014FGZT0201②：2 以石灰岩旧斧锛为原料，在把端和刃部重新进行打制，无肩，两侧向把端汇聚呈八字形，刃缘微凸，轻度风化。长62.1毫米，宽53.2毫米，厚17.4毫米，重92克（图一七〇，4）。

标本2014FGZT0102②：6 以石灰岩岩块为原料，两面磨制，把端残断，可见两处较大的片疤，刃部微凸。长66.3毫米，宽71.1毫米，厚18.9毫米，重86克（图一七〇，5）。

标本2014FGZT0206③：69 以石灰岩岩块为原料，平面近三角形，四周打坯，无肩，两侧边向把端汇聚呈八字形，刃缘微凸，重度风化，磨制痕迹不明显。长88.1毫米，宽69.1毫米，厚25.2毫米，重191克（图一七〇，6）。

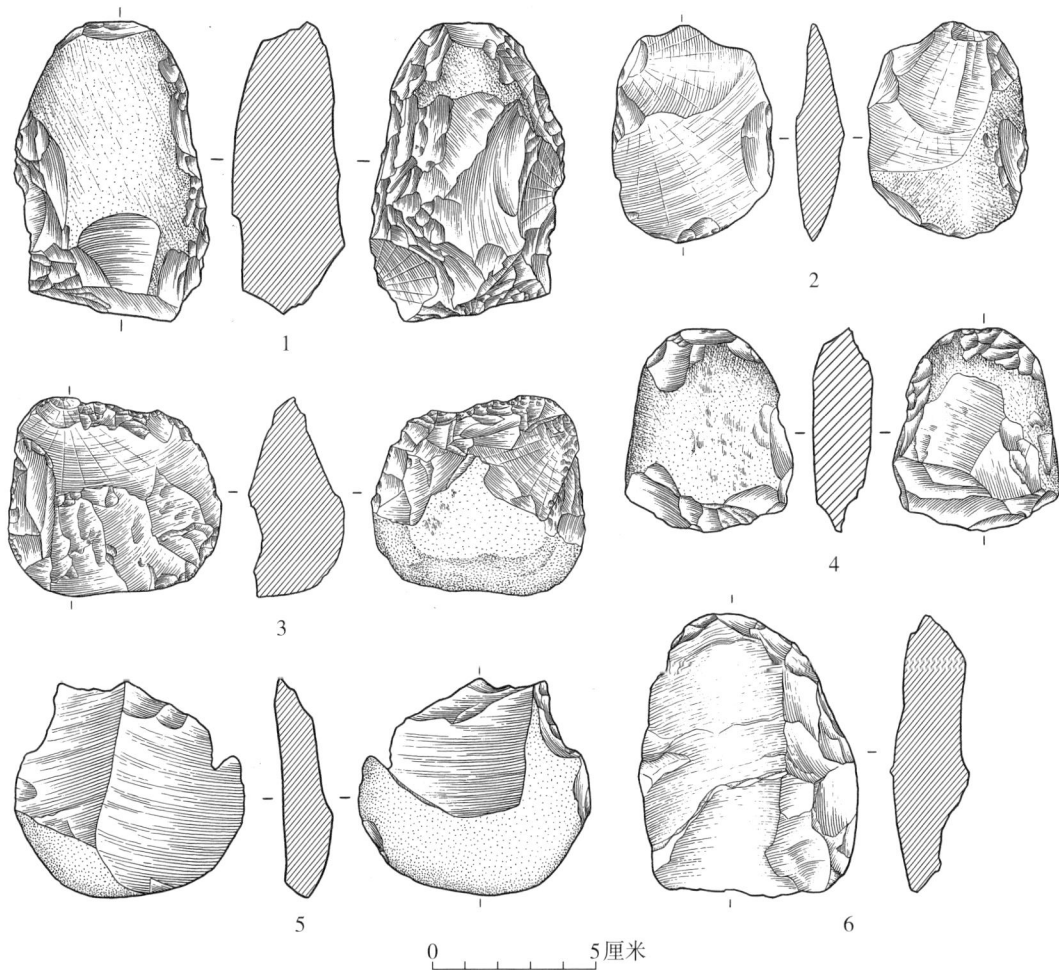

图一七〇 三期斧锛坯及半成品

1. 2014FGZT0206③：70 2. 2014FGZT0103③：28 3. 2014FGZT0103③：4 4. 2014FGZT0201②：2
5. 2014FGZT0102②：6 6. 2014FGZT0206③：69

标本2014FGZT0101②：11　以石灰岩旧斧锛为原料，四周打坯，保留有磨面，无肩，两侧边向把端汇聚呈八字形，刃缘微凹，轻度风化。长98.1毫米，宽66.3毫米，厚35.1毫米，重274克（彩版六，1）。

斧锛类残件27件，占斧锛类工具总数的24.7%。

标本2014FGZT0103③：2　以石灰岩岩块为原料，四周可见明显的修疤，两面磨制，刃部残断，仅残余把端，无肩，两侧边平行。长75.1毫米，宽50.3毫米，厚20.1毫米，重94克（图一七一，1）。

标本2014FGZT0204②：59　以凝灰岩砾石为原料，通体磨制，中段和刃部折断，仅残余把端，整体较为厚钝，能看到多处使用后造成的新疤。长57.2毫米，宽61.1毫米，厚21.2毫米，重88克（图一七一，2）。

标本2014FGZT0204②：58　以石灰岩岩块为原料，通体打制，刃部折断，通体均为片疤面，无肩，两侧边平行。长76.2毫米，宽60.2毫米，厚18.1毫米，重117克（图一七一，3）。

标本2014FGZT0202②：23　以石灰岩岩块为原料，通体加工，无肩，两侧边向把端汇聚，刃部残断。长66.1毫米，宽58.3毫米，厚32.1毫米，重153克（图一七一，4）。

标本2014FGZT0304③：42　以石灰岩砾石为原料，经过简单磨制，刃部残断，仅剩余把端，

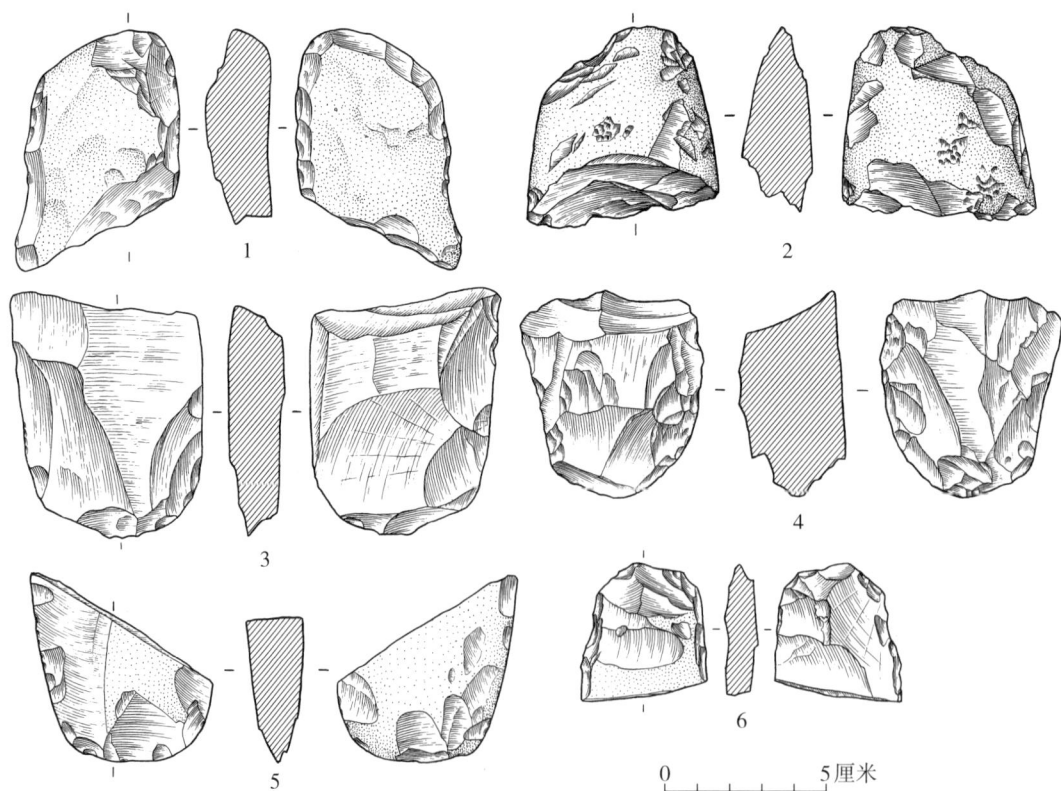

图一七一　三期斧锛残件

1. 2014FGZT0103③：20　2. 2014FGZT0204②：59　3. 2014FGZT0204②：58　4. 2014FGZT0202②：23
5. 2014FGZT0304③：42　6. 2014FGZT0103③：24

两侧边平行。残长53.1毫米,宽50.2毫米,厚19.3毫米,重91.6克(图一七一,5)。

标本2014FGZT0103③:24　以石灰岩砾石为原料,单面磨制,保留大量疤面,无肩,两侧边平行,刀部残断,残余柄端小部分。残长44.1毫米,宽40.2毫米,厚10.1毫米,重24克(图一七一,6)。

标本2014FGZT0103③:25　以石灰岩岩块为原料,简单磨制,斧锛类工具中段,保留大量疤面,两侧边平行。残长66.2毫米,宽59.4毫米,厚32.1毫米,重136.1克(图一七二,1)。

标本2014FGZT0104③:2　以石灰岩岩块为原料,简单磨制,保留大量片疤面,无肩,两侧边平行,残余中部。残长69.4毫米,宽52.1毫米,厚27.3毫米,重139克(图一七二,2)。

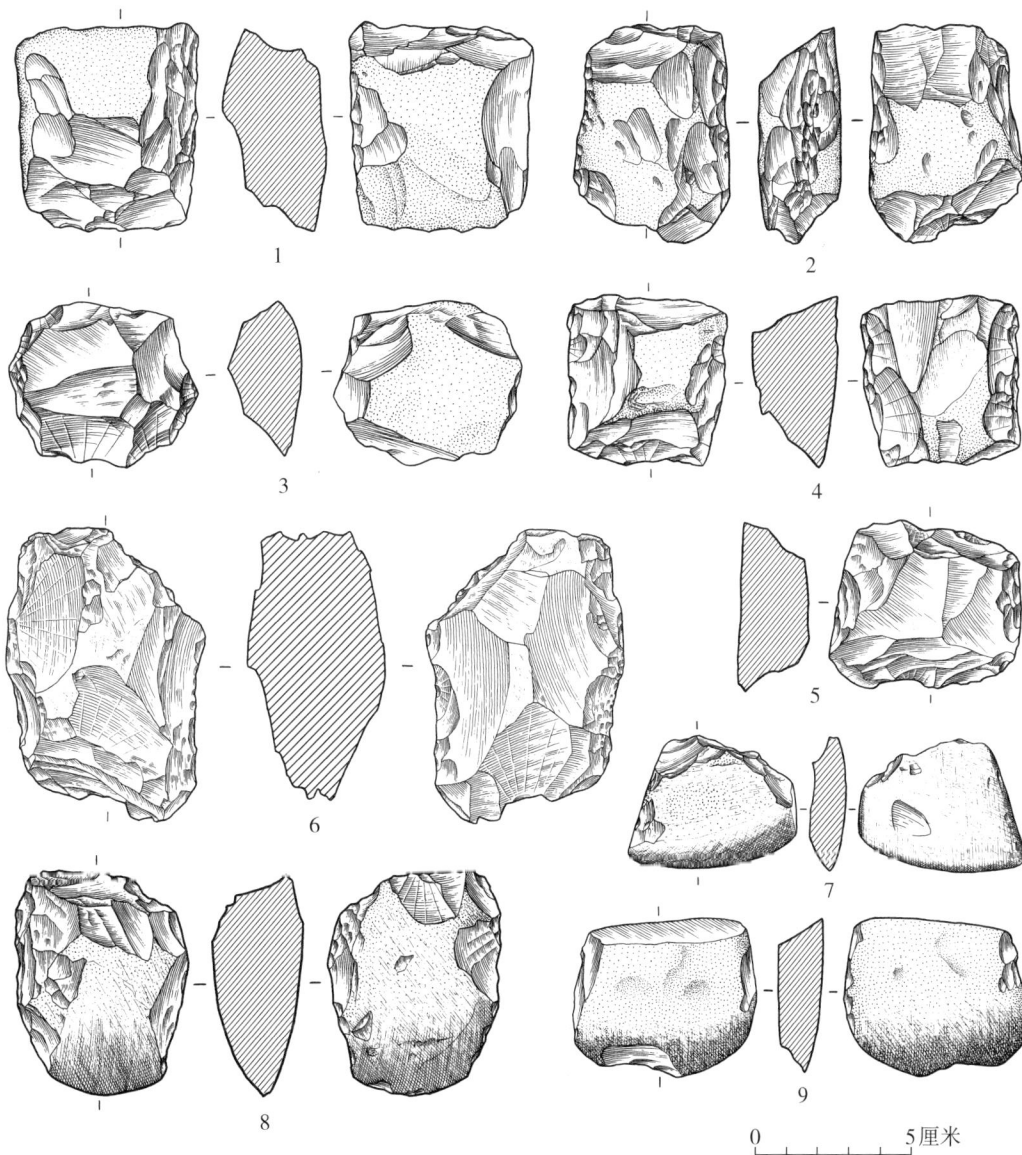

图一七二　三期斧锛残件

1. 2014FGZT0103③:25　2. 2014FGZT0104③:2　3. 2014FGZT0205③:3　4. 2014FGZT0104③:3　5. 2014FGZT0204②:62
6. 2014FGZT0203②:24　7. 2014FGZT0402③:3　8. 2014FGZT0103③:21　9. 14FGZT0202②:24

标本2014FGZT0205③：3　以石灰岩块为原料，单面磨制，另一面多为片疤面，残余中段。残长53.1毫米，宽61.2毫米，厚29.4毫米，重121.6克（图一七二，3）。

标本2014FGZT0104③：3　以石灰岩块为原料，一面可见磨蚀痕迹，一面大部分为片疤面，残余中段。残长52.2毫米，宽59.3毫米，厚28.1毫米，重123.5克（图一七二，4）。

标本2014FGZT0204②：62　以石灰岩岩块为原料，残存中段，一面可见明显的磨痕，另一面全部为片疤面。残长52.1毫米，宽61.3毫米，厚23.1毫米，重116克（图一七二，5）。

标本2014FGZT0203②：24　以石灰岩岩块为原料，通体可见加工痕迹，两侧边平行，残余中部大部分。残长92.2毫米，宽63.1毫米，厚46.3毫米，重329克（图一七二，6）。

标本2014FGZT0402③：3　以板岩砾石为原料，通体磨制，保留少量片疤面，残余刃部，根据刃部特征可辨别出该器为石锛，未见明显的使用痕迹。残长42.1毫米，宽54.1毫米，厚11.3毫米，重34克（图一七二，7）。

标本2014FGZT0103③：21　以石灰岩砾石为原料，通体磨制，保留少量片疤面，仅残余刃部，把端残断，两侧边平行，根据刃部特征可辨别出该器为石斧，刃缘有较多因使用形成的8毫米以下贝壳状崩疤。残长70.3毫米，宽57.3毫米，厚29.1毫米，重157克（图一七二，8）。

标本2014FGZT0202②：24　以石灰岩砾石为原料，磨制精致，把端残断，仅残存刃部，从刃部特征可辨认出该器为石斧，刃缘可见因使用而形成的崩疤。残长50.2毫米，宽60.3毫米，厚15.2毫米，重126.4克（图一七二，9）。

标本2014FGZT0104②：5　以安山岩砾石为原料，保留大部分片疤面，可见少量的磨制痕迹，无肩，两侧边平行，残余柄端小部分。残长60.2毫米，宽51.1毫米，厚21.4毫米，重87克（彩版六，3）。

二　陶片

三期出土的陶片数量较少，均为夹砂陶，粒径在0.3毫米的居多。陶色以红褐色和黑褐色为主，有绳纹和素面陶片。未发现完整器，发现的陶片个体较小，无法复原。

2014FGZT0105③：256　口沿残片，红褐色夹砂陶，砂粒较细，粒径在0.3毫米左右，饰细绳纹，粗约0.3毫米（图一七三，1）。

2014FGZT0205③：165　口沿残片，红褐色夹砂陶，砂粒较细，粒径在0.3毫米，饰细绳纹（图一七三，2）。

2014FGZT0308③：124　口沿残片，黑褐色夹砂陶，素面，折沿（图一七三，3）。

2014FGZT0105③：245　口沿残片，红褐色夹砂陶，饰细绳纹（图一七三，4）。

2014FGZT0104③：127　腹部残片，灰褐色夹砂陶，饰细绳纹（图一七三，5）。

2014FGZT0207②：68　腹部残片，灰褐色夹砂陶，砂粒较细，饰交错绳纹（图一七三，6）。

三　遗迹

三期发现灰坑34个，柱洞12个，未发现墓葬。

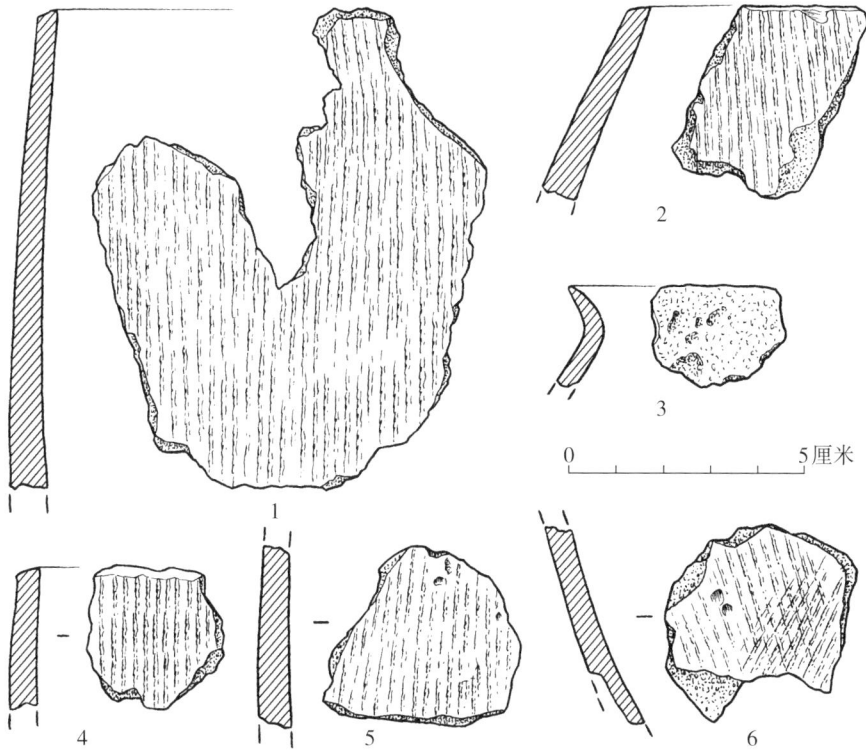

图一七三 三期陶片

1. 2014FGZT0105③：256   2. 2014FGZT0205③：165   3. 2014FGZT0308③：124   4. 2014FGZT0105③：245
5. 2014FGZT0104③：127   6. 2014FGZT0207②：68

1. 灰坑

三期共发现灰坑34个，平面以近椭圆形和近圆形的居多，坑内出土遗物较少，多为石块和零星的砾石。

H21   位于T0102北部，开口于③层下，打破④层。平面近椭圆形，长85厘米，宽64厘米，直壁平底，深约31厘米。填土为黄色砂质土，结构较疏松，没有其他遗物出土（图一七四，1）。

H27   位于T0101西南角，开口于③层下，打破④层。平面近半圆形，部分深入东隔梁内，长28厘米，宽40厘米，直壁平底，深约28厘米。填土为棕褐色，除少量炭屑外，未见其他遗物（图一七四，4）。

H32   位于T0204西南角，开口于③层下，打破⑤层。平面椭圆形，长49厘米，宽53厘米，直壁平底，深约15厘米。填土呈棕黄色，包含物为砾石、石片和少量的红烧土颗粒，无其他遗物出土（图一七四，2）。

H29   位于T0101西部，开口于③层下，打破④层。平面近椭圆形，直壁平底，长49厘米，宽39厘米，深约23厘米。填土为棕褐色，土质较松软，夹杂有少量红烧土颗粒和炭屑，无其他遗物出土（图一七四，3）。

2. 柱洞

三期发现柱洞12个，平面多为圆形。

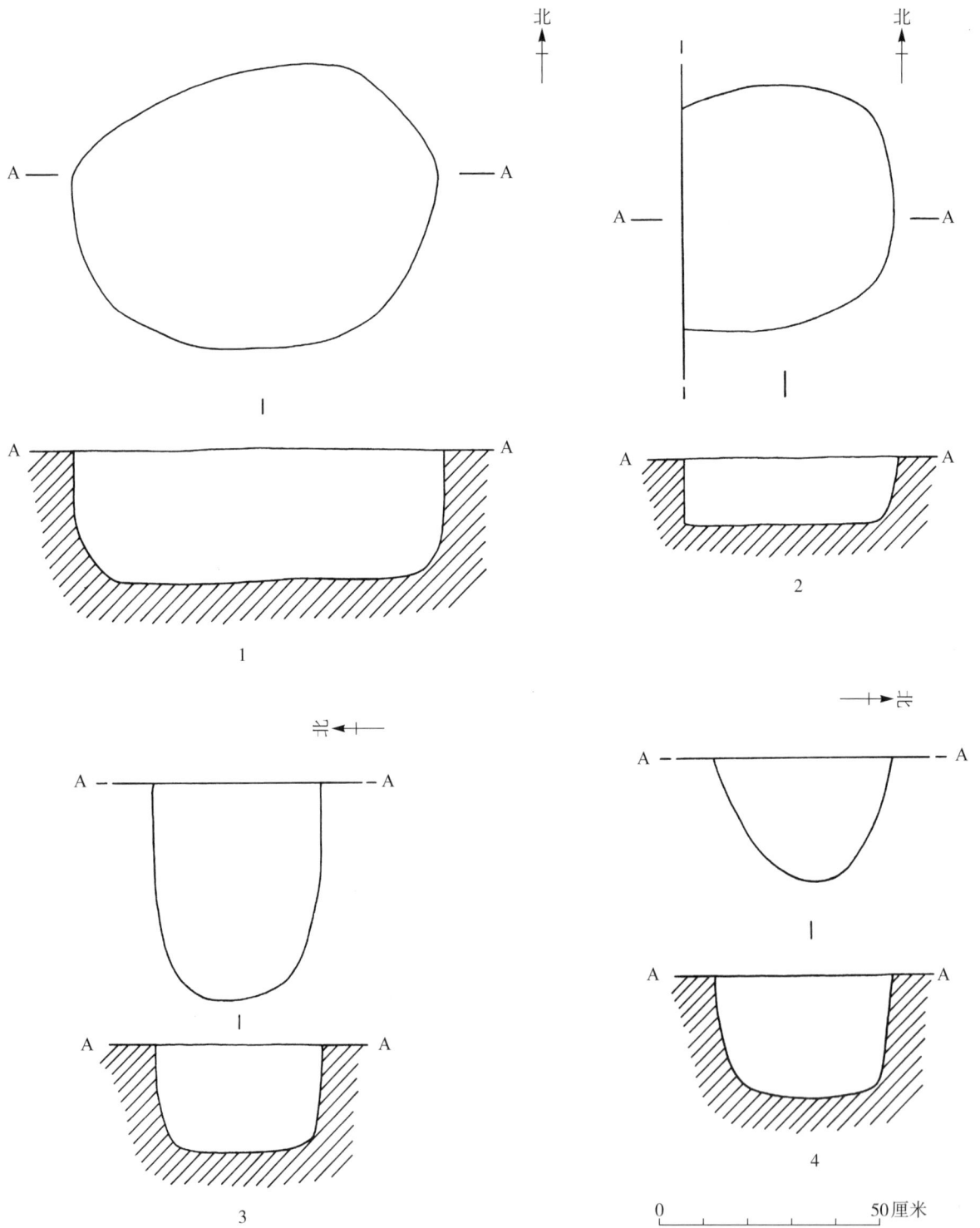

图一七四　三期灰坑

1. H21　2. H32　3. H29　4. H27

D29　位于T0101中南部,开口于③层下,打破④层。平面近椭圆形,长37厘米,宽29厘米,直壁圜底,深约13厘米。填土为棕褐色,含少量红烧土颗粒,未见其他遗物(图一七五,1)。

D31　位于T00303西南部,开口于②层下,打破③层。平面近圆形,长25厘米,宽23厘米,斜壁圜底,深约15厘米。填土为黄褐色砂质黏土,结构较疏松,土质松软,含少量的红烧土颗粒和炭屑,未见其他遗物(图一七五,2)。

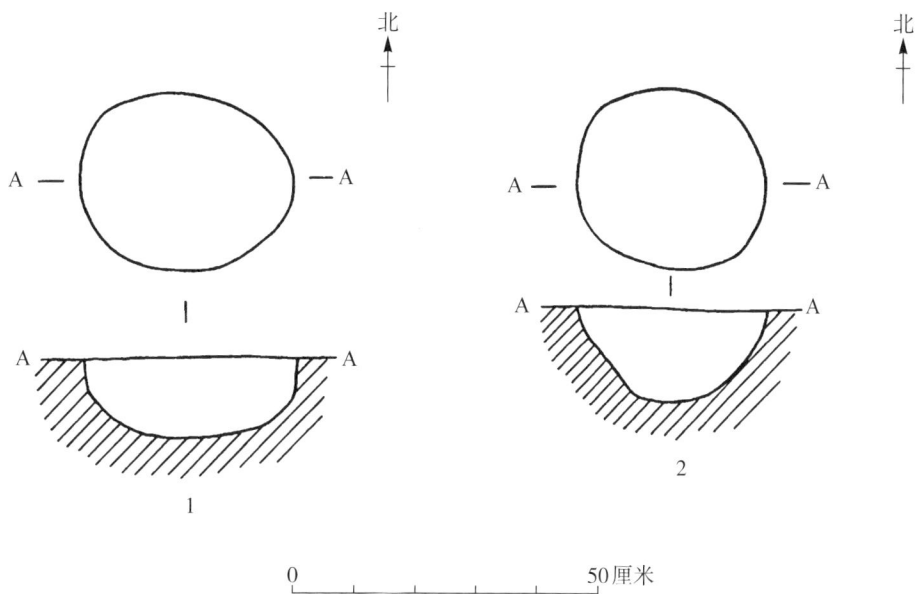

图一七五　三期柱洞

1. D29　2. D31

第四节　四期文化遗物

致造遗址四期主要以出土的大石铲及H1、H44、H46、H66、H75等遗迹为代表。该期共出土大石铲及毛坯8件,发现灰坑11个,柱洞19个。

一　遗物

H1：1　石铲,以青灰色板岩为原料,一面磨制,另一面可见明显的加工留下的痕迹,该石铲短柄,无袖,左侧边缘断裂。个体较大。长337.4毫米,宽243.3毫米,厚31.1毫米(图一七六,1)。

H1：2　石铲残件,把端及肩部残断,仅残存舌部,一面磨制精致,另一面保存有加工的痕迹。残长202.9毫米,宽160.2毫米,厚19.2毫米(图一七七,1)。

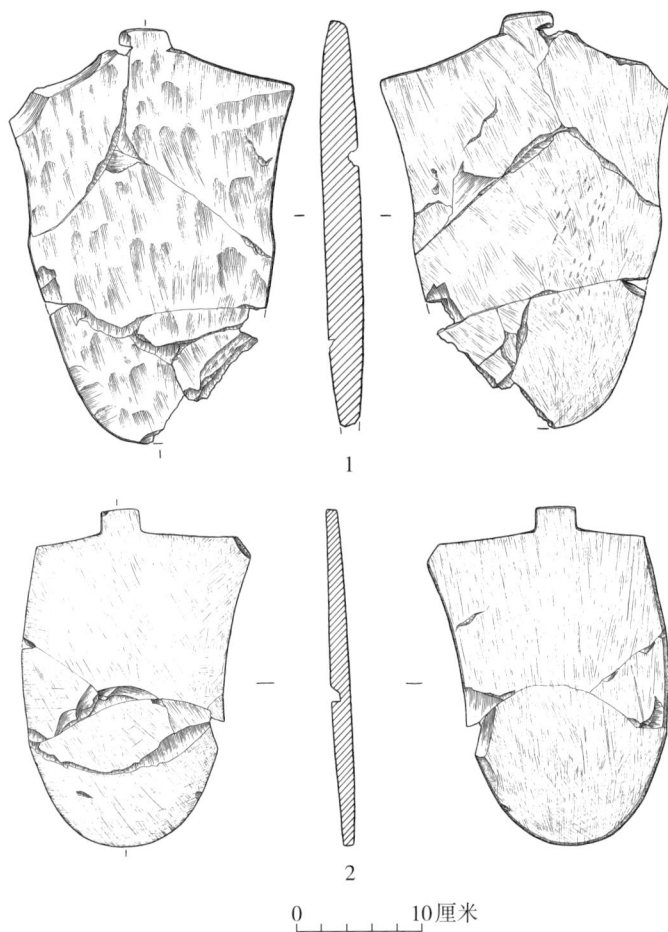

图一七六　四期大石铲

1. H1：1　2. H1：3

　　H1：3　石铲，以青灰色板岩为原料，两面磨制，该石铲短柄，无袖，左侧边缘断裂。个体较大。长273.1毫米，宽197.3毫米，厚16.1毫米（图一七六，2）。

　　H44：1　石铲，柄部和肩部残断，通体磨光，束腰。柄部朝北微微上斜，面微斜向东。长212.4毫米，宽120.1毫米，厚9.2毫米（图一七七：2）。

　　H46：1　石铲，短柄斜肩，有袖，舌部残断，两面磨制较为精致，偶见修型时留下的痕迹。残长233.1毫米，宽140.4毫米，厚15.2毫米（图一七八）。

　　H66：1　石铲毛坯，一面修理痕迹较少，另一面全部为修整留下的疤痕。长179.2毫米，宽98.5毫米，厚13.3毫米（图一七九，3）。

　　H66：2　石铲毛坯，形状不规则，一面可见轻微的磨制痕迹。长99.3毫米，宽85.1毫米，厚15.3毫米（图一七九，1）。

　　H75：1　石铲毛坯，两面有明显的磨制痕迹，形状近椭圆形，四周可见修型时留下的疤痕。长172.3毫米，宽123.1毫米，厚14.5毫米（图一七九，2）。

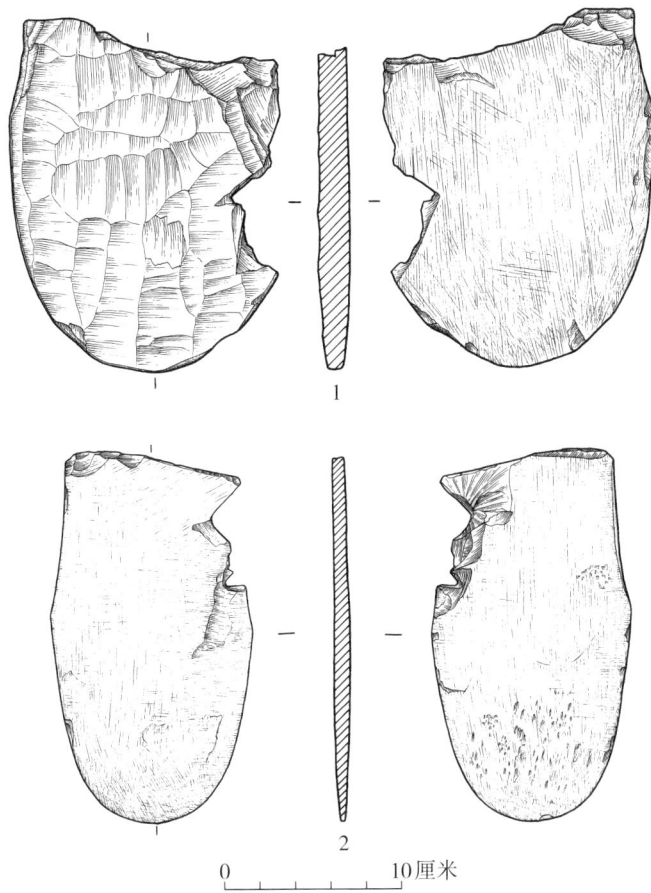

图一七七 四期石铲

1. H1：2 2. H44：1

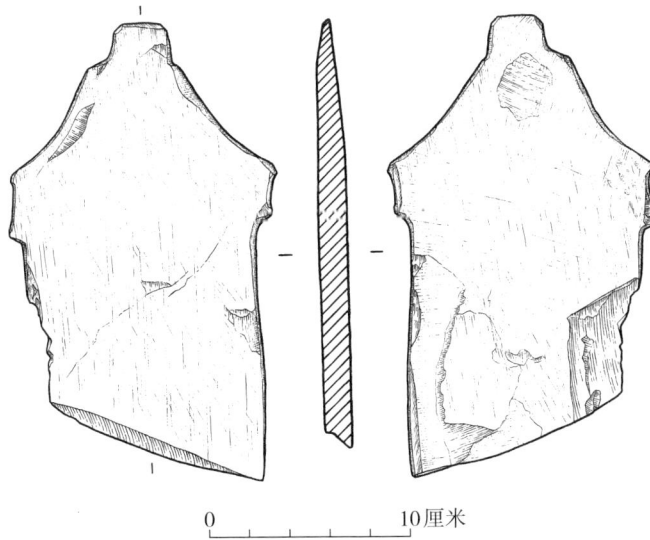

图一七八 四期石铲

H46：1

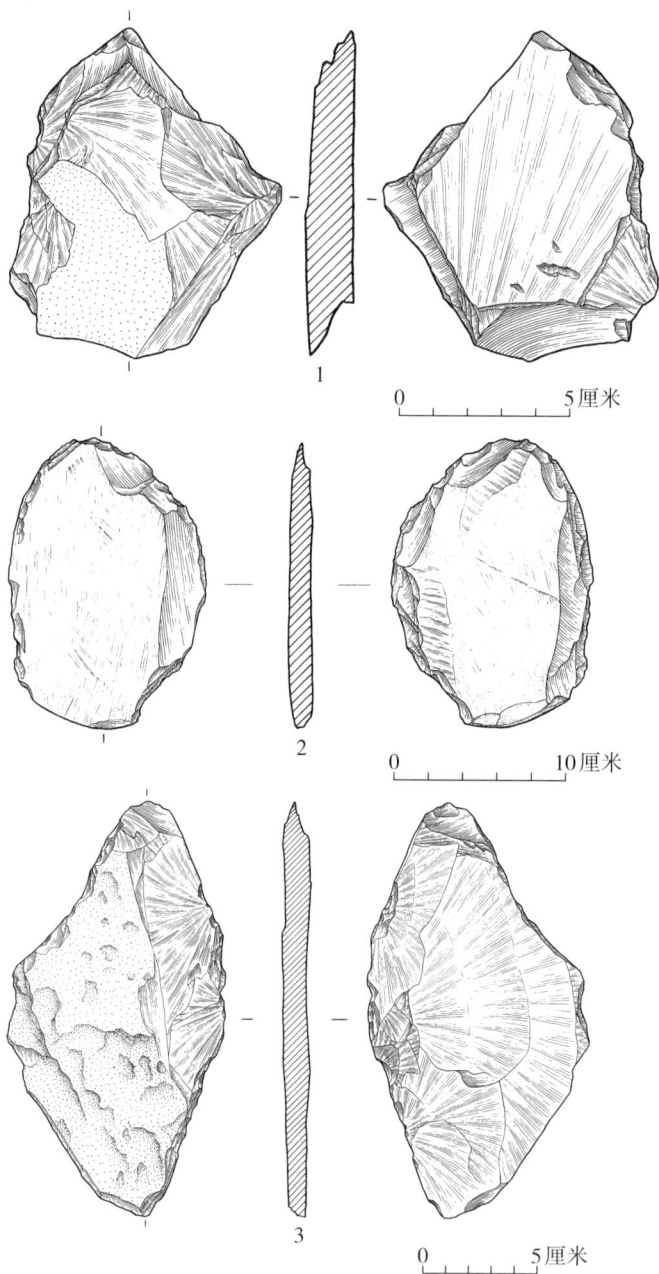

图一七九　四期大石铲毛坯

1. H66：2　2. H75：1　3. H66：1

二　遗迹

（一）灰坑

H1位于T0402东北部，开口于①层下，打破②层，平面形状近椭圆形，东西向长约63厘米，南北向宽约32厘米，深度约15厘米。坑内填土仅一层堆积，为褐色黏性土，土质结构较松软，包含小石英碎片等物,坑内出土3把大石铲。坑壁陡直,底部平坦。大石铲顺坑的方向平放,放置状态为西高东低,1号石铲置于坑的西端,2号石铲置于东部,2号石铲下还叠放3号石铲。3把石铲均已破损,但可见其基本形制(图一八〇,2)。

　　H44位于T0306东北角,开口于①层下,打破②层,平面形状不规则,部分深入隔梁内,长65厘米,宽78厘米,斜壁圜底,深约20厘米。填土为黄褐色砂土,结构较密,呈团块状,含少量炭屑,底部见少量红烧土颗粒和较多植物根须。坑内发现1件石铲和陶罐残件,陶罐质地为黑色夹砂陶,胎质较薄,因腐蚀较为严重且质地较薄,无法提取。(图一八〇,4)。

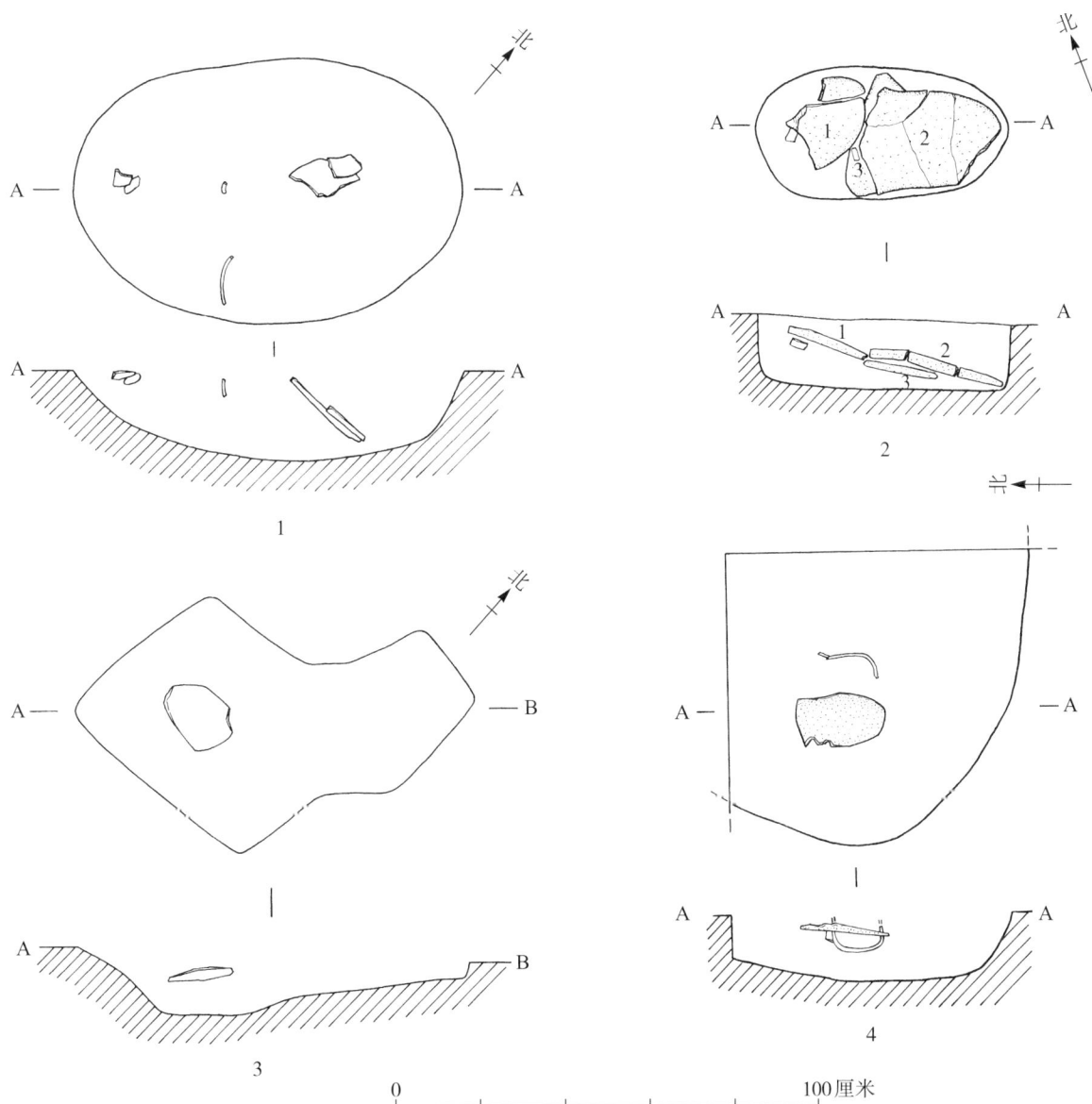

图一八〇　四期灰坑

1. H66　2. H1　3. H75　4. H44

H66位于T0405西南部,开口于①层下,打破②层。平面形状近椭圆形,长92厘米,宽61厘米,斜壁圜底,深约20厘米,填土为黄褐色砂质亚黏土,结构较致密,呈团块状,含较少量粒径约3毫米的锰结核颗粒。坑内出土石铲毛坯2件(图一八〇,1)。

H75位于T0105西部,开口于①层下,打破②层,平面形状不规则,长95厘米,宽59厘米,斜壁圜底,深约16厘米。填土为棕褐色砂质亚黏土,土质较硬,结构致密,呈团块状,含较多分布均匀的铁锰结核颗粒。坑内平放有1件石铲毛坯(图一八〇,3)。

（二）柱洞

D11位于T0302东部,开口于①层下,打破③层,平面形状近圆形,长30厘米,宽28厘米,直壁平底,深约15厘米,填土为黄褐色,含少量铁锰结核颗粒,未见其他遗物(图一八一,1)。

D1位于T0103西北部,开口于①层下,打破②层,平面形状近椭圆形,长31厘米,宽27厘米,斜壁圜底,深约20厘米,填土为黑褐色,土质松软,未见其他遗物(图一八一,2)。

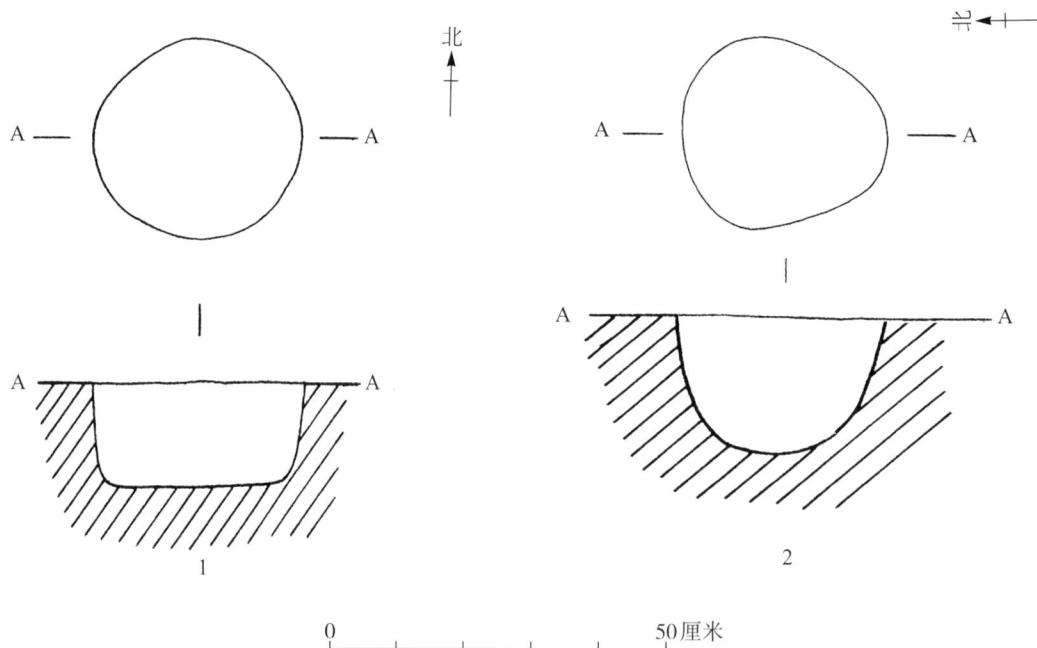

图一八一　四期柱洞

1. D11；2. D1

第四章　墓葬及人骨研究

　　敢造发掘墓葬的葬式多为侧身屈肢葬,少数仰身屈肢葬,其余葬式不明。墓葬分布密集,没有明显的墓坑,也无葬具发现,人骨保存状况较差并且凌乱。人骨提取工作完成后,共编号97个,顺序为1～97。97个编号单元中,最小个体数为1的有55例(56.70%),其余编号单元最小个体数均大于等于2,且多数情况是以一个个体的骨骼为主,其他个体骨骼数量往往较少。所有单元最小个体数之和为115。为便于区分,鉴定过程中将原始编号单元重新编号,例如:主要个体编号M1-1,次要个体编号M1-2、M1-3……。整理后共有115个编号,一共有108例个体可供进行研究。

第一节　性别和死亡年龄的鉴定与分析

　　古代人骨的保存为个体性别、年龄的鉴定提供了基础。性别和年龄的鉴定,不仅能够让我们了解古代居民的人口情况,而且是进行更深入研究的前提和基础。成年个体性别的鉴定以骨盆形态作为最重要的判断依据,其次为头骨形态,再次为其他骨骼,主要参照 *STANDARDS*[1] 的判断标准,未成年个体(15岁以下)一般不进行性别判断。年龄的判断要综合多处部位的年龄信息,从而给予一个合理的年龄区间。成年个体的年龄判断主要依据的是耻骨联合面的年龄变化情况[2] 和耳状关节面的年龄变化情况[3],还需要结合牙齿磨耗的分级[4];未成年个体的年龄判断主

[1]　J. E. Buikstra, D. H. Ubelaker, *Standards: for Data Collection from Human Skeletal Remains*, Fayetteville: Arkansas Archaeological Survey, 1994: 15-38.

[2]　S. Brooks, J. M. Suchey, "Skeletal age determination based on the os publis: a comparison of the Acsádi-Nemeskéri and Suchey-Brooks methods", *Human Evolution*, 1990, (5): 227-238.

[3]　C. O. Lovejoy, R. S. Meindl, T. R. Pryzbeck, R. P. Mensforth, "Chronological metamorphosis of the auricular surface of the ilium: a new method for the determination of adult skeletal age at death", *American Journal of Physical Anthropology*, 1985, 68(1): 15-28.

[4]　C. O. Lovejoy, "Dental wear in the libben population: its functional pattern and role in the determination of adult skeletal age at death", *American Journal of Physical Anthropology*, 1985, 68(1): 47-56.

要依据的是牙齿萌出状况和骨骼的生长发育情况[1]。除以上的鉴定标准外,本书对性别和年龄的鉴定还参考了吴汝康先生等[2]和邵象清先生[3]在有关论著中提出的标准。依据以上鉴定标准,敢造遗址出土的人骨共有108例个体,具体的性别和死亡年龄情况见表九。

表九　广西扶绥敢造遗址居民性别和死亡年龄鉴定表

墓　号	性　别	年　龄	墓　号	性　别	年　龄
M2	男	40～50	M22-2	不详	中年
M3-1	男	30～40	M22-3	不详	成年
M3-2	不详	成年	M23-1	男	35+
M3-3	女	不详	M25	女	35～50
M4	女	35～45	M26-1	男	30±
M5	女	成年	M27	女	30～40
M6-1	男	成年	M28	女	40～50
M6-2	女	成年	M29	男	40±
M8-1	不详	12月15日	M30	男	40～50
M9	女	16～20	M31	女	20～30
M10	男	35～45	M32	女	35～45
M11-1	男	成年	M33	不详	4～6
M11-2	女	成年	M34	女	成年
M16	女	40～50	M35-1	女	40～50
M17-1	男	成年	M35-2	女	成年
M17-2	不详	成年	M36	女	35～45
M18	不详	成年	M38-1	女	40～50
M19	女	40～50	M38-2	不详	成年
M20-1	女	18～22	M39	女	40～50
M20-2	不详	45～55	M40-1	女	40～50
M21	女	35～45	M40-2	男	40～50
M22-1	男	35～45	M42	男	成年

[1]　朱泓:《体质人类学》,高等教育出版社,2004年,第97～98、102～103页。
[2]　吴汝康、吴新智、张振标:《人体测量方法》,科学出版社,1984年,第11～25页。
[3]　邵象清:《人体测量手册》,上海辞书出版社,1985年,第34～56页。

墓　号	性　别	年　龄	墓　号	性　别	年　龄
M43-1	不详	成年	M71	男	中年
M43-2	不详	成年	M72-1	女	成年
M45-1	女	不详	M72-2	不详	成年
M45-2	男	不详	M73-1	男	50±
M46-1	女	成年	M73-2	男	35～45
M46-2	不详	中年	M73-4	不详	成年
M48	女	40～50	M74	男	成年
M50	女	40～50	M75-1	男	40～50
M51-1	女	40～50	M75-2	女	成年
M51-2	男	40～50	M76	男	30～40
M51-3	不详	未成年	M77-1	男	30～40
M52	男	30～40	M77-2	不详	成年
M53	女	50±	M78	女	中年
M56	不详	成年	M80-1	不详	成年
M58	男	成年	M80-2	不详	成年
M59	男	成年	M81	女？	不详
M60	男	30～40	M82	男	30～40
M61	不详	成年	M83	女	40～50
M62	男	35～40	M84-1	女	40～50
M63-1	不详	3～6	M84-2	男	成年
M63-2	男	成年	M84-3	不详	成年
M64	男	中年	M84-4	男	成年
M65	男	中年	M86-1	女	45～55
M66	女	成年	M86-2	女	40～50
M67	女	中年	M87	男	40±
M68	男	30～40	M88	女	中年
M69	男	30～40	M89	男	中年
M70	不详	中年	M90	男	30～40

续表

墓　号	性　别	年　龄	墓　号	性　别	年　龄
M91	女	成年	M94－1	女	35～45
M92	女	30～40	M95	女	40～50
M93－1	不详	14～17	M96	男	40±
M93－2	男	35～45	M97	不详	成年

一　性别和死亡年龄的统计

在这108例个体中,性别明确者83例,性别无法确定者25例,鉴定率为76.85%。性别比(r_s)一般指的是一个遗址中每百名女性人数(n_f)相对应的男性人数(n_m),其计算公式为:$r_s=(n_m/n_f)\times100$[1]。在性别明确的83例中,男性标本40例,占可鉴定总数的48.19%。女性标本43例,占可鉴定总数的51.81%,男女两性的性别比为93,女性多于男性,但不占明显优势。

年龄阶段明确的有58例个体,具体年龄阶段不明的有50例个体,鉴定率为53.70%。[1]其中,中年期的死亡比例最高,为66.67%,超过了半数。壮年期的死亡比例其次,为22.81%。青年期的死亡比例相对较低,为5.26%。而少年期、婴儿期和幼儿期的死亡比例特别低,少年期的死亡比例仅为1.75%,婴儿期和幼儿期的死亡比例加起来也不过3.51%。详细的数据统计见表一〇。

表一〇　敢造遗址居民性别和死亡年龄分布

年龄阶段	男性(%)	女性(%)	性别不详(%)	合计(%)
婴儿期(0～2)	0(0.00)	0(0.00)	0(0.00)	0(0.00)
幼儿期(3～6)	0(0.00)	0(0.00)	2(40.00)	2(3.51)
少年期(7～14)	0(0.00)	0(0.00)	1(20.00)	1(1.75)
青年期(15～23)	0(0.00)	2(7.41)	1(20.00)	3(5.26)
壮年期(24～35)	10(40.00)	3(11.11)	0(0.00)	13(22.81)
中年期(36～55)	15(60.00)	22(81.48)	1(20.00)	38(66.67)
合　计	25(100.00)	27(100.00)	5(100.00)	57(100.00)
未成年	0	0	1	1
无法确定	15	16	19	50
总　计	40	43	25	108

----

[1]　年龄分期标准参照《体质人类学》(朱泓著,高等教育出版社,2004年,第106页),将居民的死亡年龄分为未成年期(0～14岁)、青年期(15～23岁)、壮年期(24～35岁)、中年期(36～55岁)和老年期(56岁以上)几个阶段。

为了更直观表现敢造居民各个年龄段的死亡比例,根据表一○的统计数据绘制出了敢造遗址居民各个年龄段的死亡百分比柱状图(图一八二)和男女两性在各个年龄段的死亡百分比柱状图(图一八三)。

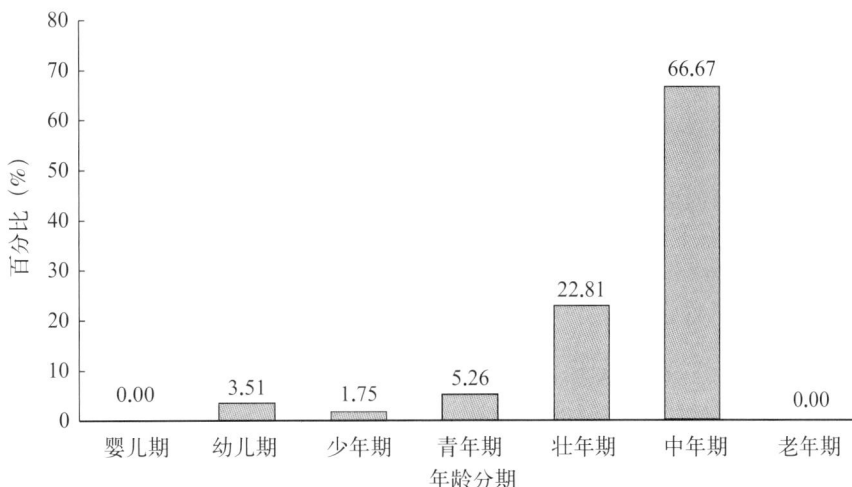

图一八二　敢造遗址居民各个死亡年龄段之百分比

图一八二显示,敢造遗址居民的死亡年龄段主要集中在中年期(36～55岁)和壮年期(24～35岁)。中年期的死亡比例最大,是敢造遗址居民的死亡高峰期;壮年期的死亡比例次之;青年期也占有一定死亡比例;而幼儿期和少年期的死亡比例相对较低;婴儿期和老年期死亡比例都是0。青年期、壮年期、中年期的死亡比例之和占能够鉴定出具体年龄段人口总数的94.74%,而且未出现老年期个体。图一八三显示,敢造遗址居民男女两性的死亡比例都是中年期最高,壮年期次之,青年期较低。男女两性死亡年龄主要集中在壮年期和中年期,在中年期和青年期,女性的死亡比例都高于男性,在壮年期,男性的死亡比例高于女性。壮年期男性死亡比例远高于女性。

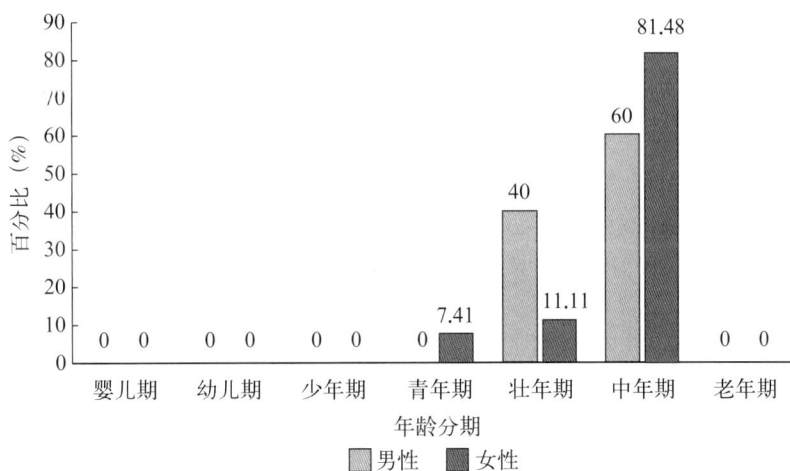

图一八三　男女两性在各个死亡年龄段之百分比

从生物学的角度上讲,受自然控制和遗传因素的影响,男女两性的性别比应该接近100。敢造遗址居民男女两性的总性别比为93,女性略多于男性。壮年期男女两性的性别比是333;中年期男女两性的性别比是68。受生育条件及医疗技术的制约,古代女性在生育方面仍然面临着诸多危险。新中国成立前,广大农村和边远地区由于医疗资源短缺,新中国成立前孕产妇死亡率高达1 500/10万[1]。在此情况下,青年期女性死亡比例远高于男性。而在成功度过了生育期后,女性的死亡风险要低于男性。从图一八三也可以看出,敢造遗址女性居民死亡年龄集中于中年期,而男性死亡年龄在中年期和壮年期都有较多分布,说明遗址内的女性居民寿命可能更长。

二　与其他地区古代居民的比较

(一)性别比的比较分析

为进一步分析敢造遗址居民中男、女两性的性别比例状况,选择与敢造遗址时代或地区相近的其他几组古代居民做深入对比分析,以期揭示敢造遗址居民与其他地区古代居民性别比的异同。选取的对比组别有白羊村组[2]、三星村组[3]、东灰山组[4]、大司空组[5]、曲村组[6]、磨沟组[7]6个组,各组居民的性别比详见表一一。

表一一　敢造组与其他古代居民组的性别比比较

出土遗址	男(%)		女(%)		性别不详(%)		总例数	性别比
敢造组	40	37.04	43	39.81	25	23.15	108	93
白羊村组	4	18.18	5	22.73	13	59.09	22	80
三星村组	591	49.66	363	30.50	236	19.83	1190	163
东灰山组	91	41.18	62	28.05	68	30.77	221	147
大司空组	76	26.30	90	31.14	123	42.56	289	84
曲村组	251	47.90	220	41.98	53	10.11	524	114
磨沟组	786	29.48	835	31.32	1 045	39.20	2 666	94

由表一一可以看出,敢造遗址居民的男女性别比与白羊村组、大司空组、磨沟组古代居民性别比相类似,都是女性所占的比率高于男性,男女性别比都小于100。对于考古学研究来说,由于

[1]　国家卫生健康委员会妇幼健康司:《中国妇幼健康事业发展报告(2019)》,2019年5月27日。
[2]　赵东月、朱泓、闵锐:《云南宾川白羊村新石器时代遗址人骨研究》,《南方文物》2006年第1期。
[3]　张君、王根富:《江苏金坛三星村新石器时代墓葬中的人口统计与研究》,《文物》2004年第2期。
[4]　朱泓:《东灰山墓地人骨的研究》,《民乐东灰山考古——四坝文化墓地的揭示与研究》,科学出版社,1998年,第172～179页。
[5]　原海兵:《殷墟中小墓人骨的综合研究》,吉林大学博士学位论文,2010年,第11～13页。
[6]　潘其风:《天马—曲村遗址西周墓地出土人骨的研究报告》,《天马—曲村(1980—1989)》,科学出版社,2000年,第1138～1152页。
[7]　赵永生:《甘肃临潭磨沟墓地人骨研究》,吉林大学博士学位论文,2013年,第12～14页。

研究对象是死者所组成的样本,所以其性别比可以视作死亡性别比。对于一般人口来说,有这样一个规律:男性的平均寿命一般低于女性,因此死亡性别比一般高于100,甚至超过120[1]。敢造遗址居民的性别比为93,与白羊村组、大司空组、磨沟组男女性别比相一致。陈铁梅在研究中国新石器墓葬成年人骨性比异常时指出,新石器时代古代居民男性多于女性的现象,与埋葬、保存和人骨性别鉴定有关,不能把墓地人骨性别比的鉴定结果简单地等同于墓地主人原始人群的实际性别比[2],因此造成敢造遗址女性比例高于男性的原因可能有多种。尤其是在敢造遗址的108例个体中,性别明确者83例,性别无法确定者25例,鉴定率仅为76.85%,较低的性别鉴定率会对遗址的性别比分析产生较大影响。

（二）死亡年龄段分布的比较分析

为了进一步分析敢造遗址居民的死亡年龄分布特点,揭示当时人口的死亡状况,我们选择年代相近的6组材料与敢造组做对比。各组居民的死亡年龄分布情况详见表一二。

表一二　敢造组与各对比组个体死亡年龄分布的对比

对比组	未成年	青年期	壮年期	中年期	老年期
敢造组	5.26%	5.36%	22.81%	66.67%	0.00%
白羊村组	54.54%	9.09%	4.55%	31.82%	0.00%
三星村组	21.96%	23.36%	28.53%	23.36%	0.20%
东灰山组	10.47%	34.30%	27.33%	27.91%	0.00%
大司空组	27.87%	14.75%	27.46%	29.10%	0.28%
曲村组	5.98%	17.94%	29.48%	43.51%	3.09%
磨沟组	38.58%	16.58%	16.91%	26.19%	1.48%

由图一八四可知,敢造组居民与其他几个古代组相比,未成年阶段个体死亡的比例较低,但过低的未成年死亡率可能并不能反映当时的真实死亡水平。在敢造遗址的墓葬中,保存有未成年个体(15岁以下)人骨的仅有3座墓葬。一方面,未成年个体由于骨骼中有机质较多,保存相对困难,尤其是婴幼儿和少年个体的骨骼极为脆弱,而且在发掘过程中由于体质人类学工作者的参与度不够,即便是保存下来的也可能被忽视;另一方面,特殊的埋葬习俗也会造成考古调查或发掘过程中未能发现部分年龄段的个体,例如将婴幼儿个体不予埋葬或单独埋在他处的现象。敢造遗址的108例个体中,未发现老年个体。敢造遗址居民死亡的最高峰出现在中年期,这与大司空和曲村组相类似,说明当时的居民死亡年龄不高。

---

[1] 马瀛通:《数理统计分析人口学》,中国人口出版社,2010年,第99～112页。
[2] 陈铁梅:《中国新石器墓葬成年人骨性比异常的问题》,《考古学报》1990年第4期。

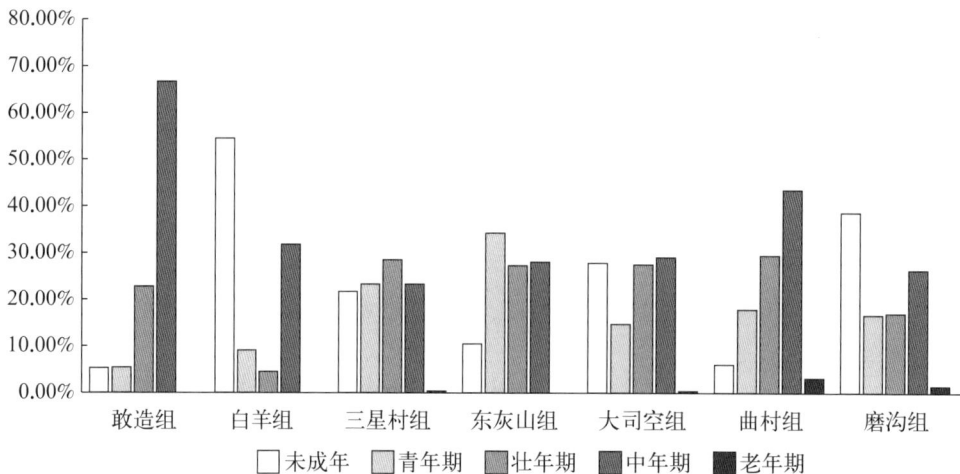

图一八四　敢造组居民死亡年龄分布与其他组的对比

第二节　古病理学观察研究

古病理学是一门研究疾病在较长时间内的演变过程及人类适应周围环境变化的学科[1]。对古代人类遗骸进行病理确认和分析是体质人类学研究的一项重要内容,为探究古代居民的疾病状况、生存方式、健康状况、社会习俗等相关内容提供了重要线索。受人骨保存状况影响,本书仅对龋病、营养情况及代谢性疾病进行分析研究,并试图解释这些现象的原因。

一　龋病

龋病是最常见的牙体牙髓病,指的是在以细菌为主的因素影响下,牙齿无机物脱矿、有机物分解,导致牙硬组织发生慢性进行性破坏的一种疾病[2]。致龋原因有多种,主要包括细菌、牙菌斑、食物以及牙所处的环境等。就病因学角度而言,龋病也可称为牙体硬组织的细菌感染性疾病。人体无法完全修复龋病产生的破坏。虽然活牙的牙本质存在一定的修复能力,牙髓组织会形成修复性的牙本质,但这种修复能力只是为了保护牙髓[3],已经龋损的牙本质无法自我修复,龋洞仍会增大,而牙釉质面对龋损完全没有修复能力。它是牙齿形成和发育过程中由成釉细胞所产生的,当牙冠发育完全后,成釉细胞会分化并停止分裂,因而牙釉质不能再生。因此,龋齿是一种显著存在累积性效应的疾病,死者的牙齿必然是其一生中龋病最严重的状态,年龄因素成为龋病患病情况的重要影响因素。龋齿的出现与碳水化合物关系密切,部分学者认为农业的

---

[1]　[英]夏洛特·罗伯茨、基思·曼彻斯特著,张桦译:《疾病考古学(第3版)》,山东画报出版社,2020年,第245～254页。

[2]　于世凤:《口腔组织病理学(第7版)》,人民卫生出版社,2012年,第157页。

[3]　樊明文:《牙体牙髓病学(第3版)》,人民卫生出版社,2011年,第52页。

出现导致饮食结构更加单一化,食谱中碳水化合物含量的增加致使农业人群患龋率增高[1]。也有学者认为龋齿的出现与人群体质、地理环境以及饮食结构等因素都有关系,并不是只被农业影响[2]。

敢造遗址年龄大于15岁具有可鉴定恒齿的个体共69例,恒齿999枚,不包含观察到牙槽骨愈合痕迹的39枚牙齿。表一三、表一四为样本的人口学及牙齿信息。

表一三 个体与牙齿的性别分布

性 别	男 性	女 性	无法鉴定	合 计
个体数	29	34	6	69
百分比	42.03	49.28	8.69	100
牙齿数	377	537	85	999
百分比	37.74	53.75	8.51	100

表一四 各年龄段的个体与牙齿分布

年 龄	15～23	24～35	36～55	无法鉴定	合 计
个体数	2	13	35	19	69
百分比	2.90	18.84	50.72	27.54	100
牙齿数	38	202	507	252	999
百分比	3.80	20.22	50.75	25.23	100

(一)患龋率及龋齿的分布

在口腔医学研究中,釉质只要出现微小孔隙使得釉质呈现不透明的斑块或染色区就被视为是龋病初期。对于考古研究的人骨样本来说,受埋藏环境影响,也可能会造成牙釉质的不透明和染色,因此在考古研究中,这种初期龋病无法被可靠地鉴别出来[3]。故在考古鉴定中以出现明显可见的龋损作为病理存在的标志,同时注意将其与磨耗、牙体创伤和死后破坏相区分[4]。龋齿

[1] Tayles N, Domett K, Nelsen K, "Agriculture and dental caries The case of rice in prehistoric Southeast Asia", *World archaeology*, 2000, 32(1): 68−83.

[2] Turner CG, "Dental anthropological indications of agriculture among the Jomon people of central Japan: peopling of the Pacific", *American Journal of Physical Anthropology*, 1979, 51(4): 619−636.

[3] McKay S, Farah R, Broadbent J M, "Is it health or the burial environment: differentiating between hypomineralised and post-mortem stained enamel in an archaeological context", *PloS one*, 2013, 8(5): e64573.

[4] 侯侃:《山西榆次高校园区先秦墓葬人骨研究》,吉林大学博士学位论文,2017年,第132～137页。

的观察与鉴定主要结合《牙体牙髓病学》[1]、Turner[2]和Simon Hillson[3]的相关描述与定级,依据龋损到达最深处的牙组织而定,分为4个等级:

浅龋,牙冠的牙釉质龋和牙根的牙骨质、牙本质龋,无明显下凹的龋洞,位置浅,面积小;

中龋,龋病从釉质进展到牙本质,形成明显龋洞;

深龋,龋洞到达牙髓腔、牙根管;

残根,牙冠基本消失,仅存齿根,甚至齿根崩解。

记录龋齿出现的牙位及所在牙齿的部位,包括咬合面、近中邻面、远中邻面、颊面或唇面、舌面、牙颈部和齿根7个位置。对于一枚牙齿上存在的部位超过一处但没有连在一起的龋损分别记录,但连在一起的龋损记录为最高等级。残存齿根的龋齿,由于无法判断龋病最初发生的位置,为便于统计,统一记录为咬合面龋。

龋齿的个体与牙齿的出现率统计公式为:

$$龋齿出现率 = \frac{出现龋齿的个体数或牙齿数}{样本总量}$$

龋齿会造成牙髓腔、根管暴露从而导致牙齿生前脱落,是计算龋齿不能忽视的因素[4]。但这批材料在观察时不能明显发现牙齿生前脱落与龋齿之间的关系,因此无法估计生前脱落牙齿中的龋齿数量。根据患龋率的计算公式,可知敢造遗址个体和牙齿的患龋率如下:

个体患龋率=22/69×100%=31.88%

牙齿患龋率=47/999×100%=4.70%

为了反映龋齿的具体分布情况,我们对敢造遗址居民患龋牙齿、位置和龋齿等级进行了统计与分析。除可能由于龋齿或者牙周病等原因而脱落的39枚牙齿外,有47枚牙齿能够直接观察到龋齿等级(彩版三九,1)。从患龋牙齿看,下颌牙齿患龋数量高于上颌牙齿(彩版三九,2)。臼齿与前臼齿的患龋率高于门齿和犬齿,其中臼齿最高。患龋牙齿在等级上,整体以深龋和中龋为主。不同牙齿分布差异明显,门齿与犬齿患龋数量较少,且都为浅龋;前臼齿与臼齿中中龋和深龋数量明显增加,甚至有仅存残根的情况存在。总体来说,敢造遗址人群面临较为普遍中龋和深龋的影响,在前臼齿和臼齿中表现得尤其明显,部分臼齿甚至仅剩残根(图一八五;表一五)。

随着年龄的增长,敢造遗址居民显示了不同的患龋情况,表现为年龄越大患龋率逐渐增高,程度也随之加深(图一八六)。不同年龄段患龋情况有明显差异,在15~23和24~35年龄段患龋数量较少且以程度较轻的浅龋和中龋为主。随着年龄增加,中龋和深龋数量也明显升高,尤其

[1]　樊明文:《牙体牙髓病学(第3版)》,人民卫生出版,2001年,第3~67、161~213页。

[2]　Turner CG, Nichol CR, Scott GR, "Scoring procedures for key morphological traits of permanent dentition: the Arizona State University Dental Anthropology system", *Advances in Dental Anthropology*, 1991: 13-31.

[3]　Hillson S, "Recording dental caries in archaeological human remains", *International Journal of Osteoarchaeology*, 2001, 11(4): 249-289.

[4]　Lukacs JR, "Sex differences in dental caries rates with the origin of agriculture in south Asia", *Current Anthropology*, 1996, 37(1): 147-153.

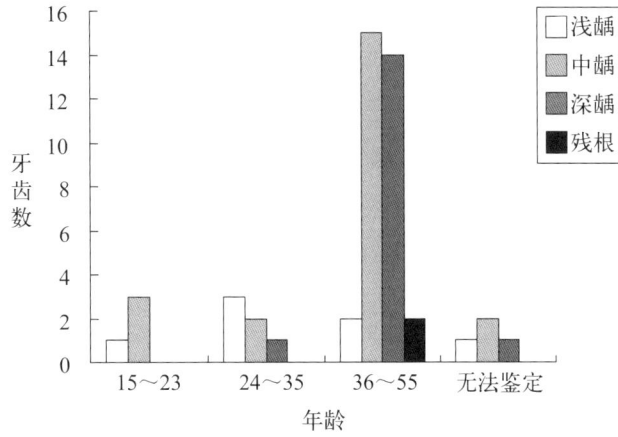

图一八五　敢造遗址居民龋齿的年龄分布

在36～55年龄段增长趋势尤为显著。值得注意的是,由于老年个体可能存在牙齿生前脱落的现象,因此36～55年龄段中龋和残根的数量实际上可能更多。

表一五　敢造遗址人群龋病位置和龋损程度统计

龋病位置 龋损程度	咬合面	近中邻面	远中邻面	牙颈部	合计	程度比率
浅龋	4	2	1	——	7	14.89%
中龋	6	6	6	4	22	46.81%
深龋	9	5	1	1	16	34.04%
残根	2	0	0	0	2	4.30%
合计	21	13	8	5	47	100%
位置比率	44.68%	27.66%	17.02%	10.63%	100%	——

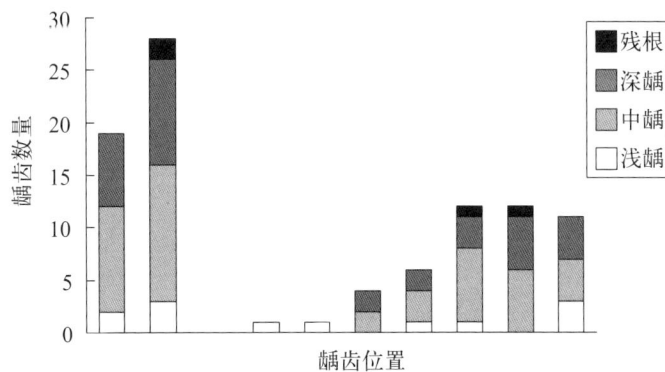

图一八六　敢造遗址居民龋齿等级分布

（二）与其他地区古代居民的比较

为了进一步分析敢造遗址人群个体和牙齿的患龋情况，我们选取中国境内其他9组史前遗址的数据进行对比。通过对比不同遗址，分析不同时期、不同区域人群的患龋情况，以及其与饮食、行为和社会经济的关系。为更全面地做区域性和历时性比较，选取的遗址在时空分布上，从华南、中部到西北，自新石器时代早期到新石器时代晚期向青铜时代过渡时期均有。同时，选取的遗址含有渔猎采集、农业经济与多种形态共存等多种生计模式。选取的对比组有北阡[1]、鲤鱼墩[2]、丁公[3]、甑皮岩[4]、贾湖[5]、顶蛳山[6]、青龙泉[7]、磨沟[8]、牛河梁[9]等。各组的龋齿信息如下（表一六、图一八七）：

表一六　十组遗址/墓地的个体与牙齿患龋率

遗址/墓地	年　代	生业模式	个体患龋率	牙齿患龋率
敢造	新石器时代早期向中期过渡	渔猎—采集经济	31.88%	4.70%
北阡	新石器时代（大汶口早期）	农业与渔猎采集混合	——	2.39%
鲤鱼墩	新石器时代中期向晚期过渡	渔猎—采集经济	80.00%	17.89%
丁公	新石器时代（龙山时期）	农业经济	19.35%	1.29%
甑皮岩	新石器时代早期	渔猎—采集经济	87.50%	23.67%
贾湖	新石器时代早期向中期过渡	早期农业	3.45%	——
顶蛳山	新石器时代中期	渔猎—采集	60.95%	10.45%
青龙泉	新石器时代中期偏晚至末期（仰韶、屈家岭与石家河三种文化）	农业经济	55.17%	11.90%
磨沟墓地	新石器时代晚期到青铜时代（齐家文化、寺洼文化）	农业经济	46.33%	6.32%
牛河梁	新石器时代晚期（红山文化晚期）	农业与狩猎采集混合	16.13%	1.41%

[1] 冈崎健治、栾丰实：《山东省即墨市北阡遗址出土大汶口文化时期人骨之口腔病理研究》，《东方考古（第10集）》，科学出版社，2013年。
[2] 胡耀武、李法军、王昌燧等：《广东湛江鲤鱼墩遗址人骨的C、N稳定同位素分析：华南新石器时代先民生活方式初探》，《人类学学报》2010年第3期。
[3] 同上。
[4] 朱芳武、卢为善：《桂林甑皮岩新石器时代遗址居民的龋病》，《人类学学报》1997年第7期。
[5] 河南省文物考古所编著：《舞阳贾湖》，科学出版社，1999年，第591～772页。
[6] 张佩琪等：《广西顶蛳山遗址人骨的龋齿病理观察》，《人类学学报》2018年第3期。
[7] 周蜜、潘雷、邢松：《湖北郧县青龙泉新石器时代居民牙齿磨耗及健康状况》，《人类学学报》2013年第3期。
[8] 同上。
[9] 原海兵、朱泓：《牛河梁红山文化人群龋齿的统计与分析》，《人类学学报》2012年第1期。

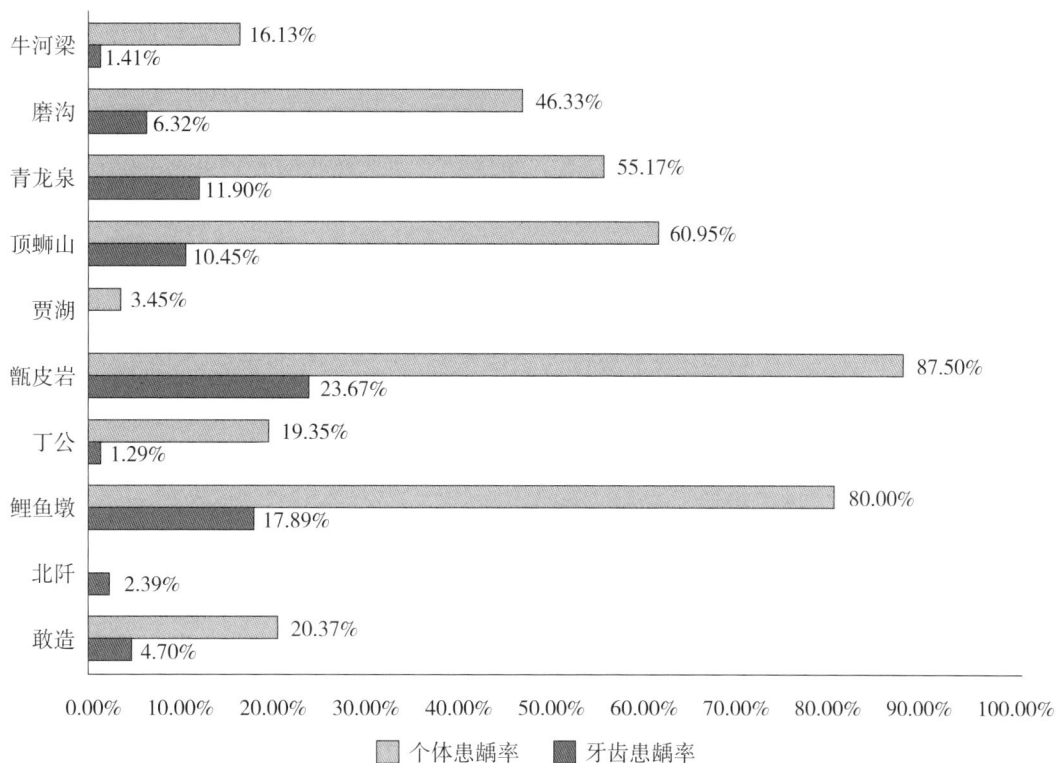

图一八七 牙齿龋齿罹患率在古代居民对比组的分布

如图表所示,虽然北阡缺失个体患龋率,贾湖缺失牙齿患龋率,总体而言,数据的分布存在一定的趋势。个体和牙齿患龋率最高的顶蛳山、甑皮岩和鲤鱼墩遗址,其地理环境、自然条件、经济模式和年代都存在很大共性,并且都是以渔猎—采集为主导的华南新石器时代遗址。青龙泉与磨沟等遗址均处于农业发展阶段,其饮食结构趋向单一化。这两个遗址存在一定比例的患龋人群,但相比顶蛳山、甑皮岩和鲤鱼墩遗址要低,却又高于其他混合经济形态的遗址。贾湖遗址、北阡与牛梁河遗址人群的患龋率是最低的。从生计模式看,不同于其他遗址以一种模式主导,这三者都存在处于农业发展初级阶段,农业仅为食物来源之一。

通过以上对比可以看出,以渔猎 采集为生的古人类的患龋情况比依靠农业经济的人群更加严重。敖造、顶蛳山、甑皮岩和鲤鱼墩遗址在地理环境、自然条件、经济模式和年代方面比较相似,敖造遗址居民却出现不同的患龋情况。目前研究发现,糖类的致龋能力从高到低依次为蔗糖、葡萄糖、麦芽糖、乳糖和果糖[1]。块茎类植物主要含有淀粉,大量食用会增加患龋风险。但鲤鱼墩遗址浮选后未发现存在炭化块茎植物的证据。同时该遗址人骨的碳氮稳定同位素分析表明,先民的食物以海生类为主,陆生资源在其食物结构中不占主要地位[2],因此鲤鱼墩遗址龋齿

---

[1] 周学东:《龋病学》,人民卫生出版社,2011年,第24～25页。
[2] 胡耀武、李法军、王昌燧等:《广东湛江鲤鱼墩遗址人骨的C、N稳定同位素分析:华南新石器时代先民生活方式初探》,《人类学学报》2010年第3期。

率高的原因可能与人骨样本较少有关(5例样本)。甑皮岩遗址人骨的碳氮稳定同位素数据说明,其食物中包含大量的淡水类资源,如淡水鱼、贝类等[1]。在甑皮岩遗址第一至五期出土石器和蚌器上发现的淀粉粒,以及遗址出土的炭化块茎(根)类植物遗存,均说明该人群存在长期利用块茎类等植物的现象[2]。该遗址人群偏高的龋齿率可能与食用块茎植物有关。此外,也可能与样本总量较少有关(16例样本)。张佩琪等分析指出,顶蛳山遗址同样未产生农业,该遗址人群患龋率高的原因可能是大量食用块茎类以及含蔗糖类植物[3]。顶蛳山遗址人骨碳氮稳定同位素分析显示,该遗址古代人群以C_3类植物为主食[4]。C_3类植物主要有稻米、小麦、芋头、甘薯等。植硅石分析显示,顶蛳山遗址一至三期文化堆积中未发现任何稻属植硅石[5]。有学者认为华南地区在稻作农业产生前存在种植块茎类植物的原始农业[6]。这均说明块茎类植物可能是顶蛳山人群的主要食物来源,而大量食用块茎类植物造成了较高的龋病发病率。敢造遗址动物遗存出土情况反映周围应有较大面积水域存在。该遗址第二期发现的人工制品有鱼钩、锥、针、鱼鳔等,约占全部人工制品的96.84%,说明鱼类可能是重要的食物来源。各分期遗迹内出土的动物遗存比较稳定,这证明肉类是敢造人群食物构成的重要部分。因此植物在食物中所占比例可能比较低,造成了该遗址人群患龋率远低于其他两个遗址的现象。当然,这方面需要更多稳定同位素研究的证据。

二　多孔性骨肥厚

在颅骨中,顶骨、枕骨等处发现有多孔性骨肥厚,一般认为其与贫血症相关。贫血症患者受到肾脏产生的促红细胞生成素的刺激,需要骨髓生成更多的血红细胞。在这种机制下,板障内骨小梁垂直排列而导致骨板压力增大,外层骨板变薄和内外两层骨板之间的板障增厚,从而在骨骼留下多孔性骨肥厚的现象。对于多孔性骨肥厚患者来说,颅骨会因为板障增厚而变厚,所出现的筛状小孔直径约$0.5 \sim 2$毫米,常见于顶骨、枕骨和前囟点附近的额骨外侧表面,呈"橘皮样"的外观。这种表现被称为颅骨外表面多孔,被认为是疏松性骨肥厚的早期状态[7]。

铁元素缺乏导致的贫血最为常见。一般认为缺铁性贫血是饮食结构引起的,肉类中20%的铁可被人体所吸收,而大多数谷物含有一种被称为肌醇六磷酸的化合物,它能抑制人体对铁元素的吸收。在从狩猎采集向农业转型过程中,人群的饮食结构发生改变,肉类比重降低而谷物类比重增高,致使他们一方面减少了对肉类中铁的获得,另一方面又因谷物中含有较多的肌醇六磷酸

[1]　刘晓迪、王然、胡耀武:《桂林市甑皮岩与大岩遗址人和动物骨骼的碳氮稳定同位素研究》,《考古》2021年第7期。
[2]　吕烈丹:《桂林地区更新世末期到全新世初期的史前经济和文化发展》,《考古学研究(七)》,科学出版社,2008年。
[3]　张佩琪等:《广西顶蛳山遗址人骨的龋齿病理观察》,《人类学学报》2018年第3期。
[4]　张雪莲、王金霞、冼自强、仇士华:《古人类食物结构研究》,《考古》2003年第2期。
[5]　赵志军、傅宪国、吕烈丹:《广西邕宁县顶蛳山遗址出土植硅石的分析与研究》,《考古》2005年第11期。
[6]　赵志军:《对华南地区原始农业的再认识》,《华南及东南亚地区史前考古——纪念甑皮岩遗址发掘30周年国际学术研讨会论文集》,文物出版社,2006年。
[7]　Mann R W, Hunt D R, "Photographic regional atlas of bone disease: a guide to pathologic and normal variation in the human skeleton", Charles C Thomas Publisher, 2013: 19−20.

抑制了对铁的吸收,从而增加了罹患缺铁性贫血的风险[1]。另外,贫血症的发生不仅与单调的饮食结构有关,如感染性疾病、寄生虫、疟疾、腹泻以及创伤等都可以导致贫血[2]。

在敢造遗址的108例个体中,可供观察的个体有72例,其中成年个体70例,未成年个体2例。出现多孔性骨肥厚现象的个体为7例(表一七;彩版四〇),均为成年个体,患病个体占总观察人数的10.00%(7/70)。其中,男性患病个体3例,女性患病个体4例。在患病个体中,年龄集中分布于壮年期和中年期,7例个体均未发现明显创伤,因此创伤可能不是造成贫血的主要原因。墓葬资料显示,上述7例个体均没有随葬品,因此,无法判断这些个体罹患贫血是否与贫穷有关。

表一七　敢造遗址居民多孔性骨肥厚患者统计情况

墓号	性别	年　　龄	墓号	性别	年　　龄
M21	女	35～45(中年期)	M77-1	男	30～40(壮年期)
M23-1	男	35+(中年期)	M78	女	中年(中年期)
M28	女	40～50(中年期)	M87	男	40±(中年期)
M32	女	35～45(中年期)			

多孔性骨肥厚可能与饮食结构相关,如摄入的谷物比重高,缺乏稳定的肉类食物来源。为进一步分析敢造遗址居民的生存健康状况,我们选择其他5组史前时期居民多孔性骨肥厚患病情况进行对比,选取的对比组有蒋庄墓地[3]、姜寨遗址[4]、康家墓地[5]、磨沟墓地[6]、伊犁吉林台库区墓葬群[7],样本及对比组的多孔性骨肥厚患病率详见表一八。

表一八　6组遗址/墓地居民多孔性骨肥厚患病率对比

遗址/墓地	年　　代	生业模式	个体数	患病率
敢造遗址	新石器时代	——	70	7.00%
蒋庄墓地	新石器时代(良渚文化)	农业与狩猎采集混合	35	28.60%
姜寨遗址	新石器时代(仰韶文化)	农业与狩猎采集混合	37	14.29%
康家墓地	新石器时代(龙山文化)	农业与狩猎采集混合	16	55.56%

[1]　张君:《从筛状眶和多孔性骨肥厚考察中国古代人骨上的贫血现象》,《考古》2009年第10期。
[2]　[英]夏洛特·罗伯茨、基思·曼彻斯特著,张桦译:《疾病考古学(第3版)》,山东画报出版社,2020年,第245～254页。
[3]　朱晓汀:《江苏兴化蒋庄良渚文化墓葬人骨研究》,吉林大学博士学位论文,2018年,第141～143页。
[4]　Pechenkina E A, Benfer R A, Zhijun W, "Diet and health changes at the end of the Chinese Neolithic: the Yangshao/Longshan transition in Shaanxi province", *American Journal of Physical Anthropology*, 2002, 117(1): 15-36.
[5]　同上。
[6]　赵永生:《甘肃临潭磨沟墓地人骨研究》,吉林大学博士学位论文,2013年,第70～72页。
[7]　张林虎:《新疆伊犁吉林台库区墓葬人骨研究》,吉林大学博士学位论文,2010年,第118～120页。

遗址/墓地	年　　代	生业模式	个体数	患病率
磨沟墓地	新石器时代晚期到青铜时代（齐家文化、寺洼文化）	农业经济	223	12.50%
伊犁吉林台库区墓葬群	青铜至铁器时代（索墩布鲁克文化）	游牧经济	269	9.67%

依据上表可知，与对比组相比，敢造组表现出了较低的多孔性骨肥厚患病率，与伊犁组类似。根据人骨碳氮稳定同位素分析可知，伊犁组居民的食物来源以肉食为主[1]，说明动物蛋白在食物结构中占比较大，肉类中含铁量较高，因此以肉食为主的人群缺铁性贫血的患病率会比较低，而缺铁性贫血往往会导致多孔性骨肥厚，故推测肉食摄入充分应该是伊犁组和敢造组多孔性骨肥厚患病率较低的原因。

第三节　小　　结

在敢造遗址可进行研究的108例个体中，性别明确者83例，性别无法确定者25例，鉴定率为76.85%。在性别明确的83例中，男性标本40例，占可鉴定总数的48.19%。女性标本43例，占可鉴定总数的51.85%，男女两性的性别比为93，女性略多于男性。年龄阶段明确的有58例，具体年龄阶段不明的有50例，鉴定率为53.70%，鉴定率较低。

敢造遗址居民的死亡年龄段主要集中在中年期（36～55岁）和壮年期（24～35岁）。中年期的死亡比例最大为66.67%，超过了半数，是敢造遗址居民的死亡高峰期；壮年期的死亡比例次之；青年期也占有一定死亡比例；幼儿期和少年期的死亡比例相对较低。

在敢造遗址中，除可能由于龋齿或者牙周病而脱落的39枚牙齿外，有47枚牙齿能够直接观察到龋齿等级。根据患龋率的计算公式，敢造遗址的个体患龋率为20.37%，牙齿患龋率为4.70%，可以看出敢造遗址的牙齿和个体的患龋率都比较低。从患龋牙齿看，下颌牙齿患龋数量高于上颌牙齿。臼齿与前臼齿的患龋率高于门齿和犬齿，其中臼齿最高。患龋牙齿在等级上，整体以深龋和中龋为主，不同牙齿分布差异明显。

在可供观察多孔性骨肥厚现象的70例成年个体中，出现多孔性骨肥厚现象的个体为7例，患病个体占总观察人数的10.00%（7/70）。男性患病个体3例，女性患病个体4例。在患病个体中，年龄集中分布于壮年期和中年期，7例个体均未发现明显创伤，因此创伤可能不是造成贫血的主要原因。由于敢造遗址墓葬中的人骨大多没有随葬品，因此，无法判断这些个体罹患贫血是否与贫穷有关。通过与不同遗址或墓地的对比发现，敢造组表现出了很低的多孔性骨肥厚患病率，与

---

[1]　侯侃:《山西榆次高校园区先秦墓葬人骨研究》，吉林大学博士学位论文，2017年，第161～162页。

以肉食为主的伊犁组类似,原因可能是肉食摄入充分。

　　通过对不同遗址个体和牙齿患龋率的对比可以看出,食物多样性高的遗址即混合经济的遗址患龋率相对要低,以渔猎—采集为生的古人类的患龋情况接近依靠农业的人群,甚至更加严重。敢造、甑皮岩和顶蛳山遗址同为华南地区新石器时代贝丘遗址,敢造遗址居民却出现不同的患龋情况,这可能与样本数量和饮食结构有关。甑皮岩和顶蛳山遗址古代居民龋齿率较高的原因可能与食用块茎类植物有关。此外,甑皮岩遗址样本数量仅有16例,可能对患龋率的分析产生一定影响。

第五章　动物骨骼研究

　　敢造遗址的动物骨骼遗存主要发现于一至三期的部分地层内,共计43 073件,可鉴定标本数4 234件。第二期出土的动物骨骼数量最多,共计41 741件,占比96.90%,其中以第④层和第⑥层最多;第一期次之,第三期最少(表一九)。在出土动物骨骼的地层内,不仅骨骼的数量相差悬殊,骨骼保存的完整程度以及种属分布也各不相同。经初步鉴定与统计,敢造遗址出土的动物骨骼包括环颈雉、鲤鱼、叶猴、长臂猿、梅花鹿、麂、花面狸、黑线姬鼠等,共计5纲19目35科56属50种(表二七)。

硬骨鱼纲 Osteichthyes
　鲤形目 Cypriniformes
　　鲤科 Cyprinidae
　　　鲤属 *Cyprinus*
　　　　伍氏南宁鲤 †*Nanningocyprinus wui* gen. et sp.
　　　草鱼属 *Ctenopharyngodon*
　　　　草鱼 *Ctenopharyngodon idellus* (Cuvier et Valenciennes)
　　鲃亚科 Barbinae
　　　鲃(未定属)Barbinae sp.
　鲇形目 Siluriformes
　　鲇科 Siluridae
　　　鲇属 *Silurus*
　　　南方大口鲇 *Silurus soldatovi meridionalis* Chen
　　鲿科 Bagridae
　　　黄颡鱼属 *Pelteobagrus*
　　　　黄颡鱼 *Pelteobagrus fulvidraco* (Richardson)
　　　鲿(未定属)Bagridae sp.
两栖纲 Amphibia
　无尾目 Anura
　　蛙科 Ranidae
　　　蛙属 *Rana*
　　　　蛙(未定种)*Rana* sp.
爬行纲 Reptilia
　龟鳖目 Testudinata
　　龟科 Emydidae
　　　龟(未定属)Emydidae sp.
　　鳖科 Trionychidae
　　　中华鳖属 *Pelodiscus*
　　　　中华鳖 *Pelodiscus sinensis* (Wiegmann)
鸟纲 Aves
　鹈形目 Pelecaniformes sp.
　鸮形目 Strigiformes
　　鸱鸮科 Strigidae
　　　鸱鸮(未定属)*Strigidae* sp.
　鹳形目 Ciconiiformes
　　鹳科 Ciconiidae

鹳属 *Ciconia*

　鹳（未定种）*Ciconia* sp.

雁形目 Anseriformes

　鸭科 Anatidae

　　雁属 *Anser*

　　　雁（未定种）*Anser* sp.

　　鸭（未定属）Anatidaesp.

隼形目 Falconiformes

　鹰科 Accipitridae

　　雕属 *Accipiter*

　　　雕（未定种）*Accipiter* sp.

鸡形目 Galliformes

　齿鹑科 Odontophoridae

　　齿鹑属 *Colinus*

　　　齿鹑（未定种）*Colinus* sp.

　雉科 Phasianidae

　　原鸡属 *Gallus*

　　　原鸡（未定种）*Gallus* sp.

　　雉属 *Phasianus*

　　　环颈雉 *Phasianus colchicus*

雀形目 Passeriformes

　鸫科 Turdidae

　　地鸫属 *Zoothera*

　　　虎斑地鸫 *Zoothera dauma*

哺乳纲 Mammalia

　食虫目 Eulipotyphla

　　猬科 Erinaceidae

　　　刺猬属 *Erinaceus*

　　　　普通刺猬 *Erinaceus europaeus* Linnaeus

　翼手目 Chiroptera

　　蝙蝠科 Vespertilionidae

　　　蝙蝠属 *Vespertilio*

　　　　蝙蝠（未定种）*Vespertilio* sp.

　啮齿目 Rodentia

　　松鼠科 Sciuridae

　　松鼠属 *Sciurus*

　　　松鼠（未定种）*Sciurus* sp.

　鼯鼠属 Petaurista

　　　鼯鼠（未定种）*Petaurista* sp.

　仓鼠科 Cricetidae

　　田鼠属 *Microtus*

　　　田鼠（未定种）*Microtus* sp.

　竹鼠科 Rhizomyidae

　　竹鼠属 *Rhizomys*

　　　中华竹鼠 *Rnizomys sinensis* Gray

　鼠科 Muridae

　　姬鼠属 *apodemus*

　　　黑线姬鼠 *Apodemus agrarius*

　豪猪科 Hystricidae

　　豪猪属 *Hystrix*

　　　中国豪猪 *Hystrix hodgsoin* (Gray)

　河狸科 Castoridae

　　河狸属 *Castor*

　　河狸（未定种）*Castor* sp.

兔形目 Lagomorpha

　兔科 Leporidae

　　兔属 *Lepus*

　　　兔（未定种）*Lepus* sp.

灵长目 Primates

　猴科 Cercopithecidae

　　猕猴属 *Macaca*

　　　猕猴 *Macaca mulatta* Zimmermann

　　叶猴属 *Presbytis*

　　　叶猴（未定种）*Prebytis* sp.

　猴（未定属）Cercopithecidae sp.

　长臂猿科 Hylobatidae

　　长臂猿属 *Hylobates*

　　　长臂猿（未定种）*Hylobates* sp.

食肉目 Carnivora

　犬科 Canidae

犬属 *Canis*

狗 *Canis familiars* Linnaeus

貉属 *Nyctereutes*

貉 *Nyctereutes procyonoides* (Gray)

犬（未定属）*Canidae* sp.

熊科 Ursidae

　熊（未定属）*Ursidae* sp.

鼬科 Mustelidae

　貂属 *Martes*

　　青鼬 *Martes flavigula* (Boddaert)

　　貂（未定种）*Martes* sp.

　鼬属 *Mustela*

　　黄鼬 *Mustela kathiah* Hodgson

鼬獾属 *Melogale*

　鼬獾 *Melogale moschata* Gray

獾属 *Meles*

獾（未定种）*Meles* sp.

　猪獾属 *Arctonyx*

猪獾 *Arctonyx collaris* F. Cuvier

　狗獾属 *Meles meles*

　　狗獾（未定种）*Meles meles* sp.

　水獭属 *Lutra*

水獭 *Lutra lutra* (Linnaeus)

鼬（未定属）*Mustelidae* sp.

灵猫科 Viverridae

大灵猫属 *Viverra*

　　大灵猫 *Viverra zibetha* Linnaeus

花面狸属 *Paguma*

花面狸 *Paguma larvata* Hamilton-Smith

獴科 Herpestidae

　獴属 *Herpestes*

食蟹獴 *Herpestes urva* (Hodgson)

猫科 Felidae

猫属 *Felis*

野猫 *Felis silvestris* Schreber

金猫属 *Catopuma*

金猫 *Catopuma* Temminck*ii* (Vigors et Horsfield)

云豹属 *Neofelis*

云豹 *Neofelis nebulosa*

猫科（未定属）*Felidae* sp.

奇蹄目 Perissodactyla

　犀科 Rhinocerotiade

　　犀（未定属）Rhinocerotiade sp.

偶蹄目 Artiodactyla

　猪科 Suidae

　猪属 *Sus*

　野猪 *Sus scrofa* Linnaeus

　麝科 Moschidae

　麝属 *Moschus*

　麝（未定种）*Moschus* sp.

　鹿科 Cervidae

　麂属 *Muntiacus*

赤麂 *Muntiacus muntjak* Zimmerinann

　　黑麂 *Muntiacus crinifrons*

　　黄麂 *Muntiacus reevesi* Ogilby

　　菲氏麂 *Muntiacus feae*

麂（未定种）*Muntiacus* sp

　鹿属 *Cervus*

　　水鹿 *Cervus unicolor* (Kerr)

　　梅花鹿 *Cervus nippon* Temminck

牛科 Bovidae

水牛属 *Bubalus*

水牛 *Bubalus bubalus* (Kerr)

表一九　动物标本数量统计（单位：件）

	可鉴定标本数	烧骨	肋骨	不规则骨碎块	长骨断片	碎骨	合计
第一期	141	142	103	212	207	354	1 159
第二期	4 038	1 025	942	5 586	2 274	27 876	41 741
第三期	55	3		43	34	38	173
合计	4 324	1170	1 045	5 841	2 515	28 268	43 073

第一节　种属鉴定与分析

（一）一期地层内出土的动物骨骼遗存

第一期以遗址第⑨层及其下的遗迹为代表,出土动物骨骼共计1 159件。可鉴定种属标本141件。

1. 鱼类 Osteichthyes

可鉴定标本6件,占一期可鉴定标本总数的4.26%,占鱼类可鉴定标本总数的1.4%。最小个体数为5,占一期可鉴定标本最小个体总数的11.11%,占鱼类最小个体数总数的2.3%。可鉴定标本均为咽骨,其中伍氏南宁鲤(†Nanningocyprinus wui gen. et sp.)1件(彩版四一,2)、鲿(Bagridaesp.)3件、鲃(Barbinae sp.)2件。

2. 爬行类 Reptilia

可鉴定标本20件,占一期可鉴定标本总数的14.18%,占全部爬行类可鉴定标本总数的3.93%。最小个体数为6,占一期可鉴定标本最小个体总数的13.3%,占爬行类最小个体数总数的6.52%。龟(Emydidaesp.)可鉴定标本19件,占一期爬行类动物可鉴定标本总数的95%。最小个体数为5;占一期爬行类动物最小个体数的83.33%。中华鳖［Pelodiscus sinensis(Wiegmann)］可鉴定标本1件,占一期爬行类动物可鉴定标本总数的5%。最小个体数为1(彩版四一,6),占一期爬行类动物最小个体数的16.67%。一期遗存内还发现少量的龟和鳖的背腹甲碎块,共计28件。

3. 哺乳动物类 Mammalia

可鉴定标本115件,占一期可鉴定标本总数的81.56%,占全部哺乳动物类可鉴定标本总数的3.70%。最小个体数为34,占一期可鉴定标本最小个体总数的75.5%,占哺乳动物类最小个体数总数的6.77%。虽然数量和种类在三期中是最少的一期,但灵长目、食肉目、偶蹄目均有发现(表二〇)。

（1）灵长目　猕猴(Macaca mulatta Zimmermann)可鉴定标本5件,占一期哺乳动物可鉴定标本总数的4.34%;最小个体数为1(彩版四五,8)。叶猴(Prebytis sp.)可鉴定标本2件,占一期哺乳动物可鉴定标本总数的1.73%;最小个体数为1。猴(Cercopithecidae sp.)可鉴定标本2件,占一期哺乳动物可鉴定标本总数的1.73%;最小个体数为1。

表二〇　一期哺乳类动物骨骼遗存可鉴定部位统计（单位：件）

种属＼部位	角	上颌	下颌	游离齿	肩胛骨	肱骨	尺骨	桡骨	掌骨	髋骨	股骨	胫骨	跟骨	距骨	跖骨	合计
猕猴						1	1	1			1		1			5
叶猴（未定种）			1					1								2
猴					1			1								2
貉						1		1								2
犬（未定属）						1	1				1					3
猪獾											5					5
狗獾（未定种）						1				1						2
鼬（未定属）							1									1
大灵猫											2					2
花面狸			2			2						1				5
野猫						2		1								3
猫（未定属）							1									1
野猪		1			1				1		1		1			5
赤麂	1		4			1				2	1				1	10
黑麂			1								1					2
黄麂			1			1	1			1	2					6
菲氏麂	1															1
麂（未定种）		1	1			1										3
水鹿		2	1		1	4	2	3	2	1	3					19
梅花鹿			6	3	3	2	3	2	1	3	3	1	1	3	1	32
水牛			1					1			1	1				4

（2）食肉目 犬科占一期哺乳动物可鉴定标本总数的4.34%，其中貉［Nyctereutes procyonoides（Gray）］可鉴定标本2件，最小个体数为1。犬（未定属）（Canidae sp.）可鉴定标本3件，最小个体数为1。鼬科占一期哺乳动物可鉴定标本总数的6.95%，其中猪獾（Arctonyx collaris F. Cuvier）可鉴定标本5件，最小个体数为4；狗獾（Meles meles sp.）可鉴定标本2件，最小个体数为1；鼬（Mustelidae sp.）可鉴定标本1件，最小个体数为1。灵猫科占一期哺乳动物可鉴定标本总数的6.08%，其中大灵猫（Viverra zibetha Linnaeus）可鉴定标本2件，最小个体数为1（彩版四八，16）；花面狸（Paguma larvata Hamilton–Smith）可鉴定标本5件，最小个体数为2。猫科占一期哺乳动物可鉴定标本总数的3.47%。野猫（Felis silvestris Schreber）可鉴定标本3件，最小个体数为2。猫可鉴定标本1件，最小个体数为1。

（3）偶蹄目 猪科占一期哺乳动物可鉴定标本总数的4.34%，野猪（Sus scrofa Linnaeus）可鉴定标本5件，最小个体数为1（彩版五一，10）。鹿科占一期哺乳动物可鉴定标本总数的63.4%，赤麂（Muntiacus muntjak Zierinann）可鉴定标本10件，最小个体数为3（彩版五三，3、4、7、13）；黑麂（Muntiacus crinifrons）可鉴定标本2件，最小个体数为1；黄麂（Muntiacus reevesi Ogilby）可鉴定标本6件，最小个体数为2（彩版五六，7）；菲氏麂（Muntiacus feae）可鉴定标本1件，最小个体数为1（彩版五四，3）；麂（Muntiacus sp）可鉴定标本3件，最小个体数为1；水鹿［Cervus unicolor（Kerr）］可鉴定标本19件，最小个体数为2；梅花鹿可鉴定标本32件，最小个体数5件（彩版五八，2、5、6、8）。牛科占一期哺乳动物可鉴定标本总数的3.47%，水牛［Bubalus bubalus（Kerr）］可鉴定标本4件，最小个体数为1（彩版五九，6、9、11）。

一期可鉴定标本包含鱼类、爬行类、哺乳类，未见鸟类骨骼遗存（图一八八）。出土的大部分骨骼均破碎，完整骨骼极少，骨骼表面有敲砸痕迹和烧烤痕迹，风化程度大部分为轻度和中度。

（二）二期地层内出土的动物骨骼遗存

第二期以第④、⑤、⑥、⑦、⑧层及其下的遗迹为代表，出土动物遗存共计41 741件。可鉴定种属标本4 038件，鱼类、鸟类、爬行类、哺乳类均有发现（图一八九）。

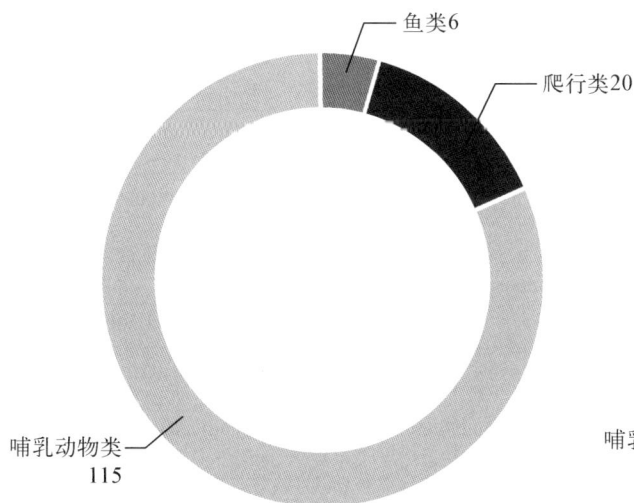

图一八八 一期动物遗存可鉴定标本情况

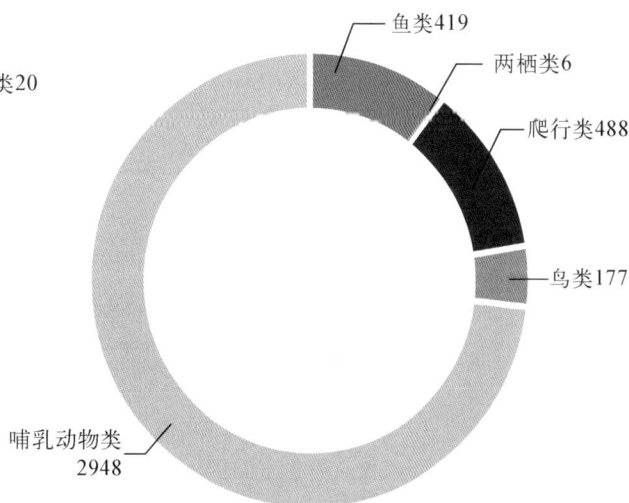

图一八九 二期动物遗存可鉴定标本情况

1. 鱼类 Osteichthyes

可鉴定标本共计419件,占二期可鉴定标本总数的10.38%,占鱼类可鉴定标本总数的97.90%。最小个体数为210,占二期可鉴定标本最小个体总数的26.28%,占鱼类最小个体数总数的96.77%(图一九○)。

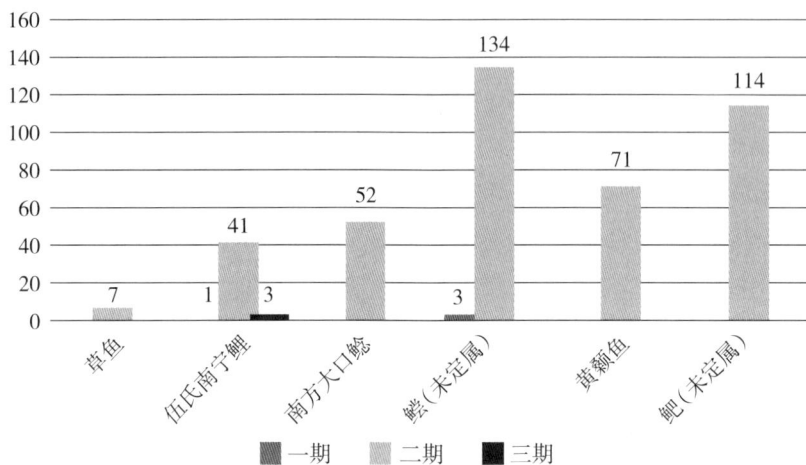

图一九○　鱼类遗存分布统计

二期出土的鱼类遗存中伍氏南宁鲤占二期鱼类可鉴定标本数的9.79%,最小个体数为25;草鱼[Ctenopharyngodon idellus (Cuvier et Valenciennes)]占二期鱼类可鉴定标本数的1.67%,最小个体数为4(彩版四一,4、5);鲃(未定属)占二期鱼类可鉴定标本数的27.21%,最小个体数为61(彩版四一,1);南方大口鲶(Silurus soldatovi meridionalis Chen)大部分为胸鳍,占二期鱼类可鉴定标本数的12.41%,最小个体数为5(彩版四一,3);黄颡鱼[Pelteobagrus fulvidraco (Richardson)]占二期鱼类可鉴定标本数的16.95%,最小个体数为43;鳡(未定属)占二期鱼类可鉴定标本数的31.98%,最小个体数为72。二期遗迹中还发现鱼类椎骨534件、碎骨2 466件,因其破碎程度较高,基本没有保存种属差异特征,并未鉴定到种属,鱼类遗存出土情况见表二一。

表二一　二期鱼类遗存可鉴定部位统计(单位:件)

种属	部位	④	⑤	⑥	⑦	⑧	合计
伍氏南宁鲤	咽骨	6	3	31		1	41
草鱼	咽骨	2	5				7
鲃亚科	咽骨	16	5	80		13	114
南方大口鲶	胸鳍		2	33		1	36
	上颌骨	3		1			4
	下颌骨	2		6		2	10
	匙骨	1		1			2
黄颡鱼	咽骨	12		52		7	71
鳡(未定属)	咽骨	38	4	80		12	134

2. 两栖类 Amphibia

仅发现一种骨骼遗存，蛙（未定种, *Rana* sp.）可鉴定标本6件，占二期可鉴定标本总数0.148%；最小个体数为1。

3. 爬行类 Reptilia

可鉴定标本488件，占二期可鉴定标本总数的12.09%，占全部爬行类可鉴定标本总数的96.07%。最小个体数为86，占二期可鉴定标本最小个体总数的10.76%，占爬行类最小个体数总数的93.48%（图一九一）。二期遗存内还发现大量的龟和鳖的背腹甲碎块，共计2 832件。

龟可鉴定标本140件，占二期爬行类可鉴定标本数的28.69%；肱骨数量最多，股骨次之；最小个体数为37（彩版四一, 9）。中华鳖可鉴定标本348件，占二期爬行类可鉴定标本数的71.31%；肱骨数量最多，股骨次之，另有头骨14件；最小个体数为49（彩版四一, 7、8）。

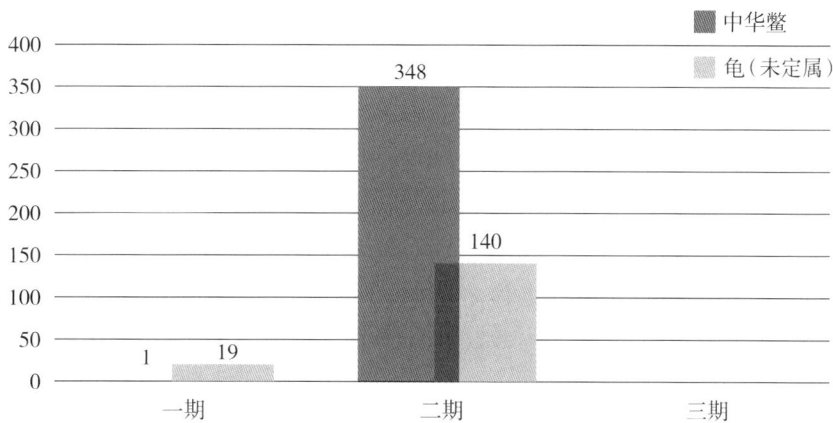

图一九一　爬行类遗存分布统计

4. 鸟类 Aves

可鉴定标本177件，占二期可鉴定标本总数的4.38%，最小个体数为55，占二期可鉴定标本最小个体总数的6.88%。乌喙骨大部分保存度较高，四肢骨多破碎或残存骨管（彩版四二），含鸱鸮（Strigidaesp.）、鹳（*Ciconia* sp.）、雁（*Anser* sp.）、鸭（Anatidaesp.）、雕（*Accipiter* sp.）、齿鹑（*Colinus* sp.）、原鸡（*Gallus* sp.）、环颈雉（*Phasianus colchicus*）、虎斑地鸫（*Zoothera dauma*）等（表二二）。其中原鸡数量最多可鉴定标本91件，占二期鸟类可鉴定标本数的51.41%；保存有肩胛骨、乌喙骨、肱骨、尺骨、股骨、腕掌骨、胫跗骨和跗跖骨；最小个体数为24。环颈雉次之，可鉴定标本44件，占二期鸟类可鉴定标本数的24.86%；保存有肩胛骨、乌喙骨、肱骨、尺骨、股骨、腕掌骨、胫跗骨和跗跖骨；最小个体数为11。

表二二　鸟类遗存可鉴定部位统计（单位: 件）

	肩胛骨	乌喙骨	肱骨	尺骨	股骨	腕掌骨	胫跗骨	跗跖骨	合计
鹈形目		10						1	11
鸱鸮（未定属）		1						1	2

	肩胛骨	乌喙骨	肱骨	尺骨	股骨	腕掌骨	胫跗骨	跗跖骨	合计
鹳(未定种)		4			1		1		6
雁(未定种)		3	1					1	5
鸭(未定属)		3	2						5
雕(未定种)							2		2
齿鹑(未定种)		1							1
原鸡(未定种)	1	45	3	5	6	1	4	26	91
环颈雉	9	6	3	3	3	2	15	3	44
虎斑地鸫		3	2				3	2	10

5. 哺乳动物类 Mammalia

可鉴定标本2948件,占二期可鉴定标本总数的73.01%,占全部哺乳动物类可鉴定标本总数的94.64%。最小个体数为447,占二期可鉴定标本最小个体总数的55.94%,占哺乳动物类最小个体数总数的89.04%。其中鹿科动物标本最多,共计1 093件,约为二期哺乳动物可鉴定标本数的37.08%;其次是食肉动物,约占23.10%;啮齿动物和灵长类可鉴定标本数相当,但最小个体数相差较大(表二三)。

(1)食虫目 仅见普通刺猬(*Erinaceus europaeus* Linnaeus)一类遗存,可鉴定标本5件,占二期哺乳动物可鉴定标本总数的0.17%;仅保存有下颌;最小个体数为4。

(2)翼手目 仅见蝙蝠(*Vespertilio* sp.)一类遗存,可鉴定标本3件,占二期哺乳动物可鉴定标本总数的0.10%;仅保存下颌;最小个体数为2(彩版四四,22)。

(3)啮齿目 松鼠(*Sciurus* sp.)可鉴定标本99件,占二期哺乳动物可鉴定标本总数的3.36%,最小个体数为22(彩版四四,6~10);鼯鼠(*Petaurista* sp.)可鉴定标本3件,占二期哺乳动物可鉴定标本总数的0.10%,最小个体数为2(彩版四四,18、19);田鼠(*Microtus* sp.)可鉴定标本85件,占二期哺乳动物可鉴定标本总数的2.88%,最小个体数为25(彩版四四,11~17);中华竹鼠(*Rnizomys sinensis* Gray)可鉴定标本118件,占二期哺乳动物可鉴定标本总数的4.00%,最小个体数为16(彩版四三,5~9);黑线姬鼠(*Apodemus agrarius*)可鉴定标本154件,占二期哺乳动物可鉴定标本总数的5.22%,最小个体数为48(彩版四四,1~5);中国豪猪[*Hystrix hodgsoin*(Gray)]可鉴定标本33件,占二期哺乳动物可鉴定标本总数的1.12%,最小个体数为5(彩版四三,1~4);河狸(*Castor* sp.)可鉴定标本5件,占二期哺乳动物可鉴定标本总数的0.17%,最小个体数为2;兔(*Lepus* sp.)可鉴定标本5件,占二期哺乳动物可鉴定标本总数的0.17%,最小个体数为2(彩版四四,20、21);啮齿类(未定科)可鉴定标本5件,占二期哺乳动物可鉴定标本总数的0.17%,最小个体数为2。

表二三　二期啮齿类动物遗存可鉴定部位统计（单位：件）

种属部位	上颌	下颌	游离齿	肱骨	桡骨	髋骨	股骨	胫骨	合计
松鼠（未定种）		42		30			25	2	99
鼯鼠（未定种）		1				2			3
田鼠	1	7		6		10	57	4	85
中华竹鼠	1	30	63	9			13	2	118
黑线姬鼠	4	88		16		18	22	6	154
中国豪猪	1	9	19			1	3		33
河狸（未定属）				3	2				5
兔（未定种）						4	1		5
啮齿类（未定种）				4			1		5

（4）灵长目　猕猴可鉴定标本180件，占二期哺乳动物可鉴定标本总数的6.11%；最小个体数为26（彩版四五，2～7、9～11）。叶猴可鉴定标本73件，占二期哺乳动物可鉴定标本总数的2.48%；最小个体数为12（彩版四六）。猴（未定属）可鉴定标本224件，占二期哺乳动物可鉴定标本总数的7.60%；含游离齿42件、掌骨82件、距骨42件；最小个体数为11。长臂猿（Hylobates sp.）可鉴定标本61件，占二期哺乳动物可鉴定标本总数的2.07%；未见髋骨；最小个体数为12（彩版四七；图一九二）。

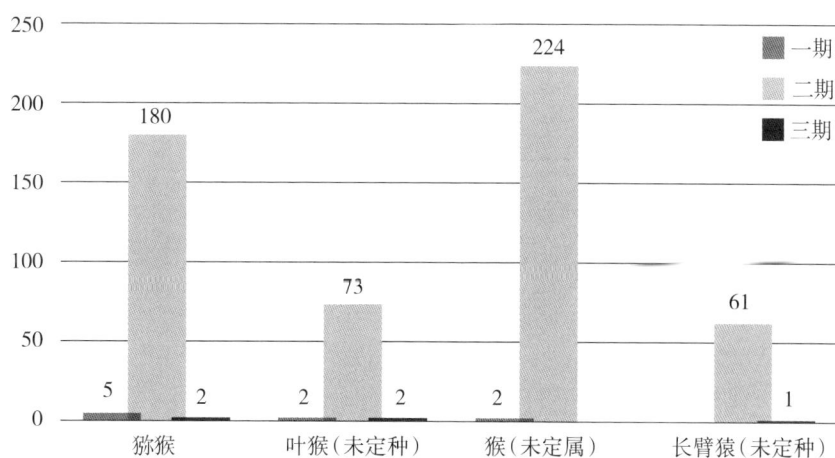

图一九二　灵长类遗存分布统计

（5）食肉目　犬科包括狗（Canis familiars Linnaeus）、貉以及犬（未定属）共计可鉴定标本73件，占二期哺乳动物可鉴定标本总数的2.48%（彩版五○）。熊科（Ursidae sp.）可鉴定标本11件，占二期哺乳动物可鉴定标本总数的0.37%；仅存头骨和股骨；最小个体数为3（彩版五一，1～4）。

鼬科包括青鼬［Martes flavigula（Boddaert）］、貂（Martes sp.）、黄鼬（Mustela kathiah Hodgson）、鼬獾（Melogale moschata Gray）、獾（Meles sp.）、猪獾、狗獾（未定种）、水獭［Lutra lutra（Linnaeus）］、鼬（未定属）在内，共计可鉴定标本203件，占二期哺乳动物可鉴定标本总数的6.89%（彩版五二）。灵猫科含大灵猫（彩版四八，15）和花面狸（彩版四八：7～14）两种，可鉴定标本124件，占二期哺乳动物可鉴定标本总数的4.21%。獴科仅食蟹獴［Herpestes urva（Hodgson）］一种，可鉴定标本82件，占二期哺乳动物可鉴定标本总数的2.78%；最小个体数为15（彩版四八，1～6）。猫科（彩版四九）含野猫、金猫［Catopuma Temminckii（Vigors et Horsfield）］、云豹（Neofelis nebulosa）以及猫（Felidae sp.）等，共计可鉴定标本188件，占二期哺乳动物可鉴定标本总数的6.38%。骨骼部位出土情况统计如下表（表二四）。

（6）偶蹄目　犀（Rhinocerotiade sp.）可鉴定标本5件，占二期哺乳动物可鉴定标本总数的0.17%；仅存游离齿和系骨；最小个体数为1。野猪可鉴定标本97件，占二期哺乳动物可鉴定标本总数的3.25%；最小个体数为6（彩版五一，5～9、11～12）。麝（Moschus sp.）可鉴定标本3件，占二期哺乳动物可鉴定标本总数的0.1%；仅存下颌和尺骨；最小个体数为1（彩版五四，3）。鹿科包括赤鹿（彩版五三，1、2、5、6、8～12、14～20）、黑麂（彩版五五）、黄麂（彩版五六，1～6、8～20）、菲氏麂（彩版五四，1、2、4、5）、麂（未定种）、水鹿（彩版五八，1、3、4、7、9～12）和梅花鹿（彩版五七），可鉴定标本共计1 090件，占二期哺乳动物可鉴定标本总数的36.97%。牛科仅见一类，水牛可鉴定标本19件，占二期哺乳动物可鉴定标本总数的0.64%；最小个体数为3（彩版五九，3～5、7、8、10、12、13）。骨骼部位出土情况统计如下表（表二五）。

该期是敢造遗址出土动物遗存中数量最多、种类最丰富的一期，其中鸟类，鱼类中的草鱼、南方大口鲶、黄颡鱼、蛙以及哺乳动物中的刺猬、蝙蝠、松鼠、竹鼠、鼯鼠、中国豪猪、河狸、兔、熊、青鼬、黄鼬、鼬獾、水獭、金猫、云豹、犀等均仅发现于这一期的遗存中。出土的大部分骨骼均破碎或断裂成骨块及骨片，骨骼表面有敲砸痕迹和烧烤痕迹，风化程度大部分为轻度或中度，风化程度为重度的骨骼标本较少。

（三）三期地层内出土的动物骨骼遗存

第三期以第②、③层堆积及其下的遗迹为代表，动物遗存均出土于第③层。出土动物遗存共计173件。可鉴定种属标本55件。

1. 鱼类 Osteichthyes

仅伍氏南宁鲤一种，可鉴定标本3件，占三期可鉴定标本总数的5.45%，占鱼类可鉴定标本总数的0.7%。最小个体数为2，占三期可鉴定标本最小个体总数的8.7%，占鱼类最小个体数总数的0.93%。

2. 哺乳动物类 Mammalia

可鉴定标本52件，占三期可鉴定标本总数的94.55%，占全部哺乳动物类可鉴定标本总数的1.67%。最小个体数为21，占三期可鉴定标本最小个体总数的91.3%，占哺乳动物类最小个体数总数的4.18%。各种属动物骨骼部位出土情况见表二六。

表二四　二期食肉类动物遗存可鉴定骨骼部位统计（单位：件）

种属＼部位	上颌	下颌	游离齿	肩胛骨	肱骨	尺骨	桡骨	掌骨	髋骨	股骨	胫骨	跟骨	距骨	跖骨	合计
狗				1							4				5
貉					7		1				7				15
犬（未定属）		1	8	3	1	11		3		25				1	53
熊（未定属）	1	4	2					3		1					11
青鼬	1														1
貂（未定种）					17				1		6				24
黄鼬		1			2		11								14
鼬獾	9	9													18
獾（未定种）					9		4						7		20
猪獾	1	4	6	4					7	27		10			59
狗獾（未定种）				2	21	2			7			10			42
水獭			1	2					2	3					8
鼬（未定属）		2	1			12					2				17
大灵猫		5								2					7
花面狸		23	4	3	11	38	19		7		12				117
食蟹獴		11	2			23	19			16	11				82
野猫		7		2	9	13	16		3	8	13	12	1		84
金猫		1		3						2		3			9
云豹				3		2	2			2		1			10
猫（未定属）		1	1	2	10	12		29						30	85

表二五　二期偶蹄类动物遗存可鉴定骨骼部位统计（单位：件）

种属部位	角	上颌	下颌	游离齿	肩胛骨	肱骨	尺骨	桡骨	掌骨	髋骨	股骨	胫骨	跟骨	距骨	跖骨	系骨	籽骨	合计
犀（未定属）				2												3		5
野猪		3	5	30		6	2	5	14	6	2	6	11	2	5			97
麝（未定种）			2				1											3
赤鹿	14		16		15	30	20	31	20	9	16	12	43	12	8			246
黑鹿	10		13		7	10	12		2	6	7	9	14	8	5			105
黄鹿	3		16		10	12	18	18	5	11	26	10	21	10	1			166
菲氏鹿	1		2															3
鹿（未定种）	2	7	47															56
水鹿		2	5	13	1		6	6	3	3	7	6	7	12	11		3	85
梅花鹿	18	4	30	56	20	21	33	38	22	18	26	15	43	39	23	23		429
水牛		1	1	7	1	1	1		1	1	3	1		1				19

（1）啮齿目　仅黑线姬鼠一类，可鉴定标本2件，占三期哺乳动物可鉴定标本总数的3.85%；最小个体数为2。

（2）灵长目　猕猴可鉴定标本2件，占三期哺乳动物可鉴定标本总数的3.85%，最小个体数为2（彩版四五，1）。叶猴（未定属）可鉴定标本2件，占三期哺乳动物可鉴定标本总数的3.85%，最小个体数为1。长臂猿（未定种）可鉴定标本1件，占三期哺乳动物可鉴定标本总数的1.92%，最小个体数为1。

（3）食肉目　犬科可鉴定标本1件，占三期哺乳动物可鉴定标本总数的1.92%，最小个体数为1。鼬科中貂可鉴定标本1件，占三期哺乳动物可鉴定标本总数的1.92%，最小个体数为1。猪獾可鉴定标本1件，占三期哺乳动物可鉴定标本总数的1.92%，最小个体数为1。灵猫科仅花面狸一类，可鉴定标本2件，占三期哺乳动物可鉴定标本总数的3.85%，最小个体数为1。獴科仅食蟹獴一类，可鉴定标本1件，占三期哺乳动物可鉴定标本总数的1.92%，最小个体数为1。猪科仅野猪一类，可鉴定标本6件，占三期哺乳动物可鉴定标本总数的11.54%，最小个体数为1。鹿科中赤麂可鉴定标本4件，占三期哺乳动物可鉴定标本总数的7.69%，最小个体数为2；黑麂可鉴定标本2件，占三期哺乳动物可鉴定标本总数的3.85%，最小个体数为1；黄麂可鉴定标本3件，占三期哺乳动物可鉴定标本总数的5.77%，最小个体数为1；麂（未定种）可鉴定标本7件，占三期哺乳动物可鉴定标本总数的13.46%，最小个体数为2；水鹿可鉴定标本1件，占三期哺乳动物可鉴定标本总数的1.92%，最小个体数为1；梅花鹿可鉴定标本13件，占三期哺乳动物可鉴定标本总数的25.00%，最小个体数为1。牛科仅水牛一类，可鉴定标本3件，占三期哺乳动物可鉴定标本总数的5.77%，最小个体数为1（彩版五九，1、2）。

表二六　三期动物遗存可鉴定哺乳动物骨骼部位统计（单位：件）

种属部位	下颌	游离齿	髋骨	跟骨	距骨	合计
黑线姬鼠	2					2
猕猴	2					2
叶猴（未定属）	2					2
长臂猿（未定种）	1					1
犬（未定属）		1				1
貂（未定种）			1			1
猪獾			1			1
花面狸	1		1			2
食蟹獴	1					1
野猪		6				6
赤麂	1	1	2			4

续表

种属部位	下颌	游离齿	髋骨	跟骨	距骨	合计
黑麂	1				1	2
黄麂	2				1	3
麂（未定种）	1	6				7
水鹿				1		1
梅花鹿	3	7		3		13
水牛	3					3

仅发现鱼类和哺乳类动物遗存，是敢造遗址中动物遗存数量最少、物种丰富度最低的一期。出土的骨骼均破碎或断裂成骨块及骨片，骨骼表面有敲砸痕迹和烧烤痕迹，风化程度大部分为轻度或中度。

第二节　骨骼表面痕迹及人工制品

（一）骨骼表面痕迹

通过对出土的动物骨骼表面的痕迹观察可以推测出，存留在骨骼表面的各种痕迹是受自然、动物和人工等三种作用而形成的。

1. 自然作用形成的痕迹

（1）风化作用　直接暴露于地表的骨骼经受风雨侵蚀、阳光照射、雨水浸泡及温差变化等物理因素，使骨骼表面的骨胶质受到不同程度的破坏，骨骼表面产生裂纹甚至破碎。敢造遗址出土的动物遗存骨骼风化程度大致可分为三个等级：轻度为骨表面光滑，保存较完好，约占47%；中度为骨骼表面较粗糙，但出现破裂、分层等现象或覆盖有胶着物质，约占35%；重度为骨骼表面受损严重，脆弱易散落，约占18%。大部分骨骼风化程度处于轻至中度。

（2）腐蚀作用　植物根系会对动物骨骼表面造成腐蚀，骨骼表面形成较浅的不规则线状印痕。从腐蚀程度看，敢造遗址的动物骨骼遗存受植物根系腐蚀作用较轻。

2. 动物作用形成的痕迹

动物作用产生的痕迹大部分为啃咬痕迹，如啮齿类动物磨牙、食肉类动物进食过程中造成的痕迹。由于出土骨骼破碎程度较高，在经历风化作用尤其是南方潮湿环境的影响后，骨骼表面胶着的泥沙难以分离，因此可观测到啃咬痕迹的标本数量极少。

3. 人工作用形成的痕迹

人工作用形成痕迹的标本数量较多，约占骨骼的70%。在骨、角、牙等材料上见有砍砸、烧烤、刮磨等痕迹。这类痕迹的成因一是食用过程中存在取髓、分食等行为，二是截取骨料以便制作骨器等用具。

（1）砸痕　具有砸痕的骨骼数量较多，约占有人工痕迹的45%。该痕迹主要见于长骨骨干，断口不齐，从砸击部位和破碎程度看，是食用过程中产生的，可能是为了敲骨吸髓，但从出土大量的碎骨来看，也可能和当地分食的饮食习惯有关。

（2）砍痕　该类痕迹约占25%，主要见于四肢骨和角上。从痕迹产生的部位看，在关节处的痕迹应是肢解动物遗留下的痕迹，在管状骨中部的痕迹可能是取髓或者与角部的痕迹一样，是截取骨角料产生的。

（3）沟裂痕　该痕迹出现的数量较少，约占5%。常见于大型动物的掌骨或跖骨上，应为截取骨料产生的痕迹。

（4）烧痕　将食用剩下的部分骨骼丢入火内当作燃料，骨骼整体呈黑色或灰白色，大部分为碎骨。第二期的烧骨数量最多，共计1 025件；第一期次之，142件。

（5）烤痕　食物加工过程中用火产生的痕迹，与烧痕相比，出现在骨骼局部位置，呈黄褐色向黑灰色过渡。值得关注的是，烤痕不仅出现于四肢骨，在下颌及牙齿上也有出现，且颜色从颌前部向下颌角方向逐渐变浅，可能是将动物的上下颌撑开，将火源放在颌前烧烤造成的。

（二）人工制品

敢造遗址出土人工制品99件、半成品骨料67件、角料57件，大部分出自第二期遗迹中。第二期发现的人工制品约为全部人工制品的96.84%，第三期3件，第一期遗迹内未发现人工制品。

1. 牙器

并未发现成品，仅存截取后的废料2件（彩版三八，11），均为啮齿动物犬齿，出自第二期遗存中。

2. 鱼钩

共21件（彩版三八，12～14），其中二期18件、三期3件。大小不一，呈半"U"形，表面打磨光滑，长的一端为尖状，底部略向上弯曲，侧面截断磨平。

3. 双尖骨锥

共38件，均出自第二期遗迹中。中间宽，中心处略有凹陷；两端尖状，一端呈圆尖状，一端呈扁尖状，推测扁尖的一端可能插在柄内使用；整体呈扁平型。

4. 骨锥

共27件（彩版三八，1、2、4、6、7），均出自第二期遗迹中。第一类21件，一端呈圆尖状，另一端未修饰，整体呈圆柱状，最大直径约为5.38毫米。第二类6件，均出自第二期遗迹中。一端呈扁菱形尖状，另一端修饰。

5. 骨针

共3件（彩版三八，3），均出自第二期遗迹中。一端呈圆尖状，整体呈圆柱状，直径约为2.09毫米。

6. 骨叉

共5件（彩版三八，5），均出自第二期遗迹中。叉端的两部分中较小的一侧较为尖锐，较大的一侧则厚钝一些,目前发现的骨叉中,尖部均在使用中折断未能保存。整体应为管状骨制成;中轴线上有两面对钻的四角圆方形孔,仅靠近尖部的前半部分有修饰痕迹,后半部分未进行加工处理。

7. 骨质斜口器

共1件(彩版三八,8),出自第二期遗迹中。为一段鸟类骨管修饰成,一端沿对角线去掉约二分之一,将断口打磨光滑,整体形态类似现代斜口茶匙。

8. 鱼镖

共2件(彩版三八,9、10),出自第二期遗迹中。1件脱柄鱼镖,箭头状,一侧略凸起,另一侧较平。1件整体呈扁菱形,一端圆状但没有尖部,在近尖部截断磨平。

第三节　小　结

（一）自然环境

从动物遗存出土情况来看,长臂猿、猕猴、叶猴等指示了当时繁盛的森林环境;大量的龟、鳖和鱼类遗存反映了周围应有较大水域面积的存在;竹鼠多生活于竹林,麝出没于山地混交林区域,鹿多活动于灌丛、茅草之中,梅花鹿和水鹿常在森林边缘地带活动;果子狸等具有热带环境色彩。遗址栖于左江拐角处,周围分布有山林、灌草丛、部分竹林以及宽阔水域;气候炎热,湿润多雨,属热带季风气候;长臂猿、豪猪、灵猫科等动物的出现,说明当时更偏向热带雨林环境;洞穴内冬暖夏凉,自然条件良好,是当时人们十分理想的居住地。

（二）肉食资源的获取方式

敢造遗址先民的肉食来源主要是脊椎动物,脊椎动物的肉和油脂是高热量食物。其中哺乳动物的比重最大,爬行类和鱼类数量也很多,而哺乳动物中鹿科动物占了近半的数量,提供了最大的肉食来源。野猪、啮齿类、食肉类也占据相当的比重,应为常见的捕猎对象。麝、犀牛、云豹等数量极少,可能是偶然获取的种类。从各分期遗迹内出土的动物遗存种类来看,人们对食用物种的选择和捕获相对比较稳定,以捕猎鹿类为主的野生动物作为获取肉食资源的主要方式,对于自然环境提供的肉食资源属于依赖型。

（三）生业模式

敢造遗址出土的动物遗存中并未发现家养驯化动物的痕迹,均为野生动物,是人们通过渔猎采集等方式获取的。该遗址共鉴定出五十余种动物,包括水生、陆生、两栖,栖息环境从河流到山林,反映出渔猎范围的广泛性。同时骨制品中鱼钩占据了很大比重,说明当时人们对猎物获取的能力十分纯熟。而先民对于猎物的获取也具有一定的选择性,鹿类动物易于捕获,肉质鲜美,是首要的狩猎对象;野猪食肉量较高但猎取有一定难度,所以数量相对较少;小型哺乳动物基数大,容易获得,但选取了体型较大的豪猪和竹鼠;猕猴常在地面活动,而长臂猿是严格的树栖动物,因此猕猴的数量相对较多。在一至三期中,第二期的渔猎最发达,发现动物遗存的种类和数量最多。相较于第一期而言,可能是技术的进步或对于自然资源有了更深刻的开发和利用;而第三期种类和数量骤减,可能是之前的过度利用导致野生资源减少或是环境变化导致动物迁徙,也可能是距废弃前使用时间较短而没有达到一定数量的累积。

表二七　敢造遗址2014年出土动物遗存可鉴定标本数、最小个体数统计

种属	一期		二期		三期	
	NISP	MIN	NISP	MIN	NISP	MIN
草鱼			7	4		
伍氏南宁鲤	1	1	41	25	3	2
南方大口鲶			52	5		
鲶(未定属)	3	3	134	72		
黄颡鱼			71	43		
鲃(未定属)	2	1	114	61		
蛙(未定种)			6	1		
中华鳖	1	1	348	49		
龟(未定属)	19	5	140	37		
鹈形目			11	5		
鸥鹬(未定属)			2	1		
鹳(未定种)			6	4		
雁(未定种)			5	3		
鸭(未定属)			5	2		
雕(未定种)			2	2		
齿鹑(未定种)			1	1		
原鸡(未定种)			91	24		
环颈雉			44	11		
虎斑地鸫			10	2		
普通刺猬			5	4		
蝙蝠(未定种)			3	2		
松鼠(未定种)			99	22		

种属	一期		二期		三期	
	NISP	MIN	NISP	MIN	NISP	MIN
田鼠			85	25		
中华竹鼠			118	16		
黑线姬鼠			154	48	2	2
鼹鼠（未定种）			3	2		
中国豪猪			33	5		
河狸（未定属）			5	2		
兔（未定种）			5	2		
啮齿目（未定科）			5	2		
猕猴	5	1	180	26	2	2
叶猴（未定种）	2	1	73	12	2	1
猴（未定属）	2	1	224	11		
长臂猿（未定种）			61	12	1	1
狗			5	2		
貉	2	1	15	6		
犬（未定属）	3	1	53	18	1	1
熊（未定属）			11	3		
青鼬			1	1		
貂（未定种）			24	10	1	1
黄鼬			14	7		
鼬獾			18	6		
獾（未定种）			20	5		
猪獾	5	4	59	14	1	1
狗獾（未定种）	2	1	42	12		
水獭			8	2		
鼬（未定属）	1	1	17	7		
大灵猫	2	1	7	3		
花面狸	5	2	117	20	2	1

续表

种属	一期		二期		三期	
	NISP	MIN	NISP	MIN	NISP	MIN
食蟹獴			82	15	1	1
野猫	3	2	84	15		
金猫			9	3		
云豹			10	3		
猫（未定属）	1	1	85	9		
犀（未定属）			5	1		
野猪	5	1	97	6	6	1
麝（未定种）			3	1		
赤鹿	10	3	246	22	4	2
黑鹿	2	1	105	9	2	1
黄鹿	6	2	166	16	3	1
菲氏鹿	1	1	3	1		
鹿（未定种）	3	1	56	7	7	2
水鹿	19	2	85	6	1	1
梅花鹿	32	5	429	23	13	1
水牛	4	1	19	3	3	1
合计	141	45	4 038	799	55	23

第六章　相关问题探讨

第一节　遗址的年代问题

敢造遗址共有九层堆积,其下为砾石层。其中第①层为现代耕土层;第②～⑨层为新石器时代堆积。遗址第①层遍布整个发掘区,为水平堆积;第②～③层分布于发掘区北部及西南角,为坡状堆积,西南厚北部薄;第④～⑨层南厚北薄,其中第⑥、⑨层含有大量的螺壳、蚌壳和蜗牛壳。

发掘结束后便将遗址采集的测年样品送至北京大学和牛津大学考古与艺术史研究实验室进行测年。送检测年样品共计68件,涵盖了第②～⑨层8个堆积单位,送检样品种类包括人骨、木炭、果核、动物骨骼及炭化物,经测试共得出47个年代数据,其中北京大学测样得出41个数据;牛津大学得出6个年代数据。通过对国内外测量数据的对比可以看出,两家测试机构同一层位的样品得出的数值比较接近。

敢造遗址一期共测得数据7个,其中4个数据来自炭样,3个数据来自一期墓葬中的人骨。炭样测年数据为9030±40BP,树轮校正后年代为8300BC(95.4%)8212BC;9355±55BP,树轮校正后年代为8770BC(95.4%)8464BC;8950±40BP,树轮校正后年代为8132BC(51.1%)7968BC;8935±35BP,树轮校正后年代为8142BC(59.3%)7967BC。人骨测年数据为8880±50BP,树轮校正后年代为8234BC(95.4%)7827BC;9200±35BP,树轮校正后年代为8488BC(91.1%)8296BC;9185±35BP,树轮校正后年代为8483BC(91.1%)8296BC(表二八)。综合分析,一期的年代大概在8500BC～8100BC之间。

表二八　敢造遗址一期测年数据

碳十四年代(BP)	树轮校正后年代1(68.2%)	树轮校正后年代2σ(95.4%)
9030±40BP(炭)	8282BC(68.2%)8245BC	8300BC(95.4%)8212BC
9355±55BP(炭)	8711BC(68.2%)8556BC	8770BC(95.4%)8464BC
8950±40BP(炭)	8250BC(35.5%)8184BC 8112BC(8.2%)8091BC 8074BC(4.0%)8062BC 8041BC(20.4%)7994BC	8272BC(35.5%)8166BC 8132BC(51.1%)7968BC

续表

碳十四年代（BP）	树轮校正后年代1（68.2%）	树轮校正后年代2σ（95.4%）
8935±35BP（炭）	8240BC（28.9%）8181BC 8112BC（9.9%）8090BC 8076BC（5.6%）8061BC 8042BC（23.8%）7992BC	8250BC（36.1%）8164BC 8142BC（59.3%）7967BC
8880±50BP（人骨）	8204BC（52.6%）8036BC 8016BC（68.2%）7964BC	8234BC（95.4%）7827BC
9200±35BP（人骨）	8456BC（68.2%）8236BC	8540BC（8.2%）8508BC 8488BC（91.1%）8296BC
9185±35BP（人骨）	8441BC（41.8%）8366BC 8354BC（26.4%）8308BC	8536BC（4.3%）8513BC 8483BC（91.1%）8296BC

　　二期共测得数据30个，其中3个数据来自牛津大学（样品为炭样），其余27个数据来自北京大学（人骨及动物骨骼13个，果核2个，炭样12个）（表二九）。去掉明显差异与其他测年数据的样品，二期的年代大致在7600BC～7100BC之间。

表二九　敢造遗址二期测年数据

碳十四年代（BP）	树轮校正后年代1（68.2%）	树轮校正后年代2σ（95.4%）
7890±80BP（炭）	7201BC（1.5%）7014BC 7004BC（7.0%）6970BC 6943BC（0.9%）6938BC 6913BC（6.6%）6882BC 6831BC（52.2%）6644BC	7042BC（95.4%）6599BC
8260±70BP（炭）	7450BC（11.3%）7408BC 7368BC（56.9%）7180BC	7482BC（91.1%）7122BC 7115BC（4.3%）7082BC
8775±35BP（炭）	7938BC（16.1%）7894BC 7872BC（52.1%）7750BC	8161BC（0.5%）8152BC 7966BC（94.4%）7675BC 7670BC（0.5%）7661BC
3345±35BP（炭）	1688BC（60.1%）1607BC 1571BC（5.1%）1560BC 1547BC（3.0%）1540BC	1736BC（5.8%）1712BC 1694BC（89.6%）1527BC
7970±30BP（果核）	7028BC（38.4%）6929BC 6922BC（16.9%）6876BC 6860BC（12.9%）6825BC	7044BC（94.2%）6754BC 6719BC（1.2%）6710BC
8220±40BP（炭）	7321BC（68.2%）7175BC	7354BC（95.4%）7078BC
8260±60BP（炭）	7448BC（10.1%）7411BC 7360BC（58.1%）7182BC	7480BC（92.8%）7129BC 7106BC（2.6%）7083BC

碳十四年代（BP）	树轮校正后年代1（68.2%）	树轮校正后年代2σ（95.4%）
8570±35BP（炭）	7600BC（68.2%）7574BC	7646BC（0.5%）7641BC 7634BC（1.5%）7623BC 7611BC（93.5%）7537BC
7945±40BP（烧骨）	7026BC（18.8%）6965BC 6948BC（4.2%）6934BC 6916BC（12.0%）6880BC 6841BC（29.4%）6750BC 6721BC（3.9%）6708BC	7034BC（95.4%）6693BC
8100±40BP（炭）	7140BC（27.3%）7097BC 7086BC（40.9%）7046BC	7293BC（1.0%）7272BC 7252BC（1.1%）7228BC 7186BC（91.2%）7028BC 6931BC（0.5%）6920BC 6878BC（1.7%）6847BC
8310±70BP（炭）	7487BC（63.6%）7302BC 7218BC（4.6%）7199BC	7530BC（94.4%）7170BC 7157BC（1.0%）7142BC
8050±35BP（果核）	7072BC（46.0%）7028BC 6958BC（1.5%）6954BC 6932BC（5.3%）6920BC 6878BC（15.4%）6846BC	7082BC（74.2%）6910BC 6890BC（21.2%）6826BC
8050±40BP（炭）	7075BC（38.3%）7025BC 6966BC（5.8%）6948BC 6934BC（7.2%）6916BC 6880BC（16.8%）6840BC	7130BC（2.0%）7106BC 7084BC（93.4%）6823BC
8000±30BP（炭）	7046BC（13%）7020BC 7014BC（4.2%）7004BC 6970BC（25.5%）7004BC 6882BC（25.6%）6831BC	7056BC（95.4%）6814BC
8225±40BP（炭）	7324BC（68.2%）7178BC	7446BC（0.6%）7438BC 7422BC（0.6%）7415BC 7356BC（94.2%）7081BC
8155±40BP（人骨）	7142BC（68.2%）7056BC	7295BC（1.9%）7271BC 7256BC（2.4%）7226BC 7188BC（91.1%）7040BC
7575±40BP（人骨）	6462BC（68.2%）64l8BC	6492BC（95.4%）6378BC
8215±30BP（人骨）	7306BC（68.2%）7177BC	7337BC（90.7%）7127BC 7106BC（4.7%）7082BC
8175±30BP（人骨）	7246BC（4.1%）7234BC 7186BC（64.1%）7078BC	7306BC（24.9%）72l4BC 7200BC（70.5%）7072BC

续表

碳十四年代（BP）	树轮校正后年代1（68.2%）	树轮校正后年代2σ（95.4%）
8070±35BP（人骨）	7121BC（1.4%）7116BC 7082BC（63.9%）7030BC 6874BC（2.9%）6866BC	7172BC（1.1%）7156BC 7144BC（75.7%）7020BC 7014BC（0.7%）7003BC 6971BC（7.8%）6912BC 6884BC（10.1%）6830BC
8370±35BP（人骨）	7517BC（50.4%）7451BC 7400BC（17.8%）7372BC	7526BC（95.4%）7350BC
7950±35BP（人骨）	7027BC（22.1%）6960BC 6950BC（5.7%）6932BC 6918BC（14.0%）6878BC 6844BC（25.7%）6768BC 6717BC（0.8%）6714BC	7033BC（95.4%）6698BC
7980±60BP（人骨）	7042BC（68.2%）6821BC	7056BC（95.4%）6696BC
4000±30BP（人骨）	2566BC（47.3%）2522BC 2496BC（20.9%）2476BC	2577BC（95.4%）2468BC
7830±40BP（人骨）	6690BC（68.2%）6606BC	6814BC（94.9%）6588BC 6579BC（0.5%）6572BC
8125±40BP（人骨）	7162BC（1.4%）7160BC 7142BC（66.8%）7060BC	7296BC（2.8%）7270BC 7256BC（3.4%）7226BC 7189BC（89.1%）7046BC
8250±30BP（人骨）	7339BC（43.9%）7248BC 7231BC（24.3%）7186BC	7451BC（6.4%）7406BC 7372BC（88.6%）7174BC 7151BC（0.4%）7146BC
8492±22BP（炭）		7560±14BC
8360±28BP（炭）		7438±52BC
8281±22BP（炭）		7372±54BC

　　三期共测得数据9个，其中牛津大学测得数据2个，北京大学测得数据7个。通过数据的对比可以看出，两家测试机构同一层位的样品得出的数值比较接近。三期的年代大致在7100BC～6600BC之间（表三〇）。

表三〇　敢造遗址三期测年数据

碳十四年代（BP）	树轮校正后年代1σ（68.2%）	树轮校正后年代2σ（95.4%）
8010±35BP（炭）	7050BC（19.7%）7002BC 6970BC（24.3%）6912BC 6883BC（24.2%）6830BC	7061BC（94.7%）6806BC 6786BC（0.7%）6778BC

碳十四年代（BP）	树轮校正后年代1σ（68.2%）	树轮校正后年代2σ（95.4%）
7980±45BP（果核）	7036BC（46.7%）6901BC 6888BC（21.5%）6826BC	7050BC（91.9%）6746BC 6726BC（3.5%）6700BC
7855±35BP（炭）	6750BC（12.4%）6722BC 6706BC（55.8%）6641BC	6816BC（95.4%）6604BC
7700±40BP（炭）	6588BC（4.8%）6581BC 6570BC（22.7%）6541BC 6534BC（40.7%）6481BC	6629BC（1.0%）6622BC 6608BC（94.4%）6461BC
7920±35BP（果核）	6982BC（2.1%）6974BC 6910BC（7.1%）6885BC 6828BC（59.0%）6688BC	7028BC（18.3%）6931BC 6920BC（10.3%）6877BC 6860BC（66.8%）6658BC
525±30BP（炭）	1400AD（68.2%）1434AD	1321AD（15.0%）1348AD 1391AD（80.4%）1442AD
8075±35 BP（炭）	7127BC（5.2%）7112BC 7083BC（63.0%）7033BC	7157BC（82.5%）7022BC 6970BC（2.4%）6944BC 6936BC（2.9%）6913BC 6882BC（7.5%）6833BC
7972±21BP（果核）		6925±79BC
8171±25BP（炭）		7145±44BC

注：北京大学测年数据所用碳十四半衰期为5568年，BP为距1950的年代。

树轮校正所用曲线为IntCal04（1），所用程序为OxCalv3.10（2）…

1. Reimer PJ, MGL Baillie, E Bard, A Bayliss, JW Beck, C Bertrand, PG Blackwell, CE Buck, G Burr, KB Culter, PE Damon, RL Edwards, RGM Stuiver, S Talamo, FW Taylor, J van der Plicht, and CE Weyhenmeyer. 2004 Radiocarbon46: 1029－1058.

2. Christopher Bronk Ramsey 2005, www.rlaha.ox.ac.uk/orau/oxcal.html

四期文化遗物较少，采集的测年样本也比较少，仅牛津大学根据H44的果核测得一个数据，年代为6630±22BP，树轮校正后年代为5579±28BC。

由于敢造遗址地层较多，在采样过程中部分样品的取样边界不甚明确，可能导致数据值存在一定的偏差，部分样品还可能存在流水渗透作用及后期污染的影响，因此在年代的推测上选取相近的数值作为可靠的参考数值，尽量剔除略有偏差的数值。

第二节　与周边遗址的关系

一　与贝丘遗址的关系

贝丘遗址主要是指遗址当中包含大量古代人类食用抛弃的贝壳，也称之为贝冢，此类遗址多见大量的人为因素造成的贝壳、螺壳堆积，往往也出土有大量的骨器、蚌器。

贝丘遗址在世界范围内有广泛的分布,遗址的类型也较为丰富,比如洞穴贝丘遗址、台地贝丘遗址、沙丘遗址等,广西境内主要以台地贝丘遗址居多,偶见洞穴贝丘和滨海贝丘遗址。贝丘遗址一定程度上体现了新旧过渡时期渔猎采集经济的进步,也体现了人类从自然界获取资源的方式及资源管理的策略。从遗址的堆积来看,敢造遗址大部分的堆积以贝丘为主,主要分布在遗址的南部区域,但遗址所处的地理位置水土流失较为严重,大量的贝丘堆积被冲毁。广西目前发现的贝丘遗址数量众多,典型的有邕宁顶蛳山[1]、灰窑田[2]、豹子头[3]、何村[4]、冲塘[5]等多处遗址,这些遗址广泛分布在左右江和邕江流域,郁江、黔江等流域也偶有发现。

贝丘遗址与水资源的分布密切相关,敢造遗址所在的左江流域及其下游的右江流域都曾发现有大量的贝丘遗址,其中以顶蛳山遗址最具特色。敢造遗址一期出土有较大的蚌铲和鱼头形蚌刀,与顶蛳山遗址二期的相似,二者在葬式上也具有一定的相似性,测年数据也比较接近。敢造遗址二期出土石器、骨器、蚌器的数量明显增多,陶器与一期相比变化不大,研磨器以方形和椭圆形为主。总体而言敢造一期和二期与广西很多河旁贝丘属于同一类型。

二　与其他遗址的关系

敢造遗址三期非贝丘堆积,打制石器较多,开始出现束腰形研磨器,石英的小型工具数量明显增加。四期的大石铲文化遗存与大龙潭遗址[6]、虎楼岭遗址[7]、北庙遗址[8]、吞云岭遗址[9]、音墟遗址[10]、隆安介榜遗址、坛洛雷懂遗址等大石铲遗址在文化面貌上具有极强的相似性,普遍只见大石铲遗存,其他共出物较少,陶器保存质量较差,文化面貌单一。目前很多大石铲遗址在大石铲文化层下少有堆积,这也是造成大石铲年代和来源问题难以解决的原因之一,敢造遗址出土的大石铲数量虽然较少,但是遗址中存在早于大石铲文化的堆积,这为研究大石铲文化的源流及年代问题提供了重要的材料。

［1］　中国社会科学院考古研究所广西工作队、广西壮族自治区文物工作队等:《广西邕宁县顶蛳山遗址的发掘》,《考古》1998年第11期。
［2］　李珍、黄云忠:《南宁市灰窑田新石器时代遗址》,《中国考古学年鉴(2007)》,文物出版社,2008年。
［3］　中国社会科学院考古研究所广西工作队、广西壮族自治区文物工作队等:《广西南宁市豹子头贝丘遗址的发掘》,《考古》2003年第10期。
［4］　杨清平:《广西左江流域发现新石器时代贝丘遗址新的文化类型——崇左市江州区河村遗址发掘成果》,《中国文物报》2008年6月6日。
［5］　何安益、陈曦:《广西崇左冲塘新石器时代贝丘遗址发掘新收获》,《中国文物报》2008年5月9日。
［6］　广西壮族自治区文物工作队:《广西隆安大龙潭新石器时代遗址发掘简报》,《考古》1982年第1期,第9～17页。
［7］　广西文物考古研究所、隆安县文物管理所:《隆安县虎楼岭、北庙遗址发掘报告》,《广西考古文集(第三辑)》,文物出版社,2007年,第56～62页。
［8］　同上。
［9］　广西壮族自治区文物工作队、钦州县文化馆:《广西钦州独料新石器时代遗址》,《考古》1982年1期,第1～8页。
［10］　邱龙:《大化县音墟新石器时代遗址》,《中国考古学年鉴(1990)》,文物出版社,1992年,第288页。

第三节　重要意义

　　此次敢造遗址的发掘是广西首次发现贝丘遗存、河旁台地遗址、大石铲遗存之间的相互叠压关系，为研究广西新石器时代同类遗存的年代早晚提供了地层学方面的证据，为研究左江流域贝丘遗存与顶蛳山文化之间的联系提供了丰富材料。敢造遗址第一、二期遗存，出土大量墓葬以及陶、石、骨、蚌器，具有顶蛳山文化的因素，为研究顶蛳山文化及左江沿岸河岸贝丘文化发展脉络提供了新的证据。

　　敢造遗址第三期出土大量石制品，这期堆积中不含介壳，且叠压在贝丘堆积之上，层位清晰明确。而四期的大石铲文化遗存则叠压于三期之上，敢造遗址丰富的文化面貌，以及较为完整的地层堆积序列，为构建广西新石器时代的文化序列提供了宝贵的资料。

附　表

附表一　敢造遗址灰坑登记表

编号	期别	位置及层位	形态	尺寸(厘米)	包 含 物
H1	四	T0402东北部,①→H1→③	椭圆形	63×32	石铲、石英碎片
H2	四	T0102北部,①→H2→②	近椭圆形	21×24	铜矛
H3	三	T0201西部,②→H3→④	近椭圆形	80×75	动物骨骼、刮削器
H4	二	T0206东南角,④→H4→M20→⑥	圆形	70×68	无
H5	二	T0206南部,④→H5→⑥	不规则形	115×50	无
H6	三	T0402东北部,③→H6→⑩	椭圆形	152×60	断块、砾石
H7	三	T0201中部,②→H7→④	不规则形	70×64	砾石、断块
H8	二	T0205东南角,④→H8→⑥	近椭圆形	66×49	无
H9	二	T0206东南角,④→H9→⑥	椭圆形	55×20	红烧土颗粒、石英碎片
H10	三	T0402东北角,③→H10→⑩	不规则形	40×36	红烧土颗粒
H11	三	T0201西部,③→H11→④	近椭圆形	44×38	红烧土颗粒
H12	三	T0301西南部,②→H12→⑩	椭圆形	50×25	无
H13	三	T0301西南部,②→H13→⑩	圆形	30×29	无
H14	三	T0301中部,②→H14→⑩	椭圆形	50×30	红烧土颗粒
H15	三	T0301中部,②→H15→⑩	椭圆形	55×35	无
H16	三	T0301东南部,②→H16→⑩	椭圆形	70×50	红烧土颗粒
H17	三	T0302北部,③→H17→⑩	圆形	53×50	无
H18	三	T0302南部,③→H18→⑩	近圆形	56×53	无

编号	期别	位置及层位	形态	尺寸(厘米)	包 含 物
H19	三	T0302东部,③→H19→⑩	近椭圆形	85×20	无
H20	三	T0204西南角,②→H20→⑩	半圆形	63×39	动物骨骼、陶片
H21	三	T0102北部,③→H21→④	近椭圆形	85×64	无
H22	三	T0102东北部,③→H22→④	近圆形	55×54	无
H23	三	T0102东南角,③→H23→④	不规则形	63×55	无
H24	三	T0102东南角,③→H24→④	近椭圆形	78×47	动物骨骼
H25	三	T0102西南角,③→H25→④	近圆形	71×68	无
H26	三	T0204东北部,②→H26→③	椭圆形	53×46	石片、断块
H27	三	T0101西南角,③→H27→④	半圆形	40×28	炭屑
H28	三	T0203北北部,③→H28→⑩	椭圆形	89×72	红烧土颗粒、炭屑、石片、砾石
H29	三	T0101西部,③→H29→④	椭圆形	49×39	炭屑、烧土颗粒
H30	二	T0206西北部,④→H30→⑤	圆形	70×69	红烧土颗粒、炭粒、断块
H31	三	T0204东南部,③→H31→⑤	圆形	80×72	陶片
H32	三	T0204西南角,③→H32→⑤	椭圆形	53×49	砾石、石片、红烧土颗粒
H33	二	T0208西南部,⑥→H33→⑧	近圆形	80×78	红烧土颗粒、石制品、动物骨骼、炭化果壳
H34	三	T0204东北部,②→H34→⑧	近圆形	167×40	石片、砾石
H35	三	T0101西南部,③→H35→⑩	椭圆形	48×32	炭屑、红烧土颗粒、石英碎片
H36	二	T0207中部,⑤→H36→⑩	椭圆形	105×66	石块、动物骨骼
H37	一	T0103东北部,⑧→H37→⑩	不规则形	42×45	无
H38	二	T0104西部,④→H38→⑧	近圆形	33×32	动物骨骼
H39	二	T0206西部,④→H39→⑤	近半圆形	90×27	动物骨骼、螺壳、红烧土颗粒
H40	二	T0206西部中部,⑤→H40→⑥	椭圆形	62×43	动物骨骼、红烧土颗粒
H41	二	T0206东北部,④→D17→H41→⑤	不规则形	51×48	红烧土颗粒、动物骨骼
H42	二	T0206西北部,④→H42→⑥	椭圆形	96×51	动物骨骼、断块
H43	二	T0204西南部,⑤→H43→⑧	近圆形	52×48	陶片
H44	四	T0306东北角,①→H44→②	圆形	32×31	石铲、陶片、炭屑
H45	二	T0205东南部,④→H45→⑤	近矩形	54×44	动物骨骼、斧锛坯、砾石

编号	期别	位置及层位	形态	尺寸（厘米）	包　含　物
H46	四	T0205东南角，①→H46→③	近椭圆形	40×23	红烧土颗粒、石铲残件
H47	三	T0403东北角，②→H47→③	不规则形	60×55	石块
H48	四	T0403南部，开口于①→H48→⑩	近椭圆形	52×40	石英碎片
H49	三	T0403西部，开口于③→H49→⑩	近椭圆形	47×43	陶片、石英碎片
H50	三	T0403东南部，开口于③→H50→⑩	近圆形	50×45	石英碎片
H51	三	T0404东南部，开口于③→H51→⑩	椭圆形	69×57	炭屑
H52	二	T0205北部，开口于⑤→H52→⑩	椭圆形	55×53	红烧土颗粒
H53	二	T0205东北角，开口于⑤→H53→⑥	近矩形	43×27	黄色颗粒
H54	二	T0205中部，开口于⑤→H54→⑥	椭圆形	130×110	红烧土颗粒
H55	二	T0205西南部，开口于⑤→H55→⑥	近矩形	53×46	红烧土颗粒
H56	二	T0205西南角，开口于⑤→H56→⑩	近矩形	47×44	断块、砾石
H57	二	T0205西南角，开口于⑤→H57→⑩	不规则形	62×38	红烧土颗粒
H58	二	T0205南部，开口于⑤→H58→⑩	近椭圆形	37×16	砾石、断块
H59	二	T0205东南部，开口于⑤→H59→⑩	近椭圆形	42×24	红烧土颗粒
H60	二	T0205东南角，开口于⑤→H60→⑩	不规则形	128×70	动物骨骼、石制品
H61	二	T0205东南部，开口于⑤→H61→⑩	近矩形	37×16	砾石、断块
H62	四	T0407东部，开口于①→H62→⑩	不规则形	144×130	砾石、断块
H63	三	T0403西南部，开口于③→H63→⑩	近矩形	80×40	断块、石英碎片
H64	三	T0403中西部，开口于③→H64→⑩	不规则形	57×29	红烧土颗粒
H65	三	T0304南部，开口于②→H65→③	近圆形	45×44	无
H66	四	T0405西南部，开口于①→H66→②	椭圆形	92×61	石铲毛坯、铁锰结核颗粒
H67	一	T0103南部，开口于⑧→H67→⑩	不规则形	82×47	砾石、红烧土颗粒
H68	四	T0408东南角，开口于①→H68→③	椭圆形	88.5×58	石铲毛坯
H69	二	T0104东南部，开口于④→H69→⑧	不规则形	45×43	动物骨骼、红烧土颗粒
H70	二	T0104南部，④→M25→H70→M27→⑥→⑧	不规则形	44×28	红烧土颗粒
H71	二	T0104东北部，开口于⑤→H71→⑧	不规则形	42×36	红烧土颗粒、动物骨骼
H72	二	T0104中部，开口于⑤→H72→⑧	不规则形	98×64	动物骨骼、石英碎片

编号	期别	位置及层位	形态	尺寸(厘米)	包含物
H73	四	T0106西部,开口于①→H73→④	近矩形	65×43	无
H74	四	T0106东部,开口于①→H74→④	不规则形	46×35	无
H75	四	T0105西部,开口于①→H75→②	不规则形	95×59	石铲、铁锰结核颗粒
H76	二	T0106东部,开口于④→H76→⑥	近矩形	64×55	动物骨骼、石器
H77	二	T0207南部,开口于⑤→H77→⑥	近圆形	59×47	无
H78	二	T0208西南部,开口于④→H78→⑥	近圆形	54×52	动物骨骼、石块、红烧土颗粒
H79	二	T0307西部,开口于④→H79→⑤	近圆形	18×16	炭粒
H80	二	T0106东北部,开口于④→H80→⑥	不规则形	50×37	石制品
H81	一	T0204东北部,开口于⑧→H81→⑩	近圆形	43×41	红烧土颗粒
H82	一	T0204东北部,开口于⑧层→H82→⑩	不规则形	56×48	无
H83	二	T0106东北部,开口于④→H83→⑥	近椭圆形	76×65	无
H84	二	T0106东北部,开口于④→H84→⑥	不规则形	59×47	无
H85	二	T0105中部,开口于⑥→H85→⑧	不规则形	145×102	动物骨骼、陶片
H86	二	T0104南部,开口于⑥→H86→⑧	近椭圆形	67×87	红烧土颗粒
H87	二	T0206南部,开口于⑦→H87→⑧	近椭圆形	45×28	红烧土颗粒
H88	二	T0104南部,开口于⑥→H88→⑧	近椭圆形	47×32	红烧土颗粒
H89	二	T0104南部,开口于⑥→H89→⑧	不规则形	65×45	红烧土颗粒
H90	二	T0208西北部,开口于⑤→H90→⑥	近椭圆形	90×78	蚌壳、动物骨骼、红烧土颗粒

附表二　敢造遗址柱洞登记表

编号	期别	位置及层位	形态	尺寸(厘米)	包含物
D1	四	T0103西北部,①→D1→②	近椭圆形	31×27	无
D2	四	T0301西部,①→D2→③	近椭圆形	30×25	无
D3	四	T0301东部,①→D3→③	近圆形	20×19	无
D4	四	T0301西部,①→D4→③	近椭圆形	35×30	无
D5	四	T0301西部,①→D5→③	近圆形	20×19	无

编号	期别	位置及层位	形态	尺寸（厘米）	包 含 物
D6	四	T0301中部，①→D6→③	近圆形	24×22	无
D7	四	T0301南部，①→D7→③	近圆形	28×24	无
D8	四	T0301南部，①→D8→③	近圆形	20×17	无
D9	四	T0302北部，①→D9→③	近圆形	20×18	无
D10	四	T0302东部，①→D10→③	椭圆形	30×25	无
D11	四	T0302东部，①→D11→③	近圆形	30×28	铁锰结核颗粒
D12	二	T0206北部，④→D12→⑤	近圆形	19×17	无
D13	二	T0206北部，④→D13→⑤	近圆形	22×21	无
D14	二	T0206北部，④→D14→⑤	椭圆形	19×13	无
D15	二	T0206北部，④→D15→⑤	近圆形	24×21	无
D16	二	T0206西部，④→D16→⑤	近圆形	26×25	红烧土颗粒、炭粒、石英碎片
D17	二	T0206东北部，④→D17→H41→⑤	近圆形	29×28	红烧土颗粒
D18	二	T0206东南角，④→D18→⑥	近圆形	20×17	无
D19	三	T0402东部，③→D19→⑩	近圆形	30×27	无
D20	三	T0201西南角，③→D20→④	近圆形	22×21	炭屑、红烧土颗粒
D21	四	T0103中部，①→D21→③	近圆形	22×21	无
D22	三	T0102东部，③→D22→④	近圆形	25×24	无
D23	三	T0202西南部，③→D23→⑩	近圆形	24.5×24	红烧土颗粒
D24	三	T0202北部，③→D24→⑩	椭圆形	25×21.5	红烧土颗粒
D25	二	T0104西南部，④→D25→⑥	近圆形	21×19	红烧土颗粒、动物骨骼
D26	一	T0202北部，⑧→D26→⑩	椭圆形	28×23	红烧土颗粒
D27	一	T0202东北部，⑧→D27→⑩	椭圆形	23×18	无
D28	四	T0304中西部，①→D28→②	近圆形	22×19.5	无
D29	三	T0101中南部，③→D29→④	椭圆形	37×29	红烧土颗粒
D30	二	T0104东南部，⑤→D30→⑧	近椭圆形	40×35	红烧土颗粒
D31	三	T0303西南部，②→D31→③	近圆形	25×23	炭屑、红烧土颗粒
D32	三	T0404北部，②→D32→⑩	椭圆形	45×39	炭屑、红烧土颗粒

编号	期别	位置及层位	形态	尺寸（厘米）	包 含 物
D33	三	T0404东南角，③→D33→⑩	近圆形	33×30	无
D34	一	T0103东南角，⑧→D34→⑩	不规则形	18×12.5	红烧土颗粒
D35	三	T0404东南角，③→D35→⑩	近圆形	12×10	无
D36	二	T0104西南角，④→D36→⑧	近椭圆形	15×11	无
D37	二	T0104西南角，⑥→D37→⑧	近圆形	42×40	砾石、动物骨骼
D38	二	T0104西南部，④→D38→⑧	近圆形	33×28	石块
D39	四	T0406中部，①→D39→②	近圆形	16×15	无
D40	二	T0205南部，⑤→D40→⑥	近圆形	28×24	红烧土颗粒
D41	二	T0205东南部，⑤→D41→⑥	近圆形	39×33	无
D42	四	T0406北部，①→D42→②	近圆形	16×15	无
D43	四	T0406西北部，①→D43→②	近圆形	14×12	无
D44	四	T0405中北部，①→D44→②	近椭圆形	32×27	无
D45	二	T0104西南部，⑤→D45→⑧	不规则形	56×35	动物骨骼、蚌壳
D46	三	T0404东部，③→D46→⑩	近圆形	30×29	无
D47	一	T0103南部，⑧→D47→⑩	近椭圆形	29×27	无
D48	一	T0103东部，⑧→D48→⑩	近圆形	22×12	无
D49	三	T0105西北部，开口于②→D49→③	近圆形	32.5×32	红烧土颗粒
D50	二	T0204东北部，开口于⑦→D50→⑩	不规则形	30×24	无
D51	二	T0204西南角，开口于⑦→D51→⑧	近椭圆形	32×29	红烧土颗粒
D52	二	T0204南部，开口于⑦→D52→⑩	近矩形	37×30	石块
D53	四	T0107南部，开口于①→D53→⑥	近圆形	46×41	红烧土颗粒
D54	四	T0107南部，开口于①→D54→⑥	近圆形	29×25	无
D55	一	T0104北部，开口于⑧→D55→⑩	不规则形	25×19	红烧土颗粒
D56	一	T0104北部，开口于⑧→D56→⑩	近圆形	20×16	无
D57	二	T0104南部，开口于⑥→D57→⑧	近圆形	24×22	红烧土颗粒
D58	一	T0104北部，开口于⑧→D58→⑩	近圆形	27×23	红烧土颗粒

附表三 敢造遗址墓葬登记表

墓号	期别	位置及层位	方向	尺寸(厘米)	葬式	共出物	填 土
M1	二	T0208南部,④→M1→⑥	327°	52×40	不明	无	螺壳
M2	二	T0208东部,④→M2→⑥	165°	100×50	侧身屈肢葬	石块	螺壳
M3	二	T0107西南角,④→M3→⑥	3°	90×80	侧身屈肢葬	无	动物骨骼、碎片
M4	二	T0107东北角,④→M4→⑥	58°	86×63	侧身屈肢葬	石片、石块	螺壳、红烧土颗粒、石块
M5	二	T0106南部,④→M5→⑥	95°	80×60	侧身屈肢葬	石锛	动物骨骼、砾石
M6	二	T0106西南部,④→M6→⑥	40°	90×50	侧身屈肢葬	砾石	动物骨骼、砾石
M7	二	T0103西北部,④→M7→⑧	145°	132×60	葬式不明	无	螺壳
M8	二	T0207东南部,⑤→M8→⑩	95°	85×60	侧身屈肢葬	石块	螺壳
M9	二	T0105东南角,④→M9→⑥	345°	110×62	仰身屈肢葬	石片、断块	炭屑、红烧土颗粒、动物骨骼
M10	二	T0104东北部,④→M10→⑧	66°	98×60	仰身屈肢葬	断块	
M11	二	T0107东南部,④→M11→M22→⑥	323°	91×75	仰身屈肢葬	石块	螺壳、红烧土颗粒、石块、石片
M12	二	T0103中部,④→M12→⑧	230°	113×65.5	侧身屈肢葬	无	
M13	二	T0103东南部,④→M13→⑧	55°	106×52	葬式不明	无	
M14	二	T0104西北部,④→M14→M15→⑧	95°	99×72	葬式不明	石块	红烧土颗粒
M15	二	T0104西北部,④→M14→M15→⑧	216°	85×46	葬式不明	无	红烧土颗粒
M16	二	T0104东北部,④→M16→⑧	276°	90×78	侧身屈肢葬	砾石、断块	红烧土颗粒

墓号	期别	位置及层位	方向	尺寸（厘米）	葬式	共出物	填　土
M17	二	T0104东部,④→M17→⑧	55°	85×63	侧身屈肢葬	陶片	
M18	二	T0204东南部,⑤→M18→⑧	65°	88×64	侧身屈肢葬	陶片、石锛	
M19	二	T0206南部,④→M19→⑥	10°	90×60	侧身屈肢葬	无	
M20	二	T0206东南部,④→H4→M20→⑥	341°	75×88	葬式不明	无	螺壳、红烧土颗粒
M21	二	T0206东南部,④→M21→⑥	90°	69×58	侧身屈肢葬	无	螺壳、红烧土颗粒
M22	二	T0107东南部,④→M11→M22→M23→⑥	0°	92×90	侧身屈肢葬	石块	动物骨骼、螺壳、红烧土颗粒
M23	二	T0107东南部,④→M11→M22→M23→⑥	0°	90×66	仰身屈肢葬	石块	动物骨骼、螺壳、石块、红烧土颗粒
M24	二	T0204东南部,⑦→M24→⑧	235°	80×73	葬式不明	无	红烧土颗粒
M25	二	T0104南部,④→M25→H70→M27→⑥→⑦	156°	96×62	仰身屈肢葬	蚌刀、石块	螺壳、红烧土颗粒
M26	二	T0208西南部,④→M26→⑥	244°	110×70	仰身屈肢葬	无	螺壳、动物骨骼
M27	二	T0104南部,④→M25→H70→M27→⑥→⑦	117°	82×50	侧身屈肢葬	砾石、蚌壳	螺壳
M28	二	T0107西北角,④→M28→⑥	90°	80×73	侧身屈肢葬	石块	螺壳、蚌壳、动物骨骼、石块
M29	二	T0106中北部,④→M29→⑥	80°	116×70	侧身屈肢葬	无	螺壳、少量红烧土颗粒
M30	二	T0206南部,④→M30→⑥	150°	90×68	侧身屈肢葬	蚌壳	螺壳、红烧土颗粒
M31	二	T0208东部,⑤→M31→⑥	10°	82×70	侧身屈肢葬	石块	螺壳
M32	二	T0208西南角,⑤→M32→⑥	142°	95×73	侧身屈肢葬	石块	螺壳
M33	二	T0107东北部,④→M33→⑥	8°	64×55	侧身屈肢葬	石块、蚌壳	内含有少量螺壳、蚌壳、动物骨头、石块

墓号	期别	位置及层位	方向	尺寸（厘米）	葬式	共出物	填　土
M34	二	T0207东北部，⑤→M34→⑥	90°	112×78	侧身屈肢葬	无	螺壳、红烧土颗粒
M35	二	T0107东北部，④→M35→⑥	10°	32×26	仰身屈肢葬	石块、蚌壳	螺壳、蚌壳、动物骨头、石块
M36	二	T0107西北角，④→M36→⑥	90°	83×56	侧身屈肢葬	无	螺壳、蚌壳、动物骨头、石块
M37	二	T0105北部，⑥→M37→⑧	155°	94×68	侧身屈肢葬	无	螺壳、红烧土颗粒
M38	二	T0207西部，⑥→M38→⑧	23°	116×70	仰身屈肢葬	穿孔蚌刀	螺壳、红烧土颗粒
M39	二	T0106东南部，④→M39→⑥	135°	96×87	侧身屈肢葬	无	螺壳、红烧土颗粒
M40	二	T0205东南角，⑥→M40→⑧	205°	97×62	侧身屈肢葬	石块、工具	红烧土颗粒
M41	二	T0208东部，⑤→M41→⑥	85°	79×62	侧身屈肢葬	无	
M42	二	T0208东南角，⑤→M42→⑥	52°	60×39	葬式不明	无	少量螺壳
M43	二	T0208南部，⑤→M43→M61→M76→⑥	20°	100×69.5	葬式不明	无	红烧土颗粒
M44	二	T0106东南角，④→M44→⑥	80°	115×65	侧身屈肢葬	石块	螺壳、红烧土颗粒
M45	二	T0105中北部，⑥→M45→⑧	175°	103×76	葬式不明	无	红烧土颗粒
M46	二	T0105西北角，⑥→M46→⑧	215°	109×66	葬式不详	无	螺壳
M47	二	T0105中东部，⑥→M47→⑧	280°	73×55	侧身屈肢葬	石块	螺壳、红烧土颗粒
M48	二	T0107西北部，⑥→M48→⑧	149°	110×63	仰身屈肢葬	石块	螺壳、蚌壳、动物骨骼、石块
M49	二	T0105东南部，⑥→M49→⑧	275°	107×60	葬式不明	无	螺壳
M50	二	T0105西南部，⑥—M50→⑧	261°	115×62	仰身屈肢葬	无	螺壳、红烧土颗粒

墓号	期别	位置及层位	方向	尺寸（厘米）	葬式	共出物	填 土
M51	二	T0107南部,④→M51→⑥	334°	94×76	仰身屈肢葬	石块	
M52	二	T0107中东部,④→M52→⑥	339°	110×89	侧身屈肢葬	石块、砍砸器	螺壳、蚌壳、动物骨骼、石块
M53	二	T0107东北部,④→M53→⑥	345°	102×34	仰身屈肢葬	无	螺壳、蚌壳、动物骨骼、石块
M54	二	T0207北部,⑥—M54→⑧	275°	98×76	侧身屈肢葬	无	
M55	二	T0208南部,④→M55→⑥	185°	78×69	侧身屈肢葬	无	
M56	二	T0208南部,④→M56→⑥	95°	102×79	葬式不明	无	
M57	二	T0208南部,④→M57→⑥	55°	83×68	侧身屈肢葬	无	
M58	二	T0208南部,④→M58→⑥	130°	98×75	葬式不明	无	红烧土颗粒
M59	二	T0207北部,⑤→M59→⑥	116°	90×70	葬式不明	无	小砾石、红烧土颗粒
M60	二	0207北部,⑥→M60→⑧	90°	85×65	侧身屈肢葬	无	小砾石、红烧土颗粒
M61	二	T0208西南部,⑤→M43→M61→M76→⑥	258°	85×78	侧身屈肢葬	无	螺壳、红烧土颗粒
M62	二	T0206中西部,⑦→M62→⑧	54°	102×79	侧身屈肢葬	蚌壳、石块	动物骨骼、红烧土颗粒
M63	二	T0206中西部,⑦→M63→⑧	34°	97×89	侧身屈肢葬	无	动物骨骼、红烧土颗粒
M64	二	T0205西南部,⑤→M64→M65→⑥	245°	53×52	侧身屈肢葬	无	红烧土颗粒
M65	二	T0205中部,⑤→M64→M65→⑥	245°	100×70	侧身屈肢葬	无	红烧土颗粒
M66	二	T0205中东部,⑤→M66→M77→⑥	223°	87×58	侧身屈肢葬	无	红烧土颗粒
M67	二	T0106东北部,④→M67→⑥	240°	92×76	侧身屈肢葬	石块、砺石	螺壳、红烧土颗粒

墓号	期别	位置及层位	方向	尺寸（厘米）	葬式	共出物	填　土
M68	二	T0205中部，⑤→M68→⑥	238°	106×89	侧身屈肢葬	无	红烧土颗粒
M69	二	T0206中部，⑦→M69→⑧	90°	97×89	葬式不明	无	动物骨骼、红烧土颗粒
M70	二	T0107东北部，④→M70→⑥	345°	108×34	葬式不明		螺壳、蚌壳、动物骨骼、石块
M71	二	T0206西北部，⑦→M71→⑧	270°	109×49	侧身屈肢葬	无	动物骨骼、红烧土颗粒
M72	二	T0206东北部，⑦→M72→⑧	264°	78×59	仰身屈肢葬	无	动物骨骼、红烧土颗粒
M73	二	T0206北部，⑦→M73→⑧	275°	70×47	侧身屈肢葬	无	动物骨骼、红烧土颗粒
M74	二	T0206西北部，⑦→M74→⑧	55°	97×61	侧身屈肢葬	无	动物骨骼、红烧土颗粒
M75	二	T0208东南部，⑤→M75→⑥	335°	100×80	侧身屈肢葬	石块、蚌壳	螺壳、红烧土颗粒
M76	二	T0208西南部，⑤→M43→M61→M76→⑥	265°	95×76	葬式不明	无	
M77	二	T0205中南部，⑤→M66→M77→⑥	85°	95×57	侧身屈肢葬	无	红烧土颗粒
M78	二	T0208西部，⑤→M78→⑥	265°	105×63	侧身屈肢葬	无	螺壳、蜗牛壳、动物骨骼
M79	二	T0105中部，⑥→M79→⑧	165°	114×104	葬式不明	无	
M80	二	T0207西北部，⑥→M80→⑧	340°	100×69	侧身屈肢葬	无	小砾石、红烧土颗粒
M81	二	T0207西北部，⑥→M81→⑧	330°	115×59	侧身屈肢葬	无	小砾石、红烧土颗粒
M82	二	T0106西南部，⑥→M82→⑧	180°	105×87	侧身屈肢葬	石块	螺壳
M83	二	T0107中部，⑥→M83→⑧	108°	91×63	侧身屈肢葬	无	螺壳、蜗牛壳、红烧土颗粒
M84	二	T0106北部，⑥→M84→⑧	270°	103×79	侧身屈肢葬	无	螺壳、红烧土颗粒

墓号	期别	位置及层位	方向	尺寸（厘米）	葬式	共出物	填　土
M85	一	T0103东北角，⑧→M85→⑩	48°	55×54	葬式不明	石块	红烧土颗粒
M86	二	T0106南部，⑥→M86→⑧	0°	120×99	侧身屈肢葬	石块	螺壳、红烧土颗粒
M87	一	T0206东北部，⑧→M87→⑩	180°	69×55	侧身屈肢葬	无	砾石
M88	二	T0107东北部，⑥→M88→⑧	205°	66×57	侧身屈肢葬	无	
M89	二	T0107东北角，⑥→M89→⑧	11°	85×66	侧身屈肢葬	砾石、岩块	螺壳、蜗牛壳
M90	二	T0107中部，⑥→M90→⑧	90°	105×71	侧身屈肢葬	砾石	螺壳、红烧土颗粒
M91	一	T0208西南部，⑧→M91→⑩	0°	85×82	侧身屈肢葬	石块	砾石
M92	一	T0208东南部，⑧→M92→⑩	317°	102×82	侧身屈肢葬	无	砾石、红烧土颗粒
M93	二	T0107南部，⑥→M93→⑧	310°	115×67	侧身屈肢葬	无	螺壳
M94	二	T0106西南部，⑥→M94→⑨	33°	90×65	侧身屈肢葬	无	螺壳、红烧土颗粒
M95	一	T0206东北部，⑧→M95→⑩	33°	85×60	侧身屈肢葬	无	砾石
M96	一	T0208西南部，⑧→M96→⑩	0°	88×59	葬式不明	无	砾石
M97	一	T0206东北部，⑧→M97→⑩	65°	76×69	侧身屈肢	无	砾石

后　记

　　时光如水，岁月如歌。一转眼敢造遗址发掘至今已有十年。回想起当年发掘的情景，往事仍历历在目。在本书付梓之际，要特别感谢敢造遗址的发掘领队何安益研究员，感谢王星、梁优、马明、赵东月、吴辉、余明辉、谢广学、费世华、李治明等参加发掘的同仁。2014年的夏天，我们一起经历了扶绥的酷暑，一起感受了超强台风，我记得大家还没走到工地就已经全身湿透的背影，记得因为交通不便只能扛着全站仪走在田埂上的身影，记得为了拍整体照而过河爬山的身影，感谢你们辛勤的付出。

　　本书由陈晓颖执笔。在发掘和资料整理期间，林强等所领导及所内同仁曾多次亲临现场指导，并对资料整理及报告的编写提出了很多宝贵意见；扶绥县文管所在发掘过程中给予了大量的支持。在此对以上所有支持本书编写和出版的单位和个人表示衷心的感谢。

　　尽管在本书编写的过程中几经反复斟酌，但囿于学识有限，难免有很多的不足，甚至疏漏，敬请专家学者及同仁多多批评指正。

陈晓颖

2023年3月

1. 遗址位置与环境

2. 敢造遗址 A 区整体照

彩版一　敢造遗址远景照

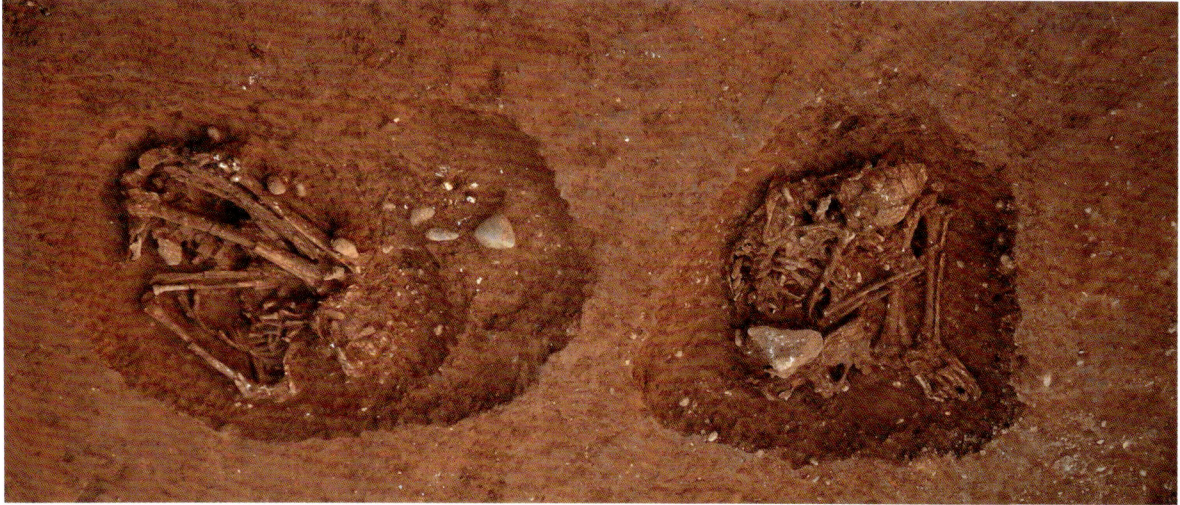

1. 敢造遗址一期墓葬

2. 敢造遗址二期墓葬(一)

彩版二　墓葬

敢造遗址二期墓葬（二）

彩版三　墓葬

1. 2014FGZT0206⑧：2　斧锛坯

2. 2014FGZT0106⑨：1　石斧

彩版四　石斧

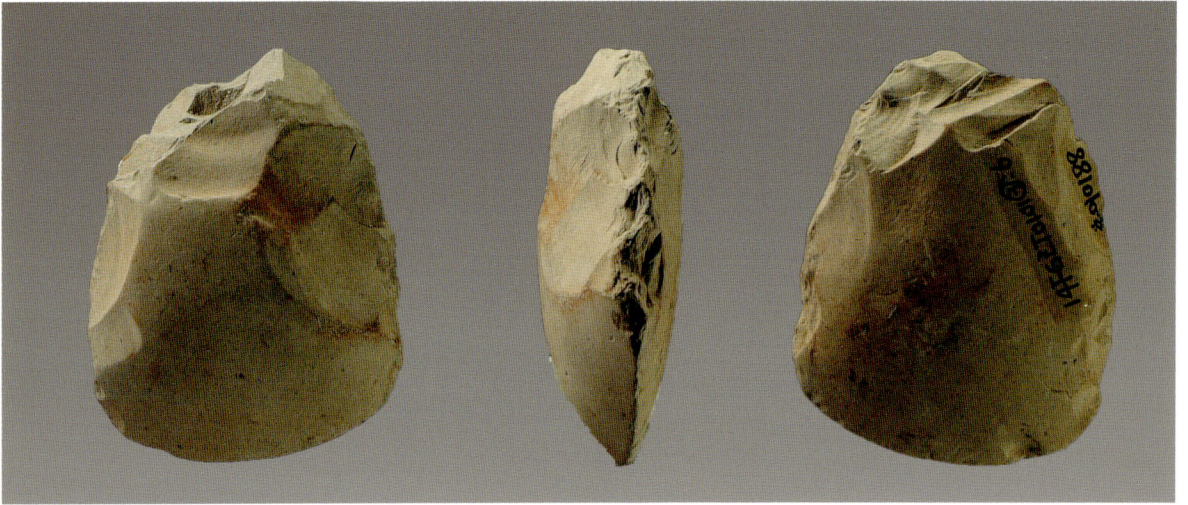

1. 2014FGZT0101③：6　石斧

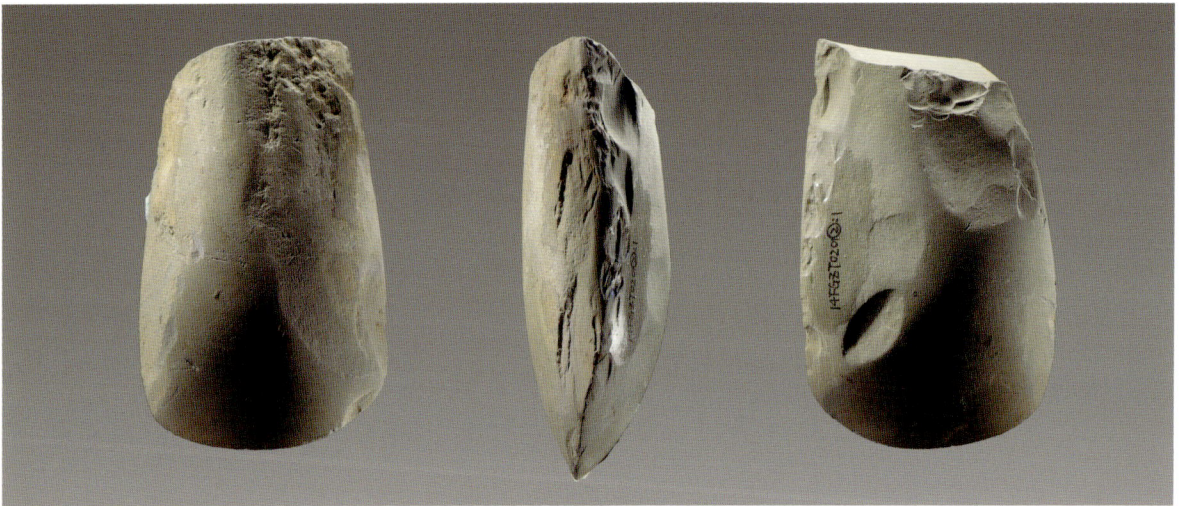

2. 2014FGZT0201②：1　石斧

3. 2014FGZT0207④：1　石斧

彩版五　斧锛

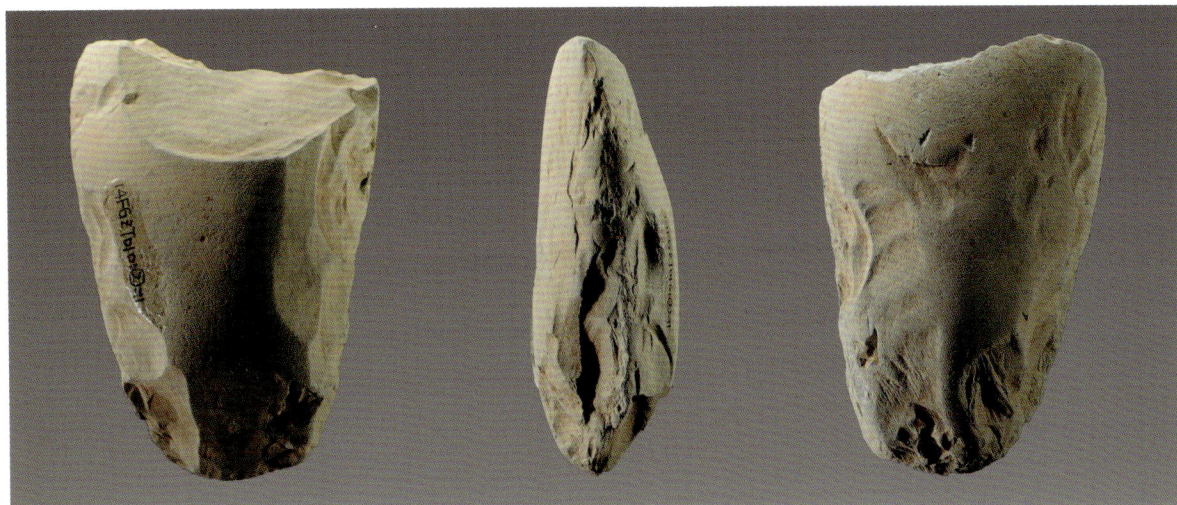

1. 2014FGZT0101②：11　斧锛坯

2. 2014FGZT0102②：14　石锛

3. 2014FGZT0104②：5　斧锛残件

彩版六　斧锛类工具

1. 2014FGZT0208⑤:4　石斧

2. 2014FGZT0104④:2　石斧

彩版七　石斧

1. 2014FGZT0207⑧∶2　研磨器

2. 2014FGZT0304③∶1　研磨器

彩版八　研磨器

1. 2014FGZT0107⑥:2　砺石

2. 2014FGZT0304②:7　砺石

彩版九　砺石

1. 2014FGZT0206③：19　石钻

2. 2014FGZT0301②：1　石钻

3. 2014FGZT0301③：1　石钻

彩版一〇　钻器

1. 2014FGZT0308③：6　石核

2. 2014FGZT0308③：9　石锤

彩版一一　石核、石锤

1. 2014FGZT0205②：9 石核

2. 2014FGZT0205②：10 石核

3. 2014FGZT0205②：13 砍砸器

彩版一二 石核、砍砸器

1. 2014FGZT0105④:5　石核

2. 2014FGZT0205④:2　石核

彩版一三　石核

1. 2014FGZT0208⑥：1　石核

2. 2015FGZT0205⑤：1　石核

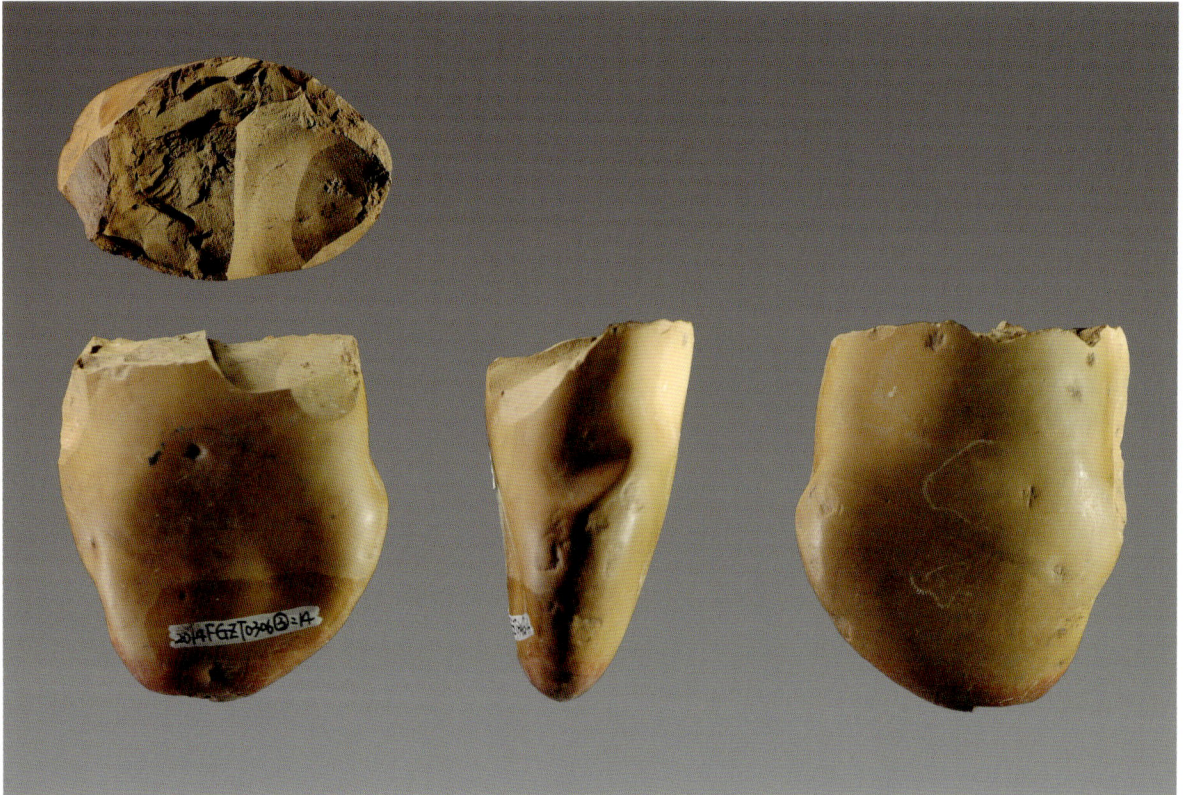

1. 2014FGZT0306③ : 14

2. 2014FGZT0305③ : 21

彩版一五　石核

1. 2014FGZT0306③：2　石核

2. 2014FGZT0306③：35　石核

彩版一六　石核

1. 2014FGZT0204②：5　石核

2. 2014FGZT0205②：6　石核

彩版一七　石核

1. 2014FGZT0308④：1　石核

2. 2014FGZT0308④：10　石核

彩版一八　石核

1. 2014FGZT0206③:6　石核

2. 2014FGZT0306③:29　石核

彩版一九　石核

1. 2014FGZT0205②：8　石核

2. 2014FGZT0205②：12　石核

彩版二〇　石核

1. 2014FGZT0305③：14　石核

2. 2014FGZT0205④：1　石核

彩版二一　石核

1. 2014FGZT0308④：31　石核

2. 2014FGZT0308④：33　石核

3. 2014FGZT0308④：19　砍砸器

彩版二二　石核、砍砸器

2014FGZT0305③：28　石核

彩版二三　石核

1. 2014FGZT0306③∶44　砍砸器

2. 2014FGZT0308③∶15　砍砸器

彩版二四　砍砸器

1. 2014FGZT0306③：17　砍砸器

2. 2014FGZT0205③：1　刮削器

3. 2014FGZT0306③：49　砍砸器

彩版二五　砍砸器

1. 2014FGZT0106⑥：2　砍砸器

2. 2014FGZT0106⑧：2　刮削器

3. 2014FGZT0106⑧：3　石锤

彩版二六　砍砸器、石锤

1. 2014FGZT0205④：13　尖刃器

2. 2014FGZT0305③：15　刮削器

3. 2014FGZT0306③：86　石片

彩版二七　刮削器

1. 2014FGZT0102②：1　刮削器

2. 2014FGZT0306③：3　石片

3. 2014FGZT0204②：12　石片

彩版二八　石片

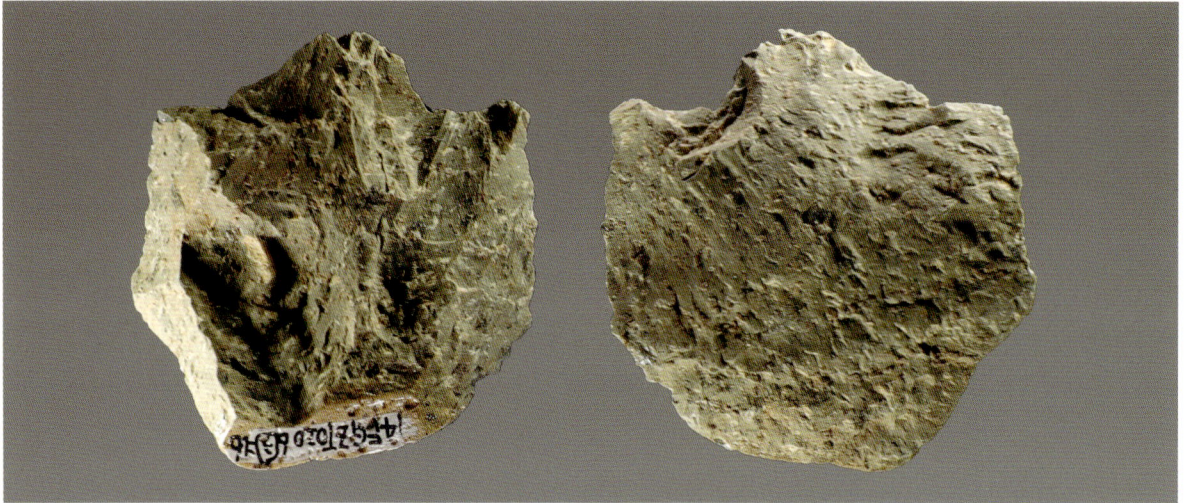

1. 2014FGZT0206③∶16　石片

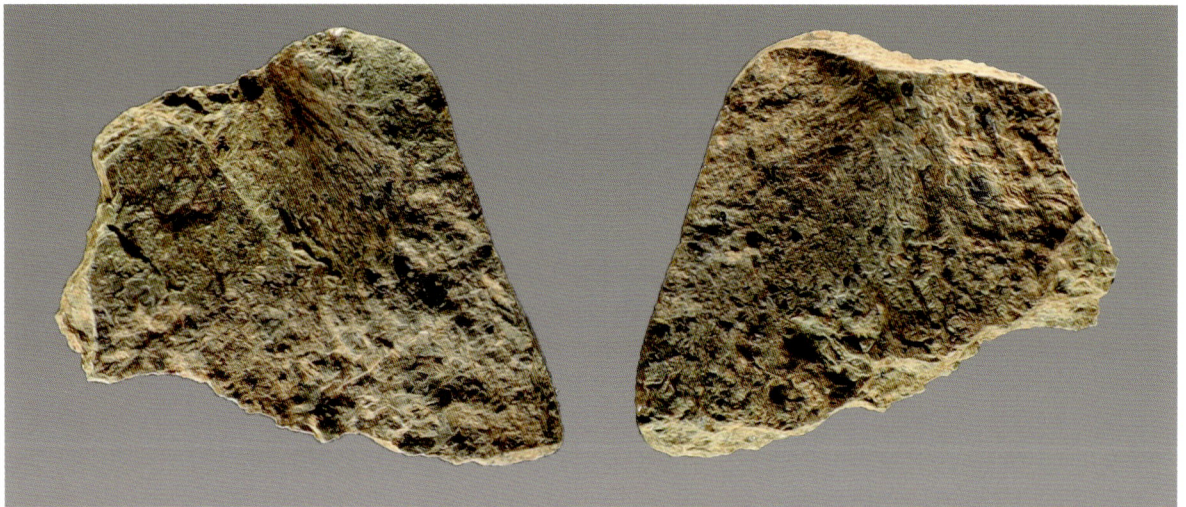

2. 2014FGZT0102②∶4　石片

3. 2014FGZT0305②∶6　石片

彩版二九　石片

1. 2014FGZT0306③：75　刮削器

2. 2014FGZT0306③：62　石片

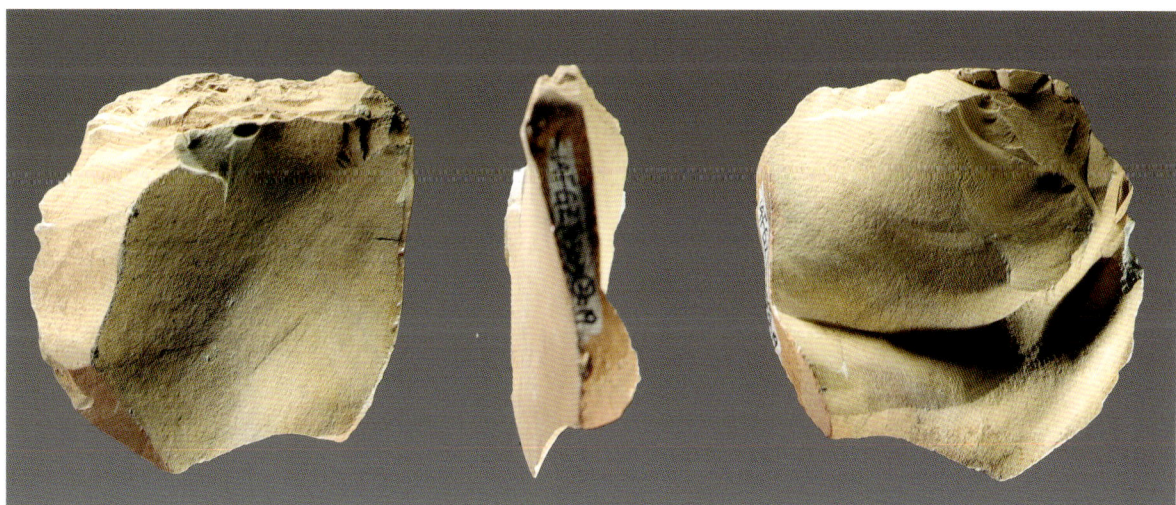
3. 2014FGZT0305②：19　石片

彩版三○　石片

1. 2014FGZT0204②：6　刮削器

2. 2014FGZT0204②：13　刮削器

3. 2014FGZT0204②：14　石片

彩版三一　石片

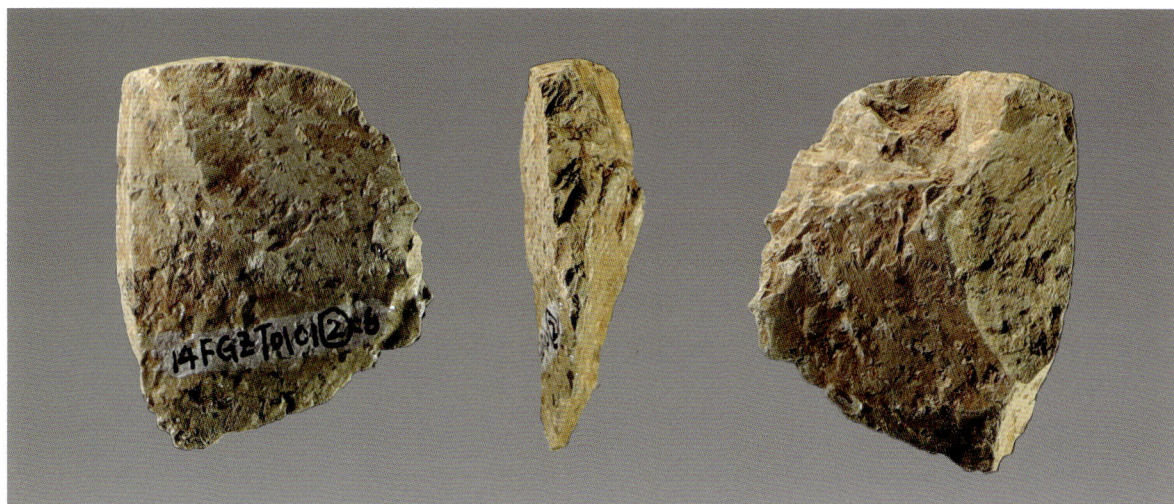

1. 2014FGZT0101②：6　石片

2. 2014FGZT0306③：26　石片

3. 2014FGZT0205②：4　石片

彩版三二　石片

1. 2014FGZT0105⑥：3　尖刃器（残）

2. 2014FGZT0106⑥：1　刮削器

3. 2014FGZT0105⑥：33　石片

彩版三三　刮削器等

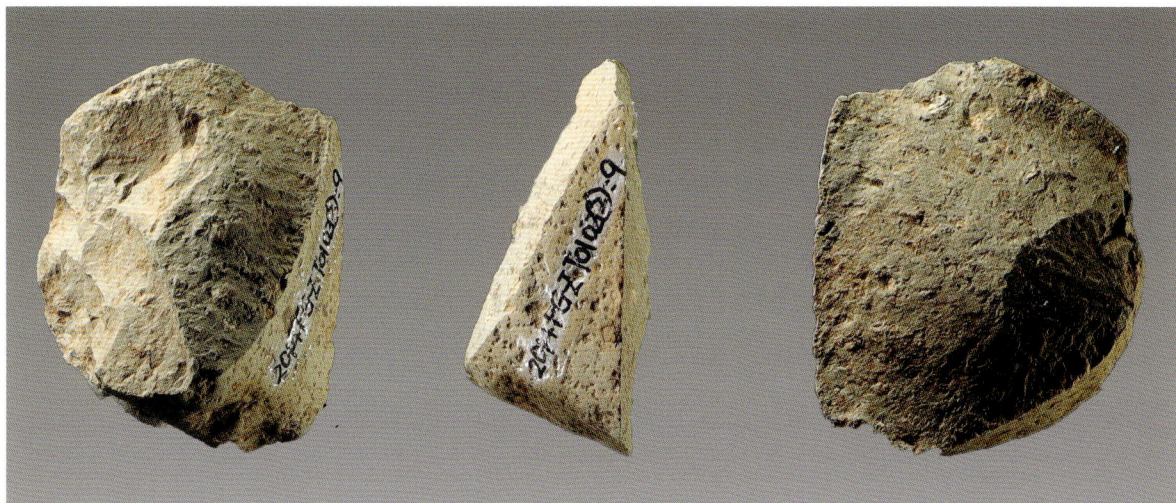

1. 2014FGZT0102②：9　石片

2. 2014FGZT0204②：4　刮削器

3. 2014FGZT0204②：7　石片

彩版三四　石片

1. 2014FGZT0306③：73　石片

2. 2014FGZT0306③：76　石片

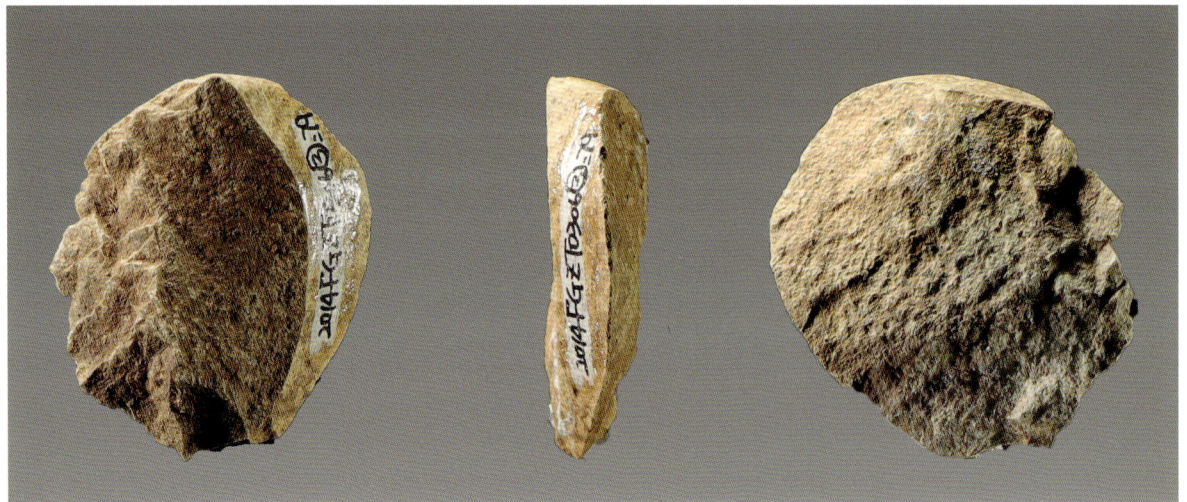

3. 2014FGZT0306③：79　刮削器

彩版三五　石片

1. 2014FGZT0306③：77　石片

2. 2014FGZT0305③：16　石片

3. 2014FGZT0305③：17　刮削器

彩版三六　石片

1. 2014FGZT0305②：23　石片

2. 2014FGZT0205②：5　石片

3. 2014FGZT0306③：16　石片

1   2   3   4   5

0   2厘米

6   7   8   9   10

0   2厘米   11   12   13   14

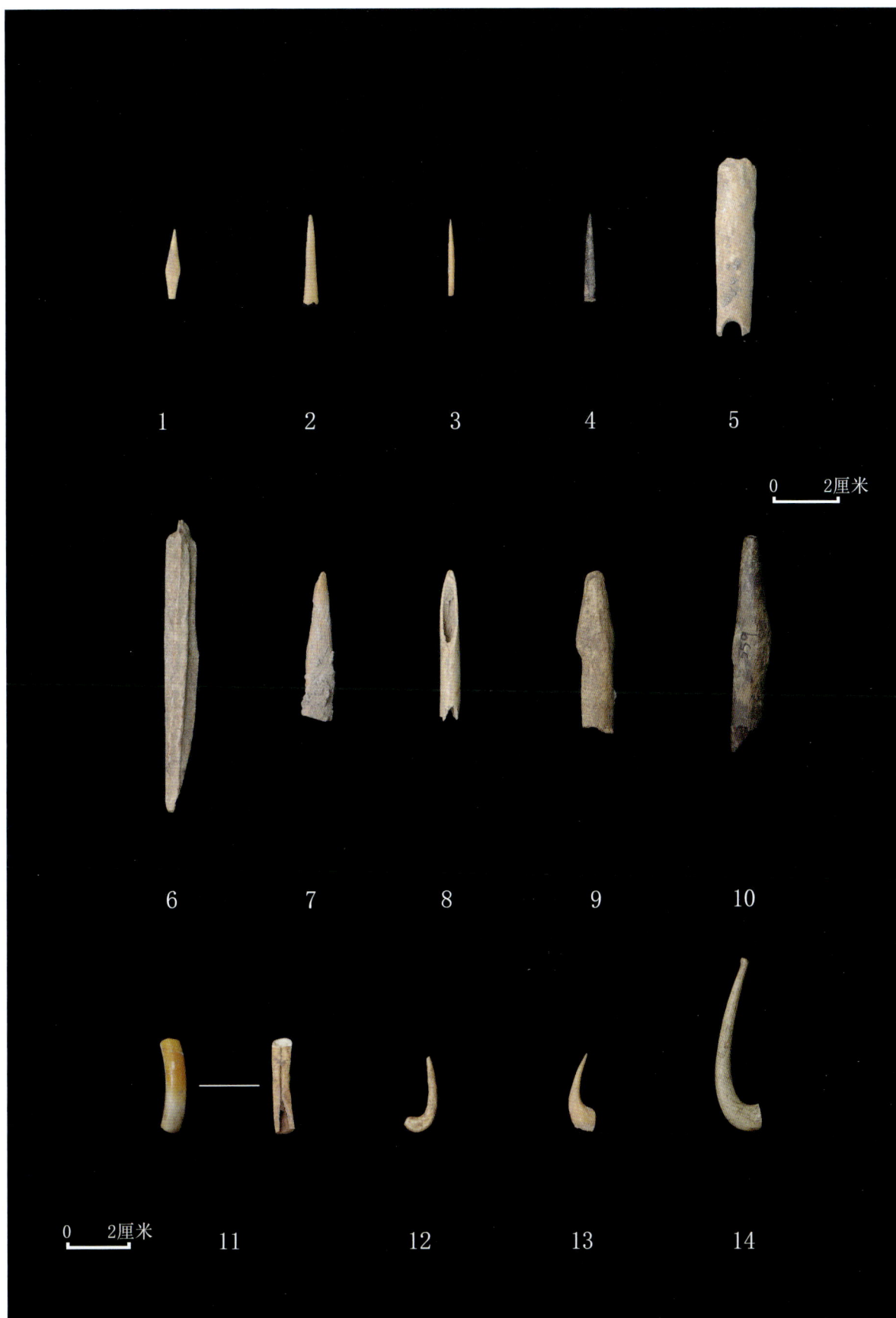

彩版三八　骨器、牙器

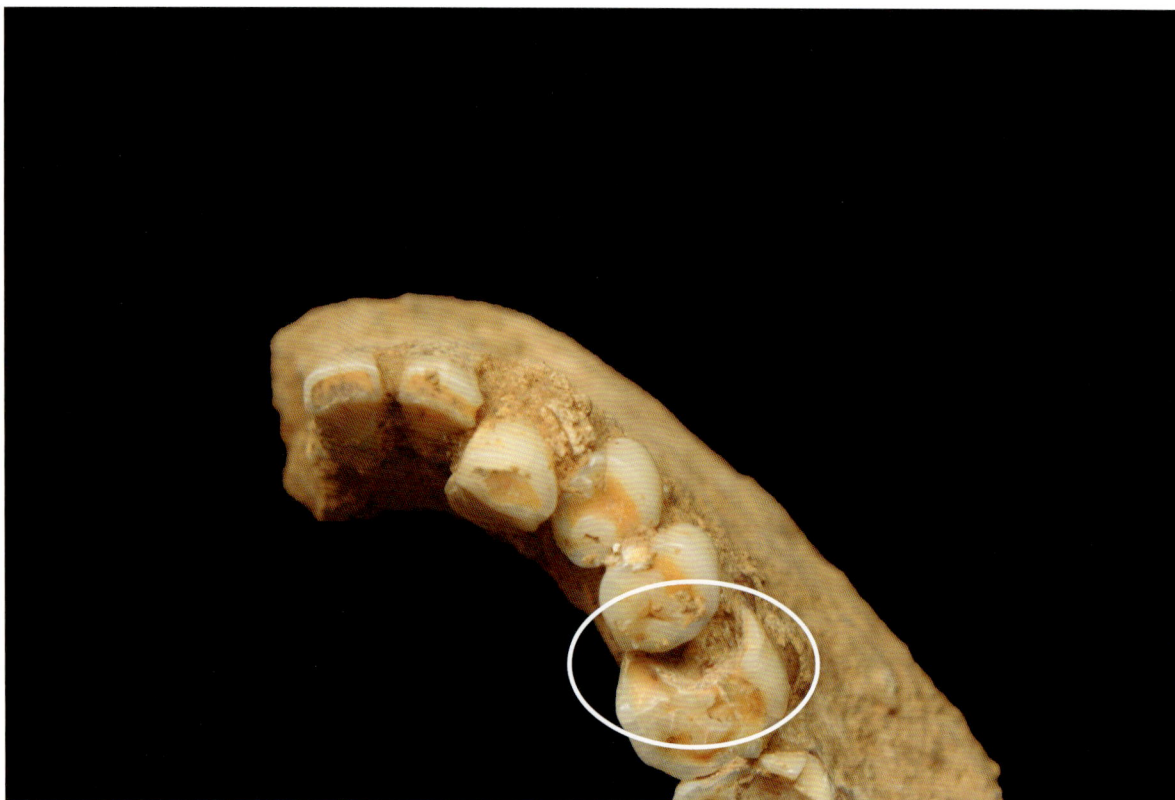

1. M87右下颌M1近中中龋

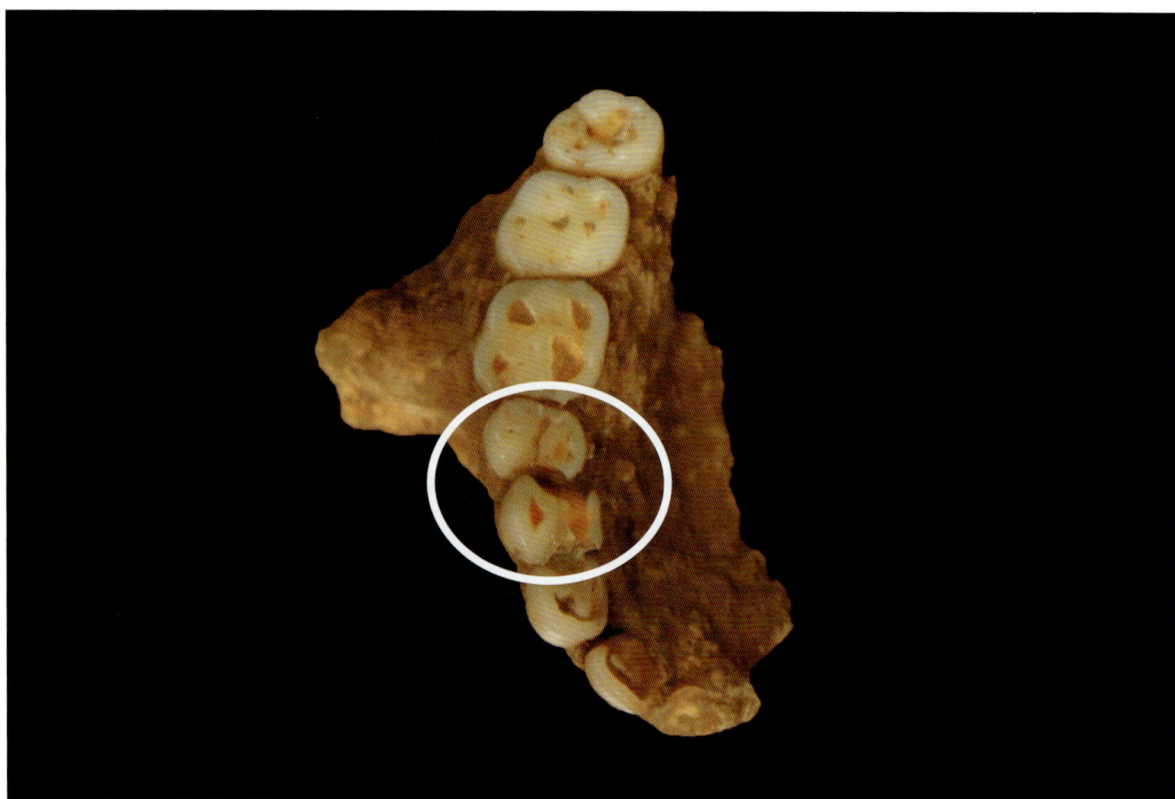

2. M69左上颌P1P2近远中接触面龋

彩版三九　牙齿龋面

1. M23顶骨多孔性骨肥厚

2. M87枕骨多孔性骨肥厚

彩版四○　人骨病理

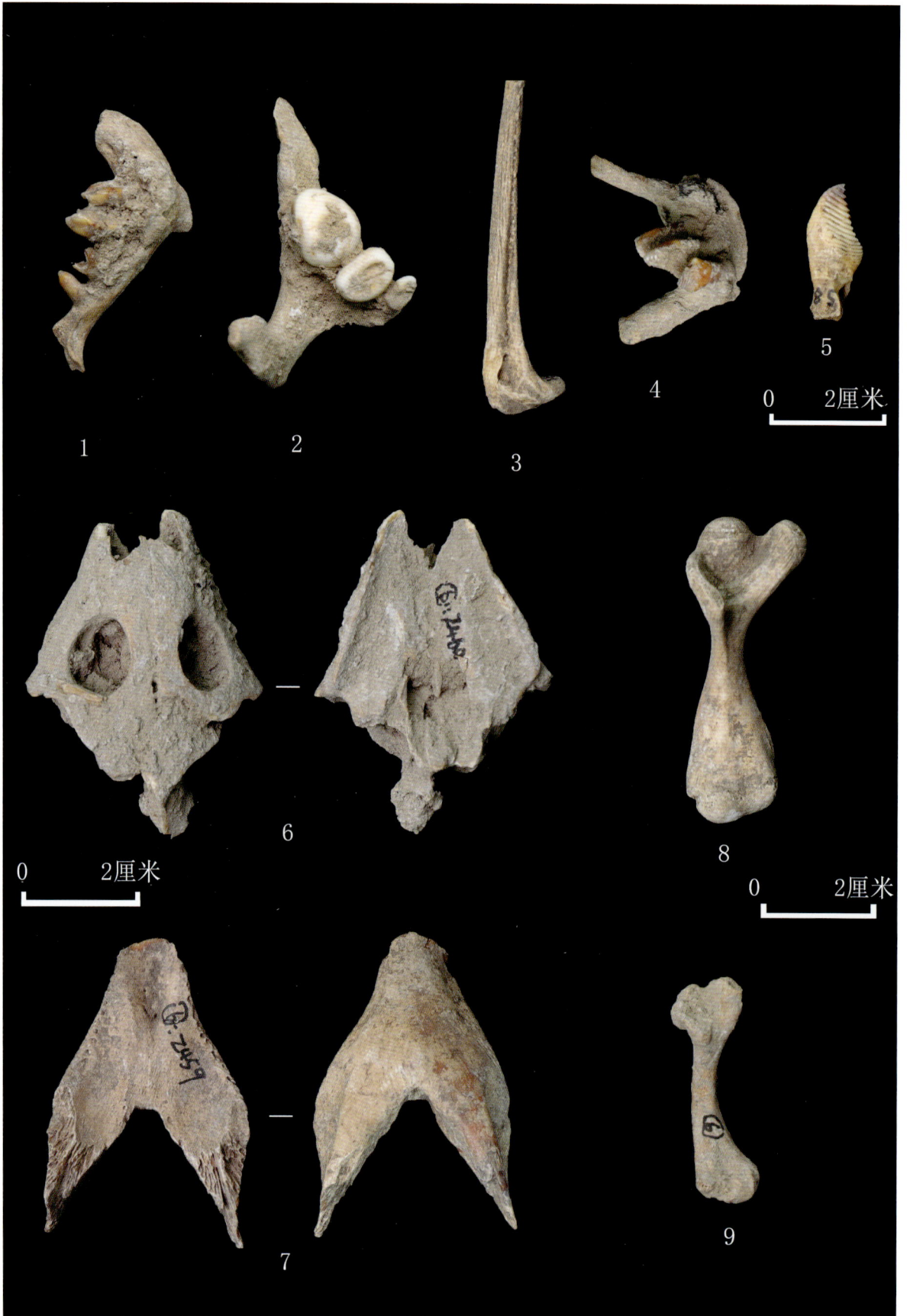

1

2

3

4

5

0   2厘米

6

0   2厘米

8

0   2厘米

7

9

彩版四一　爬行类、鱼类骨骼遗存

1

2

3

0   2厘米

4

5

6

7

8

0   2厘米

9

10

11

12

13

14

15

16

0   2厘米

17

18

19

20

21

27

28

22

23

24

25

26

0   2厘米

29

30

31

0   2厘米

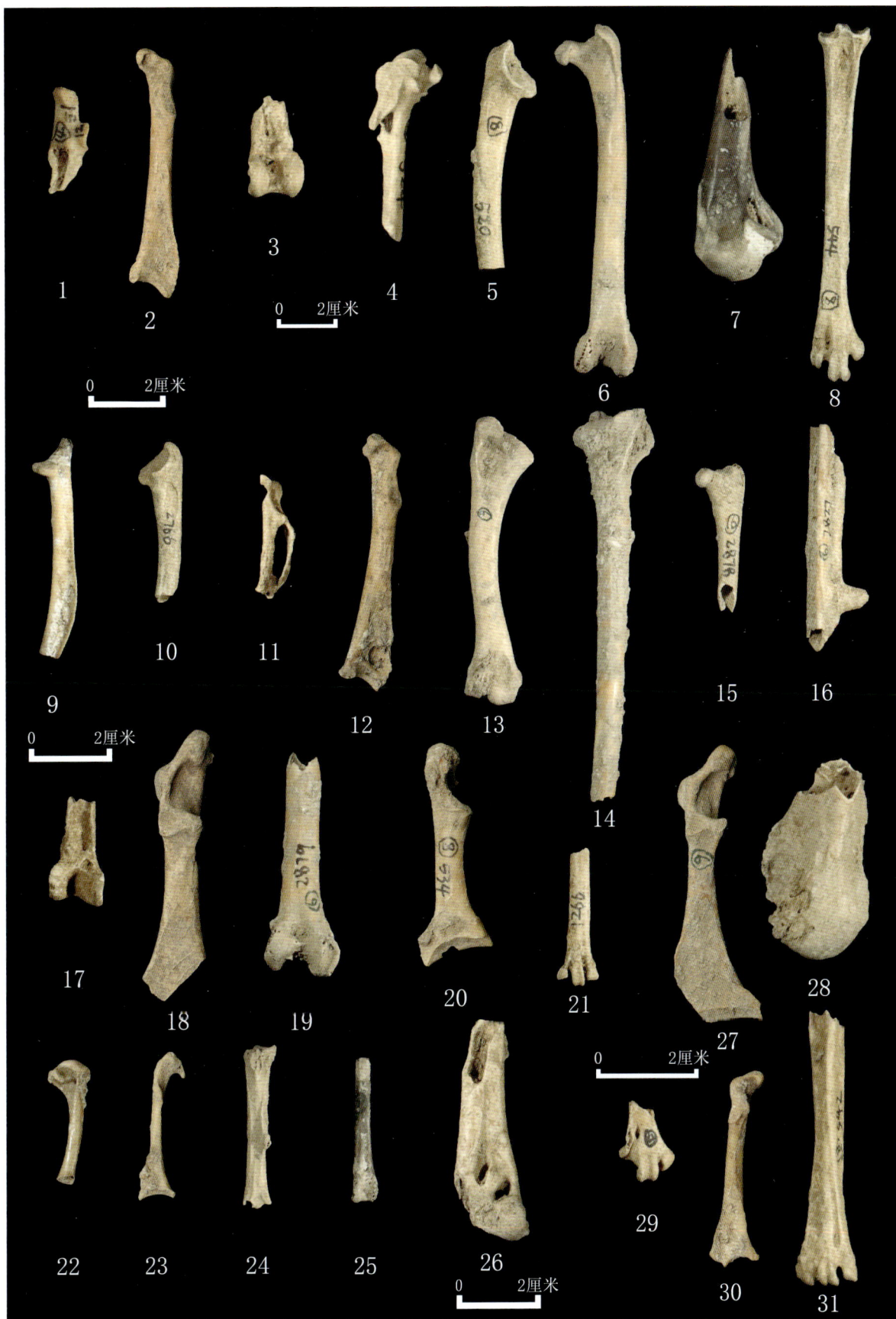

彩版四二　鸟类骨骼遗存

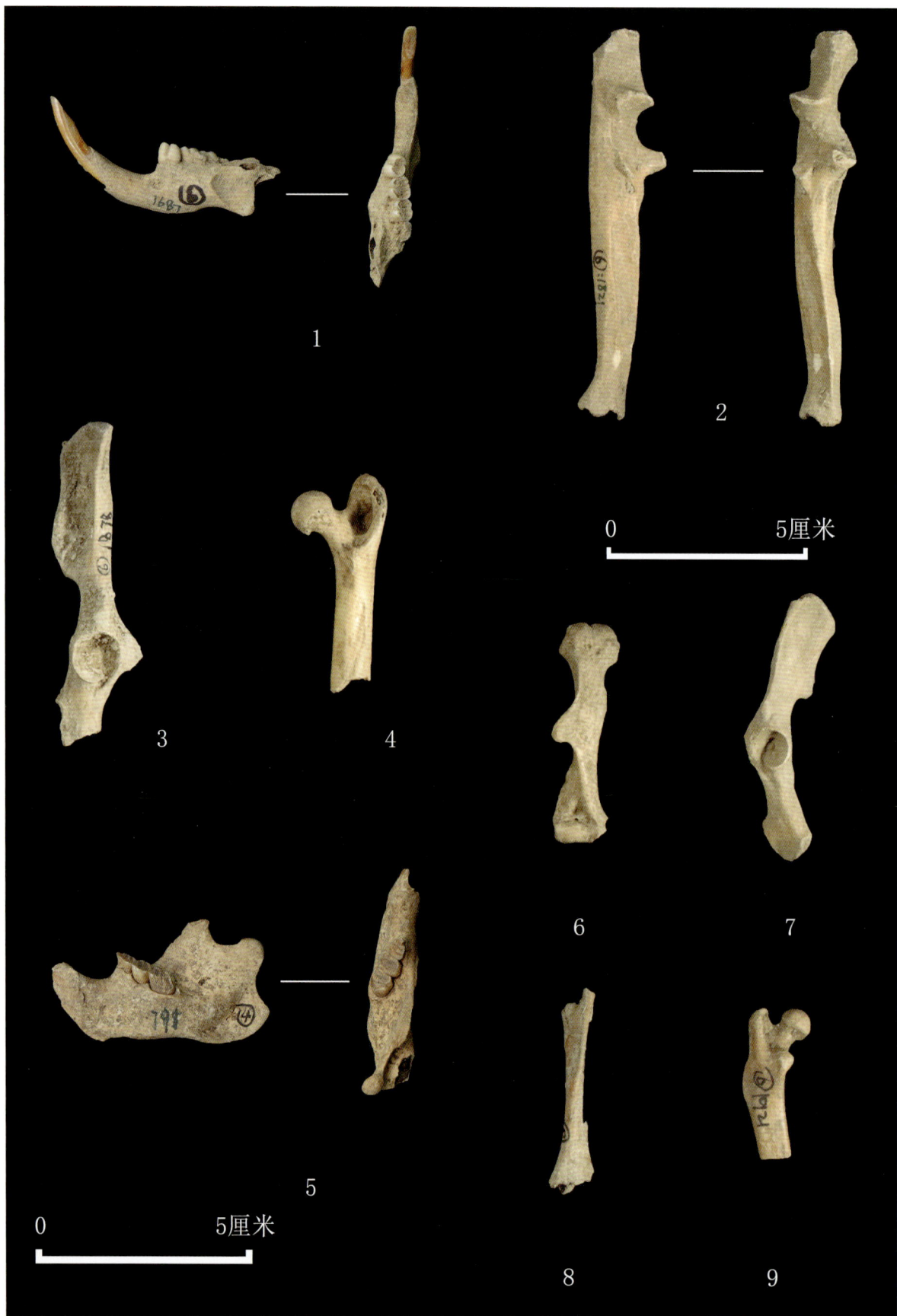

1

2

0   5厘米

3   4

6   7

5

8   9

0   5厘米

彩版四三　啮齿类骨骼遗存

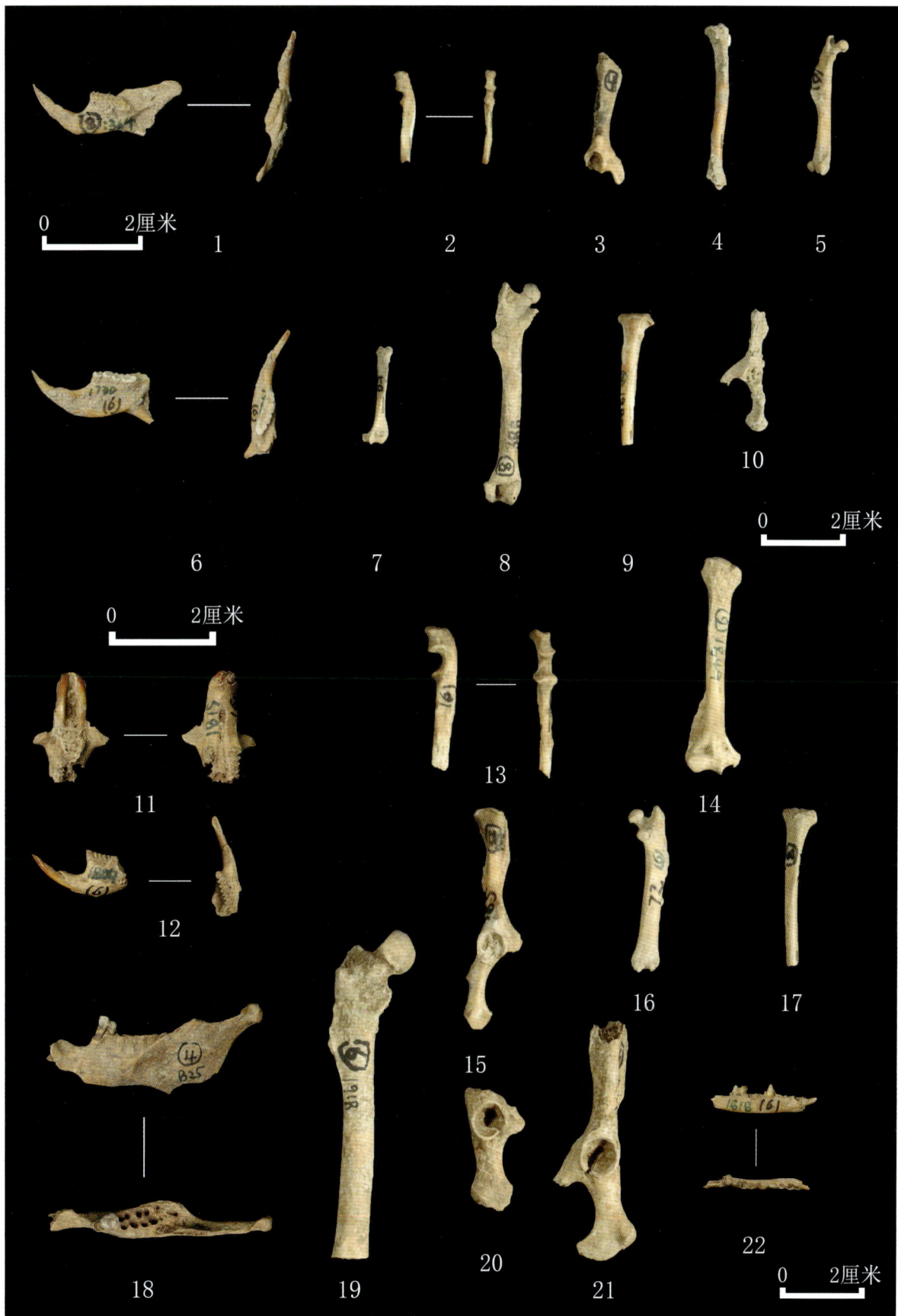

0　2厘米

1　　　2　　　3　　　4　　　5

0　2厘米

6　　　7　　　8　　　9　　10

0　2厘米

11　　12　　13　　14

15　　16　　17

18　　19　　20　　21　　22

0　2厘米

彩版四四　啮齿类、蝙蝠骨骼遗存

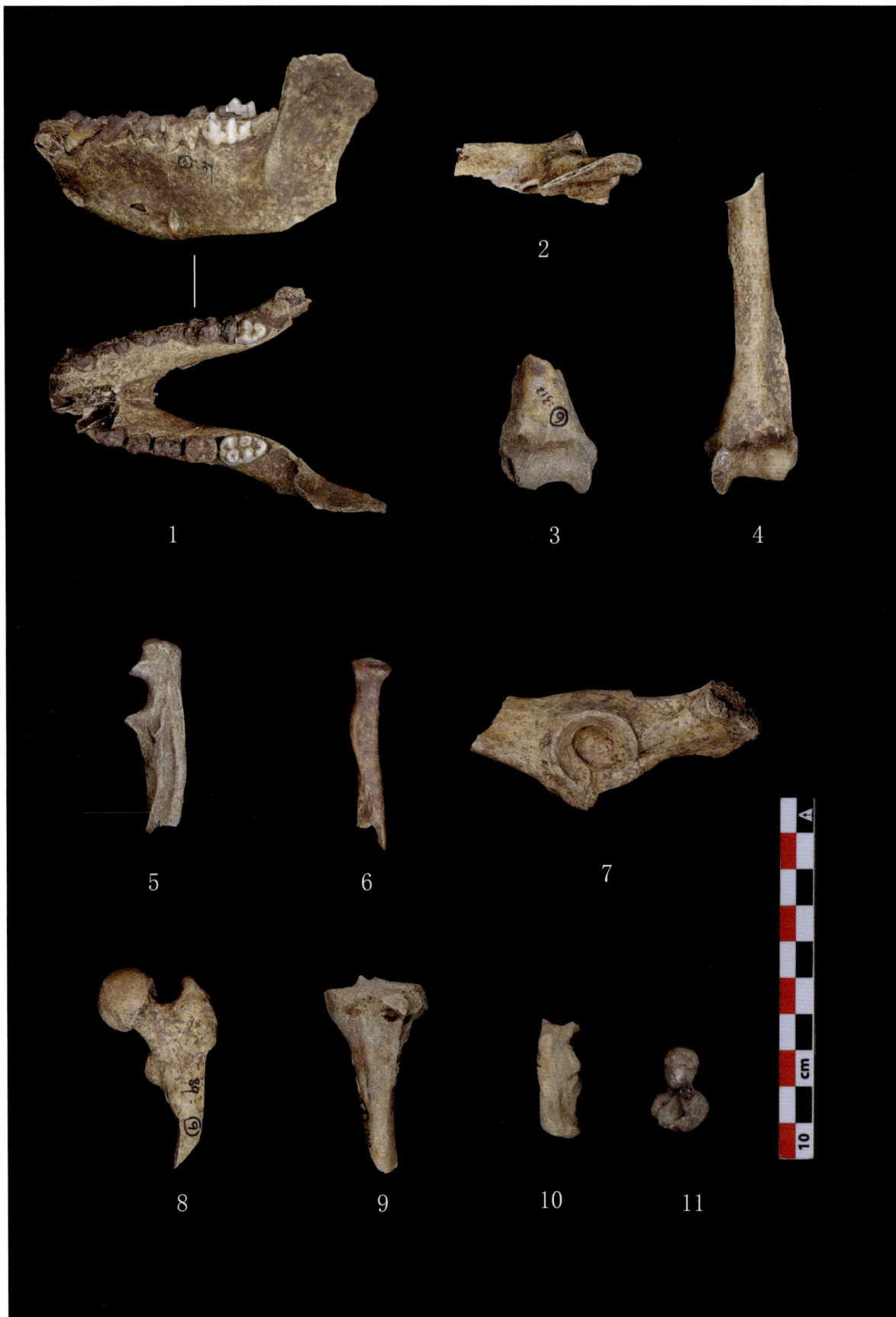

彩版四五　猕猴骨骼遗存

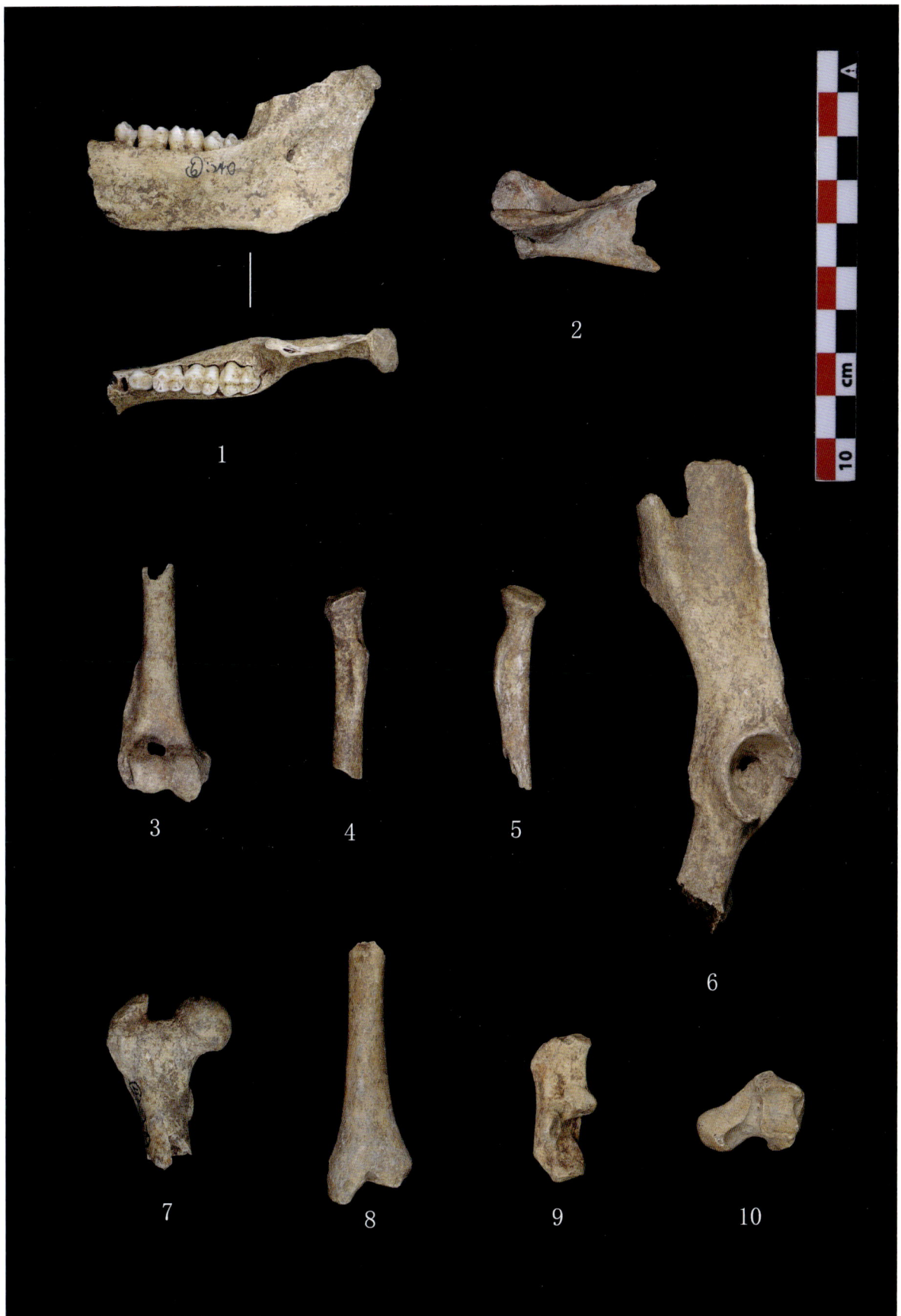

彩版四六　叶猴骨骼遗存

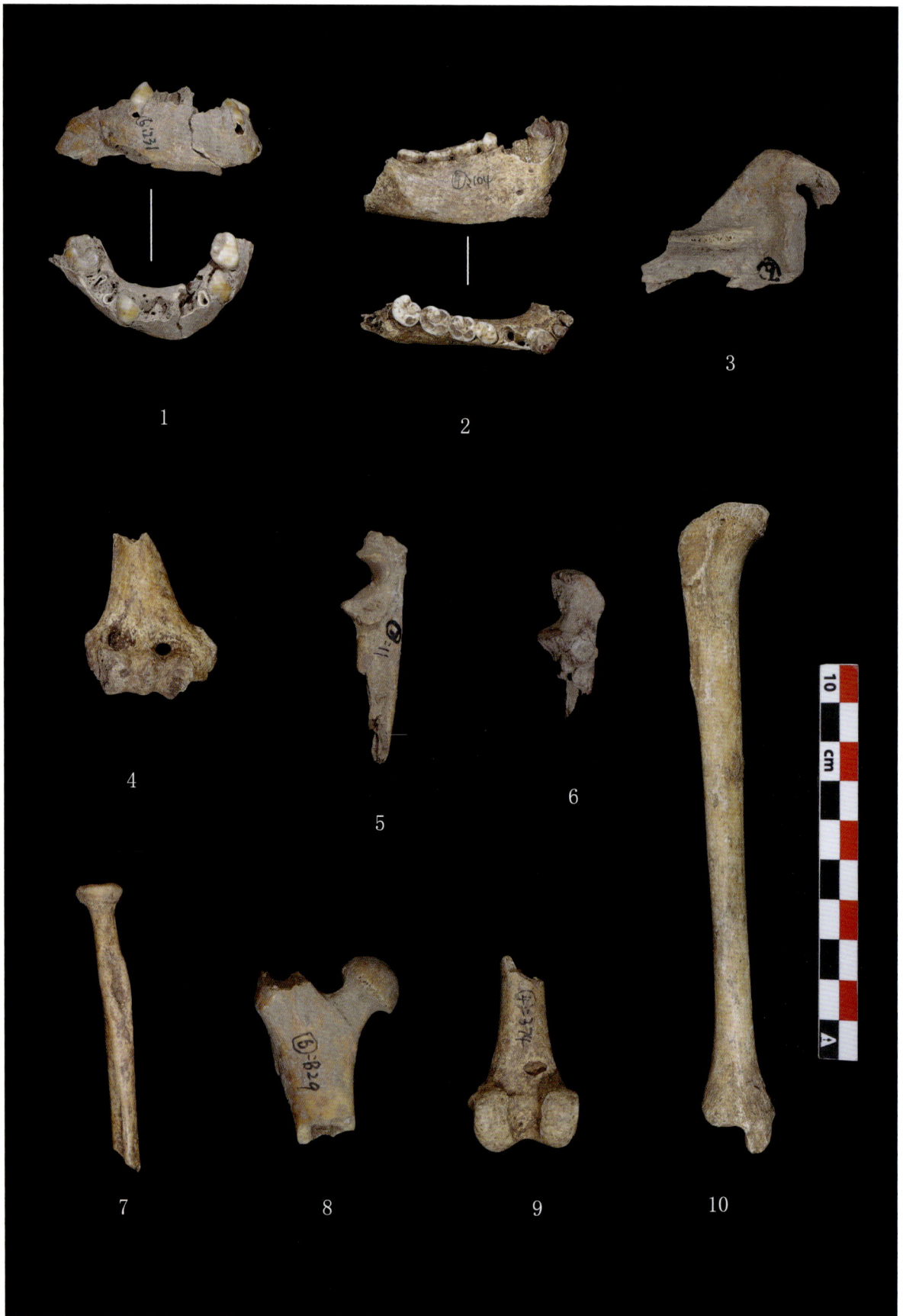

彩版四七　长臂猿骨骼遗存

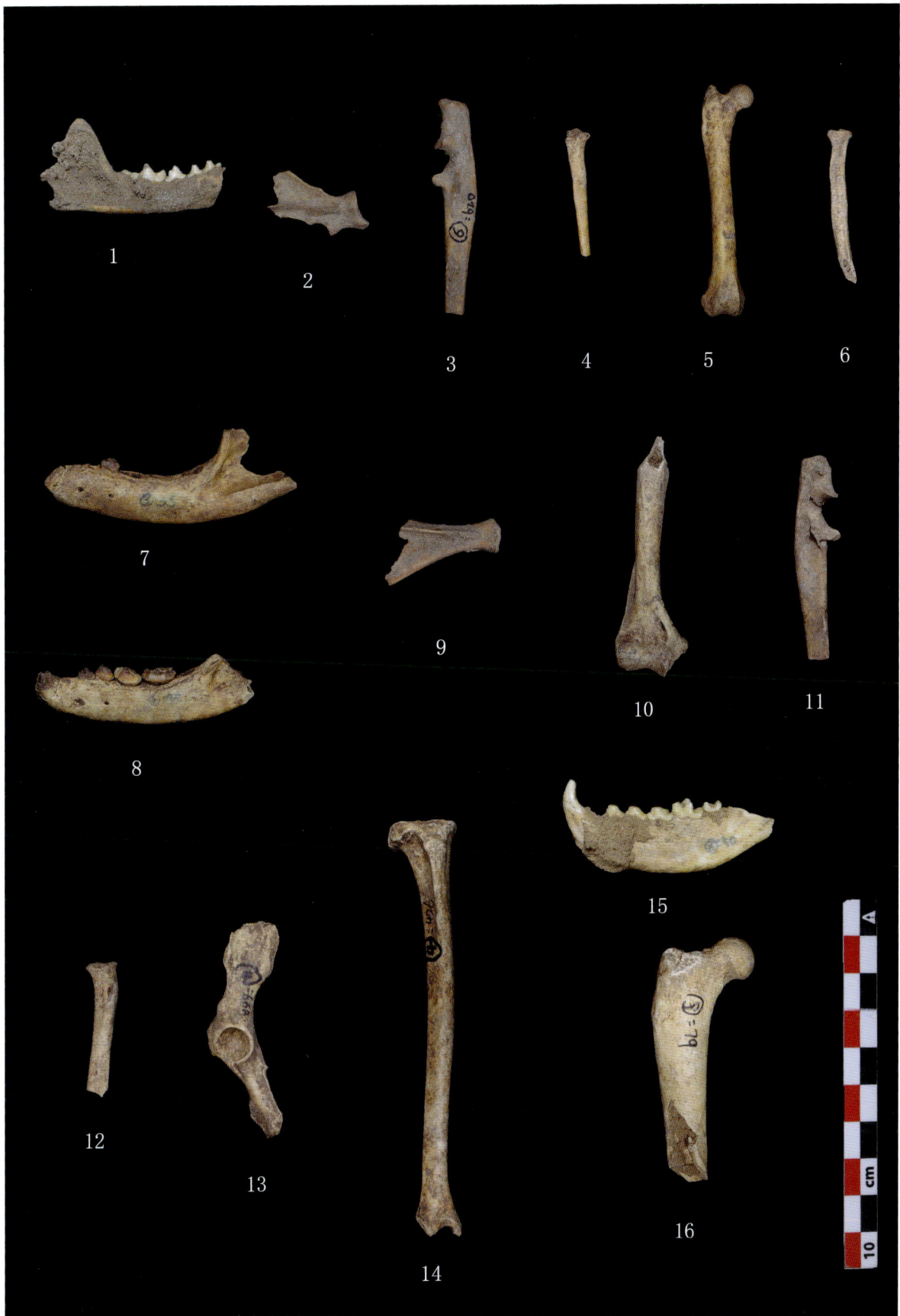

彩版四八　食蟹獴、花面狸、大灵猫骨骼遗存

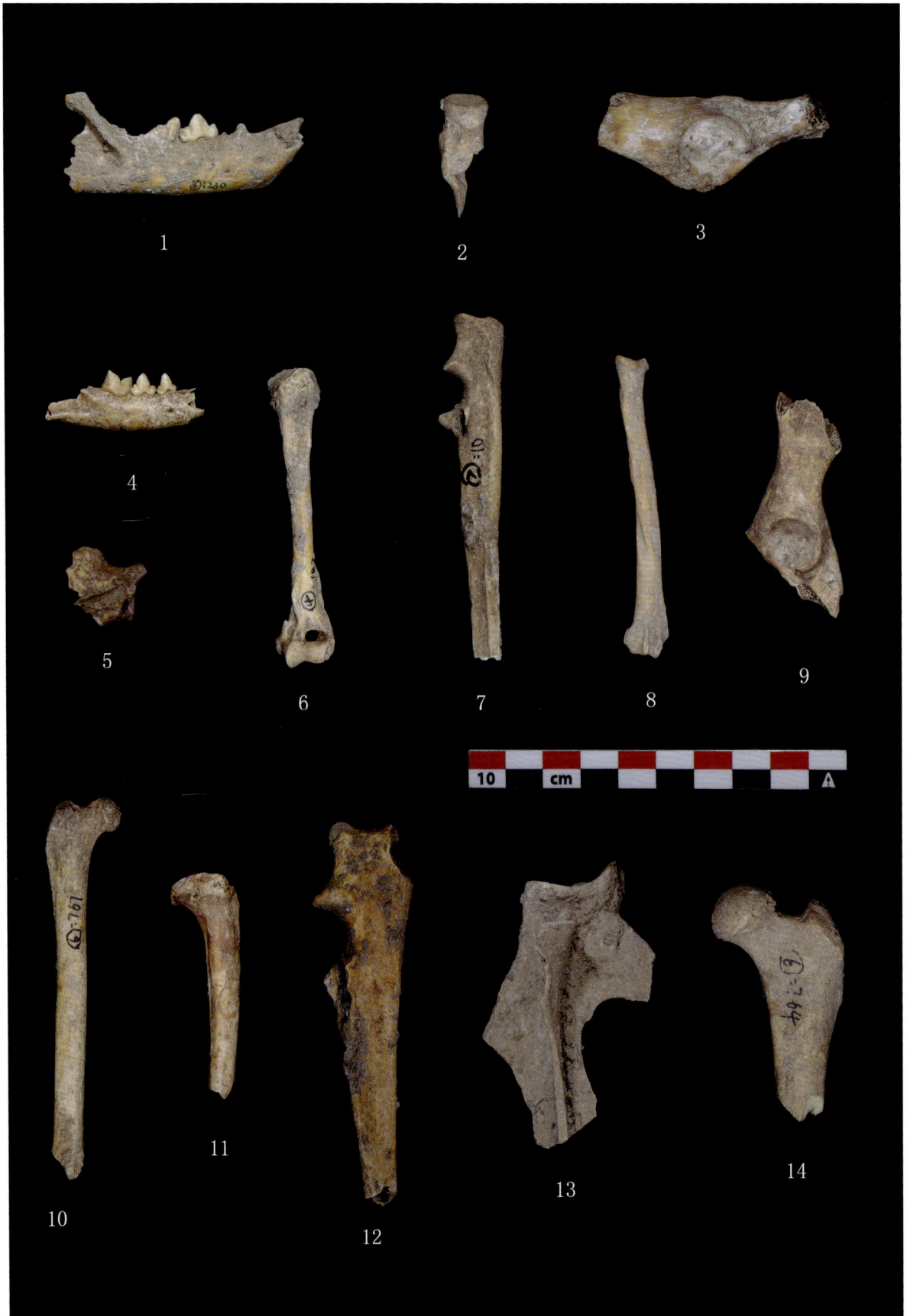

彩版四九　金猫、野猫、云豹骨骼遗存

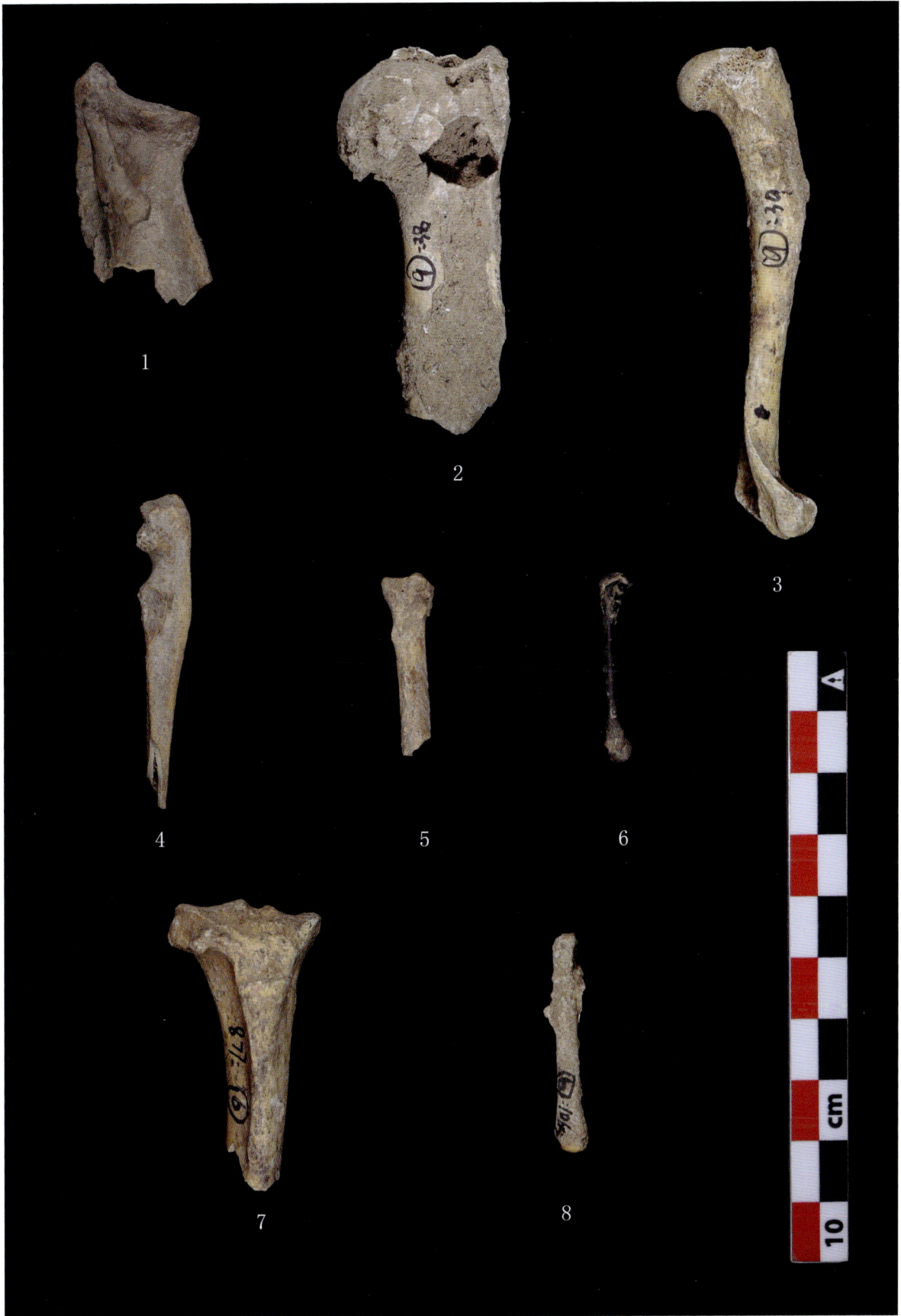

彩版五〇　犬科骨骼遗存

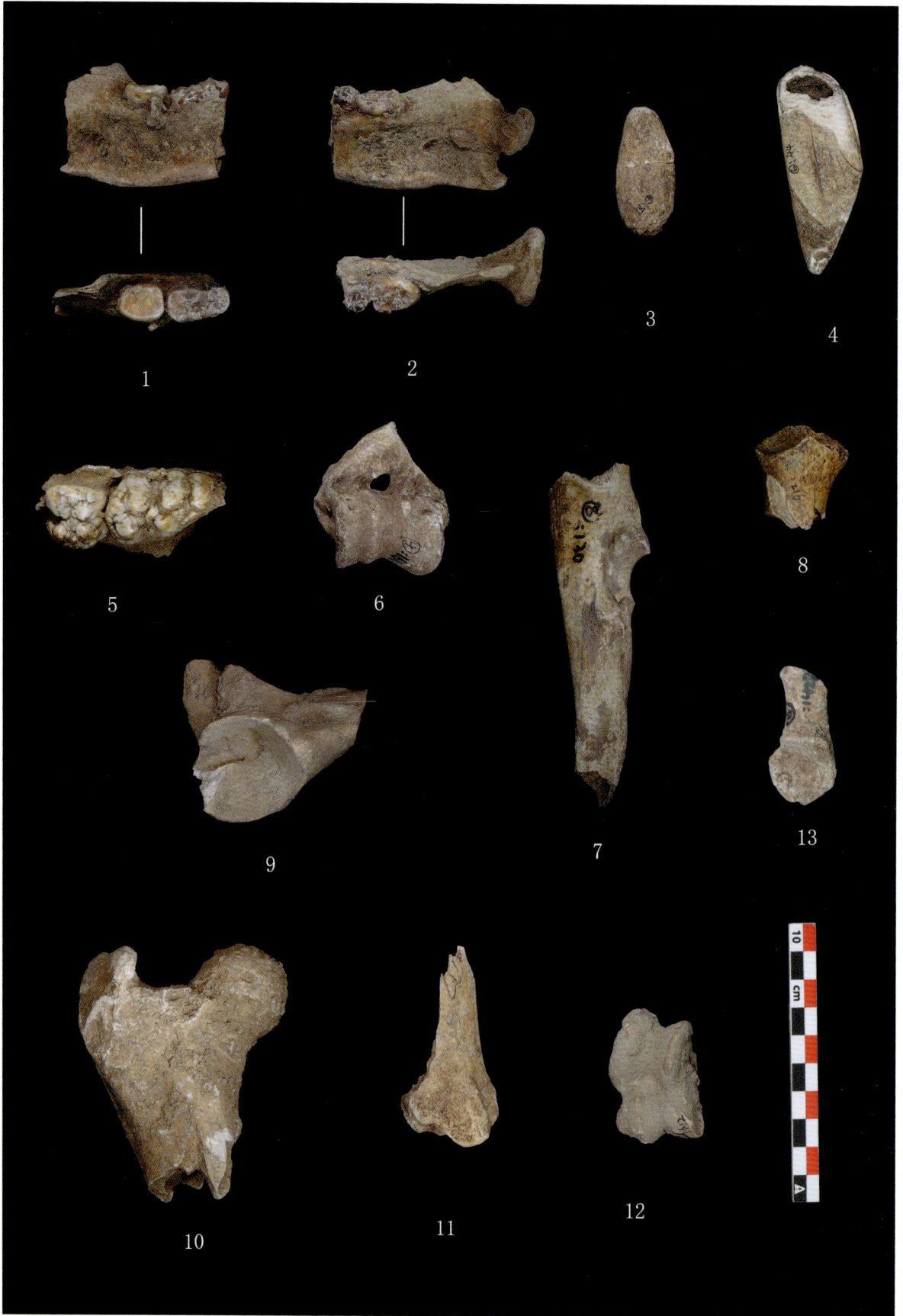

彩版五一　熊、野猪骨骼遗存

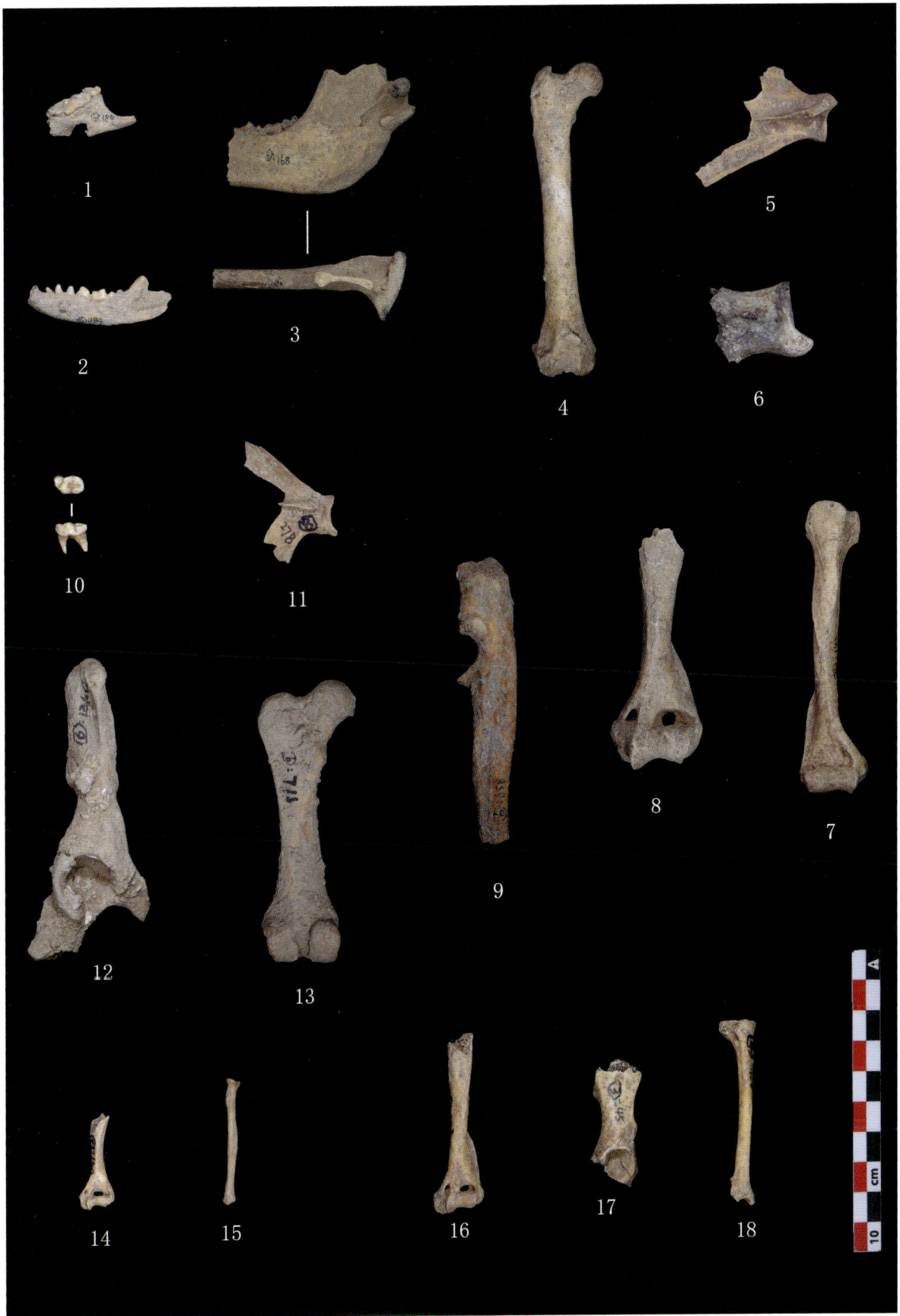

彩版五二　鼬科骨骼遗存

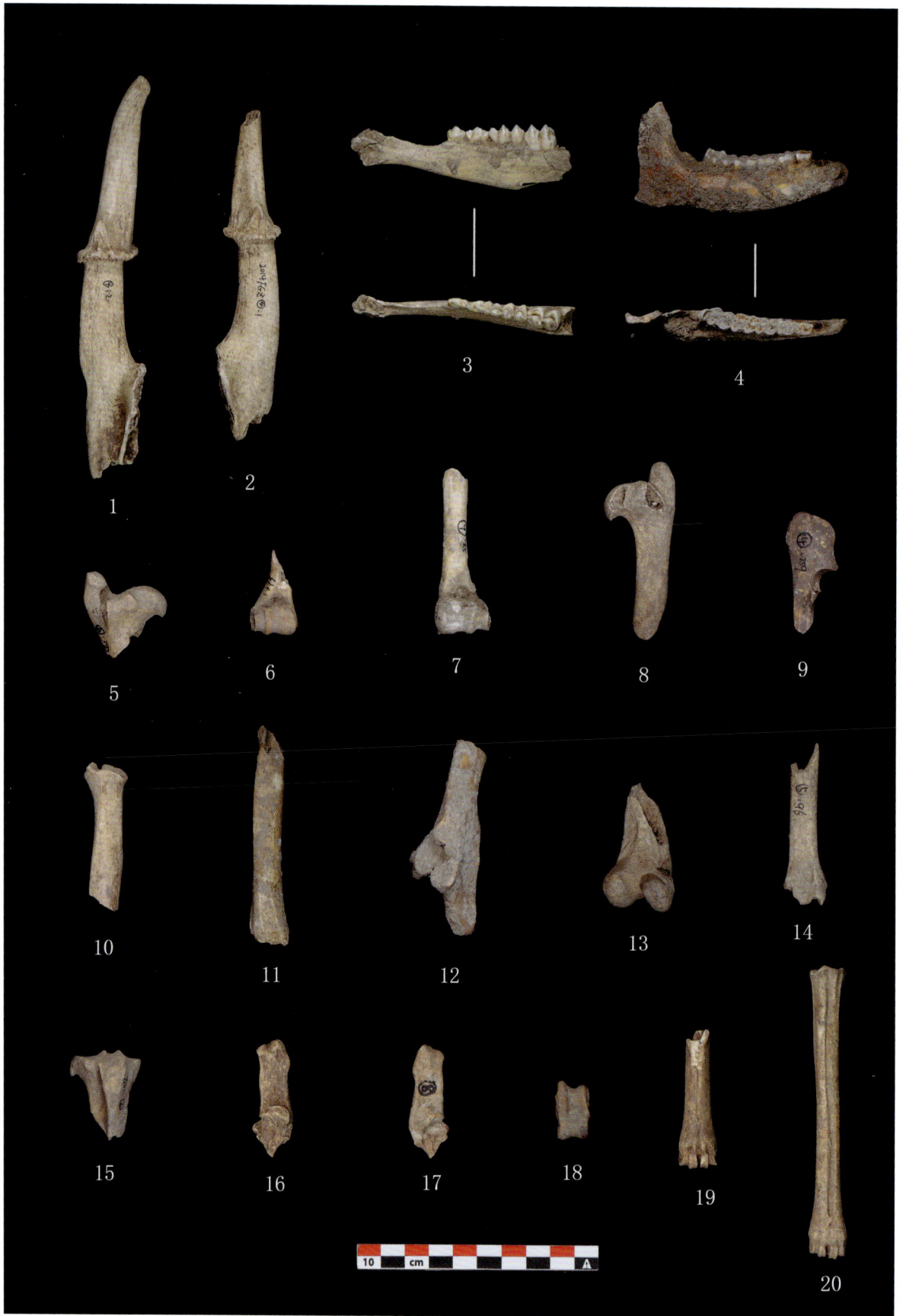

彩版五三　赤鹿骨骼遗存

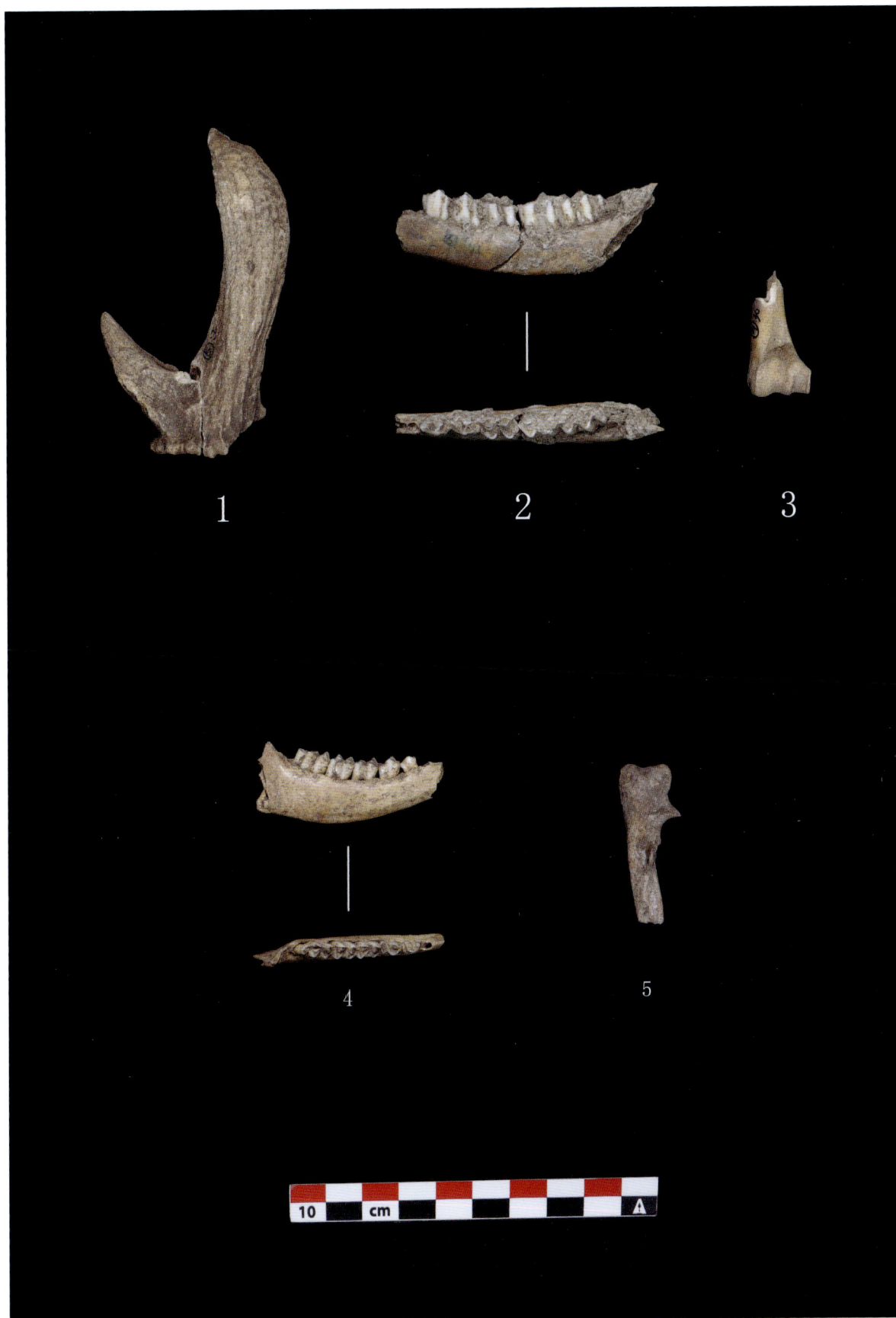

彩版五四　菲氏鹿、麝骨骼遗存

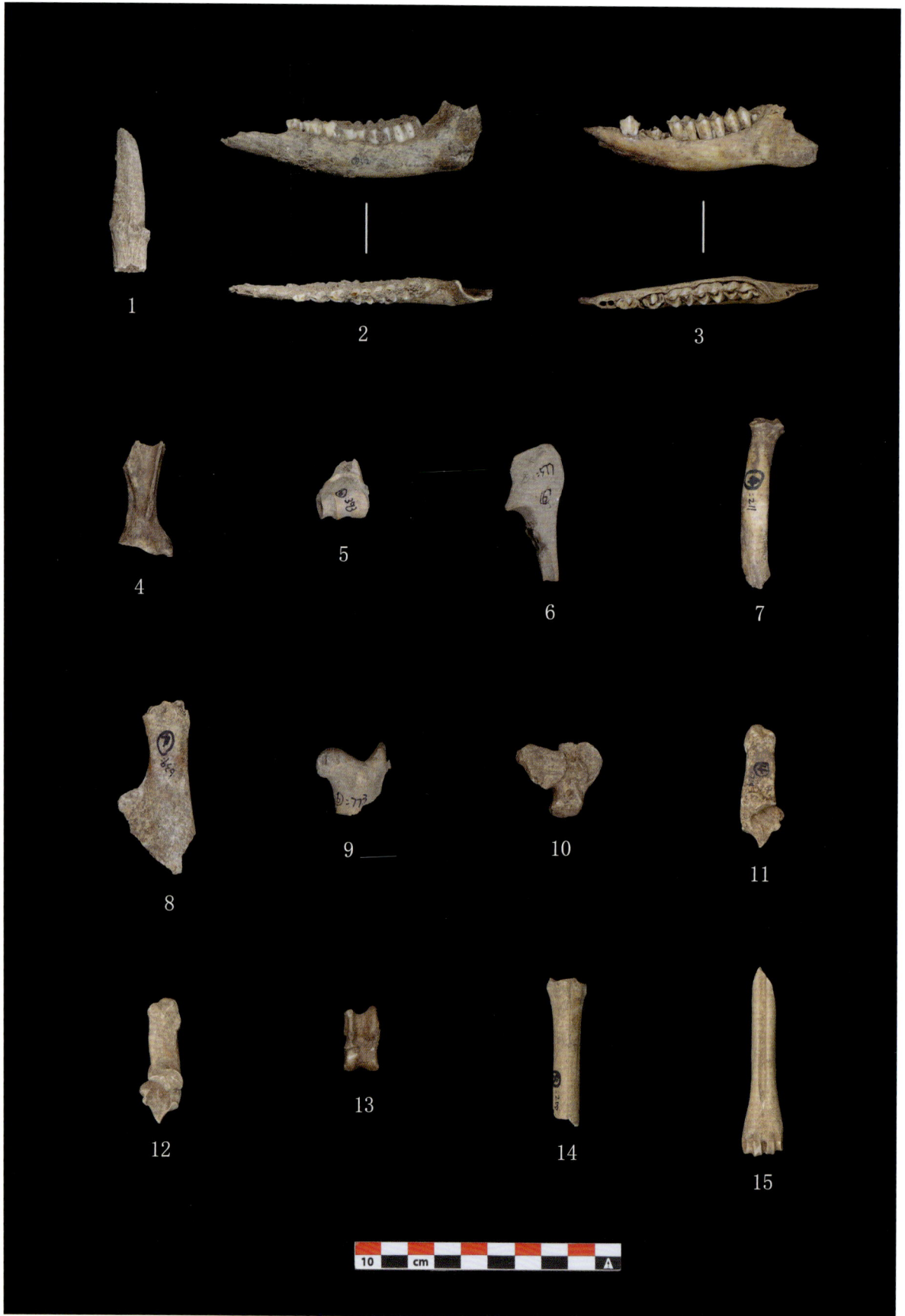

彩版五五　黑麂骨骼遗存

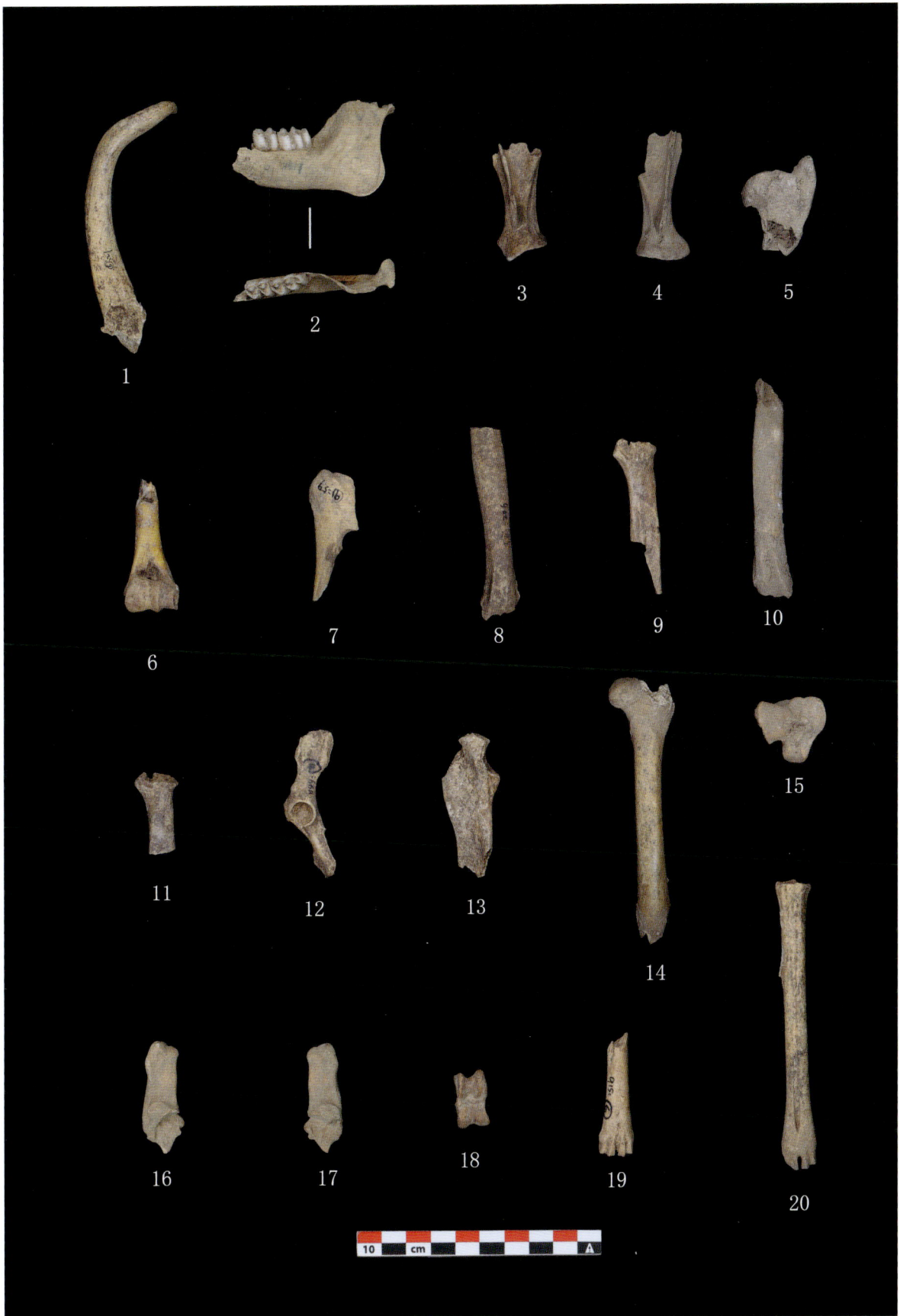

彩版五六　黄麂骨骼遗存

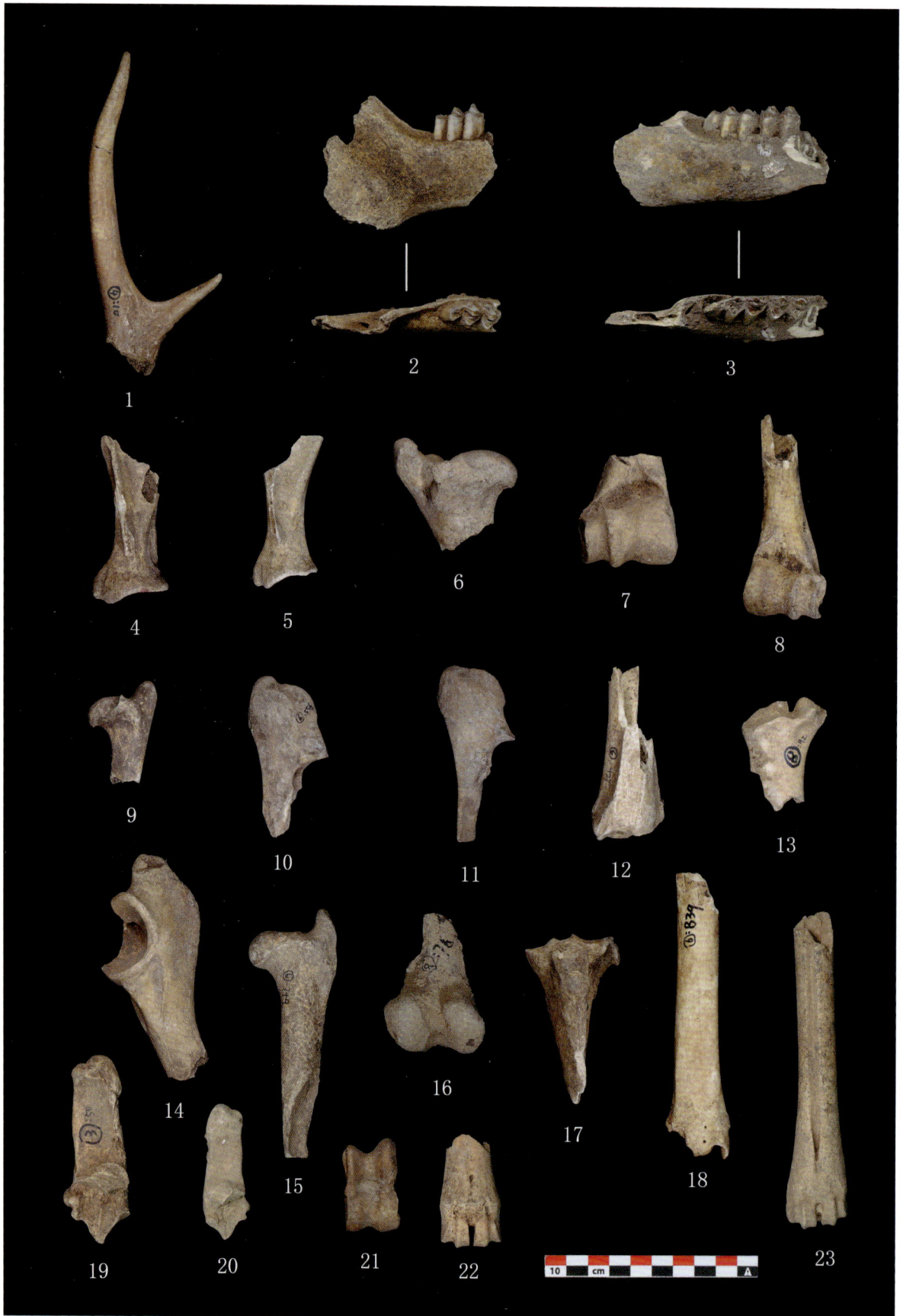

彩版五七　梅花鹿骨骼遗存

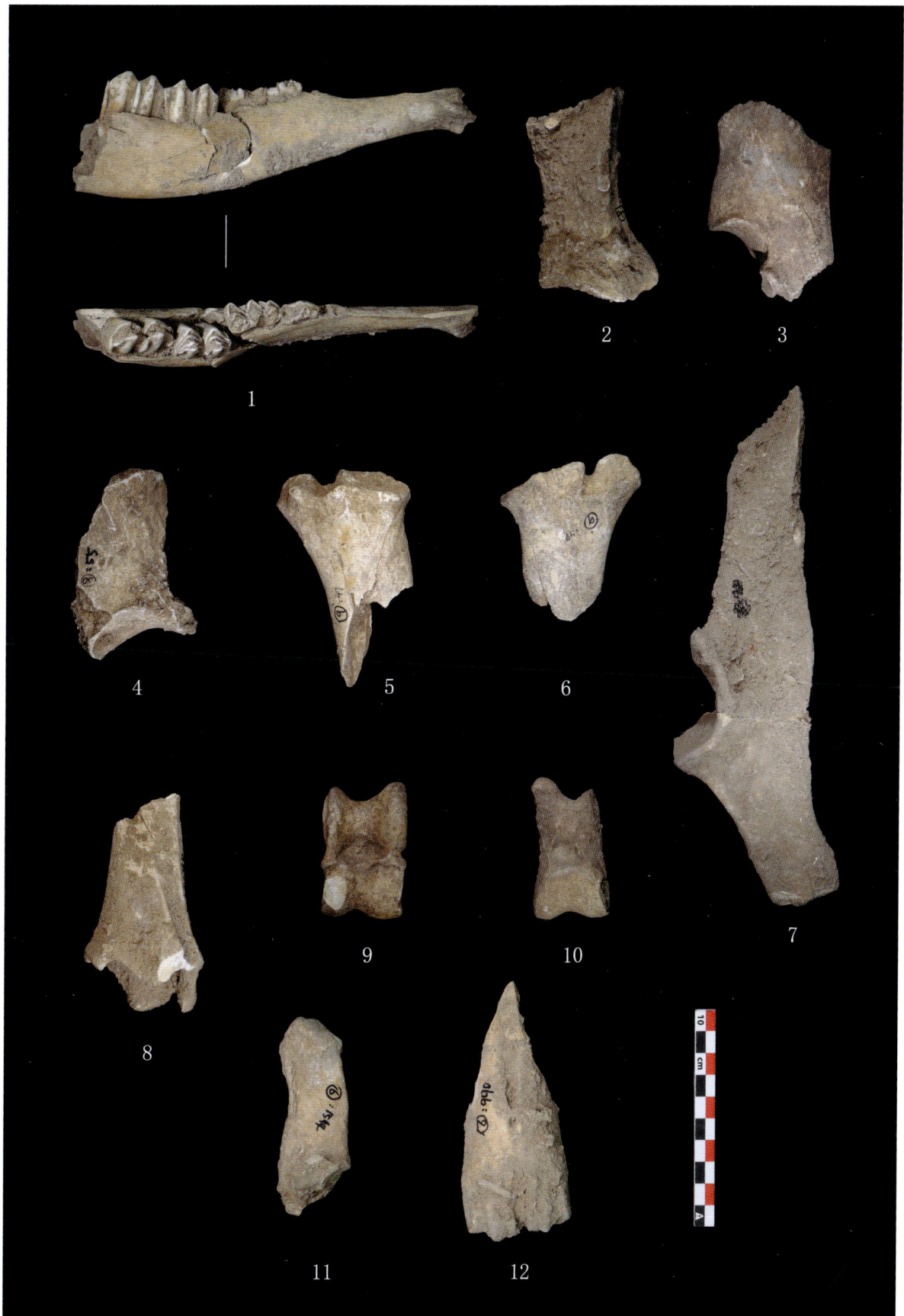

彩版五八　水鹿骨骼遗存

彩版五九　水牛骨骼遗存